BAEDEKER

S
SÜDTIROL

›› Hier ist es wunderherrlich und repariert ganz sicher Leib und Seele. ‹‹

Gustav Mahler

baedeker.com

INHALT

■ DAS IST SÜDTIROL

8	Steinerne Zeitzeugen
12	Stilwandel in den Bergen
16	Magie der Zackenberge
20	Die Weltbürger
24	Kleines Weinland – große Vielfalt

■ TOUREN

30	Unterwegs in Südtirol
31	Kleine Dolomitenrunde
32	Ins Herz Südtirols
34	Durch das Tisner Gebirge
36	Über das Stilfser Joch in die romanische Schweiz
39	Vier Täler und das Grödner Joch
40	Von Uttenheim nach Tesselberg
40	Südtiroler Weinstraße

LEGENDE

Baedeker Wissen
● Textspecial, Infografik & 3D

Baedeker-Sterneziele
★★ Top-Reiseziele
★ Herausragende Reiseziele

INHALT

ZIELE VON A BIS Z

- **46** ★ Aldein – Radein
- **49** ★ Antholzer Tal
- **52** ★ Auer
- **56** ★★ Bozen
- **70** ● Der Mann aus dem Eis
- **81** ★★ Brixen
- **92** ★★ Bruneck
- **101** ★ Burgeis
- **105** ★ Cortina d'Ampezzo
- **110** ★★ Dolomiten
- **111** ● Berge in Flammen
- **112** ● Dolomiten
- **114** ★ Dorf Tirol
- **119** Eisacktal
- **120** ★★ Eppan
- **124** ● Hocheppan
- **129** ★ Feldthurns
- **131** ★ Gadertal · Abteital
- **132** ● Sprachmix
- **141** ★★ Glurns
- **146** ★ Gossensass
- **148** ★ Grödner Tal
- **152** ● Auf dem Holzweg
- **156** ★ Innichen
- **160** ★★ Kaltern
- **165** Kiens
- **169** ★ Klausen
- **176** Kurtatsch
- **181** ★ Laas
- **183** ★★ Lana
- **190** ★ Latsch
- **194** ★ Mals
- **198** ★ Martelltal
- **201** ★★ Meran
- **216** Mühlbach
- **219** ★ Nals
- **223** ★ Naturns
- **229** ★ Neumarkt
- **231** Niederdorf · ★★ Pragser Wildsee
- **235** Passeiertal
- **240** Prad am ★★ StilfserJoch
- **246** Pustertal
- **247** ★ Reschen
- **250** ★★ Rosengarten – Latemar
- **257** ★ Sarntal
- **259** ★ Schenna
- **263** Schlanders
- **266** ★ Schlerngebiet · ★★ Seiser Alm
- **274** ★★ Schluderns
- **278** ★ Schnalstal
- **282** Sextental · ★★ Drei Zinnen
- **287** ★★ Sterzing
- **295** ★ Tauferer Ahrntal
- **301** ★ Terlan
- **304** ★ Toblach
- **309** ★ Tramin
- **312** Ultental
- **315** ★ Villnösser Tal
- **319** Vinschgau
- **320** Welsberg – ★ Gsieser Tal

INHALT

■ HINTERGRUND

- **326** Die Region und ihre Menschen
- **334** ● Südtirol auf einen Blick
- **338** Geschichte
- **342** ● Politische Geschichte
- **346** Kunst und Kultur
- **354** Interessante Menschen

■ ERLEBEN & GENIESSEN

- **364** Bewegen und Entspannen
- **368** ● Mit der Kraft der Natur
- **371** Essen und Trinken
- **376** ● Typische Gerichte
- **379** Feiertage, Feste, Events
- **384** Shopping
- **386** Übernachten

■ PRAKTISCHE INFOS

- **392** Kurz und bündig
- **393** Anreise · Reisevorbereitung
- **395** Auskunft
- **397** Etikette
- **397** Geld
- **398** Gesundheit
- **398** Lesetipps
- **400** Preise und Vergünstigungen
- **401** Reisezeit
- **402** Telekommunikation · Post
- **402** Verkehr

■ ANHANG

- **406** Register
- **415** Verzeichnis der Karten und Grafiken
- **416** Bildnachweis
- **417** Impressum

PREISKATEGORIEN

Restaurants
Preiskategorien
für ein Hauptgericht
- **€€€€** über 25 €
- **€€€** 15 – 25 €
- **€€** 10 – 15 €
- **€** bis 10 €

Hotels
Preiskategorien
für ein Doppelzimmer mit Frühstück
- **€€€€** über 200 €
- **€€€** 150 – 200 €
- **€€** 100 – 150 €
- **€** bis 100 €

MAGISCHE MOMENTE

ÜBERRASCHENDES

54	Die Kraft des Unsichtbaren
78	Für alle Sinne
189	Eisblumenmeer
207	Im Loggia-Himmel
214	Blumendüfte mit Musik
234	Karibische Stimmung
251	Alpenglühen
267	Da blüht dir was
273	Urlaub wie im Film
381	Herzen in Flammen

116 **6 x Durchatmen**:
Entspannen, wohlfühlen, runterkommen

142 **6 x Unterschätzt**:
Genau hinsehen, nicht daran vorbeigehen, einfach probieren!

180 **6 x Erstaunliches**:
Hätten Sie das gewusst?

271 **6 x Einfach Unbezahlbar**:
Erlebnisse, die für Geld nicht zu bekommen sind

333 **6 x Typisch**:
Dafür fährt man nach Südtirol.

Ein kleines Kunstwerk: gefrorene Apfelblüten

D
DAS IST ...

Südtirol

Die großen Themen
rund um das Land auf der Sonnenseite der Alpen.
Lassen Sie sich inspirieren!

Das Villnösser Tal, hier mit den Geislerspitzen,
ist eines der schönsten Wandergebiete
in der Ferienregion Eisacktal. ▶

DAS IST ...
SÜDTIROL

DAS IST ...
SÜDTIROL

STEI- NERNE ZEIT- ZEUGEN

Es gibt Burgen und Schlösser, wohin man schaut. 800 sind es in ganz Südtirol, das ist die höchste Dichte in Europa. Einst von strategischer und wirtschaftlicher Bedeutung, gehören die Anlagen heute zur Kulturlandschaft. Einige sind in Privatbesitz, andere sind Museen, Restaurants oder Hotels, wo nun die Gäste schlafen wie einst die Grafen …

◂ Schloss Juval, der Sommersitz von Reinhold Messner, erhebt sich über dem Eingang zum Schnalstal.

DAS IST ...
SÜDTIROL

ALS ihnen ein gut genährtes Schwein direkt vor die Füße fiel, war den Belagerern von **Burg Greifenstein** klar: Innerhalb der Mauern kann die Not nicht wirklich groß sein. Und so zogen die Truppen von Herzog Friedrich IV. von Österreich-Tirol, die 1423 wochenlang versucht hatten, die Burgbewohner auszuhungern, unverrichteter Dinge wieder ab. Den Bewohnern dagegen hatte ihr letztes Schwein Glück gebracht ... Im Volksmund heißt die heutige Ruine seither das Sauschloss.

Statt einem Glücksschwein wacht seit 1995 ein Unglücksrabe über **Schloss Juval**, dem Sommersitz von Reinhold Messner. Vierzehn Achttausender hat der Extrembergsteiger erfolgreich bestiegen und dann scheiterte er ausgerechnet an einer drei Meter hohen Mauer. Nach einem auswärtigen Abendessen stand Messner mit seiner Familie vor versperrter Schlosstür, weshalb der Bergfex schnell mal über die Mauer klettern wollte. Dabei rutschte er ab und zertrümmerte sich sein Fersenbein. Der Schlossherr nimmt es inzwischen mit Humor: Für Besucher hat er an der Unglücksstelle einen schwarzen Raben und eine Hinweistafel aufgestellt: »Hier ist Reinhold Messner abgestürzt«.

Geschichte und Geschichten

Wenn historische Mauern reden könnten, gäbe es bei rund 800 Burgen, Schlössern und **Ansitzen** – die etwas bescheideneren Wohnsitze von ärmeren Adeligen oder reichen Grundbesitzern – viele Geschichten zu erzählen. Befestigte Plätze und Fluchtburgen gab es in Tirol, zumal in Südtirol schon lange vor Christi Geburt. Dass ihre Zahl immer größer wurde, liegt an der strategischen und wirtschaftlichen Bedeutung der Region. Die Heer- und Handelsstraßen über den Reschenpass und später über den Brenner zählten seit dem Altertum zu den wichtigsten Nord-Süd-Verbindungen. Ihre Kontrolle war stark umkämpft, denn am Wegezoll wurde schon damals gut verdient. Heute übernehmen das Geldeintreiben die vielen Mautstationen, an denen die Autofahrer ihren Obolus entrichten müssen ...

Von der Trutz- zur Wohnburg

Im 12. und 13. Jh. ließen sich Landesfürsten, Bischöfe, Adelsfamilien sowie Angehörige des niederen Adels zur Sicherung ihrer Gebiete und zur Demons-

DREI AUF EINEN STREICH

Geschichtsträchtig und romantisch ist die kleine Drei-Burgen-Rundwanderung in Eppan. Von Schloss Korb, heute Luxushotel, führt ein Waldweg hoch zur Ruine Hocheppan. Nach einer Stärkung in der Burgschenke steigt es sich umso leichter hinauf zur Burgruine Boymont mit ihren eleganten Rundbogenfenstern und dem schönen Ausblick auf Schloss Korb. Hier schließt sich nach 6 km (2 1/2 Std. reine Gehzeit) der Kreis wieder (▶ S. 123).

DAS IST ...
SÜDTIROL

tration ihrer Herrschaftsansprüche so viele Burgen errichten, dass von einem Burgenboom gesprochen werden kann. Im frühen 14. Jh. war die große Zeit des Burgenbaus jedoch vorbei. Eine fatale Rolle spielte die Erfindung des Schießpulvers und die Weiterentwicklung zu Kanonen, es wurde immer schwieriger, Burgen zu verteidigen. Zwar wurden unter den Landesfürsten Sigismund der Münzreiche und Kaiser Maximilian I. noch zahlreiche Burgen zu **Festungen** aufgerüstet, ihr Bedeutungsverlust konnte aber nicht aufgehalten werden. Dafür rückte im späten 15./16. Jh. dann das Interesse an komfortablem Wohnen und Repräsentieren in den Vordergrund. Die Burgbesitzer wollten ihre Häuser im Stil der Renaissance modernisiert haben. **Die Burg verwandelte sich zum Schloss.** Aber nicht alle, einige verfielen. Damit auch die Ruinen erhalten bleiben, wurde 1963 der **Verein des Südtiroler Burgeninstituts** gegründet. Eine wunderbare (nur in Bibliotheken oder antiquarisch erhältliche) Quelle ist Josef Weingartner: Tiroler Burgenkunde, Rohrer Verlag, 1950.

OBEN: Eine der schönsten Burgen Südtirols: die Trostburg bei Weidbruck am Eingang ins Grödner Tal
UNTEN: Das beleuchtete Schloss Korb ist der Ausgangspunkt der romantischen Drei-Burgen-Rundwanderung.

DAS IST ...
SÜDTIROL

DAS IST …
SÜDTIROL

STILWANDEL IN DEN BERGEN

Weniger ist mehr. Mit diesem Leitsatz der klassischen Moderne entsteht heute in Südtirol eine alpine Architektur frei von jeglichem Alpenkitsch. Der Dialog mit der Landschaft, natürliche Materialien aus der Region und Nachhaltigkeit zeichnen viele Gebäude der Neuzeit aus, die längst zu Pilgerstätten architekturbegeisterter Besucher geworden sind.

◀ Ein richtiger Hingucker: das MMM Corones auf dem Kronplatz

DAS IST ...
SÜDTIROL

WIE ein großer Baumstamm fügt sich das **Vigilius Mountain Resort** in die Landschaft des Vigiljochs, als würde es sich dort verstecken. »Und wo ist jetzt mein Hotel?«, fragt eine Dame, als sie bereits unmittelbar davorsteht. Denn im Laufe der Jahre ist die kühne Holzfassade durch Witterungseinflüsse edel ergraut und passt sich nun umso mehr dem Naturraum an. Der Südtiroler Architekt Matteo Thun setzte mit diesem Gebäude bereits 2003 Maßstäbe für eine neue Architektur-Ära in Südtirol, die den Stilwandel wagte. Weg von der traditionellen Holzbauweise, wie man sie seit Jahrhunderten von den Bergbauernhöfen kannte, hin zur Moderne.

Mit ästhetischem Eigensinn

Für eine moderne Architektur der klaren Linien mit viel Glas, Stahl und Beton brauchte es neben ästhetischem Eigensinn auch viel Einfühlungsvermögen. Schließlich sollten sich die modernen Gebäudekomplexe harmonisch in die Natur oder die direkte Umgebung fügen. Wo das nicht ohne Weiteres möglich schien, ging man dafür sogar unter die Erde, so wie **MMM Corones**, das 2015 eröffnete Messner Mountain Museum auf dem Kronplatz. Es ist eines der letzten Bauwerke der 2016 verstorbenen Stararchitektin Zaha Hadid. Obwohl das organisch geschwungene und futuristisch anmutende Alpenufo in 2 275 Metern Höhe auch als Aussichtsplattform dient, fügt es sich ohne aufzutrumpfen in den Fels ein. Tief im Inneren verbinden dann drei Sichtachsen das unterirdische Ausstellungsgebäude mit seiner Umgebung und öffnen durch große Schaufenster den Blick hinaus in die spektakuläre Dolomitenlandschaft.

Ziegelkubus und Rebenranken

Neben Matteo Thun gehört Werner Tscholl zu den bekanntesten Südtiroler Architekten der Moderne. Als er 2010 die erste Whisky-Destillerie Italiens und die Genossenschaftskellerei Tramin plante, waren das keineswegs Schnapsideen. Vor den Stadtmauern von Glurns erhebt sich seither die **Whisky-Destillerie von Puni** als ein 13 Meter hoher Kubus, der aus einem feingliedrigen Gitter rostroter Ziegel besteht. Damit erinnert der Architekt an die traditionelle Bauweise von Scheunen, die so natürlich belüftet und gekühlt wurden. In der **Kellereigenos-**

TAGE DER ARCHITEKTUR

Von der Villa bis zum Bauernhof. In Südtirol gibt es zahlreiche Architekturschätze. Eine Architektur-App weist unterwegs auf die interessantesten Gebäude hin (www.suedtirol.info/archap). Einmal im Jahr (an einem Wochenende Mitte/Ende Mai, www.tagederarchitektur.it) gibt es von Architekten geführte Rundgänge zu 50 Bauwerken (▶ S. 396 und 398).

senschaft in Tramin lässt Tscholl hingegen eine grüne Stahlkonstruktion aus dem Boden wachsen. Sie gibt den gläsernen Bauteilen eine neue Hülle und erinnert an Rebstöcke (Abb. S. 26).

Neben Hotels, Museen, Weinkellereien, Almhütten und vielen Privathäusern sind in den letzten Jahren in Südtirol vielerorts spektakuläre Bauten entstanden, die manchen Umweg wert sind. Wer heute als Gast gerne in einer Designerunterkunft übernachtet, muss dafür längst nicht mehr tief in die Tasche greifen. Bei hypermodernen Schutzhütten stößt jedoch die Akzeptanz inzwischen an ihre Grenzen. So erhitzte die erst im Sommer 2018 eröffnete **Schwarzensteinhütte** (3026 m) im Südtiroler Teil der Zillertaler Alpen die Gemüter, machte sie doch deutlich, dass Architekturbüros heute den Begriff Schutzhütte anders interpretieren als noch vor 100 Jahren. Nach stundenlangem, kräftezehrendem Aufstieg erwarten viele dann doch lieber eine Wärme und Geborgenheit ausstrahlende Hütte als einen überdimensionalen Bergkristall, selbst wenn er mit regionalen Baustoffen errichtet wurde.

Zwei Beispiele zeitgenössischer Architektur in Südtirol: die Whisky-Destillerie von Puni (oben) und die Therme Meran (unten)

DAS IST ...
SÜDTIROL

DAS IST ...
SÜDTIROL

MAGIE DER ZACKENBERGE

Die einzigartige Gebirgslandschaft der Dolomiten ist so außergewöhnlich, dass sie seit 2009 als UNESCO-Weltnaturerbe geschützt wird. Die bleichen Berge aus magnesiumhaltigem Kalkgestein erhoben sich vor Jahrmillionen aus den Tiefen des Meeres und verzaubern mit ihrem Alpenglühen bei Sonnenuntergang bis heute alle Betrachter.

◄ Die Umrundung der Drei Zinnen ist eine der attraktivsten Wandertouren in den Dolomiten.

DAS IST ...
SÜDTIROL

ERKLIMMT der Kletterer in Südtirol einen Gipfel, ist eines ganz gewiss: Gleich dahinter erwartet ihn schon der nächste. Allein in den Dolomiten liegen mehr als 100 Haupt- und Nebengipfel von mehr als 3000 Metern Höhe. Im Himalaya sind die Berge mit Sicherheit höher, so unverwechselbar wie in den Dolomiten sind sie aber gewiss nicht. Hier bilden Almwiesen, Bergwälder und Bauernhöfe, über denen steile Zackenbergwände abrupt in den Himmel aufragen, zusammen ein Spannungsverhältnis, das in dieser Form einzigartig auf der Welt ist. Schon der Architekt Le Corbusier bewunderte das Gebirgsmassiv als schönstes Bauwerk der Welt, das die Natur schon vor 250 Millionen Jahren erbaut hat.

DREIGESTIRN AM DOLOMITENHIMMEL

Pinguinparade nennen Bergführer den Paternsattel, auf dem sich regelmäßig die Wanderer wie Pinguine aufreihen, um nach über einer Stunde endlich den ersten fantastischen Blick auf die schöne Nordseite der Drei Zinnen zu genießen. Die 9 km lange Umrundung des berühmten Wahrzeichens der Dolomiten ist auf dem relativ flachen Hochplateau in 3 – 4 Stunden recht kommod zu bewältigen. Auch Jausenstationen gibt es reichlich: Auronzo-Hütte, Lavaredo-Hütte, Drei-Zinnen-Hütte und Lange Alm (▶ S. 285/286).

Bleiche Berge

Seinerzeit stiegen mit dem Absinken des Tethysmeers massive Felswände aus Muschelkalk und Korallenriffen aus den Tiefen des Meeres empor. Von Wind und Wetter zu zackigen Gebilden geformt, machten sie sich zunächst als »bleiche Berge« einen Namen. Denn weiß, majestätisch und bizarr erhoben sie sich und waren damit so völlig anders als die Berge ringsum. Dass der Grund für ihre Bleiche im magnesiumhaltigen Kalkstein lag, erkannte 1788 der Geologe **Déodat Dolomieu,** nach dem die Dolomiten heute benannt sind.

Neun Teilgebiete in fünf italienischen Provinzen bilden diese Serie einzigartiger Gebirgslandschaften von außergewöhnlicher Schönheit, die heute zum UNESCO-Weltnaturerbe gehören. Der weitaus größte Teil des 142 000 ha großen Welterbes liegt in Südtirol. Hierzu gehören vor allem die Drei Zinnen, die Seiseralm und der Schlern, der Latemar und der Rosengarten, die Puez-Geisler-Gruppe, das Sellamassiv und die Bletterbachschlucht.

Magisches Alpenglühen

Bei so geheimnisvollen Bergmassiven ist es kein Wunder, dass viele dahinter ein verwunschenes Märchenland vermuten, in dem die Magie der Natur atemberaubende Landschaften mit Hexen, Elfen und Feen hervorgebracht hat. Die Dolomitenregion ist schließlich auch die Heimat der Ladiner, die ca. 30 000 Köpfe zählen. Von ihnen stammt die Legende des Zwergenkönigs Laurin, der aus Wut darüber, dass sein prachtvoller Rosengarten sein Versteck verriet, diesen bei Tag und Nacht unsichtbar werden ließ. Nur die Däm-

DAS IST ...
SÜDTIROL

merung vergaß er. So werden noch heute im Zwielicht zwischen Tag und Nacht die Rosen wieder sichtbar und die Berge erstrahlen in rotem Glanz. **Enrosadira** wird dieses magische Alpenglühen der Berggipfel genannt. Für Geologen erklärt sich das Spektakel bei Sonnenauf- und Sonnenuntergang recht nüchtern. Eigentlich entsteht es durch Streulicht, das wegen des hellen Dolomitengesteins als rötliches Licht reflektiert wird. Doch wenn sich das Glühen der Felsen von Rosa über Orange und Rot in Lila verwandelt, will sich mancher den Glauben nicht nehmen lassen, dass es hinter den Zackenbergen noch eine andere Welt gibt, eine mit diesem magischen Leuchten, in die nur Zutritt hat, wer wie die Ladiner daran glaubt. Geh nun Sonnenstrahl, heißt es in einem ihrer Lieder. Auf Ladinisch klingt selbst das wie Zauberei: »Rai de sorédl va!«

Das Märchenland des Zwergenkönigs Laurin glüht (oben). Man kommt sich winzig vor zwischen den Vajolettürmen im Naturpark Schlern-Rosengarten (links)

DAS IST...
SÜDTIROL

DIE WELT-BÜRGER

Drei Sprachen, drei Kulturen, ein Lebensraum. Nach Jahrzehnten leidvoller Geschichte und Unterdrückung versucht sich Südtirol heute im Miteinander kultureller Vielfalt. In Zeiten der Globalisierung pflegt vor allem die Jugend einen unvoreingenommeneren Umgang, was zu einer spannenden Mischung von mediterraner Lässigkeit und deutscher Gründlichkeit führt.

Mehrsprachigkeit ist hier Programm: die Sprachlounge in Bozen. ▶

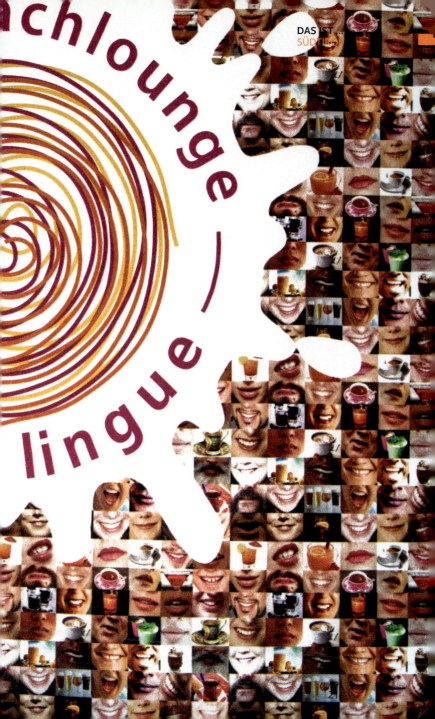

DAS IST ...
SÜDTIROL

IM MULTISPRACHZENTRUM

»Toma la nëi«, singt die ladinische Popgruppe »Ganes«. Doch was heißt das eigentlich? »Langsam fällt der Schnee«, erfährt man im Multisprachzentrum in Bozen oder Meran, wo einem Muttersprachler gerne beim Übersetzen helfen. Spielerischer kann man eine Fremdsprache kaum lernen. Die kostenfreie öffentliche Kultureinrichtung wird auch von vielen Urlaubern genutzt, denn sie verfügt über eine Multimedia-Bibliothek mit ca. 18 000 Titeln (www.provinz.bz.it/italienische-kultur/sprachen/Multisprach zentrum.asp; ▶ S. 72).

»JËUF de Frea, Passo Gardena und Grödner Joch«, steht auf dem braunen Straßenschild, das obendrein mit vielen bunten Aufklebern von Passbezwingern verziert ist. Es ist eines dieser Zeichen dafür, dass Südtirol dreisprachig ist. Statistisch gesehen sind 69 Prozent der Bevölkerung deutscher, 26 italienischer und 5 ladinischer Sprachzugehörigkeit. Auch die Besetzung öffentlicher Stellen folgt einem paritätischen Verteilungsschlüssel nach Sprachgruppen. Dass sich das Land heute weniger als Schmelztiegel denn als Miteinander von kultureller Vielfalt begreift, bis dahin war es ein weiter Weg.

Seit dem Anschluss Südtirols an Italien drehte sich ab 1919 alles um die verlorene Autonomie. Nach dem Verbot der deutschen Sprache, erzwungenen Namensänderungen und Zuwanderungen aus Italien verschärfte sich der Konflikt im Zweiten Weltkrieg. Deutschsprachige Südtiroler wurden vor die Entscheidung gestellt, zurück nach Deutschland in die neu besetzten Ostgebiete umzusiedeln oder zu bleiben und die Italienisierung zu akzeptieren. Der Streit zwischen Optanten und Dableibern diskriminierte und zerrüttete viele Familien. Den heutigen erweiterten Status als autonome Provinz sollte Südtirol erst 1972 erhalten.

Digitale Nomaden

»Die Südtiroler sind ein Bauernvolk, das speist man nicht mit Utopien«, sagt Letizia Ragaglia. Im Bereich Kulturvermittlung leitet die Direktorin des Bozner Museion regelmäßig Workshops für junge Menschen und hat dabei festgestellt, dass sich deren Heimatbegriff verändert hat: »Als digitale Nomaden nehmen die sich von jeder Kultur nur

DAS IST …
SÜDTIROL

das, was ihnen in den Kram passt.« Obendrein sammeln junge Südtiroler Erfahrungen im Ausland, kehren aber anders als früher zurück und bringen neue Ideen mit. Aus einem kleinen armen Bauernvölkchen ist längst eine **autonome Region** geworden, in der schon die Kinder in der Schule Deutsch, Italienisch und Englisch lernen können. Die eigene Sprache wird einerseits als Ausdruck der eigenen Kultur und Identität verstanden, zugleich soll über die Mehrsprachigkeit aber auch Verständnis für andere Kulturen gefördert werden. So trifft italienische Lässigkeit auf deutsche Gründlichkeit, alpine Bodenständigkeit auf mediterrane Lebensart, Speckknödel auf Spaghetti Scoglio. Wer hier lebt, weiß, dass das keine Gegensätze sind, sondern eine **einzigartige Vielfalt**, für die Südtirol im Ausland bewundert wird.

Vielfalt, die sich auszahlt

Doch kulturelle Autonomie ist nur das eine. Ohne eine recht weit gehende wirtschaftliche Unabhängigkeit wären Südtirols Unternehmen nie so erfolgreich geworden, wie sie sind. Etwa 80 Prozent seiner Steuereinnahmen darf das Land in seine eigene Wirtschaft reinvestieren, sodass das Pro-Kopf-Einkommen seiner Bürger inzwischen 50 Prozent über dem Landesdurchschnitt Italiens liegt.

Heutzutage hat es ein jeder selbst in der Hand, ob er neben seinem regionalen Selbstverständnis auch die Chance der kulturellen Vielfalt ergreift und bereit ist, über die Talränder hinauszuschauen und sich vielleicht sogar als Weltbürger zu fühlen. Viele junge Leute tun genau das.

Die vielstimmig singenden Musikerinnen der ladinischen Popgruppe »Ganes« (▶ S. 354) komponieren und texten ihre Lieder selbst.

DAS IST …
SÜDTIROL

KLEINES WEINLAND – GROSSE VIELFALT

In den Weinen Südtirols spiegelt sich der eigenwillige Charakter einer außergewöhnlichen Landschaft: Steile Höhenlagen bieten den Winzern hier zwar keine riesigen Anbauflächen, jedoch sorgt das unterschiedliche Mikroklima für eine große Rebsortenvielfalt. Die Alpen schützen vor dem kalten Wind des Nordens und im Süden öffnet sich das Terrain der Rebflächen bereits mediterranen Einflüssen.

Im Herbst verfärbt sich das Weinlaub goldgelb; im Hintergrund der Rosengarten ▶

DAS IST ...
SÜDTIROL

DAS IST ...
SÜDTIROL

WENN es um Wein geht, sind die Südtiroler dem Himmel zweifellos ein Stück näher. Abt Markus Spanier vom Kloster Marienberg in Burgeis hatte 2013 die Eingebung, es am steilen Südhang seines Klosters mal mit Weinreben zu versuchen. Die Ambitionen für einen eigenen Messwein könnten kaum extremer sein, denn es handelt sich um den höchstgelegenen Weinberg (1340 m) des europäischen Kontinents. Den Auftrag vergab der Abt an die in Steillagen erfahrene Winzerfamilie Van den Dries. Ein Knochenjob auf 2 ha, denn der Anbau erfolgt ohne Einsatz von Maschinen und nach streng biologischen Richtlinien. Beim Abtransport der Trauben hilft lediglich die Eselfamilie der Winzer. Was selbst heute noch archaisch anmutet, geht auf eine lange Tradition zurück, schließlich zählt Südtirols Weinkultur zur ältesten Europas. Schon in vorrömischer Zeit im 5. Jh. v. Chr. wurde im Land Wein angebaut.

❙ Klein, aber fein

Neben Aosta ist Südtirol das kleinste und nördlichste Weinbaugebiet Italiens. Im Verhältnis zur Rebfläche erhält es für seine Weine, die von 5000 Winzern auf 5400 ha gemacht werden, die **meisten Auszeichnungen.** 98 Prozent der Rebfläche weisen eine kontrollierte Ursprungsbezeichnung auf (sind DOC-klassifiziert), das ist italienweit Spitze. Dank seiner besonderen Lage zwischen alpinem und mediterranem Klima und einer Höhenlage zwischen 200 und bis über 1000 Metern kann der Südtiroler Weinbau auf zwanzig verschiedene Rebsorten zurückgreifen, zu denen die autochthonen Weinsorten Vernatsch, Lagrein und Gewürztraminer gehören. Vor allem die Weißweine genießen einen sehr guten Ruf

AUF WEINSAFARI

Ein Glas Gewürztraminer in der Hand und um einen herum nichts als Reben. Bei Verkostungen in ausgewählten Weingütern auf der Südtiroler Weinstraße erfährt man etwas über die Weinvielfalt der Region. Nach einer Weinbergbegehung lässt es sich beim Degustationsmenü mit Weinbegleitung gut fachsimpeln. Und das Beste: Den Fahrdienst erledigt ein Shuttlebus (www.suedtiroler-weinstrasse.it/de/erleben/winesafari.html, ▶ S. 396).

DAS IST ...
SÜDTIROL

Gemeinsam stark

Nicht nur Weinliebhaber, auch Architekturtouristen zieht es zum Neubau der Kellerei der Traminer Winzergenossenschaft.

Südtirols Weinwirtschaft ist sehr kleinteilig, viele Weinbauern besitzen weniger als 1 ha Land. Dies brachte die meist familiengeführten Unternehmen schon bald auf die Idee, gemeinsam zu produzieren. 1893 wurde in Andrian **die erste Kellereigenossenschaft Europas** gegründet. Rückgrat der Südtiroler Weinwirtschaft sind heute 13 Genossenschaften, die einen sehr guten Ruf genießen und rund 70 Prozent der Südtiroler Weine produzieren. Tausende kleiner Weinbauern liefern ihre Trauben bei der Genossenschaft ab, die reichlich beste Lagen separieren können. Auf diese Weise werden erstklassige Terroirweine gekeltert, was für ein kleines Weingut alleine gar nicht möglich wäre. Ihnen stehen die Freien Weinbauern Südtirol gegenüber, 100 eigenständige Weinproduzenten. Doch nicht nur für Weinkenner sind die Genossenschaften durch ihre Qualitätsoffensive zum Anziehungspunkt geworden. Die Weingüter Südtirols waren die Ersten, die **neue Ideen moderner Architektur** aufgegriffen haben. Die gelungenen Beispiele der Weingüter Lageder (1995) und Manincor (2004) fanden rasch Nachahmer. In Kaltern, Tramin und Teran gibt es mittlerweile beachtenswerte Kellereibauten, sodass sich längst auch eine neue Besucherklientel an der Südtiroler Weinstraße blicken lässt: die Architekturtouristen. Schließlich bieten Südtirols Weinkeller neben der Möglichkeit zur Verkostung nun auch noch einiges fürs Auge (www.suedtiroler-weinstrasse.it). Gute Adressen für den Weinkauf oder das Wohnen beim Weinbauern finden Sie in den Kapiteln Reiseziele.

T
TOUREN

Durchdacht, inspirierend, entspannt

Mit unseren Tourenvorschlägen
lernen Sie Südtirols beste Seiten kennen.

Eine Glanzleistung des alpinen Straßenbaus:
83 Serpentinen sind es auf der Stilfser Jochstraße
bis zur Passhöhe auf 2757 m Höhe. ▶

TOUREN
UNTERWEGS IN SÜDTIROL

UNTERWEGS IN SÜDTIROL

Südtirols Vielfalt
Wanderer streifen durch Wälder, Weinberge, Obsthaine oder über Almen. Genussradler erkunden die Region entlang der Flüsse auf ausgezeichneten Radwegen, während Mountainbiker ideale Bedingungen in den Bergen finden.

Das Nahverkehrssystem in Südtirol ist gut und preiswert. Die größeren Städte sind gut mit dem Zug erreichbar, in die kleineren Orte fahren Busse. Wer allerdings mit dem Auto oder Motorrad reist, ist am flexibelsten. Die beschriebenen Routen bieten spektakuläre Straßen mit grandiosen Aussichten. Da einige der Touren über hohe Gebirgspässe führen, sollte man sich in den kalten Jahreszeiten vorher unbedingt informieren, ob diese auch passierbar sind (▸ Praktische Informationen, Verkehr). Außerdem sind viele Bergstraßen, insbesondere im Dolomitenraum, ziemlich schmal und steil. Mit Wohnmobilen oder Campinganhängern sollte deshalb von »Autowanderungen« in die Berge abgesehen werden. Ein Blick in die Reisekarte im Anhang hilft: Gesperrte bzw. nicht empfehlenswerte Strecken sind gekennzeichnet.

TOUREN
KLEINE DOLOMITENRUNDE

KLEINE DOLOMITENRUNDE

Start und Ziel: Bozen | **Länge:** 64 km | **Fahrtzeit:** ca. 2 Stunden

Von der wilden Felsschlucht des Eggentals führt die Dolomitenstraße zum berühmten Karersee und knapp vor den Karerpass, der zwischen den Bergriesen Latemar und Rosengarten liegt. Unterhalb der mächtigen Wände des Rosengartenmassivs geht es weiter ins schöne Tierser Tal, am sehenswerten Schloss Prösels vorbei, weiter nach Blumau und zurück nach Bozen.

Tour 1

Ausgangspunkt dieser kleinen Runde ist die Landeshauptstadt ❶★★**Bozen**, die man in Richtung Osten verlässt. Hinter Kardaun zweigt ein Umfahrungstunnel ins ❷ **Eggental** ab. Die Straße windet sich an den steilen Wänden aus rotem Porphyr vorbei immer stetig aufwärts. Ab ❸ **Birchabruck** wird der Blick auf die Dolomitengipfel von Rosengarten und Latemar frei. Besonders in ❹ **Welschnofen**

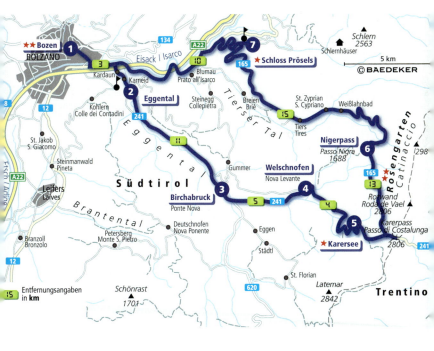

TOUREN
INS HERZ SÜDTIROLS

erstaunen die Latemarzacken. Es geht weiter zum ❺★**Karersee**, der mit etwas Glück einen guten Wasserstand hat und das berühmte und viel fotografierte Bild bietet: Helle Felsen, dunkle Tannen, blauer Himmel und weiße Wolken spiegeln sich im türkisfarbenen Wasser des kleinen Bergsees. Knapp vor dem Karerpass (1745 m) zweigt die Route ab zum ❻ **Nigerpass** (1630 m) und führt an den beeindruckenden Felswänden des ★★Rosengartenmassivs vorbei. Dann senkt sich die Straße ins grüne Tierser Tal hinab, eines der schönsten Dolomitentäler zwischen Brixen und Bozen. Sie führt an **St. Zyprian** vorbei, einem hübschen Kirchlein aus dem 13. Jh., ehe man auf der Staatsstraße 165 Richtung Eisacktal fährt. Auf einem Bergrücken vor dem Schlern erhebt sich ❼★**Schloss Prösels**, die ehemalige Residenz des Landeshauptmanns von Tirol. Von Blumau, am Eingang des Tierser Tals, führt die Brennerstraße dann im Talgrund nach Bozen zurück.

INS HERZ SÜDTIROLS

Start und Ziel: Bozen | **Länge:** 131 km | **Fahrtzeit:** ca. 4 Stunden

Tour 2 *Sarntal und Passeiertal, Penser Joch und Jaufenpass, Bozen, Sterzing und Meran: Diese Tour führt Sie mitten ins Herz von Südtirol.*

Ausgangspunkt dieser Fahrt ist ebenfalls ❶★★**Bozen**, von wo es entlang der Talfer ins Sarntal geht mit ❷★**Schloss Runkelstein**. Das Kleinod mittelalterlichen Festungsbaus ist für seine Fresken berühmt, welche die elegant gekleidete höfische Gesellschaft bei ihren Vergnügungen zeigen. Einige 100 m danach steht auf einem Felssporn im Talgrund der **Wehrturm Schloss Ried**. Die Straße passiert nun eine Reihe von Tunnels und gewinnt ständig an Höhe. Die Landschaft ist grandios: Die engen, steil aufragenden Felswände aus rotem, vulkanischem Porphyr lassen der tosenden Talfer im Talgrund kaum Platz. Einige Bauernhöfe kleben an den Berghängen und nach jedem Tunnel eröffnen sich neue Ausblicke: auf das imposante **Schloss Wangen-Bellermont** auf der östlichen Talseite oder auf den Felsturm des **Johanniskofels**, auf dem man das Kirchlein nur erahnen kann. Nach 15 Minuten Fahrt wird das Tal breiter, die ersten Häuser tauchen auf. Beim Weiler **Bundschen** ist die Enge ganz vorbei: Das Tal öffnet sich, die Felswände machen Feldern und Wäldern Platz und bald kommt der Hauptort des Tals: ❸ **Sarnthein**. Durch die engen Dorfgassen bummelt man am besten zu Fuß, um die alten Häuser, die typischen Gasthäuser und die Läden mit buntem Angebot an Kunsthandwerk zu

TOUREN
INS HERZ SÜDTIROLS

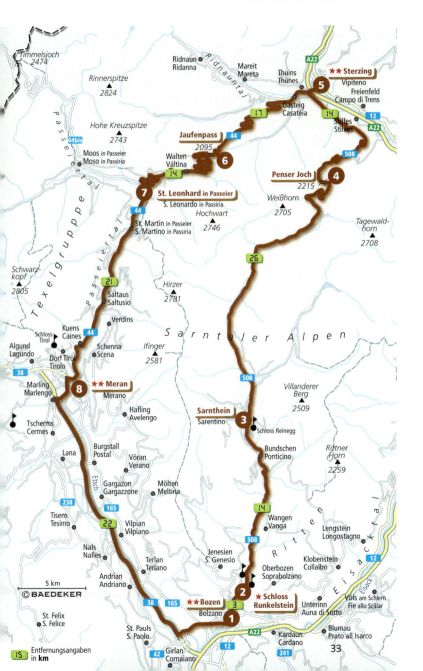

besichtigen. Weiter geht es dann über Astfeld, Weißenbach und Pens auf das ❹ **Penser Joch** (2215 m) mit herrlicher Aussicht auf großartige Bergpanoramen. Ende Juni bis Juli blühen am Penser Joch auf über 1800 m Meereshöhe die Alpenrosen. Dann sind die Berghänge vom Blütenmeer dieser Rhododendrenart überzogen.

Die Straße führt nun abwärts nach ❺★★ **Sterzing**, dem quirligen ehemaligen Bergwerksstädtchen mit seinem historischen Altstadtkern. Der markante Zwölferturm trennt die mittelalterliche Altstadt von der gotischen Neustadt. Ein Bummel durch die Gassen lohnt wegen der prächtigen Bürger- und Handwerkerhäuser.

Weiter geht es auf kurvenreicher Straße hinauf auf den ❻ **Jaufenpass** (2095 m) und in vielen Kehren und Kurven (eine Genussstrecke für Motorradfahrer) zum Talgrund bei ❼ **St. Leonhard in Passeier**. Westlich flankieren die hohen Gipfel der Texelgruppe das Tal, im Osten die Sarntaler Alpen. Trotz der Nähe zur Kurstadt und zum Touristenmagnet Meran hat sich hier noch viel Ursprüngliches erhalten.

Der Übergang vom grünen, waldreichen Passeiertal in den breiten Talkessel von ❽★★ **Meran** ist überwältigend. Die alpine Naturlandschaft wird von der mediterranen Vegetation der sonnenverwöhnten Kurstadt abgelöst, die von Weinbergen und Obstgärten umgeben ist. Der historische Stadtkern mit den Laubengängen, den alten Stadttoren und den Promenaden entlang der stürmischen Passer ist unbedingt sehenswert. Von Meran führen zwei Wege durch das Etschtal nach Bozen zurück, über die Schnellstraße oder über die Etschtalorte Burgstall, Gargazon, Vilpian und Terlan.

DURCH DAS TISNER GEBIRGE

Start und Ziel: Lana | **Länge:** 26 km | **Fahrtzeit:** ca. 2 Stunden

Tour 3   *Der Gantkofel und der Laugen markieren die Grenze zwischen Südtirol und der Nachbarprovinz Trentino. In dieser einmaligen Kulturlandschaft locken viele schöne Schlösser und Ausblicke.*

Von ❶★★ **Lana**, der am Eingang ins Ultental gelegenen »Apfelhauptstadt« Südtirols, führt die Gampenstraße in steter Steigung zur Festung **Leonburg**. Seit über 700 Jahren gehört die Festung mit zwei imposanten Bergfrieden den Grafen Brandis. Vor dem Tunnel, bei dem wenig höher gelegenen Parkplatz, hat man eine fantastische Aussicht über das Etschtal. Kunsthistorisch Interessierte können von dort zum Hügel von ❷★ **St. Hippolyt** wandern. In 20 Minuten steigt

TOUREN
DURCH DAS TISNER GEBIRGE

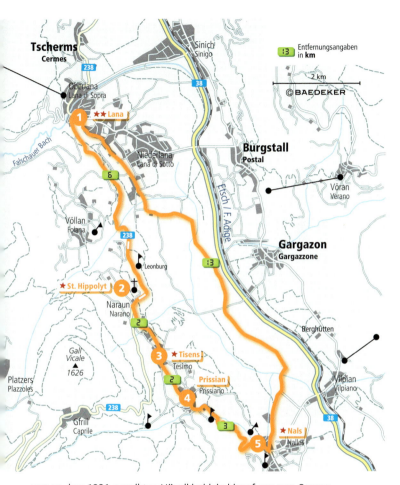

man zu dem 1286 geweihten Hügelkirchlein hinauf, wo man Spuren vorchristlicher Siedlungen gefunden hat. Hungrige und Durstige können sich in der Jausenstation stärken.

Die Autofahrt geht weiter über eine Abzweigung von der Gampenstraße, am Waldrand entlang und an Obstwiesen vorbei nach ❸★ **Tisens**. Das stattliche Dorf zwischen Obstgärten und Kastanienhainen mit einer stilreinen gotischen Kirche, alten Bauernhäusern und herrschaftlichen Anwesen ist einen Stopp wert. Die Tour setzt sich dann nach ❹ **Prissian** fort, an den Schlössern Fahlburg, Katzenzungen und Wehrburg vorbei. Die Straße führt in Kurven und Serpentinen wieder hinab und gibt die prächtigsten Ausblicke ins Etschtal und auf die fernen Dolomiten frei. Dann geht es weiter nach ❺★ **Nals**, immer den Prissianer Bach entlang. In Nals bietet sich die Gelegenheit, Wein zu probieren und zu kaufen. Einen Besuch wert sind die alte, sehenswerte Schlosskellerei Schwanburg in einem prächtigen Ansitz, die älteste Privatkellerei Südtirols, und die Genossenschaftskellerei Nals Margreid. Letztere bietet nicht nur hochgelobte Weine, auch die Architektur der Neubauten wurde bereits ausgezeichnet. Über die Abzweigung nach Norden führt die Route im Tal nach Lana zurück.

ÜBER DAS STILFSER JOCH IN DIE ROMANISCHE SCHWEIZ

Start und Ziel: Spondinig | **Länge:** 95 km | **Fahrtzeit:** ca. 3 Stunden

Tour 4   *Deutsche, italienische und romanische Kultur, alte Dörfer, mittelalterliche Städtchen, grüne Täler und eisige Gletscher sowie überall beeindruckende Gebirgslandschaften: Die Fahrt vom Vinschgau in die Ostschweiz ist gespickt mit Reizen.*

Bei Spondinig, am Zusammenfluss des Suldenbachs mit der Etsch, beginnt offiziell die Stilfser-Joch-Straße. An ❶ **Prad** vorbei gewinnt sie stetig an Höhe. Von ❷ **Gomagoi** aus bieten sich Abstecher zum bekannten Aktivsportzentrum ★**Sulden** oder nach **Stilfs**.
Hinter Trafoi beginnt der beeindruckendste Teil der Passstraße (Abb. S. 31). In unzähligen Serpentinen wird die baumlose Talflanke erklommen. Nun öffnen sich herrliche Ausblicke auf die Gletscherwelt des Ortler. Das ❸★★ **Stilfser Joch** auf 2757 m ist der Ausgangspunkt des Sommerskigebiets. Seilbahnen bringen die Besucher auf die vergletscherten und verschneiten Hänge. Vom Stilfser Joch erreicht man auf tunnel- und kurvenreicher Strecke das Adda-Tal und den Ort ❹ **Bormio** auf der lombardischen Südseite. Der Rückweg erfolgt entweder über dieselbe Strecke oder vom Umbrailpass über eine schmale, kurvenreiche Straße in das schweizerische ❺ **Santa Maria** im Münstertal. Gleich zweimal wird dabei die italienisch-schweizerische Grenze überschritten: am Umbrailpass und in Müstair. Auf der Fahrt

TOUREN
ÜBER DAS STILFSER JOCH IN DIE ROMANISCHE SCHWEIZ

durch das grüne Münstertal mit den schönen Lärchenwiesen erkennt man den rätoromanischen Einschlag der Dörfer mit den fremdartigen Aufschriften an den Häusern. Die einzigartige, von Karl dem Großen um 800 gestiftete romanische ★★**Klosterkirche St. Johann in Müstair** (Schweiz) und die gleichnamige ★**Hospizkirche** mit wertvollen mittelalterlichen Fresken in ❻ **Taufers** sind einen Besuch wert. Die Route führt weiter nach ❽★★**Glurns**, der kleinsten und am besten erhaltenen Stadt Südtirols, nach ❾★★**Schluderns** mit der Churburg, einer der schönsten befestigten Adelssitze Südtirols, und über die Vinschgauer Talstraße zurück nach Spondinig.

TOUREN
ÜBER DAS STILFSER JOCH IN DIE ROMANISCHE SCHWEIZ

TOUREN
VIER TÄLER UND DAS GRÖDNER JOCH

VIER TÄLER UND DAS GRÖDNER JOCH

Start und Ziel: Brixen | **Länge:** 114 km | **Fahrtzeit:** 3 Stunden

Vier charakteristische Täler auf einer Tour: Dem engen Eisacktal folgt das grüne Pustertal. Durch das teils schluchtartige Gadertal führt der Weg bis vor die Sellagruppe. Wieder hinunter geht es durch das Grödner Tal.

Tour 5

Wenig nördlich von ❶★★ **Brixen** im Eisacktal zweigt bei Mühlbach das Pustertal nach Osten ab. In ❷ **Kiens**, das direkt an der Staatsstraße liegt, lohnt die Besichtigung von **Schloss Ehrenburg** im gleichnamigen Weiler auf der gegenüber gelegenen Talseite. Ebenfalls einen Besuch wert ist die Probsteikirche Maria Himmelfahrt, mit ihren Wandmalereien gehört sie zu den schönsten Barockkirchen in Südtirol. Kurz vor ❸ **St. Lorenzen** thront auf einem Hügel, der schon seit vorgeschichtlicher Zeit besiedelt war, die imposante Anlage der **Sonnenburg**. Das älteste Nonnenkloster Südtirols ist heute ein liebevoll restauriertes Schlosshotel. In St. Lorenzen lagerten schon die Römer und bauten hier einen Brückenkopf und eine Militärstation. Bescheidene Reste davon sind an der Staatsstraße nach Bruneck zu finden.

Die Straße biegt nun nach Süden in die Dolomitenwelt des ★**Gadertals** ab. Bei ❹ **St. Leonhard** öffnet sich das Tal und macht einem prächtigen Bergpanorama Raum. Bis nach Gröden durchquert man nun die Dolomiten. Bei **Corvara,** das mit dem benachbarten Kolfuschg das touristische Zentrum des Gadertals bildet, zweigt die Route nach Westen. Dieser Abschnitt ein grandioses Panorama: Die Straße schlängelt sich in Kehren unterhalb der Cir-Spitzen hoch zum ❺ **Grödner Joch** (2121 m). Die Felswände des 3152 m hohen Sellastocks sind zum Greifen nahe: Die Straße verläuft unmittelbar am Fuß der fast 1000 m hohen Felsabstürze. Nun öffnet sich der Blick zum Grödner Tal und zum Langkofel, der im Westen mit seinen über 3000 m das Szenario beherrscht.

Der Rückweg führt durch das ★ **Grödner Tal** mit seinen unzähligen Hotel- und Pensionsbauten und den schönen Hauptorten **Wolkenstein, St. Christina** und ❻ **St. Ulrich**. Geschnitzte Madonnen, Engel und Kruzifixe sowie die Bergfilme von Luis Trenker haben es in der ganzen Welt bekannt gemacht. Ab hier folgt die Straße der ehemaligen Schmalspurbahntrasse ins Eisacktal bis ins Städtchen ❼★ **Klausen**, wo das ★**Kloster Säben** eindrucksvoll über dem Ort thront. Die Anlage lohnt unbedingt einen Besuch, bevor man nach Brixen zurückkehrt.

39

TOUREN
VON UTTENHEIM NACH TESSELBERG

VON UTTENHEIM NACH TESSELBERG

Start und Ziel: Uttenheim | **Länge:** 32 km | **Fahrtzeit:** 1 Stunde

Tour 6 *Die gemütliche Runde am Fuß des Nationalparks Rieserferner-Ahrn bietet nicht nur gute Ausgangspunkte für verschiedene Wanderungen, sondern auch zwei hervorragende Einkehrstätten sowie prächtige Blicke auf Bruneck und die Dolomiten.*

Von ❶ **Uttenheim** im ★ **Tauferer Ahrntal** zweigt eine Straße ostwärts nach ❷ **Mühlbach** ab. Nach der anfänglich steilen Auffahrt zieht sie sich den Berghang entlang mit schönen Ausblicken auf das Tauferer Tal. Gegenüber erheben sich die vereisten Bergspitzen der Zillertaler Alpen. Wer hier schon Hunger verspürt, steigt im Gasthof Huber ab, der mit einfacher, guter Tiroler Kost überzeugt. Über ❸ **Tesselberg** führt die Route weiter nach ❹ **Amaten**. Im Gasthof Oberraut erfreut nicht nur die verfeinerte Hausmannskost – vom Balkon aus weitet sich der Blick über den 300 m tiefer liegenden Brunecker Talkessel, der vom Kronplatz und den Bergzacken der Pragser Dolomiten überragt wird. Am idyllischsten ist es zum Sonnenuntergang auf der Terrasse, wenn die letzten Sonnenstrahlen die Gipfel vergolden und im Tal die ersten Lichter angehen. Von Amaten geht es über Percha und das schöne ❺★★ **Bruneck** zurück.

SÜDTIROLER WEINSTRASSE

Start und Ziel: Bozen | **Länge:** 78 km | **Fahrtzeit:** etwa 3 Stunden

Tour 7 *Den schönsten Eindruck vom Bozner Becken, Überetsch und Unterland hat man bei einer Fahrt über die Südtiroler Weinstraße. Die Strecke verbindet Bozen mit einem Dutzend schöner historischer Dörfer, die in eine malerische, vom Weinbau geprägte Kulturlandschaft eingebettet sind. Wer daran Gefallen findet: Die Tour bietet sich auch für eine mehrtägige Rundreise an.*

Die Südtiroler Weinstraße nimmt ihren Anfang in ❶★★ **Bozen**, nach Eppan und Kaltern die drittgrößte Weinbaugemeinde Südtirols.

TOUREN
SÜDTIROLER WEINSTRASSE

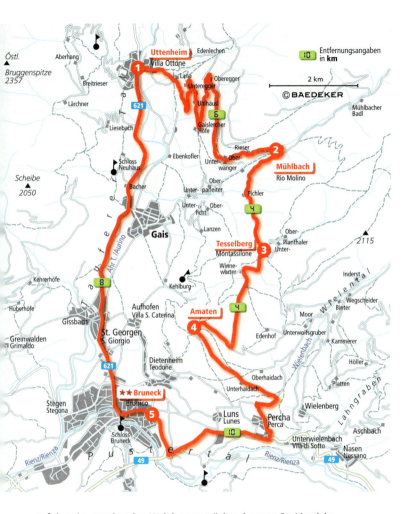

Auf den sie umgebenden Weinbergen wächst der rote St. Magdalener und in den Talböden der dunkle, kräftige Lagrein. Die Weinstraße führt weiter nach ❷★ **Terlan**. Der Ort ist sowohl für seinen Weißwein als auch als hervorragendes Spargelgebiet berühmt. Die Route quert die Etsch, führt ins gegenüberliegende Dorf **Andrian** und verläuft nach Süden weiter, unterhalb der Ruine von ★★**Hocheppan** entlang bis unter die mächtige **Schlossanlage** ★ **Sigmundskron** bei Frangart. Die Straße zweigt hier in die Weißweinlagen von **Girlan** ab

TOUREN
SÜDTIROLER WEINSTRASSE

TOUREN
SÜDTIROLER WEINSTRASSE

und mündet in die burgenreiche Gemeinde ❸ ★★ **Eppan**. 7 km südöstlich von Eppan liegen mitten im Wald die beiden Montiggler Seen, zwei beliebte Naturbäder. Die Weinstraße führt von Eppan geradewegs nach ❹ ★★ **Kaltern** in die Heimat des Vernatsch-Rotweins »Kalterer«. Sie senkt sich zum ★★ **Kalterer See** ab, umläuft diesen in sanften Windungen auf seiner westlichen Seite und verlässt das Überetsch bei St. Josef am See. Sie berührt noch die schönen Dörfer ❺★ **Tramin**, **Kurtatsch,** ★ **Margreid, Kurtinig** und ❻ **Salurn.** Von dort geht es wieder nach Norden in die an der Weinstraße gelegenen Orte ❼★ **Neumarkt**, mit den historischen Laubengängen, und ❽★ **Auer**. Oberhalb dieser beiden Orte schmiegt sich das Dörfchen **Montan** an den Berg, das für seinen Blauburgunder bekannt ist. Über **Leifers** geht es dann wieder nach Bozen zurück.

Z
ZIELE

Magisch, aufregend, einfach schön

Alle Reiseziele sind alphabetisch geordnet. Sie haben die Freiheit der Reiseplanung.

Im Schnalstal findet man die höchstgelegenen Höfe Südtirols und den Vernagt-Stausee. ▶

★ ALDEIN – RADEIN

Italienisch: Aldino – Redagano | Höhe: 1200 – 1556 m ü. d. M. | Einwohner: 1650

Die Bletterbachschlucht ist der »Grand Canyon« von Südtirol. Wie in einem geöffneten Buch kann man hier den Dolomiten ins Herz schauen und die jahrmillionenalte Erdgeschichte nachlesen. Ganz in der Nähe liegen die Dörfer Aldein und Radein auf einer wald- und wiesenreichen Bergterrasse, wo einige Mühlen davon erzählen, dass die Bauern hier früher ihr Getreide noch selber mahlen mussten.

❙ Wohin in Aldein – Radein?

Im Land der Mühlen

Aldein   Weit verstreut sind die alten, schon im 12. Jh. erwähnten Bauernhöfe. Aldein, den Hauptort der Doppelgemeinde, erreicht man auf einer wenig befahrenen Straße, die sich in langen Kurven nach oben zieht. Das **Dorfmuseum** im alten Schulhaus am Dorfplatz zeigt nicht etwa bäuerliche Gerätschaften, sondern sakrale Gegenstände der Heiligenverehrung aus der Zeit des Barock und des Rokoko, darunter einen um 1750 in Augsburg angefertigten barocken Kelch. Aufgrund der abgelegenen Lage mussten die Bauern früher ihr Getreide selber mahlen. 1911 gab es noch 41 Mühlen, die meisten verfielen jedoch. Anfang der 1990er-Jahre wurden drei Mühlen entlang des Thalbachs wieder instand gesetzt: die Thal-, die Matzneller- und die Schiaßer-Mühle, die heute mit einer Führung besichtigt werden können. Das Mühlenensemble im Thal gehört zum Dorfmuseum.

Dorfmuseum: Mai – Okt. Sa. 17 – 19 Uhr, Juli, Aug. zusätzlich auch Fr. | Eintritt frei | Führungen Mühlenensemble: Tel. 04 71 88 68 32, www.museum-aldein.com

Bergbauhistorie

Radein   Einer der höchstgelegenen Orte Südtirols, etwas südöstlich von Aldein, ist Radein, das aus vereinzelten, um den Regglberg gelegenen Bauernhöfen besteht. Eine Hofgruppe trägt den ungewöhnlichen Namen »Stadt«. Die Bezeichnung erinnert daran, dass die Knappen, die einst hier wohnten und in der Bletterbachschlucht Bergbau betrieben, im Unterschied zu den bäuerlichen Bewohnern jedoch das Stadtrecht besaßen.

Vor der Besichtigung der Bletterbachschlucht empfiehlt sich der Besuch des **Geomuseums** im Peter-Rosegger-Haus neben der Kirche in

ALDEIN – RADEIN ERLEBEN

TOURISMUSVEREIN ALDEIN – RADEIN
Dorf 34, 39040 Aldein
Tel. 0471 88 68 00
www.aldein-radein.com

TOURISMUSVEREIN TRUDEN
Am Kofl 2, 39040 Truden
Tel. 0471 86 90 78
www.trudnerhorn.com

Busse von und nach Montan, Auer, Neumarkt, Deutschnofen

PLONER €€€
Richard Ploner serviert eine mediterran angehauchte Küche, z. B. schwarze Bandnudeln mit Schwertfisch und rotem Paprika.
Dachselweg 1
Tel. 04 71 88 65 56
Mo. mittags und Di. geschl.

KRONE €€–€€€
Der historische Gasthof ist seit 1720 in Familienbesitz. In den holzgetäfelten Stuben wird feine Südtiroler Küche serviert, u. a. Milzknödel. Es gibt auch 15 gemütliche Zimmer und einen kleinen Wellnessbereich oder man wohnt auf der familieneigenen Almhütte.
Dorfplatz 3
Tel. 04 71 88 68 25
www.gasthof-krone.it

BERGHOFER €€€€
Zeitgenössisches Design mischt sich hier mit Südtiroler Tradition. Speisekarte und Weinkeller sind ambitioniert. Es gibt einen kleinen Wellness-Bereich.
Oberradein 54
Tel. 04 71 88 71 50
Juni – Anfang Okt.
www.berghofer.it

ZIRMERHOF €€€€
Am Waldrand in saftigen Wiesen liegen – mit Blick auf die Berge – drei urige Berghütten mit Kachel- oder Kaminofen. Der dazugehörende Zirmerhof, ein schon im 12. Jh. erwähntes Traditionshotel mit 35 Zimmern, Wellness, Pool und eigenem Hofladen, liegt nur wenige Minuten entfernt. Als »Paradies der Weite und Freiheit« beschrieb Richard von Weizsäcker hier seinen Aufenthalt.
Oberradein 59
Tel. 04 71 88 72 15
www.zirmerhof.com

JOCHGRIMM €€
Im familiengeführten Berghotel oberhalb von Aldein haben die Bergwiesen noch eine solche Blumenvielfalt, dass man schon seit mehr als 150 Jahren hier traditionelle Heubäder anbietet. Ein besonderer Genuss ist die Panorama-Blockhaussauna mit Blick auf die Dolomiten.
Jochgrimm 3
Tel. 04 71 88 72 32
www.jochgrimm.it

Oberradein. Es erklärt die Entstehung der Schlucht und stellt die Gesteinsarten sowie die wichtigsten Fossilienfunde vor.
Mai – Okt. tägl. 9.30 – 18 Uhr | 6 € | Tel. 04 71 88 69 46
www.museum-aldein.com

ZIELE
ALDEIN – RADEIN

Bletterbachschlucht

Geoparc Bletterbach: Lerch 40 | Mai – Okt. tägl. 9.30 – 17 Uhr | Besucherzentrum und Schlucht: 6 € | Führungen tägl. um 10.30 Uhr, 13 €
www.bletterbach.info

Erlebnis Erdgeschichte

UNESCO-Welterbe

Seit der Eiszeit vor 15 000 Jahren hat der Bletterbach eine 8 km lange und bis zu 400 m tiefe Schlucht unterhalb des Weißhorns ausgefräst. Die so entstandene Bletterbachschlucht ist heute UNESCO-Welterbe und gewährt einen Blick in das Innere der Berge und atemberaubende Einblicke in die Entstehungsgeschichte der Dolomiten: Sie bestehen aus rotem Vulkangestein und Sandstein bis zu schneeweißem Dolomit (▶Baedeker Wissen S. 112). Dabei sieht man nicht nur einen Querschnitt durch Gesteinsschichten, die vor 250 Mio. Jahren entstanden, sondern auch Spuren einst hier lebender Pflanzen und Tiere. Ein rund 4-stündiger Rundwanderweg führt, teilweise über Leitern und auf schmalen Steigen mit Geländer und Stufen, durch die Schlucht, die **Geoparc** genannt wird. Infotafeln erläutern die Entstehung der Schlucht, Fossilien und Mineralien. Es gibt mehrere Einstiege: Beliebt ist der Weg vom Besucherzentrum Geoparc Aldein nahe der Lahneralm (ca. 30 Min. bis in die Schlucht); am Parkplatz vor dem Schulhaus in Radein beginnt ein anderer gut beschilderter Weg (ca. 1 Std. bis in die Schlucht).

Die Bletterbachschlucht bei Aldein öffnet ein Fenster auf etwa 35 Millionen Jahre Erdgeschichte.

ZIELE
ANTHOLZER TAL

Flora und Fauna des Südens
Hier blühen Orchideen, Feuerlilien und Anemonen, mit viel Glück lässt sich ein Wiedehopf beobachten. Denn südlich von Aldein – Radein liegt das Bergdorf Truden (1127 m) und das Zentrum des **Naturparks Trudener Horn**, der vom Etschtal im Westen, vom Fleimstal im Südwesten und vom Zimberntal (Val di Cembra) im Süden begrenzt wird. Die beiden Letzteren liegen schon in der Provinz Trentino. Er ist der südlichste und der am niedrigsten gelegene Naturpark Südtirols mit artenreicher Tier- und Pflanzenwelt: Durch das Gelände führt ein großes Angebot an auch leicht begehbaren Wanderwegen. Das **Naturparkhaus Trudener Horn** in einer alten Mühle informiert über Flora, Fauna und die geologische Entstehung der Landschaft. Die Mühle wurde restauriert, gelegentlich wird Getreide gemahlen und Brot gebacken (Auskunft beim Verkehrsamt Truden).
Naturparkhaus: Am Kofl 2 | April – Okt. Di. – Sa., Juli – Sept. auch So. 9.30 – 12.30, 14.30 – 18 Uhr | Tel. 0471 86 92 47

Truden
(Trudena)

★ ANTHOLZER TAL

Italienisch: Valle di Anterselva

Das Antholzer Tal, ein Seitental des Pustertals, gehört zu den weniger erschlossenen Tälern. Es beginnt bei Olang (▶ Bruneck, S. 100) als breites Becken, verengt sich in Richtung Norden und bildet die Ostgrenze des Naturparks Rieserferner-Ahrn. Vor allem im oberen Abschnitt sorgen die nahen Dreitausender für hochalpinen Charakter.

Das Tal ist bei Langläufern und Biathleten sehr beliebt; hohe Schneesicherheit bietet ideale Bedingungen. Aber nicht nur Extremsportler, auch Naturliebhaber und Erholungsuchende sind hier richtig, u. a. wegen dem traumhaft gelegenen Antholzer See, der von den beiden Dreitausendern Wildgall und Hochgall dominiert wird.

Mekka der Langläufer

▌ Wohin im Antholzer Tal?

Für Archäologieinteressierte
Erster Ort des Antholzer Tals ist Rasen mit den beiden Ortsteilen Oberrasen (1040 m) und Niederrasen (1030 m). Das bei Niederrasen entdeckte **Feld mit Urnengräbern** aus der Hallstattzeit (6. – 8. Jh. v. Chr.) gehört zu den wichtigen archäologischen Stätten Südti-

Rasen

DAS ANTHOLZER TAL ERLEBEN

TOURISMUSVEREIN RASEN
Niederrasen 60, 39030 Rasen
Tel. 04 74 49 62 69
www.rasen.it

**TOURISMUSVEREIN
ANTHOLZER TAL**
Mittertal 81
39030 Antholz-Mittertal
Tel. 04 74 49 62 69
www.antholz.com
Täglich mehrmals Busse zwischen Bruneck, Olang und Antholz-Mittertal. Im Winter Skibus zum Kronplatz (▶ Bruneck S. 99).

**SCHLOSSHOTEL ANSITZ
HEUFLER €€€**
Der Ansitz (1579) am Anfang des Antholzer Tals gehört zu den schönsten in Südtirol. Mit 8 charmanten Zimmern, einer Bar und einem typischen Restaurant.
Rasen, Oberrasen 54
Tel. 04 74 49 62 18
Restaurant Mo. geschl.
www.ansitz-heufler.it

BAD SALOMONSBRUNN €€€
1559 zum ersten Mal erwähnt, entwickelte es sich zu einem sehr beliebten »Badl«. Mit modernem Anbau. Sauna, Dampfbad und Radonbad.
Rasen, Antholzerstr. 1
Tel. 04 74 49 21 99
www.badsalomonsbrunn.com

SEEHAUS €€€
Gemütliches Familienhotel direkt am Antholzer See. Die Küche ist für hausgemachte Süßspeisen bekannt.
Antholz-Obertal, Obertal 16
Tel. 04 74 49 23 42
www.hotel-seehaus.com

BRUGGERWIRT €–€€
Die Wirtsstube von 1835 steht unter Denkmalschutz. Serviert wird herzhafte Tiroler Küche.
Antholz-Mittertal, Mittertal 20
Tel. 04 74 49 21 20
www.bruggerwirt.it

Rund 60 km präparierte Loipen durchziehen das Tal. Besonders schön ist die Spur rund um den Antholzer See, etwas anstrengender die hinauf zum Staller Sattel, im Sommer gibt es die Variante mit Nordic Walking (**Biathlon- und Langlaufschule**, Antholz-Obertal, Obertalerstr. 33, www.langlaufantholz.it).

---

rols. Gegenüber von Oberrasen, direkt an der Straße, steht der stattliche Ansitz Heufler aus dem 16. Jh., heute ein gediegenes Hotel mit herrlich getäfelten Gaststuben im Renaissancestil. Etwas oberhalb liegt die **Burgruine Neurasen** aus der Zeit um 1200 versteckt im Wald, ein Stück weiter erhebt sich ein Ensemble von Erdpyramiden (▶ S. 77).

Rasner Möser — **Seltene Flora und Fauna in einem ehemaligen Moor**
Die Antholzer Talstraße durchquert das frühere Hochmoor Rasner Möser. Das Wort Rasen kommt aus der keltischen Sprache und be-

ZIELE
ANTHOLZER TAL

Im Antholzer See spiegeln sich die Gipfel von Wildgall und Hochgall.

deutet Sumpf. Früher war das gesamte Gebiet von einem See bedeckt, der mit der Zeit verlandete. 1923 wurde das 23 ha große Gebiet mit seltener Flora und Fauna unter Naturschutz gestellt, man kann das Biotop auf einem Naturlehrpfad kennenlernen. Vom Parkplatz beim Kulturhaus in Oberrasen führt ein 20-minütiger Spazierweg dorthin.

Von Heilquellen und Gasthäusern

Das nur wenige Kilometer entfernte **Bad Salomonsbrunn** ist für seine Radonquelle bekannt und besteht nur aus einem Hotel aus der Gründerzeit. Doch seine Lage und die blau-weiße Fassade sorgen für viel Aufmerksamkeit. Nun verengt sich das Tal und bei **Antholz-Niedertal** rücken die imposanten Felsmassive der Rieserfernergruppe ins Blickfeld. Die Kirche St. Walburg schmückt ein schönes Christophorus-Fresko, das der Pacher-Werkstatt (15. Jh.) zugeschrieben wird.

Weiter das Tal hinauf

Das kleine Dorf **Antholz-Mittertal**, Zentrum des hinteren Antholzer Tals und 1241 m hoch gelegen, hat zwei sehenswerte Gasthäuser. Die Wandtäfelung der Gaststube des **Bruggerwirts** schmücken die zwölf Apostel. Der **Wegerkeller** (1693) vor der Pfarrkirche ist das älteste Gasthaus im Antholzer Tal. Seine Wand zieren acht 1753 gemalte Figuren eines »Totentanzes«, jede mit einem Spruch für einen Zecher (der Wegerkeller gehört heute zum Santeshotel Wegerhof).

Über Antholz-Obertal (1418 m) und am modernen Stadion des Biathloncenters vorbei erreicht man den traumhaft gelegenen **Antholzer See**, der von den beiden Dreitausendern Wildgall und Hochgall dominiert wird. Im Winter ist der verschneite See mit einer 5 km langen Loipe ein Mekka für Langläufer. Vom Antholzer See führt eine schmale Passstraße zum 2052 m hoch gelegenen **Staller Sattel** und dann hinab ins österreichische Defreggental. Sie ist im Winter und häufig auch nachts geschlossen.

★ AUER

Italienisch: Ora | Höhe: 242 m ü. d. M. | Einwohner: 3550

Sümpfe sind eine perfekte Kulisse für Kriminalgeschichten. Nun ist das Südtiroler Unterland zwar längst trockengelegt, doch von der Kunstraubszene kann man das mitnichten behaupten. Fast 50 Jahre lang waren Engel aus dem berühmten Hans-Klocker-Altar in Pinzon spurlos verschwunden, bis sie kürzlich auf einer Auktion wie aus dem Nichts wieder auftauchten. Ein rätselhafter Ort sind auch die Ruinenfelder von Castelfeder, die im Nebel an Gemälde von Caspar David Friedrich erinnern. Auer liegt im Südtiroler Unterland am östlichen Rand des Etschtals auf fruchtbarem Schwemmland. Im Osten sorgen die schützenden Berge für ein ideales Klima.

Erst die Trockenlegung der Etschsümpfe im 19. Jh. ermöglichte auf fruchtbarem Schwemmland im Südtiroler Unterland ein Auskommen für die Bauern, die ausschließlich von Obst- und Weinbau lebten. Heute haben sich etliche Industriebetriebe angesiedelt, da Auer perfekt an das Verkehrsnetz angebunden ist. Quasi vor der Haustür liegen die Autobahn und die Bahntrasse der Nord-Südverbindung Brenner – Verona. Zusammen mit Castelfeder, Neumarkt (▶ S. 229), Montan und Salurn (▶ S. 179) gehört Auer zur Ferienregion Castelfeder.

❚ Wohin in Auer und Umgebung?

Ein Dorf wächst über seine Kirche hinaus

Auer

Von übermannshohen Natursteinmauern eingefasste, eng verwinkelte Gassen und zahlreiche Weinbauernhöfe prägen das Dorf. Südlich des Ortskerns geht es einige Stufen hinab zur spätgotischen **Pfarrkirche St. Peter**, die noch den romanischen Turm eines Vorgänger-

AUER ERLEBEN

CASTELFEDER AN DER SÜDTIROLER WEINSTRASSE
Hauptplatz 5, 39040 Auer
Tel. 04 71 81 02 31
www.castelfeder.info

GOLDENER LÖWE €–€€
Der seit 1865 von der Familie Pichler geführte Gasthof war einst auch Zollstation für Schloss Enn. Es gibt verfeinerte Tiroler Gerichte, dazu eine große Auswahl lokaler Weine.
Montan, Kirchplatz 11
Tel. 04 71 81 98 44
www.goldenerloewe.it

HOTEL AMADEUS €€
Eine Runde im schönen Pool schwimmen und das mitten im Dorfzentrum kann man im traditionsreichen Hotel Amadeus mit 34 Zimmern.
Auer, Fleimstalstr. 1
Tel. 04 71 81 00 53
www.hotel-amadeus.it

Lob von der Weinbibel »Gambero rosso« gibt es für den Cabernet Sauvignon Sass Roà Ris, den Gewürztraminer Elyond und den roten Col de Réy, ein Verschnitt aus Lagrein, Petit Verdot und Tannat, des Weinguts **Laimburg** (Laimburg 6, Auer-Pfatten, www.laimburg.bz.it).

---

baus besitzt. Die Kirche liegt um einiges tiefer als die Umgebung, denn in den vergangenen Jahrhunderten trat der aus den Bergen heranströmende Schwarzenbach häufig über seine Ufer und lagerte dabei auch viel Geröll und Schutt ab. Ein großes Christophorus-Fresko, Schutzpatron der Wanderer, schmückt die Westfassade der Kirche. Im Innern fallen ein wuchtiger spätbarocker Altar und die vom Füssener Meister Hans Schwarzenbach gebaute Orgel auf. Im 17. Jh. wurde als Alternative die Marienkirche im eigentlichen Dorfzentrum gebaut. Die beiden Ansitze ganz in der Nähe, Schloss Auer mit einer Renaissancefassade und Baumgarten, heute Sitz der Schule für Landwirtschaft, gehen auf dörfliche Burgen aus dem 12. Jh. zurück.

Kraftort mit Aussicht
Der einsam gelegene, rätselhafte Ort Castelfeder (von lat. castellum vetus = alte Burg oder von ladinisch federa = Weide), südlich von Auer an der Straße ins Fleimstal, steht im Kontrast zu dem sonst so anheimelnden Südtirol. Römische Mauerreste, Turmstümpfe, Relikte spätantiker Befestigungen und einer markanten vormittelalterlichen Ringmauer, die sogenannten **Kuchelen**, die einst wohl das ganze obere Plateau einrahmten, liegen verstreut zwischen Weißdornhecken und kleinen Steineichen. Südwestlich davon soll ein Zentrum uralten Fruchtbarkeitsglaubens liegen. Das Hinunterrutschen über die »Fruchtbarkeitsrutsche«, ein flacher, inzwischen fast glatt polier-

Castelfeder

DIE KRAFT DES UNSICHTBAREN
Caspar David Friedrich kommt einem in den Sinn, wenn die Nebelschwaden um die **Ruinen von Castelfeder** streifen. Die sogenannten Kuchelen, Mauerreste einer vormittelalterlichen Ringmauer, sind einer der einsamsten und rätselhaftesten Orte im Land. Erst recht mystisch wird es durch die sie umgebenden Steineichen, ein Zentrum uralten Fruchtbarkeitsglaubens.

ter Porphyrstein, soll nach dem Volksglauben den ersehnten Kinderwunsch erfüllen. Am höchsten Punkt des Hügels, von wo aus man einen grandiosen Ausblick ins Etschtal hat, stehen die Fundamente der im 10. Jh. erbauten **Barbarakapelle**, die wohl bis 1750 genutzt und dann dem Verfall preisgegeben wurde.

Ein Schloss und eine stillgelegte Bahntrasse

Montan

Montan liegt etwa 4 km südlich von Auer auf einer Bergterrasse inmitten von Weinbergen. Beherrscht wird der kleine Ort von **Schloss Enn**. Erbaut wurde es im 12. Jh. als Stammburg der Grafen von Enn, die sich mit den Grafen von Eppan und Tirol um die Macht stritten. Im 19. Jh. wurde es im historisierenden Stil mit Türmchen und Zinnen restauriert. Die herrschaftliche Anlage ist in Privatbesitz und nur während des Schlosskonzerts Mitte August für Besucher geöffnet. Die Pfarrkirche St. Bartholomäus stammt ursprünglich aus dem 14. Jh., aus dieser Zeit ist nur der vierkantige Glockenturm erhalten. Das Übrige wurde auch im historisierenden Stil umgebaut. Auf dem Friedhof liegt Ettore Tolomei begraben (▶ S. 359), der die rigorose Italienisierungspolitik unter Mussolini in Südtirol umsetzte und seine letzten Jahre in dem kleinen Dorf Glen verbrachte. Zwischen hier und Kaltenbrunn gibt es auf der **Trasse der stillgelegten Fleimstalbahn** eine 12,7 km lange Strecke, die gern von Wanderern und Radfahrern genutzt wird. Taschenlampen tun bei den Tunneln gute Dienste.

Der Kunstraub

Pinzon

Ein wahrer Krimi spielte sich 1971 in der überaus besuchenswerten **Kirche von St. Stephan** im Montaner Ortsteil Pinzon ab: Aus einem der bedeutendsten Flügelaltäre des Unterlands, gefertigt vom Brixner Meister Hans Klocker, wurden das Jesuskind und vier einen Vorhang tragende Engel gestohlen. Bislang hat man sie durch Kopien ersetzt.

Zwei Engel tauchten Ende 2017 in einem bayerischen Auktionshaus wieder auf, sie sollen bald wieder nach St. Stephan kommen. Schließlich ist Klocker neben Michael Pacher einer der großen Bildschnitzer der Gotik. In St. Stephan zeigen die einzelnen Schreinfiguren und die acht Reliefs von Heiligen an den Flügeln sein Können. Im Schrein sitzt Maria mit dem Kind, dem sie einen Apfel reicht, flankiert von den beiden Heiligen Laurentius und Stephan. Die beiden Flügelaußenseiten zeigen vier Gemälde mit Szenen aus der Stephanslegende.

St. Stephan entstand auf den Grundmauern eines romanischen Vorgängerbaus. 1410 baute Meister Konrad von Neumarkt einen Chor in reinster Hochgotik mit Rippengewölbe und reliefverzierten Kämpfern am Triumphbogen. Das Langhaus wurde aus dem romanischen Mauerwerk neu errichtet, der Turm ist noch original. In der **Loreto-Kapelle** nebenan wird die »Casa Santa« (Haus der Heiligen Familie) in Loreto verehrt. Die Malereien stammen von dem Brixner Stephan Kessler und Michelangelo Unterberger aus Cavalese.

St. Stephan: nur bei Gottesdiensten geöffnet; Auskunft beim Tourismusamt Neumarkt (S. 230)
Loreto-Kapelle: Schlüssel beim Messner | Tel. 04 71 81 28 71

Meisterwerk von Unbekannt

Einen Katzensprung von Castelfeder entfernt auf der anderen Straßenseite liegt die kleine Kirche St. Daniel am Kiechlberg, eher versteckt zwischen Rebgärten des Girlaner Weinguts Schreckbichl. Die Nordwand der Kirche schmückt ein großes Fresko mit Daniel in der Löwengrube, vermutlich das Werk eines lombardischen Wandermalers von 1448. Größter Schatz ist der prächtige **Flügelaltar** eines unbekannten Meisters von 1525. Die beiden Schreinwächter Georg und Florian rechts und links sieht man nur bei geschlossenen Altarflügeln. Im Schrein sitzt Maria mit zwei Heiligen, die Innenseiten der Altarflügel tragen Reliefs von Petrus und Paulus, die Außenseiten herrliche Gemälde mit Szenen aus dem Leben des hl. Daniel.

St. Daniel am Kiechlberg

Besichtigung mit Führung: Anmeldung beim Tourismusamt Castelfeder

Zwei Ausflugsziele nördlich von Auer

Nördlich von Auer, am westlichen Etschufer, stehen auf dem Mitterberg die Ruine Leuchtenberg und die Reste der Laimburg. Im Tal befindet sich das renommierte **Land- und Forstwirtschaftliche Versuchszentrum Laimburg**. Die Weingärten der gleichnamigen Landeskellerei liegen in Südtirol verstreut und natürlich rund ums Haus. Die Weine kann man vor Ort auch kaufen.

Laimburg

Rund 12 km nördlich von Auer liegen Branzoll (Bronzolo) mit seinem hübschen historischen Ortskern am östlichen Etschufer und, jenseits der Autobahn, die Siedlung Pfatten. Als die Etsch noch schiffbar war, befand sich hier der Hafen von Bozen. In beiden Orten wohnen fast ausschließlich italienischsprachige Südtiroler.

Branzoll

ZIELE
BOZEN

 BOZEN

Italienisch: Bolzano | Höhe: 262 m ü. d. M. | Einwohner: 107 000

H/J 4/5

Bolzano, schon allein der italienische Name der Landeshauptstadt klingt wohlig nach Süden und mediterranem Flair, und das nicht ohne Grund. Schließlich lebt hier mit mehr als 70 Prozent der größte Anteil italienischsprachiger Südtiroler. Vom Süden strömt stets warme Luft in den Talkessel, daher fliehen viele Bozner in heißen Sommern gerne zur Sommerfrische auf den Ritten. Das nicht immer einfache Zusammenleben der italienisch- und deutschsprachigen Bevölkerung führt heute zu einer spannenden Mischung von mediterraner Lässigkeit und deutscher Gründlichkeit. Heute ist Bozen ein lebendiges Zentrum von Kunst, Bildung und Handel mit einer dreisprachigen Universität, einem Theater, einem Museum für Moderne Kunst und natürlich dem Ötzi!

ZIELE
BOZEN

Wie die Perle in der Auster hat sich die historische Altstadt in einer Schale versteckt. Denn bereits 1934 beschlossen die faschistischen Machthaber den Bau einer Industriezone, um die politisch motivierte Ansiedlung italienischer Arbeitskräfte zu forcieren. Will man ins malerische Stadtzentrum vordringen, gilt es heute zunächst ein großes Industrie-, Gewerbe- und inzwischen auch Neubaugebiet zu überwinden, welches die Landeshauptstadt umgibt und über die Jahre stetig gewachsen ist. Doch auf diese Weise ist das Zentrum zum Glück von großen Shoppingcentern, Elektro- oder Baumärkten bislang verschont geblieben. Auch Plätze und Gassen sind dank unterirdischem Parkhaus weitgehend autofrei, weshalb die Altstadt regelrecht zum Flanieren einlädt. Man kann es aber auch den vielen Boznern gleichtun und gemütlich durch die Stadt radeln. Wegen des überaus milden Klimas zieht es die Menschen hier ohnehin gern ins Freie. Man plaudert in den Cafés, bummelt durch die Lauben und trifft sich zum Aperitif in einem der Lokale am Obstmarkt.

Spröde Schale, malerischer Kern

Der Bozner Obstmarkt, beliebter Treffpunkt und Marktplatz der Genüsse

BOZEN ERLEBEN

VERKEHRSAMT DER STADT BOZEN
Südtiroler Str. 60
39100 Bozen
Tel. 04 71 30 70 00
www.bolzano-bozen.it

Die Altstadt erkundet man am besten zu Fuß. Ein großes Parkhaus gibt es unter dem Waltherplatz, weitere Parkflächen am Rand der Altstadt. Am Bozner Bahnhof halten alle Fernzüge zum und vom Brennerpass sowie Regionalzüge von und nach Meran. Der Busbahnhof liegt in der Nähe des Bahnhofs, Perathoner Straße; www.sasabz.it. Die **Mobilcard** ist für alle öffentlichen Verkehrsmittel gültig. In Kombination mit über 90 Museen heißt sie museumobil Card; wer sein Fahrrad mitnehmen möchte, kauft die bikemobil Card (Infos: www.mobilcard.info).

TOURISMUSVEREIN RITTEN
Dorfstr. 5
39054 Klobenstein/Collalbo
Tel. 04 71 35 61 00
www.ritten.com

Auf den Ritten:
Seilbahn Ritten/Oberbozen (Funivia del Renon): Talstation im Bozner Vorort Rentsch beim Bahnhof: Mo. – Sa. 6.30 – 21, So. 7.10 – 21 Uhr, im 4-Minuten-Takt, Fahrzeit 12 Min., Hin- und Rückfahrt 10 €
Besonders schön ist die Fahrt nach Einbruch der Dunkelheit, wenn unter einem die Stadt Bozen im hellen Lichtermeer funkelt.

Die Bozner Weinkost im März (www.weinkost.it) sowie das Genussfestival im Mai in der Altstadt (www.genussfestival.it) sind **kulinarische Highlights**.
Das international besetzte **Tanzfestival** findet im Juli statt (www.bolzanodanza.it).
Großer **Weihnachtsmarkt** am Waltherplatz vom 1. Advent bis 24. Dezember.
Auf dem **Ritten** finden Mitte/Ende Juli Sommerspiele mit Theater und Konzerten statt und am Bartlmastag (24. Aug.) ist Almabtrieb mit Almfest (www.rittnersommerspiele.com).

❶ ZUR KAISERKRON €€€€
Das Barockpalais der ehemaligen Kaufmannsfamilie Pock (1759) gibt mit seinem Kaiser- und Goethesaal den prunkvollen Rahmen für Südtiroler Küche mit mediterranem Touch: Adlerfisch-Sashimi oder Bio-Freilandhuhn nach Teufelsart vom Holzkohleofen.
Musterplatz 2
Tel. 04 71 98 02 14
So. geschl.
www.zurkaiserkron.com

❷ LÖWENGRUBE €€€–€€€€
In der Grube des Löwen, einem Gasthaus von 1543, wartet eine Weinbar mit über 1000 Positionen und gehobener Gastronomie mit regionalen Ausflügen auf, u. a. Villnösser Brillen-Lammnacken oder Kastaniengnocchi. Serviert wird in minimalistischen wie gemütlich gestalteten neugotischen Stuben mit Jugendstilkachelofen.
Zollstange 3
Tel. 04 71 97 00 32
So. geschl.
www.loewengrube.it

ZIELE
BOZEN

❸ VÖGELE €€–€€€
Da lässt sogar die Oma daheim das Kochen sein. Traditionsgerichte aus der Südtiroler Küche wie das leckere Knödel-Trio aus Spinat, Käse und Rote Bete werden in verschiedenen Gewölbestuben im Biedermeierlook oder draußen unterm Arkadengang serviert. Erstmals 1277 erwähnt und früher noch unter dem Namen »Roter Adler« bekannt, ist das Vögele eine Bozner Institution.
Goethestr. 3
Tel. 04 71 97 39 38
So. geschl., www.voegele.it

❹ FISCHBÄNKE – BEI COBO €
Die Mitte April bis Mitte Okt. geöffnete Freiluft-Bar des Künstlers und Weltenbummlers Cobo begeistert z. B. mit Aperitif und Bruschette.
Dr.-Streiter-Gasse 28
Sa. abends und So. geschl.

❺ WEISSES RÖSSL €
Herzhafte und preiswerte Tiroler Küche bis Mitternacht! Zur Mittagszeit müssen auch mal sechs Personen an einen Vierertisch.
Bindergasse 6
Tel. 04 71 97 32 67
Sa. abends, So. geschl.
www.weissesroessl.org

❻ WÜRSTLWAGEN €
Verführerischer Duft aus allen Himmelsrichtungen. Die deftigen Wurstdelikatessen gehen noch auf die k.-u.-k.- Monarchie zurück. Es gibt noch drei traditionelle Würstlstände in der Altstadt:
am Obstplatz, an der Goethestr./Ecke Leonardo-da-Vinci-Str. und der Stampfl-Stand in der Museumsstraße

❼ NADAMAS €–€€
Trendlokal mit ungezwungener Atmosphäre, interessanter Weinkarte und kleinen Gerichten im Tapas-Stil.
Obstplatz 43–44
Tel. 04 71 98 06 84
So. geschl.
www.ristorante-nadamas.it

❽ HOPFEN & CO €–€€
Herrlich an einem lauen Sommerabend: mit selbst gebrautem Bier auf dem Obstplatz zu stehen. Sehr beliebt und entsprechend besucht!
Obstplatz 17
Tel. 04 71 30 07 88
Kein Ruhetag
www.boznerbier.it

❾ FRANZBAR €–€€
Typisch italienische Feierabendkultur: mit einem Hugo in der Hand die leckersten Häppchen und Snacks der Stadt verspeisen wie kleine Brötchen mit Speck, Parmaschinken oder Käse.
Leonardo-da-Vinci-Straße 1
Tel. 04 71 30 02 52

❿ CAFÉ EXIL €
Wo Bozner bei der Zeitungslektüre mit Kaffee, Aperitif oder Wein zwischen Waltherplatz und Laubengasse ihr persönliches Exil finden.
Kornplatz 2
Tel. 04 71 97 18 14; So. geschl.
www.vinum.it/exil

⓫ GELATERIA AVALON €
Schräges Lädchen mit viel buntem Neon und dem besten Bio-Eis der Stadt aus saisonalem Obst
Freiheitsstr. 44
Tel. 04 71 26 04 34
www.officinadelgeloavalon.eu

UNTERHALTUNG

CARAMBOLAGE
Kellertheater für Kabarett, Musik, experimentelles Theater und Lesungen. Im Sommer geschlossen.
Silbergasse 19
Tel. 04 71 98 17 90
www.carambolage.org

ZIELE
BOZEN

NEUES BOZNER STADTTHEATER
Aufführungen in Deutsch und Italienisch
Verdiplatz 40
Tel. 04 71 06 53 20
www.theater-bozen.it

FILMCLUB
Anspruchsvolle Filme in Deutsch und Italienisch
Dr.-Streiter-Gasse 8/d
Tel. 04 71 05 90 90
www.filmclub.it

ZIELE
BOZEN

❶ GREIF €€€€
Ein kleines Booklet am Zimmerschlüssel gibt Auskunft über die Kunstidee des jeweiligen Raumes. Denn das seit 1816 existierende Hotel wurde 1999 von Boris Podrecca in ein Designhotel umgebaut und die 33 Zimmer von verschiedenen zeitgenössischen Künstlern gestaltet. Die stylische Grifoncino Bar (im Sommer auch auf dem Dach) ist ein Hotspot für Cocktails in Bozen.
Waltherplatz
Tel. 04 71 31 80 00
www.greif.it

❷ PARKHOTEL LAURIN €€€–€€€€
Als würden die »Roaring Twenties« erwachen: In der schummrigen Laurinbar, in der Jugendstil-Fresken die Sage von König Laurin erzählen, trifft sich die Stadtprominenz bei Jazzmusik oder speist in eleganter Art-nouveau-Architektur im Restaurant mit Blick in den idyllischen Park mit kleinem Pool und jahrhundertealten Bäumen. Ein Wassily Kandinsky, Oskar Kokoschka oder Markus Lüpertz im Zimmer gefällig? Kein Problem.
Laurinstr. 4
Tel. 04 71 31 10 00
www.laurin.it

❸ STADTHOTEL €€
Der Bau aus der Gründerzeit bietet postmodern renovierte Zimmer mit Blick auf den Waltherplatz. Das dazugehörende Stadtcafé mit Außentischen zum Hauptplatz ist ein beliebter Treffpunkt.
Waltherplatz 21
Tel. 04 71 97 52 21
www.hotelcitta.info

❹ MIRROR HOUSE €€€
Spiegelein, Spiegelein mitten im Grünen: In modernen verspiegelten Wohnwürfeln mit je zwei Ferien-Wohneinheiten, in denen sich die Landschaft bricht, logiert man in zeitgenössischer Architektur von Peter Pichler auf höchstem Niveau am Stadtrand von Bozen.
Grutzenweg 75
Tel. 0 33 36 60 66 69
www.mirror-houses.com/deutsch

❺ KOHLERN €€€
Das Hotel in alpinem Jugendstil liegt idyllisch oberhalb von Bozen auf dem Kohlern. Von der Terrasse blickt man auf Überetsch und Eisacktal; Wellnessbereich und Infinitypool. Die Kohlernbahn befindet sich in nächster Nähe (Fahrzeit nach Bozen 5 Min., für Hotelgäste gratis).
Kohlern 11
Tel. 04 71 32 99 78

❻ PARKHOTEL HOLZNER €€€
Wie aus der Zeit gefallen wohnt es sich in behutsam restauriertem Jugendstil dieses Architekturjuwels von 1908. Thonet-Bestuhlung, Jugendstilleuchter und federndes honigfarbenes Parkett. Familienfreundliches Haus mit Wellnessbereich und beheiztem Außenpool sowie einem historischen Aussichtsturm für Sterngucker. Sommerfrische vom Feinsten in Oberbozen direkt neben der Rittner-Seilbahn (Fahrzeit 12 Min., für Hotelgäste gratis).
Dorf 18
Oberbozen / Ritten
Tel. 04 71 34 52 31
www.parkhotel-holzner.com
www.kohlern.com

❼ HOTEL ANSITZ KEMATEN €€€
Der 750 Jahre alte Gutshof liegt oberhalb von Klobenstein. Gute Südtiroler Küche und Desserts aus der eigenen Konditorei.
Klobenstein, Kematerstr. 29
Tel. 04 71 35 63 56
Mo. geschl., www.kematen.it

ZIELE
BOZEN

❽ RIELINGER HOF €
Der schon Anfang des 13. Jh.s erwähnte Rielinger Hof hat auch 2 Ferienwohnungen und 2 Doppelzimmer; beliebter Buschenschank.
Klobenstein
Siffianer Leitach 7
Tel. 04 71 35 62 74
www.rielinger.it

Bekleidung, Stoffe und Kunsthandwerk
Hubert Gasser führt Kollektionen aus feinsten Baumwollstoffen, Leinen, Seide oder Kaschmir (Waltherplatz 23, www.hubertgasser.com). Feinste Stoffe und Loden in großer Auswahl gibt es bei **Mössmer** (Musterplatz 3, www.moessmer.it) und auch bei **Oberrauch-Zitt** (Lauben 67, www.oberrauch-zitt.com).
Im **Rizzolli** werden Schuhe, Taschen und Hüte angeboten. Spezialität sind kuschelige Filzpatschen (Lauben 60). Eine gute Auswahl an Südtiroler Kunsthandwerk aus Holz, Textil oder Ton führen die **Südtiroler Werkstätten** (Lauben 39, www.werkstaetten.it). Bekannt für ihre pausbäckigen Engel aus Ton ist die Unternehmerfamilie Thun, die im **Thuniversum** auch Dekoartikel und Geschirr in einem modernen Riesenkomplex mit Panoramaaussicht auf die Dolomiten anbietet, den der berühmte Sohn des Hauses, der Architekt Matteo Thun, konzipiert hat (Galvani-Straße 29, www.thun.it).

Auch die Hauptzentrale des Südtiroler **Outdoorgiganten Salewa** an der Autobahnausfahrt Bozen-Süd (Waltraud-Gerbert-Deeg-Str. 4, www.salewa.it) ist nicht zu übersehen. Der Salewa Cube mit Shop, öffentlicher Kletterhalle und Bistro wirkt wie ein Bergmassiv, in dessen Glasfassade sich die umliegende Landschaft spiegelt wie in einem Bergkristall.

Kulinarisches
Die Stände auf dem Obstmarkt bieten die ganze Woche über (Mo. bis Sa.) frische Produkte aus der Region. Auch im **Genussmarkt PUR** (Perathonerstr. 9, www.pursuedtirol.com) kann man nur allerbeste Ware aus einheimischer Produktion kaufen. Um die Atmosphäre eines Markts zu schaffen, liegt von Obst, Wein, Kochutensilien bis zur Naturkosmetik vieles in Originalkisten aus. Die Idee hat Erfolg, auch die lokale Bevölkerung kauft mit Vergnügen ein. Selbst ein kleines Bistro mit Weinbar gibt es und Filialen in Meran, Bruneck und Lana.
Brot nach alten Rezepten gibt es bei der **Bäckerei Grandi** (Bindergasse 18). Tipp: Nuss- und Olivenbrot.
Im **Winestore** an der Autobahneinfahrt Bozen Nord (Gewerbegebiet Kardaun 5, www.weindiele.com) kann man aus 3000 verschiedenen Weinsorten und 1000 Destillaten auswählen, darunter auch seltene Produzenten und ältere Jahrgänge, und vor der Heimfahrt seinen Kofferraum füllen.

Wo der Süden beginnt

Aufregende Lage

In Bozen münden die beiden Flüsse Eisack und Talfer in die aus dem Vinschgau kommende Etsch. Die Stadt selbst liegt in einem breiten Talkessel, der sich nach Süden hin öffnet und nicht nur warmes mediterranes Klima in die Stadt strömen lässt, sondern auch für sehr heiße Sommertage sorgt. So heiß, dass sich Bozner wie Besucher zur sogenannten Sommerfrische gerne auf die umliegenden Berge zurückziehen. Im Norden liegen hierzu die beliebten Ausflugsberge Ritten, Kohlerer Berg und Tschögglberg, während östlich die Gebirgsrücken des Schlern und des Rosengarten ins Blickfeld rücken. Im Westen schaut man auf die Weinberge von Eppan und die Ruine der mittelalterlichen Burg Sigmundskron. Nach Süden öffnet sich das Tal zur lieblichen Landschaft von Überetsch mit der Südtiroler Weinstraße.

Architektonische Kontraste

Die Altstadt wird von stattlichen Bürgerhäusern aus Gotik, Renaissance und Barock geprägt, mit Laubengängen, engen Gassen, Lichthöfen und vielen Erkern. Mittelpunkt ist der Waltherplatz mit der imposanten gotischen Pfarrkirche, deren filigraner Turm das Wahrzeichen der Stadt ist. Die westlich der Talfer gelegene, eher nüchterne italienische **Neustadt** entstand in der ersten Hälfte des 20. Jh.s; die meisten Gebäude im Stil des Funktionalismus aus der Zeit des Faschismus stehen heute unter Denkmalschutz.

Stadtbild

Vom Militärposten zur Provinzhauptstadt

Bozen geht auf den römischen Militärposten Bauzanum im heutigen Vorort Rentsch zurück. Hier teilte sich die wichtige Handelsstraße Via Claudia Augusta: Ein Strang führte zum Reschenpass hinauf, ein anderer über den Brenner. Nach dem Untergang des Römischen Reiches drängten die Germanen in das fruchtbare Land, um 680 folgten die Langobarden, um 740 die Franken. Als eigentlicher Stadtgründer gilt der Trienter Bischof Ulrich II., der 1027 das Etschtal mit dem Bozner Talkessel vom Deutschen Kaiser als Lehen erhalten hatte. In den folgenden Jahren musste sich das Bistum Trient gegen die kriegerischen Grafen von Eppan und Tirol wehren, bis 1277 Meinhard II. erfolgreich war und das prosperierende Handelsstädtchen von nun an zu Tirol gehörte.

Geschichte

Dank seiner Lage an der **Via Claudia Augusta** war Bozen schon früh ein Handelsplatz. Richtig in Schwung kam die Wirtschaft jedoch erst, nachdem es dem Bozner Wegebauer Heinrich Kunter gelungen war, zu Beginn des 14. Jh.s eine Trasse durch die Eisackschlucht anzulegen. Damals eine außerordentliche Leistung, denn der Fluss war wegen seiner ungestümen Wassermassen gefürchtet und die Kaufleute nahmen lieber den Umweg über den Ritten in Kauf. Doch nun lief der Warentransport zwischen Italien und dem Norden vornehmlich über den Brennerpass nach Bozen.

Bis zum Ende des Ersten Weltkriegs teilte Bozen die Geschicke des Habsburger Reichs. Im Frieden von Saint-Germain wurde die Stadt Italien zugesprochen. Unter Mussolini begann die politisch motivierte Ansiedlung von Arbeitskräften aus dem Süden Italiens. Nach dem Ende des Faschismus blieben viele Familien in Bozen. 1948 wurden die beiden Provinzen Bozen und Trient zum **autonomen Gebiet Trentino-Alto Adige** erklärt und Deutsch als zweite Staatssprache zugelassen.

ZIELE
BOZEN

OBEN: Seit dem Mittelalter blüht hier der Handel. Heute sind die Lauben die schickste Einkaufsmeile der Stadt.

UNTEN: Reise ins Mittelalter: Fahnenschwinger, Trommler und Trompeter in historischen Kostümen vor Bozens Dom Maria Himmelfahrt auf dem Waltherplatz

ZIELE
BOZEN

Wohin in der Altstadt?

Im Herz von Bozen
Im irrtümlichen Glauben, der Minnesänger **Walther von der Vogelweide** stamme aus Südtirol, wurde einst der weitläufigste Platz im Stadtzentrum Waltherplatz genannt. Doch wie man heute annimmt, liegt die Heimat des bedeutendsten Dichters des Hochmittelalters mit hoher Wahrscheinlichkeit in Niederösterreich. Unter Mussolini wurde das Denkmal entfernt, doch nun steht die imposante Statue aus Laaser Marmor (Heinrich Natter, 1889) wieder in der Platzmitte, unter der eine große Tiefgarage liegt. Umgeben wird der Platz von schönen Bürgerhäusern aus dem 17. Jh., heute sind darin viele Cafés. Am oberen Ende gelangt man zum Kornplatz (▶ S. 67).

Waltherplatz

Dreischiffiger Hallendom
Auffallend, weil weithin sichtbar, ist der filigrane Turm der gotischen Pfarrkirche Maria Himmelfahrt an der Südseite des Waltherplatzes, die seit 1964 **Dom** ist. Schon im 6. Jh. wurde hier in einem Vorgängerbau gebetet. 1180 erfolgte die Einweihung eines romanischen Neubaus, der im 13. und 14. Jh.s im spätgotischen Stil umgebaut wurde. Der Turm entstand 1517 nach Plänen von Hans Lutz von Schussenried. Bemerkenswert ist das **Weintor**, auch Leitacher Törl genannt, an der Nordwand im hochgotischen Stil mit zierlichen Steinplastiken: Man erkennt u. a. einen Winzer und eine Winzerin in zeitgenössischer Tracht.

Pfarrkirche Maria Himmelfahrt

Die oberitalienisch beeinflusste Vorhalle an der Westfassade ruht auf zwei von Löwenplastiken getragenen Säulen. Links vom Portal prangt das Fresko »**Die Plappermutter**« (Friedrich Pacher, Brixner Schule). Die Legende besagt, dass dorthin gebrachte Kinder mit Sprachproblemen nach drei Tagen zu reden anfingen.

Im Innern ist die dreischiffige Hallenkirche mit Umgangschor und barockem Hochaltar eher schlicht. Hauptsehenswürdigkeit ist die aus Sandstein gearbeitete **Kanzel** des schwäbischen Meisters Hans Lutz von Schussenried von 1514. Den Kanzelkorb schmücken Reliefs mit Kirchenvätern, auf der tragenden Säule sind Figuren im Pilgerkostüm zu sehen. Sehenswert sind außerdem eine Muttergottes aus Gussstein von Hans von Judenburg (15. Jh.) in der barocken Gnadenkapelle hinter dem Hochaltar, ein Herz-Jesu-Bild von dem in Südtirol verehrten Carl Henrici an der Südseite des Chorumgangs sowie die Reste des einst reichen gotischen Freskenschmucks, die erst bei der Restaurierung nach Zerstörungen im Zweiten Weltkrieg entdeckt wurden. Die Fresken an der Südwand des rechten Seitenschiffs links von der Tür zeigen u. a. die Enthauptung der hl. Dorothea und die Zähmung eines Drachens durch die hl. Martha. Im Propsteigebäude hinter dem Chor befindet sich die **Domschatzkammer** mit dem kostbaren Kirchenschatz.

Pfarrkirche: Mo. – Fr. 7.30 – 18, So. 8 – 20 Uhr | www.dompfarre.bz.it
Domschatzkammer: Di. – Sa. 10 – 12.30 Uhr | 4 €

ZIELE
BOZEN

Oase unter Baumriesen

Laurinpark

Mitten in der Stadt und doch völlig abgeschieden liegt der traumhafte Privatpark des Hotels Laurin (▶ Bozen erleben) nur einen Katzensprung vom Waltherplatz entfernt. Unter jahrhundertealten Zedern, mit dem Duft von Kamelien, wilden Orangen und Rosen lässt es sich auf lauschigen Wegen im kühlen Schatten wunderbar rasten, an erlesenen Kunstobjekten vorbeiflanieren oder den Poolschwimmern beim Bahnenziehen zusehen. Das Beste: Der Park ist öffentlich und steht nicht nur Hotelgästen offen.

Trutziges Ensemble

Dominikanerkloster und -kirche

In dem völlig verwahrlosten Gebäudekomplex aus Kirche und Kloster (gegründet 1272) entdeckte man erst bei der Restaurierung 1924 herrliche Fresken, die leider im Bombenhagel des Zweiten Weltkriegs sehr gelitten haben. Die Fresken im Kreuzgang (Friedrich Pacher, 1497) schildern Szenen aus dem Alten und Neuen Testament. 1498 wurde die Kirche in eine dreischiffige Hallenkirche umgebaut. Das westlich des Waltherplatzes gelegene Kloster musste 1785 schließen und diente später als Militärmagazin. Heute sind hier ein Konservatorium und eine Kunstsammlung untergebracht.
Mo. – Sa. 9.30 – 17, So. 12 – 18 Uhr
Kreuzgang: Mo. – Fr. 9.30 – 17.30, Sa. nur bis 12.30 Uhr

Farbenfroher Freskenzauber

Johanneskapelle

Die Wände und Decken der an den Chor der Klosterkirche angebauten Johanneskapelle sind überreich mit Fresken verziert. Sie zählen zu den **bedeutendsten Zeugnissen oberitalienischer Wandmalerei** in Südtirol. Schüler von Giotto di Bondone malten sie in der Mitte des 14. Jh.s und ihr Stil wurde wegweisend für die »Bozner Schule«, deren Figuren lebensnahe Individuen in perspektivisch dargestellten Räumen und Landschaften sind. Die Farben erreichen eine bis dahin unbekannte Intensität. Auftraggeber war die wohlhabende Bozner Bankiersfamilie Rossi/Botsch: Sie nutzte die Kapelle als Familiengrabstätte. Die Fresken erzählen Szenen aus dem Marienleben – eine weist auf den Mäzen: Musiker des Hochzeitszugs tragen Kleider mit schwarzen Streifen, dem Wappen der Familie Botsch –, aus der Legende des hl. Nikolaus und dem Leben Johannes' des Täufers. Besonders eindrücklich ist der monumentale »Triumph des Todes«, der mit Sense und Bogen bewaffnet im rasenden Galopp auf einem Pferd daherkommt.

Regionales Schlemmerparadies

Obstmarkt

Mehr als nur Obst und Gemüse gibt es am Obstmarkt, den man vom Dominikanerplatz über die Goethestraße erreicht. Die von mittelalterlichen Häusern gesäumten Marktstände sind montags bis samstags ein Treffpunkt der Kulturen und ein Ort der kulinarischen Genüsse für Einheimische und Touristen. Wo die Laubengasse beginnt, steht ein

ZIELE
BOZEN

von einem Neptun mit Dreizack verzierter Brunnen. Die 1746 gegossene Skulptur heißt bei den Einheimischen »Gabelwirt«. Die »Fischbänke« gegenüber erinnern an den Fischmarkt, der einst hier abgehalten wurde. Heute sind sie im Sommer eine beliebte Freiluft-Bar.

Allwetter-Shoppen unter Arkaden

Aufdringliche Werbung – Fehlanzeige! In den Lauben spielen die Fassaden ihren mittelalterlichen Charme aus und trumpfen mit Fresken, Stuckverzierungen und Erkern auf. Die schmale, teils noch von Häusern aus der späten Gotik gesäumte Laubengasse zieht sich vom Obstmarkt in Richtung Osten bis zum Rathausplatz. Seit dem Mittelalter blüht hier der Handel. Auch heute beleben Geschäfte und Boutiquen die Arkaden, unter denen es bei schlechtem Wetter so richtig voll wird.

Lauben

Ein typisches Laubenhaus ist an seiner Stirnseite sehr schmal, zieht sich aber über Treppen, Lichthöfe und Flure bis zur Nachbargasse. Dies ist gut zu sehen beim Traditionsgeschäft **Rizzolli** (Lauben 60), das mehrere Laubenhäuser einnimmt und für seine Filzpatschen berühmt ist. Viel von ihrer Vergangenheit mit Töpfen und Tiegeln hat die **»Apotheke zur Madonna«** (1443) in den Lauben 17 bewahrt. Ähnliches gilt für das **Thaler** von 1763 (Lauben 69), wo in der Parfümerie in alten Apothekerschränken edle Duftflakons kleiner italienischer und französischer Manufakturen offeriert werden und über den Dächern der Stadt ein Bistro schönste Aussichten und eine Champagnerbar gar mehr als 250 Sorten verschiedener Perlweine verspricht.

Die enge Waaggasse verbindet die Lauben mit dem **Kornplatz**, dem ältesten Teil der Stadt. Hier wurde früher der Getreidemarkt abgehalten. In einem der schönsten Häuser der Altstadt, dem **Waaghaus** mit freskengeschmückter Fassade und gotischen Doppelbogenfenstern, befand sich 1634 bis 1780 die öffentliche Waage. Im Osten öffnen sich die Lauben auf den von schmucken Häusern gesäumten Rathausplatz; das Rathaus entstand im 19. Jh. im historisierenden Barockstil.

Haus des Handels

Im Ehrensaal, wo einst das Handelsgericht über Streitigkeiten unter den Händlern oder über die Regeln im Messebetrieb enschied, ist noch heute etwas von der Atmosphäre des 18. Jh.s zu spüren. Denn das Gebäude mit der schönen Barockfassade in der Silbergasse, gleich neben den Lauben, war Mittelpunkt der Bozner Kaufmannschaft. Der nach Plänen des Veroneser Architekten Francesco Perotti 1708 gebaute Merkantilpalast war noch bis 1979 Sitz der Handelskammer, heute ist er ein Museum. Zu sehen sind Exponate zur Handelsgeschichte, eine Bildersammlung und prächtiges Mobiliar.

Merkantilmuseum

Silbergasse 16 und Lauben 39 | Mo. – Sa. 10 – 12.30 Uhr | 4 €

ZIELE
BOZEN

⭐ **Franziskanerkirche und Kreuzgang**

Schlichte Eleganz
Wie nur in wenigen Kirchen ihrer Zeit, zeigt sich in der Franziskanerkirche das ungehinderte Streben der Gotik steil nach oben. Der lang gestreckte hohe Chor mit Rippengewölbe entstand 1348. 1450 wurde das Langhaus in eine dreischiffige Halle mit Rautennetzgewölbe verwandelt. Der eindrucksvolle **Flügelaltar**, auch Weihnachtsaltar genannt, wurde 1500 im Atelier des Brixner Meisters Hans Klocker angefertigt und ist neben dem Altar von St. Stephan in Pinzon sein zweites erhaltenes Hauptwerk. Der geöffnete Schrein zeigt die Geburt Christi, im Hintergrund den Zug der Könige mit ihrem Gefolge, die Flügelinnenseiten behandeln Szenen aus dem Marienleben, die Flügelaußenseiten den Apostelabschied. Hinter dem Altar sind Reste spätgotischer Wandmalerei zu sehen. Zwischen Kirchen- und Klosterpforte liegt der mit Fresken aus der Zeit um 1310 geschmückte **Kreuzgang.** Besonders bemerkenswert ist das ausgeprägte Mienenspiel der Beteiligten beim Kreuzigungsfresko.
Mo. – Sa. 10 – 17.30, So. 14.30 – 17.30 Uhr

⭐ **St. Johann im Dorf**

Verborgener Freskenschatz
Versteckt zwischen Wohnhäusern liegt das romanische Kirchlein St. Johann in der St.-Johann-Gasse. Im Innern wartet ein wahrer Schatz an **Fresken**, ein schönes Beispiel der »Bozner Schule«: Auf der linken Seite werden Szenen aus dem Leben von Johannes dem Evangelisten erzählt, rechts geht es um Johannes den Täufer. Das Wappen mit den markanten schwarz-weißen Querstreifen oberhalb der Zyklen deutet auf die Bankiersfamilie Bocci/Botsch hin: Sie dürfte die Ausmalung im 14. Jh. bezahlt haben.
April – Okt. Sa. 10 – 12 Uhr | www.dompfarre.bz.it

⭐ **Archäologiemuseum**

Der Mann aus dem Eis
Wie ein Pharao ruht er hier in seiner Grabkammer, allerdings bei minus 6 Grad, keimfrei und bei fast 100 Prozent Luftfeuchtigkeit. Die meisten Besucher kommen nur seinetwegen: **Ötzi** (▶ Baedeker Wissen, S. 70), mit 5300 Jahren die bislang **älteste Mumie der Welt**. Ihre Entdeckung führte in Bozen zum weltweit ersten Institut für Mumienforschung, der EURAC (www.eurac.edu/de). Das Museum verfügt zwar über Notkühlsysteme, doch für den Ernstfall ist sogar ein Sanitätstransport Ötzis ins Bozner Krankenhaus vorgesehen, wo es für ihn eine weitere Kühlkammer gibt.
Die Ausstellung vermittelt einen Einblick in die Forschung über das Leben und Sterben des Mannes aus der Steinzeit. Sein Aussehen hat man rekonstruiert. Auch Ötzis Kleidung und mitgeführte Waffen – er lebte am Übergang vom Stein- zum Metallzeitalter, nutzte Steingeräte und besaß ein wertvolles Kupferbeil – werden im Museum präsentiert sowie ein Video von 1991 mit Originalaufnahmen seiner Bergung. Man weiß, dass er ermordet wurde. Darüber hinaus erklärt das

an der Ecke Sparkassen- und Museumstraße gelegene Archäologiemuseum die Siedlungsgeschichte Südtirols von der Steinzeit bis ins frühe Mittelalter. In der Sommersaison ist der Andrang im meistbesuchten Museum des Landes so groß, dass es sich lohnt, das Ticket online zu buchen.
Museumstr. 43 | Di. – So. 10 – 18 Uhr | www.iceman.it/de | 9 €

Draufsicht
Im Rundblick vom Turm aus erfasst man die Entwicklung der Stadt unmittelbar von oben, deshalb ist er das Herzstück des Stadtmuseums. Ferner besitzt es einen beträchtlichen Fundus an Gebrauchsgegenständen aus dem Mittelalter, Gotik und Barock sowie Kunstwerke von Michael Pacher, Paul Troger, Simon von Taisten, Hans Klocker, Franz von Defregger und Albin Egger-Lienz.

Stadtmuseum

Sparkassenstr. 14 | Di. – So. 10 – 18 Uhr | www.gemeinde.bozen.it/stadtmuseum

Neonleuchtender Kunst-Kubus
Transparente, futuristische Architektur prägt eines der bedeutendsten Museen zeitgenössischer Kunst im Alpenraum – das Museion in der Nähe der Freien Universität. Der Kontrast zu den

Museion

Das ist kein soeben gelandetes Ufo, sondern das Bozner Museion,
ein transparenter Glaskubus für moderne und zeitgenössische Kunst.

DER MANN AUS DEM EWIGEN EIS

Die Entdeckung Ötzis im September 1991 war eine echte Sensation. Heute ist der besterforschte Tote der Welt die Hauptsehenswürdigkeit im eigens für ihn errichteten Bozener Archäologiemuseum, wo die Mumie bei exakt minus 6 Grad und 98% Luftfeuchtigkeit ruht. 2011 gaben holländische Spezialisten Ötzi Gesicht und Körper: Aus Silikon und Plastilin entstand Ötzi 2.0.

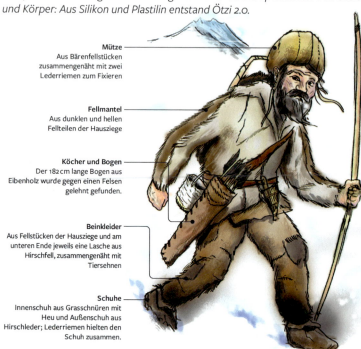

Mütze
Aus Bärenfellstücken zusammengenäht mit zwei Lederriemen zum Fixieren

Fellmantel
Aus dunklen und hellen Fellteilen der Hausziege

Köcher und Bogen
Der 182 cm lange Bogen aus Eibenholz wurde gegen einen Felsen gelehnt gefunden.

Beinkleider
Aus Fellstücken der Hausziege und am unteren Ende jeweils eine Lasche aus Hirschfell, zusammengenäht mit Tiersehnen

Schuhe
Innenschuh aus Grasschnüren mit Heu und Außenschuh aus Hirschleder; Lederriemen hielten den Schuh zusammen.

▶ Zahlen und Fakten

Alter der Mumie	ca. 5250 Jahre
Lebensalter:	45 – 46 Jahre
Größe:	1,60 m (heute 1,54 m)
Gewicht:	50 kg (heute 15 kg)
Schuhgröße:	38
Haare:	gewellt, mittellang und dunkelbraun bis schwarz
Besondere Merkmale:	Drei Millimeter breite Lücke zwischen den beiden vorderen Schneidezähnen; es fehlen alle vier Weisheitszähne und das zwölfte Rippenpaar

▶ Der Fund des Ötzi

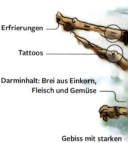

Erfrierungen

Tattoos

Darminhalt: Brei aus Einkorn, Fleisch und Gemüse

Gebiss mit starken Abnutzungsspuren

Weitere mitgeführte Werkzeuge

Beil (60 cm)

Rückentrage

Dolch mit Bastscheide

Köcher samt Inhalt

Gürtel mit Gürteltasche

Retuscheur

Birkenrindengefäße

Netz

Kleine Hausapotheke

Steinscheibe & Quaste

©BAEDEKER

Schwarze Lunge durch Rauchpartikel
Nasenbeinbruch

▶ Fundort und Fundsituation

Der Fundort in den Ötztaler Alpen auf dem Hauslabjoch-Gletscher auf 2310 m Höhe befindet sich 92,56 Meter von der Grenze entfernt auf Südtiroler Boden. Gefunden wurde die Mumie von einem deutschen Ehepaar aus Nürnberg.

▶ Ötzis Tattoos

Die Mumie weist über 50 Tätowierungen in Form von Strichbündeln und Kreuzen auf. Sie befinden sich an Körperstellen, an denen Ötzi Verschleißerscheinungen hatte. Es ist daher zu vermuten, dass sie aus therapeutischen Gründen unter die Haut gebracht wurden. Anders als bei modernen Tätowierungstechniken wurden die Zeichen nicht mit Nadeln, sondern durch feine Schnitte beigebracht, in die anschließend Holzkohle gerieben wurde.

ZIELE
BOZEN

biederen Wohnhäusern seiner Umgebung ist durchaus beabsichtigt (Architekten: KSV Krüger, Schuberth, Vandreike, 2008). Die Sammlung zeigt in verschiedenen Wechselausstellungen **Werke von 1990 bis heute**. Um Berührungsängste mit moderner Kunst zu nehmen, ist die »Museion Passage« im Erdgeschoss Treffpunkt für Diskussionen und Symposien. Es gibt »Führungen mit der Direktorin«, bei denen die Kuratorin und Direktorin Letizia Ragaglia die aktuelle Ausstellung zeigt. Nach dem Museumsbesuch locken ein gut sortierter Buchladen und ein Café, das draußen einen schönen Blick über die Talferwiesen bietet. Vom Museion führt eine elegante Fußgängerbrücke über die Talfer. Besonders eindrucksvoll ist das Ensemble am Abend, wenn Gebäude und Brücke in Neonfarben erstrahlen und die Fassade im Sommer mit eindrucksvollen Künstlervideos bespielt wird.

Dantestr. 6 | Di. – So. 10 – 18, Do. bis 22 Uhr | 7 €; freier Eintritt 18 – 22 Uhr | www.museion.it

Multikulturelle Sprachbibliothek

Kulturzentrum Trevi

Das Multisprachzentrum in Bozen ist eine kostenfreie, öffentliche Kultureinrichtung, die das Selbstlernen von Sprachen erleichtern will, schließlich ist Südtirol offiziell dreisprachig. Die Multimedia-Bibliothek mit ca. 18 000 Titeln wird auch von vielen Urlaubern gern genutzt und liegt ganz in der Nähe des Stadttheaters.

Kapuzinergasse 28 | Tel. 04 71 30 34 03 | 10 – 12.30, 14.30 – 18.30 Uhr
www.provinz.bz.it/italienische-kultur/sprachen/Multisprach
zentrum.asp

| Wohin außerhalb der Altstadt?

Relikte aus der Zeit des Faschismus

Neustadt

Westlich der Talferbrücke beginnt **Nuovo Bolzano**, der italienische Teil der Stadt, der ab 1922 nach Plänen von Marcello Piacentini entstand. Das gewaltige Siegesdenkmal **Monumento alla Vittoria** in Form eines antiken römischen Triumphbogens verherrlicht den Sieg Italiens über die österreichische Monarchie: »Von hier brachten wir den anderen die Sprache, die Gesetze und die Künste« steht auf dem Tor (HINC CETEROS EXCOLUIMUS LINGUA, LEGIBUS, ARTIBUS). Die deutschsprachigen Südtiroler empfinden das steinerne Symbol faschistischen Größenwahns bis heute als Provokation.

Der römische Architekt **Marcello Piacentini** sollte aus Bozen eine italienische Stadt und ein Symbol für den Faschismus machen. Heute stehen die meisten Gebäude im Stil des Monumentalismus mit neoklassizistischen Elementen sowie einigen Anleihen aus der Bauhaus-Architektur unter Denkmalschutz.

Auf Schloss Runkelstein schmücken Szenen aus dem mittelalterlichen höfischen Alltag die Wände, darunter elegant gekleidete Damen, die Ball spielen.

Nach antikem Vorbild

Die Freiheitsstraße Corso Libertà entstand für die Beamten des neuen Staates und sollte an das antike Rom erinnern. Der pompöse Ziegelbau an der **Piazza IV Novembre** besteht aus zwei symmetrischen Gebäudeflügeln, die nur durch das imposante Eingangstor verbunden sind. Hier sind heute die Alpini, die Gebirgstruppen, stationiert. Jeden Samstag findet hier ein beliebter Obst-, Gemüse- und Käsemarkt statt. Auf dem **Gerichtsplatz** Piazza Tribunale reitet immer noch der Duce Benito Mussolini, den rechten Arm zum Faschistengruß erhoben. In der Casa Littoria, dem ehemaligen Parteisitz der Faschisten, ist das Finanzamt untergebracht.

Freiheitsstraße/Corso Libertà

Das architektonisch interessanteste Gebäude aus dieser Ära ist das **GIL** an der Drususbrücke über die Talfer. Entworfen 1934 von Gino Miozzo und Francesco Mansutti, war es Sitz der Jugendorganisation der Faschisten. Heute ist es Sitz der Europäischen Akademie (EURAC, www.eurac.edu), einer Einrichtung für Forschung und Weiterbildung, Das Gebäude wurde 2002 von dem österreichischen Architekten Klaus Kada mit Beton, Stahl und Glas erweitert. Auch das Schwimmbad **Lido** an der Trieststraße stammt aus den 1930er-Jahren. Heute ist es, aufwendig restauriert, ein beliebter Treffpunkt der Bozner Wasserratten.

ZIELE
BOZEN

Promenaden

Immer am Wasser entlang
Schloss Maretsch, die ehemalige Wasserburg aus dem späten 12. Jh., erhielt ihr heutiges Aussehen zwischen 1558 und 1570 und wird heute von der Stadt als Tagungszentrum genutzt (www.maretsch.info). Schöne Aussichten auf das Schloss sowie die Dolomiten bietet die Talfer- oder Wassermauer-Promenade, die an der Talferbrücke beginnt und Richtung Norden bis zum Schloss Klebenstein (17. Jh.) verläuft. Rechts davon schlängelt sich die St.-Oswald-Promenade die Weinhänge auf die Hügel von St. Magdalener hinauf. Hier wächst der beliebte »Speckwein«, ein idealer Begleiter zur Marende (▶Baedeker Wissen S. 377). Die kleine gotische Kirche am Ortsrand von St. Magdalena schmücken Fresken aus der Bozner Schule. Auf dem alten Rittner Weg geht es hinunter in den Bozner Vorort Rentsch (hier beginnt die Seilbahn auf den Ritten (▶ S. 77).

Schloss Runkelstein

Die Bilderburg
Am Eingang des Sarntals erhebt sich über der Talfer Schloss Runkelstein mit dem ältesten und umfangreichsten **profanen Freskenzyklus der Gotik**. 1385 erwarben die Brüder Franz und Niklaus Vintler das im 13. Jh. erbaute Anwesen. Die reichen Bozner Kaufleute gehörten zum engen Kreis der Tiroler Habsburger. Um sich dem Lebensstil der Adligen anzunähern, ließen sie die Burg mit den berühmten Fresken ausmalen; 1390 bauten sie innerhalb der »Bilderburg« das ebenfalls erhaltene Sommerhaus.

Die Wandbilder unbekannter Künstler zeigen das Leben der Ritter bei Hof, bei der Jagd und bei Turnieren; andere schildern Szenen zeitgenössischer **Heldenepen**, u. a. aus der Tafelrunde von König Artus oder der Legende von Tristan und Isolde. Anfang des 16. Jh.s wurden die Fresken im Auftrag von Kaiser Maximilian im Stil der damaligen Mode »aufgefrischt«. Durch eine Explosion des Pulvermagazins 1520 erlitt die Burg schwere Schäden und verfiel immer mehr. Erst mit dem Aufkommen der Burgenromantik im 19. Jh. ging es wieder aufwärts. Der Publizist Joseph von Görres erkannte als Erster den hohen künstlerischen Wert der Fresken und machte König Ludwig I. von Bayern dar-

BURG RUNKELSTEIN

ZIELE
BOZEN

auf aufmerksam. 1833 beauftragte dieser Architekten und Hofmaler mit ihrer Dokumentation. Unter Kaiser Franz Josef wurde das Schloss 1884–1888 gründlich restauriert und 1893 der Stadt Bozen übergeben. 1971 drehte Pier Paolo Pasolini mehrere Szenen für seinen »Decamerone« auf Runkelstein.
St.-Anton-Str. 15 | Di. – So. 10 – 18, Nov. – Mitte März nur bis 17 Uhr 8 € | zu Fuß aus Bozens Altstadt ca. 30 Min. oder mit kostenlosem Shuttlebus vom Waltherplatz aus | www.runkelstein.info

Die Kellermeister
Selbst die Klosterbrüder können Wasser nicht in Wein verwandeln, aber zum Besitz der Abtei gehören 52 ha Obstanbauflächen und der Bergbauernhof in Kampidell bei Jenesien. Am bekanntesten ist Muri-Gries jedoch für seine Weine, denn seit 1845 wird rundherum Wein angebaut. Die ganze Aufmerksamkeit gehört der autochthonen Traube Lagrein. In guten Jahren wird der **Klosterwein als »Riserva Abtei Muri«** abgefüllt. Jenseits der Talferbrücke im Stadtteil Gries, der einst ein blühender Kurort war und zwischen den beiden Weltkriegen zum Neuen Bozen wurde, ist von ihrer mächtigen Benediktinerabtei nur die barocke **Stiftskirche St. Augustinus** (1769–1771) zugänglich. Sie entstand nach Plänen des lombardischen Baumeisters Antonio Giuseppe Sartori. Wandgemälde, Deckenfresko und Altarbilder stammen vom Südtiroler Martin Knoller (1725–1804). Im romanischen Turm der Abtei ist eine große Krippensammlung ausgestellt.
Grieser Platz 21 |Tel. 04 71 28 22 87 | Vinothek: Mo. – Fr. 8 – 12, 14 – 18 Uhr | www.muri-gries.com

Abtei Muri-Gries

Krönungswerk
Der größte Schatz befindet sich in der Alten Grieser Pfarrkirche etwas weiter nördlich am Fuß des Guntschnabergs. Der **Schnitzaltar** mit einer Marienkrönung gehört zu den bedeutenden gotischen Kunstwerken Südtirols und stammt von dem Brunecker Meister Michael Pacher (1475). Leider fehlen Predella, Gesprenge, Schreinwächter und Flügel. Die Malerei auf der Schreinrückseite, Marienleben und Passion, stammt wahrscheinlich von dem Straubinger Conrad Waider, das romanische Kruzifix aus dem 13. Jh. vermutlich aus Nordfrankreich.
In der Nähe der Pfarrkirche beginnt die **Guntschnapromenade**, die durch mediterrane Vegetation zum 1910 erbauten Hotel Reichsrieglerhof hinaufführt, dessen Reste heute ein schickes Wohnhaus sind.
Pfarrkirche: Martin-Knoller-Str. | April – Okt. 10 – 12, 14.30 – 16 Uhr www.pfarregries.it

Alte Grieser Pfarrkirche

Symbol der Freiheit
Die Festungsanlage ist für die Südtiroler ein wichtiges politisches Symbol. Unter der Führung von Silvius Magnago fand hier 1957 eine

Burg Sigmundskron

ZIELE
BOZEN

MMM Firmian in der Burg Sigmundskron ist das Herzstück der Messner-Museen.

Großkundgebung mit mehr als 30 000 Teilnehmern statt, um ihrer Forderungen »Los von Rom, los von Trient« Nachdruck zu verleihen, was schließlich zur Bildung der autonomen Region Trentino-Südtirol führte.

Die in Teilen rekonstruierte Ruine Sigmundskron, die ca. 3 km südlich von Bozen nahe des Zusammenflusses von Etsch und Eisack auf einer Anhöhe steht, war einst die größte Festung Tirols. Erstmals erwähnt um 945, wurde sie 1473 von Herzog Sigmund dem Münzreichen zum befestigten Adelssitz umgebaut. Nach mehrfachem Besitzerwechsel verfiel sie, bis sie 1996 von der Südtiroler Landesregierung übernommen wurde. Seit 2006 beherbergt die in Teilen rekonstruierte Anlage das **MMM Firmian** von Reinhold Messner. Das Museum erzählt die **Geschichte des Alpinismus** und führt in die Sagenwelt der Dolomiten ein. Die zeitgenössische Architektur stammt von dem Vinschgauer Architekten Werner Tscholl.

Sigmundskroner Str. 53 | 3. Märzsonntag – 2. Novembersonntag 10 bis 18 Uhr, Do. Ruhetag | 10 € | www.messner-mountain-museum.it

ZIELE
BOZEN

Kleines Juwel am Wegesrand

Die kleine, zwischen Staatsstraße und Autobahn eingepferchte Kirche ist ein Juwel für Freunde der Bozner Schule. Der heutige Bau mit auffälligem Turm außerhalb von Bozen in Richtung Kardaun/Cardano wurde 1303 geweiht und Anfang bis Mitte des 15. Jh.s innen vollständig ausgemalt. Der oder die Künstler gehörten möglicherweise zum Umkreis von Hans Stotzinger, der in der Pfarrkirche von Terlan arbeitete (▶S. 302). An der Kirchendecke musizieren Engel; auf der südlichen und im oberen Register der nördlichen Langhauswand sind Passionsszenen, im unteren Register an der Nordwand die Anbetung der Heiligen Drei Könige zu sehen.

St. Martin in Kampill

Besichtigung bzw. den Schlüssel erhält man nach Anmeldung im Restaurant Cascade | Innsbrucker Str. 11 | Tel. 04 71 97 05 93

| Rund um Bozen

Die rund 110 km lange Panoramastraße führt von Bozen über drei Pässe nach Cortina d'Ampezzo (▶ Dolomiten).

Dolomitenstraße

Ritten

Italienisch: Renon | Höhe: 1220 m ü. d. M. | Einwohner: 7600

Die Sommerfrische

Um als echter Bozner zu gelten, zählte es schon früher zu den »Acht Bozner Seligkeiten«, auch ein Sommerhaus auf dem Ritten zu besitzen. Schließlich können im Talkessel Bozens die Sommer extrem heiß werden. Schon seit Beginn des 17. Jh.s wurde der Ritten, **das sonnige Hochplateau**, von reichen Bozner Kaufleuten und Adelsfamilien für den kühleren Sommeraufenthalt genutzt (▶ S. 361). Am Peter- und Pauls-Tag (29. Juni) wurden für 72 Tage Hausrat und Wäsche in Korbtruhen gepackt und Frauen und Kinder per Pferd oder Esel auf den Ritten gebracht. Die Männer kamen fürs Wochenende nach. Noch heute verbreiten zahlreiche Villen mit ihrer Holzarchitektur im Stil der Gründerzeit den Charme vergangener Zeiten. Der Schriftsteller Hans von Hoffensthal ist hier geboren, Sigmund Freud schrieb auf dem Ritten »Totem und Tabu« und Franz Kafka von hier »Briefe an Milena«. Der Ritten erhebt sich zwischen Eisack- und Sarntal. Im Süden fällt er steil in den Bozner Talkessel ab, Richtung Norden geht er in sanften Hügeln ins Rittner Horn (2260 m) und in die Sarntaler Alpen über. Bis 1965 war er autofrei, dann wurde eine Straße vom Bozner Vorort Rentsch nach Klobenstein gebaut. Sie verläuft teils auf der ehemaligen »Kaiserstraße« (▶ S. 80). Eine 1907 von Bozen über Oberbozen nach Klobenstein gebaute Zahnradbahn wurde in den 1960er-Jahren durch eine moderne Seilbahn abgelöst.

Bozner Ausflugsberg

FÜR ALLE SINNE

Auf den **Ritten** zieht es nicht nur die Sommerfrischler. Wenn zu kulinarischen Nachtfahrten die historischen Wagen der Rittner Schmalspurbahn von 1908 zum Einsatz kommen, steht auch Romantik unterm Sternenhimmel auf dem Programm. Unterwegs, zwischen Ritten und Klobenstein, hält die Bahn fünf mal an, dann verwöhnen Rittner Gastwirte die Passagiere mit Speisen, Wein und Musik.

Sommerfrischehäuser

Oberbozen

Viele bezaubernde Villen erinnern daran, dass Oberbozen (1221 m) schon früh der Rückzugsort zur Sommerfrische war. Besonders in der Ansiedlung von Maria Himmelfahrt, das mit Oberbozen zusammengewachsen ist, thronen imposante **Häuser im alpinen Jugendstil und historische Bauerngehöfte** auf sattgrünen Hängen. Weil man hier so ganz unter sich war, wurde zu jedem festlichen Anlass auf eine eigens dafür gemalte Schießscheibe geschossen, von denen noch heute 120 künstlerisch gestaltete Exemplare im historischen Schießstand zu sehen sind (öffentl. zugänglich am 15. August zum Fest Maria Himmelfahrt). Die **Kirche Maria Himmelfahrt** ist prunkvoll spätbarock ausgestattet, das Altarbild malte Christoph Unterberger 1794. Sehenswert ist auch die auf einem Hügel gelegene spätromanische Kirche **St. Georg und St. Jakob**. Schöne Fresken in der Apsis künden stilistisch bereits die Frühgotik an. Zwar thront Christus noch in der Mandorla, aber die Apostel begeistern mit ausdrucksvollen Gesten.
Schlüssel beim Verkehrsamt Oberbozen, Tel. 04 71 34 52 31

Technik mit Patina

Rittner Bahn

Alle Handykameras klicken, wenn neben modernen Wagen bei gutem Wetter und geringerem Personenaufkommen bisweilen zwei Mal pro Tag auch historische Wagen von 1908 bei der Rittner Schmalspurbahn zum Einsatz kommen. Die Bahn verkehrt auf dem Hochplateau zwischen Oberbozen und Klobenstein und ist die letzte ihrer Art in Südtirol. Ein Highlight sind die regelmäßig im Sommer angebotenen **kulinarischen Nachtfahrten** im historischen Zug. An fünf Haltestellen werden die Gäste mit je einer Speise sowie Wein- und Musikbegleitung von Rittner Gastwirten verwöhnt (Auskunft: Tourismusverein Ritten).
Rittner Bahn: ganzjährig im Halbstundentakt, morgens und abends einstündig 9.40 – 18.40 Uhr, Fahrzeit 8 Min. | Hin- und Rückfahrt 6 €

ZIELE
BOZEN

Ein Naturwunder

Die Lehmsäulen mit steinernem Hut finden nicht nur Kinder besonders kurios. Die berühmten Erdpyramiden, schlanke, 10 bis 15 Meter hohe, spitz zulaufende Türme, die auf der Spitze einen Stein balancieren, sind auf dem Ritten an drei Hauptorten zu sehen: im **Finsterbachgraben** auf dem Weg von Lengmoos nach Maria Saal, im **Katzenbachgraben** unterhalb von Oberbozen und im **Gasterergraben** in Unterinn. Sie entstanden bereits gegen Ende der letzten Eiszeit vor rund 10 000 Jahren, als der vom Eisacktaler Hauptgletscher abgelagerte Moränenlehm bis zu 15 m hohe Steilwände formte. Wo größere Steine auf dem Lehm lagerten und diesen durch ihr Gewicht verfestigten, wurden die Erdpyramiden förmlich aus den Wänden herausgewaschen. Erst wenn die schützenden Decksteine herunterfallen, zerstören Regen und Schnee die Pyramiden.

Leicht erreichbar: Erdpyramidenweg von Klobenstein nach Maria Saal | Streckenlänge: 5,6 km, reine Gehzeit: 1,40 Std., Höhenunterschied: 100 m

Erdpyramiden (Abb. S. 337)

Süße Imkerkunst

Blühende Wiesen erfreuen nicht nur Wanderer, sondern auch die Bienen. Der **Plattnerhof** in Wolfsgruben, südöstlich von Oberbozen, gehört mit seinen mehr als 600 Jahren zu den ältesten Bauernhöfen auf dem Ritten. Heute ist er ein Bienenmuseum und seine historische Einrichtung ein Denkmal bäuerlicher Bau- und Lebenskunst, in dem auch über die Arbeit der Imker informiert wird. Süße Erinnerung an den Urlaub: ein Glas Bio-Blütenhonig.

Ostern – Okt. tägl. 10 – 18 Uhr | 7 € | www.museo-plattner.com

Bienenmuseum

Hauptort auf dem Ritten

Ausgangsort für viele Wanderungen und Ausflüge ist Klobenstein (Collabo; 1156 m), der Hauptort auf dem Ritten. Etwas oberhalb auf einer sonnigen Anhöhe liegt der ehemalige Gutshof Kematen, ein 750 Jahre alter Ansitz, der mit Herrenhaus, Stadel und Kirchlein einen idyllischen Platz zur Einkehr bietet (▸ Ritten erleben). Nördlich davon schmiegt sich ein verträumter Weiher in einen Kranz aus altem Baumbestand. Auch das **Rittner Horn** (2260 m) ist von Klobenstein zu Fuß oder mit der Gondel zu erreichen. Das Panorama vom Bozner Hausberg reicht von der Brenta bis zum Ortler, von den Dolomiten bis zu den Nordalpen.

Von **Pemmern** (1530 m, 8 km nördlich) erreicht man das Rittner Horn zu Fuß in rund 4 Stunden; kürzer ist die Fahrt mit der Gondel auf die 2070 m hohe **Schwarzseespitze**, von der man etwa 1 Stunde zum Rittner Horn benötigt. Die gleichnamige Schutzhütte ist im Sommer und Winter geöffnet, die Pisten gehören zur Ortler Skiarena.

Klobenstein

Auf dem Pilgerweg

Lengmoos Da das Eisacktal bis um 1500 oft unpassierbar war, mussten die deutschen Kaiser bei Überschwemmungen des Eisack den Umweg über den Ritten nehmen, um zur Krönung nach Rom zu gelangen. In ganz Südtirol entstanden zu jener Zeit Hospize wie in Lengmoos (1211), um die Richtung Rom ziehenden Pilger zu versorgen. Das Hospiz wurde dem Deutschherrenorden übergeben, als ein Weg durchs Tal gefunden war und der Ritten für Pilger an Bedeutung verlor. Im 17. Jh. entstand der heutige Kommendehof im Barockstil mit einigen reich ausgestatteten Sälen. Im stimmungsvollen Innenhof finden alljährlich die Rittner Sommerspiele statt (www.rittnersommerspiele.com).
Besichtigung nur mit Führung Mai – Anf. Nov. Fr. vormittags | Anmeldung beim Tourismusverein Ritten

▎Weitere Ziele in der Umgebung von Bozen

Noch ein Ausflugsziel in luftiger Höhe

Kohlern Der **Kohlerer Berg** ist ein weiteres Ausflugsziel in luftiger Höhe. Der hübsche Ort Kohlern, die kleinen Gasthäuser und zahlreiche Wanderwege machen das Gebiet zum Ziel eines perfekten Tagesausflugs. Der hölzerne Aussichtsturm neben der Bergstation bietet grandiose Ausblicke. Die Bergstation des Kohlerer Bergs ist mit der **ältesten Personenseilbahn der Welt** vom Südosten Bozens in nur 5 Minuten zu erreichen. Ihren Bau initiiert hatte Josef Staffler, Hotelier der Luxusherberge Laurin, um die Fahrzeit auf den Hausberg zu verkürzen.
Seilbahn Kohlern (Funivia del Colle): Kampiller Weg 7 | Kernfahrzeiten alle 30 Minuten zw. 7 und 19, Mittagspause 11 – 12 Uhr | Hin- und Rückfahrt 6 € | www.kohlererbahn.it

Ausflug in die Heimat der Haflinger

Jenesien Die eher unter dem Namen Tschögglberg bekannte Hochebene lockt mit herrlichen Wanderwegen über Almen und durch Lärchenwälder auch Radfahrer und Reiter. Denn in der Heimat der Haflinger gibt es einige Reiterhöfe. Die Talstation der Seilbahn (Funivia San Cenesio) hinauf ins Dorf Jenesien, das 10 km nordwestlich von Bozen auf dem Hochplateau des Salten liegt, befindet sich im Nordosten Bozens. Die 9-minütige Fahrt erspart einem eine viertelstündige kurvenreiche Pkw-Anreise und die – vor allem am Wochenende – mühselige Parkplatzsuche.
Rafensteiner Str. 15 | Fahrzeiten jede halbe Stunde zw. 8.30 – 12, 15 – 18.30 Uhr | Hin- und Rückfahrt 5 € | www.jenesien.net

Sterngucker

Steinegg Auf einem Hochplateau 12 km östlich von Bozen, zwischen Eggental und Tierser Tal, liegt das Dorf Steinegg. Das **Heimatmuseum** in der

ZIELE
BRIXEN

einstigen Kirche widmet sich der bäuerlichen Kultur in Tirol. In den alten Stuben und Werkstätten erfährt man etwas über den Alltag der früheren Bewohner und deren Umgang mit der Natur.
Die meisten Besucher zieht es in den Ortsteil Obergummer zur **einzigen Sternwarte Südtirols**. Benannt ist sie nach dem Bozner Astronom Max Valier (▶ Interessante Menschen). Der 9 km lange, familienfreundliche **Planetenweg** (2 – 3 Std.) mit Nachbauten der Planeten im Maßstab 1:1 Milliarde beginnt am Parkplatz/Bushaltestelle Planetenweg an der Straße Steinegg-Gummer.
Heimatmuseum: Besichtigung nur mit Führung: Palmsonntag bis 31. Okt. Di. – Fr. 10, 11, Sa., So., Fei. 15 und 16 Uhr
Führungen Sternwarte: Do. bei klarem Himmel | 5 €, Anmeldung Tel. 04 71 61 00 20 | www.sternwarte.it | Geführte Wanderungen auf dem Planetenweg nach Anmeldung, Tel. 04 71 37 65 74
www.steinegg.com

★★ BRIXEN

Italienisch: Bressanone | **Höhe:** 559 m ü. d. M. | **Einwohner:** 21 700

In Brixen staunte man nicht schlecht, als 1551 ein ausgewachsener Elefant namens Soliman auf seiner Reise nach Wien zwei Wochen lang in der Stadt Rast machte. Das Geschenk des portugiesischen Königs an Großherzog Maximilian hinterließ auch bleibenden Eindruck auf Bildern in der einstigen Bischofsstadt. Doch über allem präsent ist bis heute der überaus imposante Dom, schließlich residierten hier knapp 1000 Jahre lang mächtige Kirchenfürsten. Heute sorgen vor allen die vielen Studenten für junges Leben und Flair in den mittelalterlichen Gassen.

Die charmante Kleinstadt liegt in einem sonnigen Talkessel, eingerahmt von Weinhängen, an denen ein hervorragender Sylvaner gedeiht. An das Kirchenviertel mit dem markanten Dom und der bischöflichen Burg schließt die zauberhafte Altstadt an mit ihren verwinkelten Gassen und Laubengängen. Auf der anderen Uferseite des Eisack liegt Stufels, der älteste Ortsteil von Brixen. Von den Rapp-Anlagen am Zusammenfluss von Eisack und Rienz hat man einen schönen Blick auf das Domviertel.

Stadt der Bischöfe
Die Ursprünge von Brixen liegen im Ortsteil Stufels, wo es vermutlich eine befestigte rätische Siedlung gab. Erwähnt wird der Fleck jedoch

Geschichte

ZIELE
BRIXEN

erst 901 als ein Geschenk an den Bischof von Säben. Um 970 verlegte Bischof Albuin den Sitz des Bistums vom Burghügel Säben (▶Klausen) hierher. Um 990 entstand der erste Dom. 1027 übertrug der deutsche Kaiser Konrad II. dem Brixner Bischof die Grafschaften an Inn und Eisack, im Gegenzug bat er um den bischöflichen Schutz seines Krönungswegs nach Rom. Nun begann die Zeit der mächtigen Fürstbischöfe. Im 12. Jh. wurde die Stadtmauer gebaut und nördlich außerhalb das Kloster Neustift gegründet. Zu den berühmtesten Brixner Bischöfen gehört Nikolaus **Cusanus** (1401 – 1464). Der Zorn der Landbevölkerung auf die kirchliche Vormacht entlud sich im Bauernaufstand 1525/1526, als die bischöfliche Burg geplündert wurde. Doch erst die Kriege zwischen Frankreich/Bayern und Österreich und die Säkularisation 1803 beendeten die bischöfliche Macht. Die Stadt verlor an Bedeutung. Ein neuer Aufschwung setzte erst nach dem Zweiten Weltkrieg ein. Mittlerweile ist Brixen die **drittgrößte Stadt** Südtirols. Zwar wurde der Bischofssitz 1964 nach Bozen verlegt, doch seit es hier Zweigstellen der Universitäten Bozen und Padua gibt, hat sich die Stadt deutlich verjüngt.

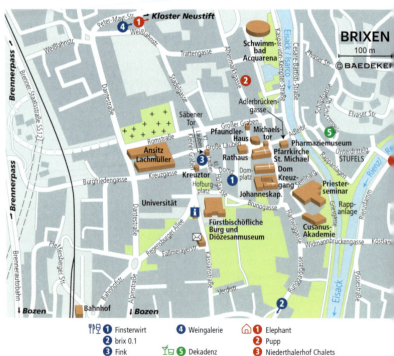

ZIELE
BRIXEN

BRIXEN ERLEBEN

BRIXEN TOURISMUS GENOSSENSCHAFT
Regensburger Allee 9
39042 Brixen
Tel. 04 72 83 64 01
www.brixen.org

Die Altstadt ist für den Autoverkehr gesperrt; Parkplätze und -häuser gibt es rundherum, u. a. am Acquarena. Alle Fernzüge vom/zum Brenner halten in Brixen, außerdem Regionalzüge von/nach Bozen, Trient und Sterzing. Vom Busbahnhof am Rand der Altstadt fahren Busse ins Eisacktal und angrenzende Täler.

Eisacktaler Kost: Jeden März servieren die Restaurants in Brixen und im Eisacktal drei Wochen lang traditionelle Gerichte der Region (www.eisacktalerkost.info).
Kuchkirchtig: Im Oktober werden kulinarische Wanderungen durch die Brixner Berge organisiert, wo einheimische Spezialitäten aus Küche und Keller auf die Ausflügler warten.

❶ FINSTERWIRT €€€
Feine Südtiroler Slow-Food-Küche mit kräftigen italienischen Einflüssen genießt man hier in 300 Jahre alten Stuben. Im Erdgeschoss kann man in der modernen Weinbar Vitis im Sommer auch auf der Innenhofterrasse unter schattigem Weinlaub Platz nehmen und aus 400 Weinsorten wählen.
Domgasse 2
Tel. 04 72 83 53 43
So. abends, Mo. geschl.
www.finsterwirt.com

❷ BRIX 0.1 €€€
An einem idyllischem Teich mitten im Lidopark (ca. 1 km südl. des Zentrums) liegt der moderne Pavillon des brix 0.1. Jung und raffiniert kreiert man hier hochwertige Gerichte ganz ohne Firlefanz. Einmal nicht Speckknödl und Stubn, sondern Rindertartar, Meerrettichmousse, Perlzwiebel, Kartoffelchips in stilvoll reduziertem Ambiente.
Foodparc Brixen
Fischzuchtweg 17
Tel. 04 72 26 83 71
www.brix01.com

❸ FINK €-€€
Unten Konditorei, oben Restaurant: Hier wird deftige Eisacktaler Kost wie Filet vom Jungschwein in der Kastanienkruste serviert, selbst gebackenes Brot oder BuchweizenTorte kommen aus der eigenen Konditorei.
Kleine Lauben 4
Tel. 04 72 83 48 83
Di. abends, Mi. geschl.
www.restaurant-fink.it

❹ WEINGALERIE €
In den alten Gemäuern der Weingalerie gibt es täglich 25 offene Weine zum Verkosten und es wird auch ambitioniert gekocht.
Weißlahnstr. 10
Mo. – Mi. ab 16, Do. – Sa. auch 10 – 13 Uhr, So. geschl.
www.weingalerie.it

❺ DEKADENZ
Älteste Kleinkunstbühne Südtirols im historischen Anreiherkeller jenseits des Eisack im Stadtteil Stufels. Auf dem Programm stehen Kabarett, Theater, Jazz.

Obere Schutzengelgasse 3/a
Tel. 04 72 83 63 93
www.dekadenz.it

❶ ELEPHANT €€€–€€€€
Ein gewaltiges Fresko an der Hausfassade erinnert daran, dass hier 1551 ein Elefant durch Brixen lief. Traditionshaus mit historischen Möbeln, großem Garten mit Pool. Auch gespeist wird hervorragend in wundervoll getäfelten Stuben.
Weißlahnstr. 4
Tel. 04 72 83 27 50
www.hotelelephant.com

❷ PUPP €€€
Architekturprämiertes Designhotel aus weißen Quadern, dessen drei Etagen gegeneinander verschoben sind. Nach innen ermöglicht es damit private, abgeschottete Freiräume. Von der Dachterrasse genießt man einen grandiosen Blick über Brixen. Die gleichnamige Traditionskonditorei nebenan ist für ihre Schokoladenkipferln berühmt.
Altenmarktgasse 36
Tel. 04 72 26 83 55
www.small-luxury.it

❸ NIEDERTHALERHOF CHALETS €€
Da dreht sich sogar die Kuh noch mal auf der Weide um, denn das ist Urlaub auf dem Bauernhof mit Stil: Vier elegante Chalet-Ferienwohnungen gepaart mit der einzigartigen Atmosphäre eines familiengeführten Bergbauernhofs – ein reizvolles Kontrastprogramm.
Mellaun 155
Tel. 34 71 33 02 06
www.niederthalerhof.com

Das winzige **Stiletto** (Altenmarktgasse 7) hat eine verblüffende Auswahl an Schuhen, auch italienische Nobelmarken.
Der gelernte Tischler Norbert Öttl fertigt aus Holz und Leder außergewöhnliche Taschen an; **EMBAWO** bedeutet Holz (Köstlanstr. 119 c, www.embawo.com).
Der Käseaffineur Hansi Baumgartner hat seinen Sitz in Vahrn bei Brixen. Seine Vorliebe gilt einheimischen Käsesorten (**Degust**, Bsackerau 1, www.degust.com).

Möglichkeiten zum Schwimmen und Plantschen, Fitnessbereich und Wellness bietet **Acquarena** (Altenmarktgasse 28b, tägl. 9.00–22.00 Uhr, 9,90 € für 3 Std.; www.acquarena.com/de/). Gute asiatische Küche im angeschlossenen Restaurant Grissino.

Wohin in Brixen?

Leuchtende Marmorpracht

Dom Maria Himmelfahrt

Brixens zauberhafte Altstadt beginnt hinter dem **Kreuz-** oder **Sonnentor** am Kleinen Graben, einst Teil der Stadtbefestigung. Vorbei an der Erhardskirche (17. Jh.) und dem Traditionsgasthaus Finsterwirt erreicht man den Domplatz.
Wenn von draußen Sonne ins Dominnere dringt, beginnt der imposante Raum in den schönsten Bernsteinfarben zu leuchten, ja fast zu glühen. Das liegt vorwiegend daran, dass bei seiner Barockisie-

BRIXEN · DOM

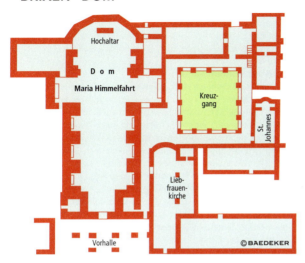

rung 1745 – 1754 vorwiegend rotbrauner und dunkler Marmor verwendet und auch an Gold nicht gespart wurde. Insgesamt 33 verschiedene Marmorarten kamen hier zum Einsatz. Das einschiffige, von einem Tonnengewölbe überspannte Innere wird beiderseits von Altarkapellen flankiert. Das gewaltige Fresko an der Langhausdecke und das Deckengemälde im Chor schuf Paul Troger (1750; ▶ Interessante Menschen, S. 360).
Die beiden Kuppeltürme des Doms, die das Stadtbild weithin sichtbar prägen, stehen noch auf romanischen Resten. Die klare flächige Fassade verrät lombardischen Einfluss, die klassizistische Vorhalle wurde 1785 angefügt.
Von der Vorhalle geht es in den **Kreuzgang**, dessen Bausubstanz aus der Romanik stammt. 15 der 20 Arkadenbögen sind mit Fresken in leuchtenden Farben ausgemalt. Die oft unterhaltsamen, zwischen 1390 und 1510 entstandenen Darstellungen zeigen Szenen aus der Passionsgeschichte oder Personen aus der Bibel und werden daher auch Armenbibel genannt. Im Mittelalter konnten nur wenige Menschen lesen und schreiben und waren auf Bilder angewiesen. Amüsantes Detail in der dritten Arkade ist die Darstellung eines **»Rüsselpferdes«**. Weil der Maler noch nie einen Elefanten gesehen hatte, malte er ein Pferd, das er mit Rüssel und großen Ohren versah. 1551 kam dann tatsächlich ein Dickhäuter auf der Durchreise nach Wien in die Stadt, das eingangs erwähnte Geschenk an Großherzog Maximilian. An den Kreuzgang schließt

die romanische **Johanneskapelle** mit einem gotischen Gewölbe und Fresken an. Sie war die Palastkapelle der Brixner Bischöfe. Leider ist sie meist verschlossen.

Dom und Kreuzgang: tägl. 7 – 18, Nov., Jan. – Ostern 12 – 15 Uhr geschl. | Führungen 10.30 Uhr

Zentrum mit Wildem Mann

Domplatz und Lauben

Im Vergleich zum Dom wirkt **St. Michael** sehr bescheiden. Die einzige Kirche der Brixner Bürgerschaft wurde um 1500 erbaut und 1757 im Inneren barockisiert. Damals entstanden auch die Deckengemälde von Josef Hauzinger, einem Schüler von Paul Troger. Der weiße Kirchturm ist neben den beiden Türmen des Doms ein Wahrzeichen von Brixen. Im Kirchhof erinnert ein Gedenkstein an Oswald von Wolkenstein (▶ Interessante Menschen), den dieser selbst im Jahr 1408 vor seiner Pilgerreise nach Palästina erstellen ließ.

Das **Rathaus** mit Fassadenturm, Treppen- und Zinnengiebeln nimmt die Nordseite des Domplatzes ein. In der Rathausgalerie finden Kunstausstellungen statt. Hier beginnt die Altstadt mit ihren Lauben, das geschäftige Zentrum von Brixen. Bewacht werden sie vom »Wilden Mann« an der Fassade des Gasthauses »Schwarzer Adler« zwischen den Kleinen und den Großen Lauben. Er hat gleich drei Köpfe, damit er auch alles sehen kann.

In der Altstadt von Brixen: Laubengänge und schmucke Bürgerhäuser mit Erkern, Türmchen und Zinnen

ZIELE
BRIXEN

Wie Bischöfe wohnten
Da die Bischöfe bis zur Säkularisation auch die weltliche Herrschaft innehatten, gab es diesen Fürstenhof mit entsprechender Verwaltung. Der gewaltige Komplex südwestlich vom Domplatz diente ab 1260 den Bischöfen auch als Wohnsitz, heute beherbergt er das Diözesanmuseum. Ab 1595 wurde die Burg im Stil der Renaissance umgebaut. Die Arbeiten zogen sich bis 1710 hin, daher zeigen die letzten Baustufen bereits barocke Elemente. Einige Zimmer sind geschmückt mit Deckenfresken und Seidentapeten aus Venedig.

Fürstbischöfliche Burg

Der elegante Innenhof gehört zu den schönsten in ganz Südtirol. In seinen dreistöckigen Loggien stehen in den Seitenflügeln schwarze Terrakottafiguren von Mitgliedern des Hauses Habsburg (1600), Werke des Schongauer Meisters Hans Reichle, der 1642 in Brixen starb. Das **Diözesanmuseum** zeigt in 70 Schauräumen den Brixener Domschatz, religiöse Kunst vom Mittelalter bis zur Neuzeit sowie eine berühmte Krippensammlung, die zum großen Teil aus dem 18. Jh. stammt.

Hofburgplatz 2 | Di. – So. 10 – 17 Uhr | 5 € | www.hofburg.it

Die Wunderkammer
Ein Krokodil, der Kopf eines Gürteltiers und ein Stück einer ägyptischen Mumie – mit solchen außergewöhnlichen Objekten sollte einst die Neugier der Kunden geweckt und der Zauber der Apotheke verstärkt werden. Schon 1787 kaufte Peter Paul Peer, ein Vorfahre der heutigen Besitzer, das Haus und die 1602 gegründete Apotheke. Nach Plänen der Südtiroler Architekten Walter Angonese und Paul Senoner wurden Apotheke und Museum umgebaut: Modern designte Schaukästen in alten Zirbelstuben zeigen 400 Jahre Arzneikunde, darunter auch Tablettenpressen, Zäpfchenformen oder Fachbücher mit Rezepturen.

Pharmaziemuseum

Adlerbrückengasse 4 | Di., Mi. 14 – 18, Sa. 11 – 16, im Juli, Aug. Mo. – Fr. 14 – 18, Sa. 11 – 16 Uhr | 3,50 €
www.pharmaziemuseum.it

Kloster Neustift · Novacella
Stiftstr. 1, 39040 Vahrn | Tel. 04 72 83 61 89, www.kloster-neustift.it
Stiftsbibliothek und Pinakothek nur mit Führung: Mo. – Sa. 10, 11, 14, 15, 16, Mitte Juli – Mitte Sept. auch 12 und 13, im Winter 11 und 15 Uhr | 9 €

Kunstschätze zum Staunen
Hier staunt selbst der Besucher, der Klöstern und Kirchen für gewöhnlich wenig Aufmerksamkeit schenkt. Denn selten gibt es klerikale Kunst- und Kulturschätze so geballt auf kleinstem Raum zu sehen: Eine Barockkirche mit einem Himmel von 300 Engeln, eine Rokokobi-

Klostergeschichte

ZIELE
BRIXEN

bliothek wie eine Kathedrale für 92 000 Bücher, und für besten Wein ist auch gesorgt, denn die Augustiner Chorherren sind obendrein fantastische Winzer.

Schon von der Brennerautobahn fällt der helle Gebäudekomplex ins Auge. Das Augustiner Chorherrenstift 3 km nördlich von Brixen wurde ab 1142 vom Brixner Bischof an der Schnittstelle zweier wichtiger Verkehrs- und Pilgerwege gegründet. Ab 1370 erfolgte die Gotisierung von Kreuzgang und Kirche. Aus Angst vor den Türken wurde 1476 die Anlage stark befestigt, dennoch gelang es 1525 aufständischen Bauern, das Kloster zu stürmen. Dabei zerstörten sie alle Zinsbücher, in denen ihre Schulden aufgelistet waren. Nach der Säkularisierung durch das Königreich Bayern 1807 wurden viele Kunstschätze nach Innsbruck und München verschleppt. Bereits 1816 wurde das Kloster wieder eingesetzt und blühte rasch erneut auf. Immer ein Zentrum für Ausbildung, Kunst und Kultur, unterhält es auch heute eine angesehene Klosterschule.

Acht Wunder

Anlage Die Klosteranlage besteht aus mehreren Gebäuden um zwei große Innenhöfe. Der große Stiftsplatz entstand bis 2010 nach Plänen des Meraner Architekten Markus Scherer neu. Die Engelsburg am Eingang, auch Michaelskapelle genannt, ist ein zinnengekrönter Rundbau aus romanischer Zeit und eine verkleinerte Ausgabe des römischen Originals. An Stiftsgarten und Stiftskeller vorbei gelangt man in den »Wunderbrunnen-Hof«, dessen Gebäude ringsherum in der Barockzeit entstanden. Der Wunderbrunnen stammt von 1508, sein pagodenhafter Aufbau von 1669. Im Fries zeigen Gemälde die sieben Weltwunder und eine Klosteransicht von 1669 als achtes Wunder.

Schönste deutsche Barockkunst südlich des Brenners

Stiftskirche Die Hauptmauern (Langhaus und Westturm) der dreischiffigen Basilika Unsere Liebe Frau im zweiten Hof stammen aus dem späten 12. Jh.; der gotische Hochchor entstand ab 1370. 1734 – 1737 wurde die Kirche nach Plänen von Josef Delai im Barockstil umgestaltet und gilt als schönstes Beispiel deutscher Barockkunst südlich des Brenners. Für die spätbarocke Ausstattung ist der Stuckateur Anton Gigl aus der »Wessobrunner Schule« verantwortlich. Die Deckenfresken mit Szenen aus dem Leben des hl. Augustinus samt etwa 300 Engeln malte Matthäus Günther. Der ursprünglich hier stehende Kirchenväteraltar von Michael Pacher gehört heute der Alten Pinakothek München. Die Barockisierung »überlebt« hat eine geschnitzte spätgotische Madonna im Marmoraltar in der **Marienkapelle** an der Nordseite. Im Gewölbe der alten Sakristei sind die vier Kirchenväter und im Schlussstein ein schönes Madonnenbild dargestellt. Die Entwürfe dürften von Michael Pacher stammen, die Ausführung erfolgte 1470 dagegen von Friedrich Pacher oder seiner Werkstatt.

ZIELE
BRIXEN

KLOSTER NEUSTIFT

1 Engelsburg
2 Stiftskeller
3 Pinakothek und Stiftsbibliothek
4 »Wunderbrunnen-Hof«
5 Brunnen
6 Kreuzgang
7 Stiftskirche

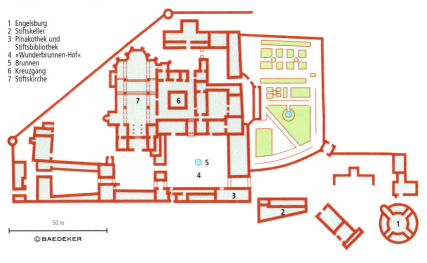

Malereien und ein Skelett

Der Neustifter Kreuzgang (um 1200) gehört neben denen von Brixen und Bozen zu den schönsten freskierten Anlagen in Südtirol. 1370 erhielt er sein gotisches Kreuzrippengewölbe. Die heutigen Fresken sind aus dem 15. Jh., an ein paar Stellen sieht man noch Reste von älteren Wandermalereien. Beachtenswert ist u. a. die Szene des »reichen Prassers« von Friedrich Pacher (1490; 3. Arkade). Eine andere Darstellung wird mit Oswald von Wolkenstein in Verbindung gebracht, der im August 1445 hier begraben wurde. Beim Einbau der Kirchenheizung 1973 wurde ein Skelett aus dem 15. Jh. gefunden, vielleicht handelt es sich dabei um die sterblichen Überreste des Dichters und Sängers (▶Interessante Menschen, S. 357).

Kreuzgang

Nicht nur für Bibliophile

Die mit mehrfarbigem Parkettboden, Rocailleschmuck und umlaufender Galerie ausgestattete Stiftsbibliothek im Rokokostil des Trentiner Giuseppe Sartori enthält ca. 92 000 Bücher, Manuskripte und Karten. In der **Pinakothek** sind eine fotografische Kopie des Kirchenväteraltars aus der Stiftskirche, gotische Tafelbilder und Altäre von Friedrich Pacher und seiner Schule, Handschriften und andere Schätze aus der Zeit zwischen Frühgotik und Barock ausgestellt.

Stiftsbibliothek

Rund 300 Engel schmücken den Himmel der Barockkirche von Kloster Neustift.

Preisgekrönte Weißweine

Klosterkellerei Neustift

Im nördlichsten Weinanbaugebiet werden Sylvaner, Grauburgunder, Kerner und Sauvignon zu exzellenten Weinen gekeltert. Der **Klosterladen** hat über 200 Produkte im Angebot, auch von anderen Klöstern.
Weinverkostung im Stiftskeller: Mo. – Sa. 10 – 19 Uhr | 7,50 €
Klosterladen: Mo. – Sa 9.15 – 18 Uhr

Rund um Brixen

Baden und Wandern

Vahrn

Am Eingang zum Schalderer Tal, 3 km nordwestlich von Brixen, liegt der kleine Luftkurort Vahrn. Der **Vahrner See** war schon zu Zeiten der Habsburger Monarchie ein sehr beliebtes Ausflugsziel; im Nordteil des schön von Kastanien und Nadelbäumen eingerahmten Moorsees darf gebadet werden, die südliche Seehälfte steht unter Naturschutz. Am südlichen Dorfrand wird eine Kneipp-Wassertretanlage von dem eiskalten Schalderer Bach gespeist. In der Nähe gibt es einen Kinderspielplatz sowie Tische und Bänke unter großen Bäumen. Vahrn liegt am 60 km langen **Keschtnwanderweg** (Kastanien = Keschtn) von Bozen über Klausen und Ritten nach Brixen. Er führt in bequemen Etappen über Bergwiesen, durch Mischwälder und Kastanienhaine und ist zur Zeit des Törggelen im Herbst sehr beliebt.
www.eisacktal.com/de/aktiv/wandern-und-klettern/keschtnweg

ZIELE
BRIXEN

Eine Festung zum Schutz des Brennerpasses
Am nördlichen Rand des Brixner Beckens liegt der Ort Franzensfeste (ital. Fortezza), der erst während des Baus der Brenner-Eisenbahn entstand. Beherrscht wird die Talenge von der gleichnamigen Festung, die von den Habsburgern 1833 – 1839 errichtet wurde, um den Brennerpass vor Angreifern aus dem Süden zu schützen. Gegen Ende des Zweiten Weltkriegs lagerten hier die Goldreserven der Banca d'Italia, die Hälfte davon war bei Kriegsende verschwunden. Der schmale goldene **Handlauf**, der an rund 450 Stufen entlang ins Innere der Festung führt, ist eine Arbeit des Vinschgers Manfred Mayr.
Staatsstraße SS 12, nördlich von Brixen | Mai – Okt. Di. – So. 10 – 18 (mit offenen Führungen 11 und 15), Nov. – April bis 16 Uhr | 7 €
www.franzensfeste-fortezza.it

Franzensfeste

Der längste unterirdische Eisenbahntunnel der Welt
Am längsten unterirdischen Eisenbahntunnel der Welt (64 km), dem Brenner Basistunnel (geplante Eröffnung 2026), wird in Franzensfeste bereits gebaut. Neben einer Informationsstelle werden in Mauls auch Baustellenbesuche in den Tunnel organisiert (nach Voranmeldung: Fr. 9 und 14 Uhr).
Beobachtungsstelle Infopoint: Brennerstraße, Festung Franzensfeste
Tel. 04 72 05 72 00 | www.bbinfo.eu| Mo. – Fr. 9 – 12, 14 – 17 Uhr

Tunnelwelten

Gasthof Sachsenklemme
Im Unterschied zur Franzensfeste ging die Sachsenklemme in die Geschichte ein. 1809 waren an der Engstelle nördlich des kleinen Ortes Mittenwald 500 auf Seiten der Franzosen kämpfende Sachsen in Gefangenschaft geraten. Ein Obelisk erinnert an das Ereignis. Der Gasthof Sachsenklemme, ein beeindruckender Granitbau direkt an der Straße, ist heute ein Hotel mit netten Zimmern. Der Eigentümer gründete zur Erinnerung an den 200. Todestag des Tiroler Freiheitshelden Andreas Hofer die **AH-Brauerei** mit Gasthaus und serviert gutes Öko-Bier. Für gute Laune sorgen die Comics auf Bierkrügen und in Speisekarten; sie stammen von dem Brixner Jochen Gasser, der auch ein vergnügliches Buch über Andreas Hofer verfasst hat.
Sackweg 1, Grasstein, Franzensfeste | Tel. 04 72 83 78 37 | tägl. 10 bis 1 Uhr | www.sachsenklemme.it

Sachsenklemme

Noch recht ursprünglich
Erst seit 1972 führt eine ausgebaute Straße in das einsame Lüsener Tal (Val di Luson, 12 km nordöstlich von Brixen). So blieb am Talschluss das unverfälschte Bild eines Südtiroler Dorfs erhalten. Im Zentrum steht die ursprünglich gotische, später barockisierte Pfarrkirche St. Georg. Die kleine St. Kilianskapelle auf dem benachbarten Friedhof stammt aus dem 15. Jahrhundert.
Tourismusverein Lüsen: Tel. 04 72 41 37 50 | www.luesen.com

Lüsen

ZIELE
BRUNECK

Hausberg von Brixen

Plose — Der Hausberg von Brixen ist der bis zu 2504 m hohe Gebirgsstock Plose im Osten und Südosten. Die Talstation der Plose-Seilbahn zur 2050 m hoch gelegenen Bergstation Kreuztal befindet sich in St. Andrä. Im Sommer kann man hier viele Stunden in schönster Umgebung wandern. Im Winter laden insgesamt 43 Pistenkilometer, Teil von Dolomiti Superski, zum Skifahren ein, darunter die 9 km lange Trametsch, die **längste Abfahrt Südtirols**.
www.plose.org

★★ BRUNECK

Italienisch: Brunico | Höhe: 830 m ü. d. M. | Einwohner: 16 300

Bruneck wurde schon mehrfach zur glücklichsten Kleinstadt Italiens gewählt. Die Gründe hierfür sind vielfältig. Im Herzen des Pustertals gelegen, hat sich Bruneck schon früh zum kulturellen und wirtschaftlichen Zentrum der Region gemausert. Michael Pacher, ein Meister gotischer Schnitzaltäre, betrieb hier schon im 15. Jh. seine Werkstatt. Heute engagiert sich ein alteingesessener Lodenfabrikant sichtbar in der Künstlerförderung. Der Motor des Wintertourismus liegt dagegen ganz oben auf Brunecks Hausberg, dem Kronplatz. Dessen Krönung ist das spektakuläre Alpinismus-Museum »MMM Corones«.

Kleine Metropole des Pustertals

Bruneck ist nach dem Brixner Bischof Bruno benannt, der die Stadt 1250 gründete und befestigen ließ, um den Tiroler Fürsten im nahen St. Lorenzen Paroli zu bieten. Einen Aufschwung erlebte der Ort ab dem 15. Jh. durch ein reges Marktwesen. Seine Lage an der Handelsstraße zwischen Venedig und Süddeutschland sowie der ertragreiche Bergbau im Ahrntal begünstigten die Entwicklung. Während der napoleonischen Kriege war Bruneck heiß umkämpft, wobei die Brunecker die Franzosen unterstützten. 1870 kam die Eisenbahn und mit ihr die ersten Touristen ins Pustertal. Im Ersten Weltkrieg war die Stadt ein wichtiger Stützpunkt und Lazarettstandort für die »Dolomitenfront«. Nach dem Zweiten Weltkrieg siedelten sich Industrie und Handelsbetriebe an. Heute ist Bruneck immerhin die viertgrößte Stadt Südtirols und das Einkaufszentrum im Pustertal, hat aber viel **mittelalterlichen Charme** bewahrt, belebte Gassen mit vielen Geschäften, die zum Flanieren und Einkaufen einladen, und ein über die Ortsgrenzen hinaus bekanntes Nachtleben. Der Hausberg Kronplatz ist ein beliebtes Wintersportrevier.

ZIELE
BRUNECK

BRUNECK UND UMGEBUNG ERLEBEN

BRUNECK KRONPLATZ TOURISMUS
Rathausplatz 7, 39031 Bruneck
Tel. 04 74 55 57 22
www.kronplatz.com/de/bruneck

TOURISMUSVEREIN OLANG
Florianiplatz 19
39039 Olang
Tel. 0474 49 62 77
www.olang.com

❶ VINOTHEK BERNARDI €-€€
Eine Mischung aus Enoteca und Bistro, wunderschön an der Rienz gelegen mit Blick auf die Altstadt. Entrecôte und Fiorentina sind ausgezeichnet, dazu trinkt man ein Glas Hauswein.
Stuckstr. 6
Tel. 04 74 41 11 76
So. geschl.
www.bernardi-karl.it

❷ OBERRAUT €-€€
Hoch über Bruneck gelegen serviert der Gasthof in den holzgetäfelten Stuben deftige Klassiker wie Bauerngröstl oder Gulasch mit Semmelknödel. Am Wochenende unbedingt reservieren; mit Gästezimmern.
Amaten 1
Tel. 04 74 55 99 77
Do. geschl.
www.oberraut.it

❸ RIENZBRÄU €-€€
Der Gast kann die Gärung des Biers durch eine Glasscheibe im Boden beobachten. Dazu gibt es deftige Gerichte wie Ochsenschwanz oder Kaninchenragout – im Sommer auch im Biergarten.
Stegenerstr. 8
Tel. 04 74 53 13 07
Di. geschl.
www.rienzbraeu.bz.it

❹ WEISSES LAMM €
Die Bilder im Künstlerstübele des alten Gasthauses (1400) stammen u. a. von Franz von Defregger und Albin Egger-Lienz. Auch der Schriftsteller und Kommunist Norbert C. Kaser (1947 – 1978) saß gerne und lange hier. Serviert wird traditionelle Bauernküche aus dem Pustertal wie Gröstl oder Nockentris.
Stuckstr. 5
Tel. 04 74 41 13 50
So. geschl.
www.weisseslamm.it

OBEREGGER ALM €
Altes Haus mit Stube; serviert wird Tiroler Küche, eine Spezialität sind Tris, also dreierlei Knödel. Zu erreichen auf der Straße ab Geiselsberg oder zu Fuß (etwa 30 Min.).
Olang-Geiselsberg
11.30 – 15-30 Uhr, Juli, Sept. Mo. geschl., im Aug. und Dez. bis 8. April tägl. geöffnet
Tel. 03 47 5 22 01 22
www.obereggeralm.com

❶ CORSO €€€
Die Zimmer sind etwas verspielt, aber sympathisch eingerichtet. In der Wellness-Oase wird man mit Produkten von Vitalis Dr. Franz behandelt, die in Bruneck hergestellt werden.
Bruneck, Graben 16
Tel. 04 74 55 44 34
www.hotelcorso.com

❷ KRONPLATZ LOFT €€
Luxuriöse Ferienwohnungen mit offe-

ZIELE
BRUNECK

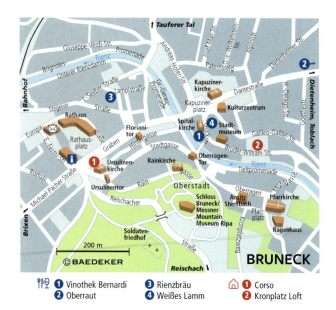

🍴🍷 ❶ Vinothek Bernardi
❷ Oberraut
❸ Rienzbräu
❹ Weißes Lamm
🏠 ❶ Corso
❷ Kronplatz Loft

nem Wohnkonzept und Ausblick vom Penthouse auf das Altstadtzentrum in Bruneck. Es gibt auch Suite-Appartements in einem Chalet auf dem Kronplatz.
Bruneck
Via Bruder-Willram-Straße 12
Tel. 03 35 22 96 55
www.loft.st

HOTEL HUBERTUS €€€€
Der Sky Pool ist ein echter Hingucker: Scheinbar frei schwebend ragt der neue 25 m lange Poolriegel direkt hinaus in die Landschaft; im Poolboden ist sogar noch ein Glasfenster eingelassen. Das Resort am Kronplatz versteht sich als Wander-, Ski- und vor allem als großzügiges Wellnesshotel mit sechs Saunen und sechs In- und Outdoorpools.
Olang-Geiselsberg
Furkelstraße 5
Tel. 04 74 59 21 04
www.hotel-hubertus.com

HOTEL SCHLOSS SONNENBURG €€€€
Schon im Burghof duftet es nach Heilkräutern aus dem rekonstruierten Apothekergarten der Äbtissinnen. Denn das Hotel nordwestlich von St. Lorenzen war einst ein Kloster für adlige Frauen. Man wandelt durch gotische Bogengänge, speist in der Wohnstube der Äbtissin, schläft im Fürstenzimmer oder in einem anderen der insgesamt 38 Zimmer und genießt den schönen Park mit Pool oder Wellness in einem Gewölbe aus dem 13. Jh. (Abb. S. 387).
St. Lorenzen
Tel. 04 74 47 99 99
www.sonnenburg.com

SAN LORENZO MOUNTAIN LODGE €€€€
Vor dem Haus dampft ein Whirlpool, drinnen knistert Holz im Ofen und der frühere Ziegenstall ist mit besten Südtiroler Weinen gefüllt. Dieses

schicke einstige Jagdchalet (16. Jh.) vermieten Georgia und Stefano Barbini, die sich aus der Modewelt ins Pustertal zurückgezogen haben.
St. Lorenzen
Ellen 23
Tel. 0474 40 40 42
www.sanlorenzomountainlodge.it

HOTEL BAD BERGFALL €€
Gasthof mit einfachen Zimmern zwischen Wiesen in Waldnähe gelegen. Hier entspringt die heilkräftige Schwefelquelle von Bad Bergfall.
Olang-Geiselsberg
Bergfallweg 5
Tel. 04 74 59 20 84
Gaststätte Mi. Ruhetag
www.badbergfall.com

Eine Filiale des PUR aus Meran (▶ S. 205/206) mit Südtiroler Produkten (Herzog-Sigmund-Str. 49, www.pursuedtirol.com).
Ein Lebensmittelgeschäft mit Tradition ist **Horvat** (Stadtgasse 5a, www.horvatwilli.com).
Der Südtiroler Speck der **Metzgerei Karl Bernardi** gilt als besonders aromatisch, als Reisesouvenir empfiehlt sich das Wildschweingulasch in Dosen (Stadtgasse 36, www.bernardi-karl.it).
Im Keller des Ladengeschäftes **Tito** befindet sich ein **Speckmuseum**, wo der komplette Gewölbehimmel voller Schinken hängt, die man selbstverständlich auch probieren darf. Man erfährt etwas über die Herstellung, während oben fleißig Schinken, Speck und Käse verkauft werden (Stadtgasse 55, www.titospeck.it).
Nicht nur hübsch gemachte Törtchen und Pralinen, sondern auch wunderschöne filigrane Blumenbouquets präsentiert **Acherer** in Vitrinen, als seien es Juwelen (Stadtgasse 8, www.acherer.com).
Ausgefallene Einzelstücke an Designerobjekten, Schmuck und Kleidung gibts im **Concept & Art Store Variatio** (Oberragen 12, www.variatio.it).

Der **Pustertaler Radweg** führt vom Eisacktal über Bruneck, Toblach und Innichen bis nach Lienz. Die Route ist einfach und sehr beliebt, deshalb kann es im August/September schon mal eng werden. Leihräder gibt es unterwegs in vielen Orten (www.pusterbike.com).
Cron 4 ist eine spektakuläre Saunalandschaft mit **Frei- und Hallenbad** im Ortsteil Reischach (Hallenbad Nov. – März tägl. 10 – 22, Saunen ab 12.00 Uhr; Tageskarte Sauna mit Hallenbad 26 €; Freibad Juni – Okt. 10 – 22, Mi. und Fr. ab 6 Uhr, Eintritt für 2,5 Std. 8 €, www.cron4.it).
In Reischach am Fuß des Kronplatzes liegt der 9-Loch-**Golfplatz** Pustertal, seine Erweiterung auf 18 Löcher ist geplant (www.golfpustertal.com).
Im Süden Brunecks liegt der Ferienort Reischach, von dem eine Umlaufbahn auf den **Kronplatz** führt, einer der am besten erschlossenen Skiberge der Alpen (▶ S. 99).

▍Wohin in Bruneck?

Mittelalterliche Puppenstube
An der Stelle der mittelalterlichen Stadtbefestigung verläuft heute der Graben, eine breite Promenade mit alten Kastanienbäumen, Terrassencafés und von Künstlern gestalteten Sitzbänken (▶Moess-

Altstadt

mer). Die **Ursulinenkirche** wurde 1411–1427 wie alle Kirchen Brunecks außerhalb der Stadtmauer erbaut. Sie besitzt drei Reliefs eines frühen Flügelaltars, die aus der Werkstatt des Meisters von St. Sigmund stammen dürften. Etwas weiter südlich gelangt man durch das mit Fresken geschmückte **Ursulinentor** beim gleichnamigen Kloster in die Altstadt. Hans von Bruneck malte die Kreuzigungsgruppe; neben den Heiligenfiguren sieht man das Wappen der Jöchl, einer wohlhabenden Bergbaufamilie.

Flaniermeile

Stadtgasse

Laubengänge gibt es in Bruneck zwar keine, dafür lassen sich in der Stadtgasse, entlang der schönsten Fassaden der Stadt, Sightseeing und Shoppen wunderbar verbinden. So hatte im Doppelhaus Nr. 29 der Maler und Bildschnitzer Michael Pacher (▶ Interessante Menschen, S. 357) ab 1435 seine Werkstatt. Die Stadtgasse verläuft als Hauptachse des alten Ortskerns in einem leichten Bogen vom Ursulinentor bis zum Oberragen-Tor.

Markante Doppelzwiebel

St. Katharina am Rain

Unter dem markanten Doppelzwiebelturm, heute ein Wahrzeichen der Stadt, wohnte noch bis 1972 der Brunecker Nachtwächter. Die Kirche hatte die Zwiebeln erst 1724 erhalten, als St. Katharina am Rain, auch Rainkirche genannt, nach einem Brand wiederaufgebaut wurde. Sie steht am Fuß des Burgbergs und war ursprünglich um 1345 im gotischen Stil erbaut worden.

Begegnung mit Bergkulturen

Schloss Bruneck – MMM Ripa

Ripa bedeutet Berg auf Tibetanisch. Deshalb muss man auch hinaufsteigen zum Schloss Bruneck. Ein Fußweg führt von der Katharinenkirche hinauf. Die 1250 erbaute ehemalige Bischofsburg und Sommerresidenz steht mitten in einem Park und beherbergt das Messner-Museum Ripa. Mit unzähligen Exponaten werden Alltag, Kultur und Religion der Bergvölker aus Asien, Afrika, Südamerika und Europa vorgestellt. Und nebenbei kann man auch noch die prächtigen Fürstenzimmer im obersten Stock besuchen.

Am Schlossweg 2 | tägl. außer Di., 2. So. im Mai – 1. Nov. 10–18 Uhr, 4. Dez. – 25. April ab 12 Uhr | 9 € | www.messner-mountain-museum.it

Musizieren im Arkadenhof

Oberragen-Tor

Hinter dem ebenfalls mit Fresken geschmückten Oberragen-Tor liegt der gleichnamige Stadtteil, wo im Mittelalter städtische Beamte, Handwerker und Bauern wohnten. Hinter dem Ansitz Sternbach und der Mariensäule (1716) steht die neuromanische Pfarrkirche (1855). Ihre Deckengemälde stammen von Josef Mader (1860), es gibt eine Pietà aus Steinguss (um 1400) und im rechten Seitenschiffaltar ein lebensgroßes Kruzifix aus der Schule von Michael Pacher (1500). In

ZIELE
BRUNECK

Brunecks malerische Stadtgasse, die Flaniermeile des Pustertals

der Nähe der Kirche folgen weitere Ansitze, darunter das bereits 1206 als bischöflicher Maierhof erwähnte **Ragenhaus**. 1670 wurde es im Renaissancestil umgebaut, heute ist es Sitz der städtischen Musikschule. Im Arkadenhof finden im Sommer Konzerte statt.

Vom Sockel gebombt
»Kapuzinerwastl« nennen Einheimische das hier zur Zeit des Faschismus aufgestellte Denkmal eines italienischen Gebirgsjägers. Als Symbol des italienischen Souveränitätsanspruchs war es mehrfach Ziel von Sprengstoffanschlägen. Seit einem Anschlag 1979 steht nur noch die Büste auf dem Sockel. Die spätbarocke Spitalkirche Zum Heiligen Geist in der Nähe des Kapuzinerplatzes stammt aus der Zeit um 1760; das Innere zeigt Altarbilder von Franz Unterberger.

Kapuzinerplatz

Wo früher Pferde gefüttert wurden und Postkutschen bereitstanden, hat heute das **Stadtmuseum** seinen Sitz. Im Erdgeschoss sind Werke der spätgotischen »Pustertaler Schule« von Michael Pacher, seinem Mitarbeiter Friedrich Pacher und dessen Schüler Simon und Veit von Taisten ausgestellt, im ersten Stock zeitgenössische Grafiken aus aller Welt. Etwas für Kenner sind die 7500 Exlibris, in Bücher eingeklebte Besitzerzeichen, kleine grafische Kunstwerke.

Bruder-Willram-Str. 1 | Di. – Fr. 15 – 18, Sa., So. 10 – 12, Juli, Aug. 10 – 12, 15 – 18 Uhr, Mo. bis auf Aug. geschl. | 2,50 €
www.stadtmuseum-bruneck.it

Ein Tuch für alle Fälle

Lodenfabrik Moessmer

Früher stattete die Tuchfabrik Moessmer Kaiser Franz Josef mit Jagdanzügen aus Loden aus. Wegen seiner hochwertigen Verarbeitung lassen heute Firmen wie Chanel, Prada oder Dolce & Gabbana hier regelmäßig Haute-Couture-Stoffe fertigen. Auch in der Südtiroler Regionalbahn fährt man auf Lodenbezügen von Moessmer durchs Land. Teile ihrer Fabrikhallen am südöstlichen Stadtrand stellt die Firma übrigens diversen Künstlern kostenlos als Atelier zur Verfügung, die im Gegenzug mit den Stoffen arbeiten. Zu sehen in der Altstadt am Graben (▶ oben), wo man auf künstlerisch gestalteten Sitzbänken Platz nehmen kann.

Fabrikführungen und Ladenverkauf: Walther-von-der-Vogelweide-Str. 6 Tel. 04 74 53 31 11 | www.moessmer.it

Rund um Bruneck

Bäuerliches Leben anno dazumal

Volkskundemuseum Dietenheim

Das Korn wird zum Trocknen noch zu Männchen aufgestellt und Wolle mit dem Spinnrad gesponnen. Wie früher auf dem Land gearbeitet wurde, kann man hautnah auf dem 3 ha großen Freigelände in Dietenheim erleben, wo zwei Dutzend jahrhundertealte Bauernhäuser, Scheunen und Kornkästen aus allen Teilen Südtirols aufgestellt wurden. Herzstück des Volkskundemuseums nördlich von Bruneck ist das Ende des 17. Jh.s erbaute **Haus Mair am Hof**. Seine Räume geben Einblick in die Lebenswelt des Landadels. Die holzgetäfelte Stube zeigt barocke Stilelemente, Votivbilder, geflochtene Wachsstöcke und Hinterglasmalereien. In der Scheune sind verschiedene Werkstätten eingerichtet, in denen man an Aktionstagen Einblick in alte Handwerkstechniken bekommt.

Herzog-Diet-Str. 2, Dietenheim | Ostermontag – Okt. Di. – Sa. 10 – 17, So., Fei. 14 – 18 Uhr, Aug. auch Mo. | 7 € | www.volkskundemuseum.it

Eine spätgotische Kirche und Erdpyramiden

Percha

Der kleine Ort Percha liegt an der Straße nach Toblach, 5 km östlich von Dietenheim. Ein Christophorus-Fresko von Simon von Taisten ziert die Außenwand der spätgotischen Kirche St. Kassian, das Innere ein dicht verzweigtes Netzgewölbe mit bemalten Schlusssteinen. Percha ist eine Station der Pustertaler Bahn und an das Wintersportrevier Kronplatz (▶unten) mit über 100 Pistenkilometern angebunden. Oberhalb des Orts steht eine Gruppe **Erdpyramiden** (▶ S. 79, Abb. S. 337).

Römische Siedlung

St. Lorenzen

Bereits die Römer gründeten hier am Zusammenfluss von Gader und Rienz die befestigte Siedlung Sebatum, von der noch Grundmauern

ZIELE
BRUNECK

erhalten sind. Fundstücke aus dieser Zeit sind auch im **Archäologiemuseum Mansio Sebatum** ausgestellt (www.mansio-sebatum.it). Als Missionsstation spielte St. Lorenzen (San Lorenzo di Sebato) für die Christianisierung des Pustertals eine wichtige Rolle; später wurde es von der Nachbarstadt Bruneck überflügelt. Die stattlichen alten Häuser im Zentrum zeugen von der früheren Bedeutung. Die von Weitem zu erkennende Kloster- und Burganlage der **Sonnenburg** beherbergt heute ein Hotel (▶ S. 94). Die **Pfarrkirche zum hl. Laurentius** am Hauptplatz birgt die »Pustertaler Muttergottes mit Kind«, auch »Traubenmadonna« genannt. Sie gehörte zu einem großen Flügelaltar von Michael Pacher (1462). Lebensgroße Skulpturen von Jörg Stieger (1714) in der Egererkapelle stellen Szenen aus der Passion Christi dar.

Die Ideen des Bauernkriegs und der Wiedertäuferbewegung fanden in St. Lorenzen viele Anhänger. **Jakob Hutter**, um 1500 hier geboren, forderte eine radikale Neuordnung der kirchlichen und gesellschaftlichen Verhältnisse. Viele seiner Anhänger wurden gefoltert und hingerichtet, Tausende flohen nach Mähren, er selber wurde 1536 in Innsbruck verbrannt. Heute leben in den USA und in Kanada noch ca. 40 000 Hutterer streng nach der Bibel und ohne Privatbesitz.

Archäologiemuseum: Mo. - Fr. 8 - 12 Uhr

Ein Museum als Krönung

Das Highlight am Kronplatz ist nicht etwa das 12-Uhr-Läuten einer der größten Glocken im Alpenraum (**Concordia 2000**, 18 Tonnen, 3 m Durchmesser), die Attraktion auf dem Gipfelplateau liegt gut im Berginnern versteckt: das **MMM Corones**, das sechste und letzte der Messner Mountain Museen, entworfen von der Stararchitektin Zaha Hadid. Die organisch geschwungene und futuristisch anmutende Architektur in 2275 m Höhe ist nicht nur Museum, sondern auch ein Fenster hinaus in die Dolomiten (Das ist . . . S. 12). In der Ausstellung geht es um die Geschichte des Alpinismus, der mit der Erstbesteigung des Mont Blanc 1786 begann, und die rund 230 Jahre währende Auseinandersetzung zwischen Berg und Mensch. Weltweit ist es vermutlich auch eines der wenigen Museen, das Leute mit Ski- oder Wanderschuhen besuchen.

Kronplatz

MMM Corones

Im Winter ist der Kronplatz der **Skiberg des Pustertals**. Auf mehr als 100 km Pisten, die zum Skiverbund Dolomiti Superski gehören, sind an guten Tagen bis zu 10 000 Skifahrer unterwegs. Es gibt fünf schwarze Pisten, darunter die beiden schweren Talabfahrten Sylvester und Herrnegg, unten gehts zum Après-Ski: Beliebt sind das »K 1« (www.k-1.bz) an der Talstation in Reischach für alle, die aus dem Westen kommen, und »Gassl« (www.gassl.bz) in Olang für Feierlustige aus dem Osten.

Der Ferienort **Reischach** (Riscone) liegt 2 km südlich von Bruneck auf 935 m Höhe; eine Umlaufbahn führt von hier auf den **Kronplatz**

ZIELE
BRUNECK

Nicht nur zur Winterzeit, auch im übrigen Jahr können sich Aktivurlauber und Familien mit Kindern in der Ferienregion Kronplatz austoben.

(▶ oben). Die **Lamprechtsburg** erhebt sich auf einem 990 m hohen Bergsporn, der auf drei Seiten steil in die Rienzschlucht abfällt. Um 1225 ließ Graf Albert von Tirol eine ältere Holzkonstruktion durch einen Steinbau ersetzen; heute umfasst die Anlage einen schlichten Palas, einen zinnengekrönten Bergfried, Wirtschaftsgebäude und eine schöne Burgkapelle aus dem 17. Jahrhundert.
MMM Corones: Direkt mit der Kabinenbahn erreichbar | tägl. 1. Sa. im Juni – 2. So. im Okt., Ende Nov. – Mitte April 10 – 16 Uhr | 10 € www.messner-mountain-museum.it | Kronplatz: Umlaufbahn von Reischach | Juni – Anfang Okt., Anfang Dez. – April tägl. 9 – 17 Uhr | www.kronplatz.com, www.dolomitisuperski.com

Sommer- und Wintersport

Olang   Seitdem in Olang (14 km südöstlich von Bruneck; Valdaora; 3050 Einwohner) auch Weltmeisterschaften stattfinden, ist die 1048 m hoch gelegene Gemeinde an der Ostseite des Kronplatzes eine Hochburg der Rennrodler. Der Tourismus begann einst mit dem Bau der Pustertaler Bahn. Anfangs kamen die Sommerfrischler wegen der Heilbäder Bergfall und Schartl, die Wintersportler mit der Eröffnung der ersten Skilifte am Kronplatz (Kabinenbahnen Olang 1 und 2 auf den Kronplatz). Heute reicht der »Nature.Fitness.Park.Kronplatz-Dolomiti« von Bruneck über Olang bis Rasen im ▶ Antholzer Tal. Mit über

275 km beschilderten Touren bietet sich den Liebhabern des Nordic Walking ein umfangreiches Wegenetz vor herrlicher Naturkulisse (www.olang.com).

Für Kunstinteressierte lohnt ein Besuch der 1138 erstmals erwähnten, im 15. und 18. Jh. umgebauten Kirche **St. Ägidius** in **Mitterolang**. Ihre Westfassade schmückt ein großes Christophorus-Fresko (um 1500), im barocken Inneren findet sich ein Abendmahl von Simon von Taisten (1483). Das Hauptbild im barocken Hochaltar ist von Friedrich Pacher (1480). Der Reliquienschrein des hl. Aurelius auf dem Seitenaltar gelangte erst 1848 aus den Katakomben von Rom nach Olang. Er wurde oft bei Bittprozessionen um günstige Witterung vorangetragen.

Auf dem Weg von Mitterolang nach Geiselsberg kommt man am **Peststöckl** (1460) vorbei, einem der schönsten Bildstöcke Südtirols mit vier Passionsszenen. Um 1050 hieß der Ort am Osthang des Kronplatzes Gisilhartisperch, der Berg des Giselhart. Für die Ladiner in Enneberg war es der Ort unter der Furkel (Sorafurcia). Alljährlich am Samstag nach Pfingsten ziehen die Olanger und Geiselsberger über die Furkel zur Gnadenmutter nach Enneberg. Die Fassade der Geiselsberger Kirche schmückt ein Christophorus-Fresko von Simon von Taisten (1489). Von Geiselsberg fährt die Gondelbahn ins Skigebiet Kronplatz (▶ S. 99).

Urnen, Schmuckstücke und Münzen aus der Zeit der Kaiser Vespasian und Titus belegen, dass schon die Römer die Schwefelquellen bei **Bad Bergfall**, etwas südlich von Olang, nutzten. Die heutigen Badehäuser entstanden 1720 im Auftrag des Grafen Guidobald von Welsberg. Ihr Heilwasser verspricht Linderung bei Arthrose, Hautkrankheiten und Rheuma (www.badbergfall.com).

Bei Olang beginnt das ▶ Antholzer Tal, ein Mekka der Langläufer.

Antholzer Tal

★ BURGEIS

Italienisch: Burgusio | **Höhe:** 1215 m ü. d. M. | **Einwohner:** 850

Gute und schlechte Taten werden in Burgeis am Dorfbrunnen aufgewogen: Dort hält der Erzengel Michael eine Seelenwaage in der Hand, auf der ein nacktes Menschlein versucht, einen Mühlstein - Symbol seiner Sündenlast - auszugleichen. Darüber hinaus hat sich Burgeis mit dem kleinen Dorfplatz, den verwinkelten Gassen, ineinander verschachtelten Häusern, Fresken und Freitreppen sein mittelalterliches Ortsbild bewahrt. Dominiert wird es von dem unübersehbaren Kloster Marienberg.

ZIELE
BURGEIS

Männer mit Blatthänden, Meerjungfrau und andere Bilder

Burg-
städtchen

Mittelpunkt des Burgstädtchens ist der hübsche Dorfplatz mit dem **St. Michaelsbrunnen**, auf dem Erzengel Michael mit seiner Seelenwaage steht, um am jüngsten Tag die guten und schlechten Taten abzuwägen. Die romanische **Pfarrkirche St. Maria** mit ihrem schlanken Turm zeigt am kleinen Seitenportal die eigenwillige Darstellung eines Mannes mit Blatthänden. Die barocke Orgel stammt aus der Marienberger Klosterkirche und wurde nach der Aufhebung des Klosters 1809 gekauft. Die Darstellung einer melancholischen Meerjungfrau schmückt dagegen das Innere der romanischen Kirche **St. Nikolaus** am nördlichen Dorfrand, jenseits der Etsch.

Die **Fürstenburg** wurde 1272 – 1282 von dem Churer Bischof Konrad außerhalb von Burgeis erbaut und diente während der religiösen Wirren im 16. Jh. als Zufluchtsort des Klerus. Im Burghof und in der Burgkapelle gibt es sehenswerte Fresken aus dem 16. und 17. Jh., in den Fürstenzimmern schöne Holztäfelungen und Kassettendecken. Heute ist hier die Landesfachschule für Landwirtschaft untergebracht, daher ist die Fürstenburg nur im Juli und August mit Führung zu besichtigen. Etwas oberhalb von Burgeis steht an der Reschenstraße ein gewaltiges **Beinhaus** aus Naturstein für die gefallenen Soldaten des Ersten Weltkriegs (1939, Architekten: Giovanni Greppi, Giannino Castiglioni). Wie auch die übrigen Beinhäuser wurde es bewusst in Grenznähe errichtet, um die Annexion Südtirols auch symbolisch zu rechtfertigen. Aus Mangel an toten Soldaten wurden Leichen vom Soldatenfriedhof in Bozen exhumiert und hier bestattet, darunter auch die von 54 österreichischen Soldaten, die kurzerhand zu italienischen Gefallenen umfunktioniert wurden.

Fürstenburg: Führungen über das Tourismusbüro Mals, Tel. 04 73 83 11 90, www.ferienregion-obervinschgau.it

 ## Abtei Marienberg

Museum: 27.12. – Okt. Mo. – Sa. 10 – 17 Uhr, sonst auf Anfrage, Tel. 04 73 84 39 80 | 5 €
Krypta: Juni – Okt. Mo. – Sa. 17.30 Uhr
Im Kloster gibt es neun schlichte Einzelzimmer für Menschen, die Ruhe suchen und sich für das Klosterleben interessieren: Schlinig 1, 39024 Mals | Tel. 04 73 83 13 06, www.marienberg.it

Höher geht (fast) nicht

Geistiges
Zentrum
des Obervinschgaus

Auf 1340 m thront wie eine Ritterburg das weiß getünchte Kloster mit vielen Fenstern, Türmen und Zinnen über Burgeis. Neben dem höchstgelegenen Kloster liegt hier auch der **höchstgelegene Weinberg** Kontinental-Europas. Man erreicht Marienberg zu Fuß auf einem alten Weg in etwa 30 Minuten oder mit dem Auto auf einer klei-

BURGEIS ERLEBEN

TOURISMUSBÜRO
Burgeis 77, 39024 Burgeis
Tel. 04 73 83 14 22
www.ferienregion-obervinschgau.it

Busse von/nach Mals, Reschen, Reschenpass und Nauders

ROMANTIKHOTEL WEISSES KREUZ €€€–€€€€
Drei Gebäude am Dorfplatz Burgeis sind hier vernetzt: das Stammhaus »Weisses Kreuz« mit großzügigem neu gestaltetem Wellnessbereich, der »Ansitz zum Löwen« gegenüber, ein renoviertes 800 Jahre altes Bauernhaus mit historischen Stuben. Sehr speziell: eine Suite mit einem schwarzen Bad in der ehemaligen Räucherkammer. Dritte im Bund ist eine modern ausgebaute ehemalige Scheune. Ein Feinkostladen (»Genuss am Platz«) und eine kleine Dorfbar gehören auch noch dazu.
Mals, Burgeis 82
Tel. 04 73 83 13 07
www.weisseskreuz.it

ZUM MOHREN & PLAVINA €€€
Tradition oder Moderne – hier hat man die Wahl: Residiert wird entweder im historischen Gasthof »Zum Mohren« am Dorfplatz von Burgeis – mit Bildern von Karl Plattner, einem führenden Künstler Südtirols in der Mitte des 20. Jh.s, 1919 in Mals geboren und dort begraben – oder im modernen Aktivhotel »Plavina« am Ortsrand, Ausgangspunkt vieler Wander- und Radwege mit elegantem Wellnessbereich.
Mals, Burgeis 81
Tel. 04 73 83 12 23
www.mohren-plavina.com

Die **Hofkäserei Englhorn** stellt leckeren Almkäse her, der auch in der Gourmetgastronomie serviert wird (Burgeis, Schleis 8, www.englhorn.com).

---

nen Straße. Da das Kloster von einer kleinen Benediktinergemeinschaft bewohnt wird, sind die Klausurgebäude nicht zu besichtigen. Doch wer will, kann hier sogar wohnen.

Mittelalterliche Glaubensfeste und Hort der Bildung
Das Kloster ist eine Gründung der einflussreichen Familie der Herren von Tarasp aus Scuols im Unterengadin. Baubeginn war 1146, bereits 1150 zogen der erste Abt und Mönche aus dem süddeutschen Kloster Ottobeuren ein. Die Gemeinschaft musste sich lange gegen die Matscher Vögte behaupten. Immer wieder kam es zu Plünderungen, ein Abt wurde sogar ermordet. Dann setzten die Reformation, Bauernaufstände und die Wiedertäuferbewegung dem Kloster sehr zu. Es stand kurz vor der Auflösung. Die Wende und Blütezeit von Marienberg brachte der neue Abt Matthias Lang aus Weingarten Anfang

Geschichte

des 17. Jh.s. Das Kloster begann nun »mit aller Härte« den rätoromanischen Vinschgau für den katholischen Glauben und die deutsche Sprache zu gewinnen. Weil nun Deutsch statt Rätoromanisch gesprochen wurde, konnten die Leute die geistlichen Reformatoren aus der Schweiz bald nicht mehr verstehen. 1724 wurde in Meran ein humanistisches Gymnasium gegründet, wenig später ein Knabenkonvikt. Nach den Tiroler Freiheitskriegen hob 1807 die bayerische Regierung das Kloster auf, die Möche wurden vertrieben. Doch 1816 wurde es auf Wunsch Kaiser Franz' I. wieder belebt und auch das Gymnasium weitergeführt. 1946 – 1986 gab es auf Marienberg ein Privatgymnasium, das viele bedeutende Südtiroler besucht haben.

Im Klosterhof

Besichtigung Im stimmungsvollen Klosterhof befindet sich eine riesige Glaswand mit Zinn- und Silbertellern, Essgeschirr zum Teil mit Monogrammen, der im Laufe der Jahre hier lebenden Mönche. Noch heute nehmen die Mönche ihr Essen schweigend ein, während einer von ihnen vorliest. Die **Klosterkirche** wurde 1201 geweiht. Ihr Säulenportal in der Vorhalle ist romanisch, die Skulptur der »Schönen Madonna« mit Kind im Tympanon gotisch. Die Kirche wurde 1643 – 1648 im Stil der Wessobrunner Schule barockisiert. Die Fresken im rechten Seitenschiff von 1650 zeigen die Familie des Klosterstifters Ulrich von Tarasp.

Burgeis wird von der Fürstenburg und der Abtei Marienberg dominiert.

ZIELE
CORTINA D'AMPEZZO

Farbenpracht im Verborgenen
Engel in leuchtendsten Farben zeigen die bestens erhaltenen romanischen Fresken in der 1160 geweihten Krypta. Kunsthistorisch sind sie die Hauptsehenswürdigkeit des Klosters, allerdings sind sie zu ihrem Schutz nur sehr eingeschränkt zugänglich, nur zur Vesper in den Sommermonaten. In einem Film im Museum werden sie jedoch gezeigt.   Krypta

Sie sind wohl 1167 – 1177 entstanden und wurden erst 1887 wiederentdeckt: Die Krypta war nach dem Umbau der Kirche Mitte des 17. Jh.s als Begräbnisstätte genutzt worden, und erst nachdem die Grufteinbauten entfernt worden waren, kamen die Fresken zum Vorschein. In der Hauptapsis ist Christus in der Mandorla dargestellt, daneben zwei sechsflügelige Seraphime auf blauem Hintergrund aus gestoßenem Lapislazuli, darunter zwei weitere Engel, die Apostel Petrus und Paulus sowie die nur noch teilweise erhaltenen Evangelistensymbole. Die Westwand zeigt das himmlische Jerusalem.

Auch architektonisch ein Juwel
Der ehemalige Wirtschaftstrakt ist heute Museum. Es zeigt Dokumente und Kunstschätze und wurde von dem bekannten Vinschgauer Architekt Werner Tscholl gestaltet. Er verband gekonnt alte Bausubstanz und moderne Einrichtung.   Museum

★ CORTINA D'AMPEZZO

Region: Venetien, Provinz: Belluno | **Ladinisch:** Anpez, Anpezo
Höhe: 1211 m ü. d. M | **Einwohner:** 5900

Heimliche Hauptstadt der Dolomiten: Der Ferienort am östlichen Ende der Dolomitenstraße verdankt seine Berühmtheit den legendären Gipfeln der ringsum aufragenden Ampezzaner-Dolomiten: Cristallo (3218 m), Pelmo (3168 m), Sorapis (3205 m) und die Tofane-Gruppe (über 3200 m).

Auf einen Schlag bekannt wurde Cortina als Austragungsort der **Olympischen Winterspiele 1956**, der ersten, die im Fernsehen übertragen wurden. Seither hat sich das ehemalige Holzarbeiter- und Hirtendorf zu einem der berühmtesten Ferienorte Italiens entwickelt. Während der Saison, vor allem im Winter, aber auch im Sommer, schwillt die Einwohnerzahl auf über 50 000 an, mit viel italienischer Prominenz oder wer sich dafür hält. Die Ampezzaner gehören zur alteingesessenen Regole-Familie, die Cortinesen kamen später und können nur durch Heirat in die Regole-Familie »aufsteigen«.

Sankt Moritz Italiens

CORTINA D'AMPEZZO ERLEBEN

INFOPOINT CORTINA
Corso Italia 81
32043 Cortina d'Ampezzo
Tel. 04 36 86 90 86
www.cortina.dolomiti.org

NATURSCHUTZPARK DER AMPEZZANER DOLOMITEN
Parco Naturale delle Dolomiti d'Ampezzo
Via Mons. P. Frendemez 1
Tel. 04 36 22 06
www.dolomitiparco.com

RIFUGIO AVERAU €–€€
Hütte mit Sonnenterrasse und grandiosem Blick auf die Marmolata direkt an der Skipiste im Cinque-Torri-Gebiet. Tipp: Casunziei, gefüllt mit Sciopetì, einem wilden, nur hier wachsenden Kraut, und Wildgerichte. Mit Übernachtungsmöglichkeit.
Forcella Averau
Tel. 04 36 46 60 und
0 33 56 86 80 66
Juni – Ende Sept., Dez. – 1. Aprilwoche

RISTORANTE EL ZOCO €€
Nicolò Zardini serviert traditionell herzhafte Küche mit Spezialitäten der Region. Sein Hobby: der Weinkeller.
Loc. Cademai 18, Tel. 04 36 86 00 41
Di. geschl., www.elzoco.it

ENOTECA CORTINA €
Um die Mittagszeit und ab dem frühen Abend ist die Enoteca rappelvoll. Gute Auswahl an italienischen Weinen, verführerische Antipasti.
Via del Mercato 5
Tel. 04 36 86 20 40, So. geschl.
www.enotecacortina.com

HOTEL MENARDI €€€–€€€€
Modernes, gemütlich eingerichtetes 3-Sterne-Hotel mit 49 Zimmern und Wellness-Bereich in einem Privatpark
Via Majon 110
Tel. 04 36 24 00
www.hotelmenardi.it

HOTEL DE LA POSTE €€€
72 gediegene Zimmer, großer Speisesaal. Die Hotelgeschichte begann 1811; die Bar ist ein beliebter Treffpunkt zum Kaffee oder Aperitif.
Piazza Roma 14
Tel. 04 36 42 71
www.delaposte.it

Die imposanten Berggruppen um Cortina bieten 400 km ausgeschilderte Wege zum **Wandern, Trekking und Nordic Walking**.
29 gesicherte **Klettersteige**, »Vie Ferrate«, sind für trittsichere und schwindelfreie Berggeher ein einmalig schönes Erlebnis. Auf Freeclimber warten senkrechte Wände im Gebiet Cinque Torri und die neue Naturkletterwand Crepo Longo auf dem Faloria.
Über 1000 km markierte **Radwege** gibt es rund um Cortina, dazu auf Radfahrer spezialisierte Hotels sowie Möglichkeiten, Räder zu leihen.
Auf vier imposanten **Skibergen** – Faloria, Monte Cristallo, Tofana und Lagazuoi/Falzarego – kann man endlos Ski fahren, für Langläufer gibt es 70 km gespurte Loipen. Dazu kommt eine Vielzahl an Berghütten mit exzellenter Küche. Cortina gehört zum Verbund Dolomiti Superski (www.cortina.dolomiti.org und www.dolomiti-superski.com).

ZIELE
CORTINA D'AMPEZZO

Vom Bergdorf zur »Hauptstadt« der Dolomiten

Das bis heute hoch geschätzte und vom italienischen Staat anerkannte System der **Regole** geht mindestens auf die Langobarden zurück: Damals schlossen sich die ortsansässigen Familien zusammen, um das kollektive Eigentum an Feldern, Wiesen und Wäldern im Ampezzaner-Tal zu wahren und zu nutzen. Bis heute versammeln sich einmal jährlich die 1300 Oberhäupter der Regole-Familien, um über den Grundbesitz zu entscheiden. Zu ihren Aufgaben gehören die Wahrung der Natur und Kultur der Region, u. a. die Pflege der Wald- und Wanderwege, aber auch die der Museen.

Geschichte

Das kleine Bergdorf gehörte zwischen 1420 und 1511 zu Venedig; anschließend teilte es die Geschichte Tirols und kam mit diesem 1919 zu Italien. Seine Blütezeit setzte mit dem Beginn des **Alpinismus im 19. Jh.** ein; zu Beginn des 20. Jh.s schossen Hotels wie Pilze aus der Erde, viele davon stehen heute noch. Inzwischen gehört Cortina zur **Region Venetien**. Es gab und gibt immer wieder Versuche, ein Teil der autonomen Provinz Bozen-Südtirol zu werden, die jedoch genauso regelmäßig von der Provinz Belluno und der Region Venetien abgelehnt werden. Sie wollen den bekannten Ferienort nicht verlieren, der an Weihnachten immer noch regelmäßig in die Schlagzeilen kommt, wenn sich die Prominenz aus Rom und der Lombardei auf der **Flaniermeile Corso d'Italia** sehen lässt.

Zu den Olympischen Spielen 1956 entstanden zahlreiche Bauten wie das Eisstadion, die Bobbahn Monti und die Sprungschanze Italia. Berühmtheit erlangte das Eisstadion durch den James-Bond-Film »In tödlicher Mission« Anfang der 1980er-Jahre mit Roger Moore.

❙ Wohin in Cortina d'Ampezzo?

Ein Gotteshaus und Moderne Kunst

Die Pfarrkirche St. Philipp und Jakob an der Hauptgeschäftsstraße Corso d'Italia entstand 1775. Von der Fassade grüßen die beiden Statuen der Schutzpatrone von Cortina, Philippus und Jakobus. Der frei stehende, 71 m hohe Turm folgte Mitte des 19. Jh.s. Der von Petrus und Paulus eingerahmte Hochaltar (1773) und die beiden ersten Seitenaltäre stammen von Johann Müssak, das Altarbild malte Giuseppe Zanchi. Der Altar mit der Gnadenreichen Madonna von Andrea Brustolon (1703) stand schon in der Vorgängerkirche. Das Gewölbe mit der Heiligen Dreifaltigkeit malte Giuseppe Ghedina, andere Malereien wie das »Martyrium des hl. Jakobus« und die 14 Kreuzwegstationen sind von Franz Anton Zeiler. Er malte auch die etwas südlich gelegene barocke Wallfahrtskirche **Madonna della Difesa** (1743) aus. Das 1976 vor der Kirche aufgestellte Denkmal erinnert an den legendären Ampezzaner Bergführer **Angelo Dibona** (1879–1956). Die Ciasa de ra Regoles neben der Kirche beherbergt das **Museum**

Pfarrkirche

für Kunst des 20. Jh.s Mario Rimoldi, die der ehemalige Bürgermeister zur Zeit der Olympischen Spiele 1956 der Regole-Familie übergeben hatte. Ausgestellt sind 800 Gemälde italienischer Künstler des 20. Jh.s, u. a. von De Chirico, Morandi, Depero, Carrà, Sironi und Renato Guttuso.
Corso Italia 69 | Di. – So. 10.30 – 12.30, 16 – 20 Uhr, im August tägl. geöffnet | 8 €; Sammelticket für alle Museen 15 € | www.regole.it

Das älteste Gebäude im Tal

San Nicolò

Das älteste Gebäude im Tal ist San Nicolò (1226) an der Staatsstraße von Cortina nach Toblach. Schon im 11. Jh. gab es hier ein Hospiz für Wanderer und Pilger. Bis auf den Anbau einer Apsis im 16. Jh. blieb die Architektur der Kirche unverändert. Sehenswert sind die Fresken mit Szenen der Nikolaus-Legende eines lokalen Künstlers (15. Jh.), die von außen nach innen verlegt wurden. Im Gewölbe sind die Wappen der Regola Alta di Laureto und vom Herrn der einstigen Burg von Botestagno zu sehen.

Zwei weitere Regole-Museen

Regole-Museen im Kongresszentrum

Im nach dem Ampezzaner Volksschauspieler Alexander Girardi Hall benannten Kongresszentrum sind zwei weitere Regole-Museen untergebracht. Im **Völkerkundlichen Museum** werden Geschichte, Tradition und das Handwerk der Region dokumentiert. Im ersten Stock erfährt man die Geschichte der Regole-Familien und der Genossenschaft, die heute noch kollektiv das Tal verwaltet.
Im **Paläontologischen Museum Rinaldo Zardini** ist die umfangreichste Fossiliensammlung aus den Dolomiten ausgestellt. Dazu gehören 230 Millionen Jahre alte Muscheln, Algen, Korallen und Schwämme, die der Ampezzaner Wissenschaftler Rinaldo Zardini zusammengetragen hat.
Via Marangoi 1, Ortsteil Pontechiesa | Di. – So. 10.30 – 12.30, 15.30 bis 19.30 Uhr | 8 € je Museum; Sammelticket 15 € | www.regole.it

Näheres zur Dolomitenfront

Freilichtmuseen

Außerhalb von Cortina widmen sich zwei Freilichtmuseen und ein Festungsmuseum dem Thema »Dolomitenfront« im Ersten Weltkrieg (▶ S. 111). Die Freilichtmuseen umfassen den Falzarego, den Lagazuoi und die Cinque Torri. Zu sehen sind restaurierte und rekonstruierte Schützengräben, Stollen und Unterstände. Die beste Besuchszeit ist Mai bis Oktober. Gute Wanderschuhe, Taschenlampe und Helm (Letzterer kann ausgeliehen werden) sind empfehlenswert. Eine Seilbahn führt zu den Stellungen (Talstation an der Straße zum Falzarego-Pass). Am Falzarego-Pass beginnen die leichten bis mittelschweren und gekennzeichneten Besichtigungsstrecken. Die Besichtigung ist kostenlos, ein Audioguide mit deutschen Erläuterungen kann ausgeliehen werden.

ZIELE
CORTINA D'AMPEZZO

Die heimliche Hauptstadt der Dolomiten: Cortina d'Ampezzo vor der Kulisse des Monte Cristallo

Die Festung Tre Sassi (Museo Forte Tre Sassi) am Valparola-Pass ist eines der besten Zeugnisse der Dolomitenfront. Sie wurde 1897 zur Verteidigung der südlichen Grenze des habsburgischen Reiches errichtet und 1910 modernisiert. Gegen die modernen Artilleriewaffen erwies sie sich im Ersten Weltkrieg jedoch als nutzlos. Nach wenigen Kriegswochen wurde die Festung von Bomben getroffen, die Mauern brachen und die Soldaten wurden evakuiert. In der restaurierten Sperre ist heute das Museum über den »Großen Krieg« untergebracht.

Festungsmuseum Tre Sassi: Passo di Valparola | 15. Juni – Sept. tägl. 7 € | www.cortinamuseoguerra.it

Weitere Ziele in der Umgebung

Von Cortina aus gelangt man mit Seilbahnen, Sessel- und Skiliften auf die umgebenden Gipfel der Ampezzaner-Dolomiten mit ihren unendlichen Wander- und Skifahrtsmöglichkeiten. Sehr empfehlenswert sind eine Fahrt über den 1809 m hohen Pass Tre Croci zum 20 km entfernten **Misurinasee** (1745 m) und ein Ausflug ins Cadore-Tal. In **Pieve di Cadore** (30 km südöstlich) kam 1477 Tizian zur Welt. Sein

Ausflüge

ZIELE
DOLOMITEN

Geburtshaus birgt eine kleine Ausstellung, in der Pfarrkirche hängt ein Bild von ihm.

Einen sensationellen Dolomitenblick, die Erschließungsgeschichte der Dolomiten und Dolomitenbilder vermittelt das **MMM Gipfelmuseum Dolomites** von Reinhold Messner auf dem 2181 m hohen Monte Rite südwestlich von Pieve di Cadore. Ein Tipp für Radfahrer ist die 32 km lange Tour von Toblach auf der Trasse der ehemaligen Bahnstrecke durch das Höhlensteintal über den Passo Cimabanche nach Cortina (www.cortina.dolomiti.org).

MMM Museum Dolomites: Juni – Mitte Sept. tägl. 10 – 17, Juli bis Mitte Sept. bis 18 Uhr | 8 € | www.messner-mountain-museum.it Shuttlebus vom Parkplatz am Passo Cibiana oder zu Fuß in 2 Std. | Rifugio Monte Rite: 8 Zimmer/30 Schlafplätze | Tel. 34 85 65 86 75; info@rifugiomonterite.it

★★ DOLOMITEN

Italienisch: Dolomiti | **Höchster Punkt:** Marmolata (3342 m ü. d. M.)

Die Landschaft ist einzigartig: Die Dolomiten, auch »Bleiche Berge« genannt, sind durch Täler getrennte Bergstöcke mit beinahe farblosen, wild zerklüfteten und teils nadelscharfen Felsen. Darunter breiten sich grüne Almen und Wiesen, ausgedehnte Wälder und Geröllfelder aus. Bei Sonnenschein entfaltet das Gestein ein spektakuläres Farbenspiel.

> »
> Die Dolomiten sind die schönsten Bauwerke der Welt.
> »
> *Le Corbusier*

Bleiche Berge

Die Dolomiten waren jahrtausendelang eine Region der Hungerleider, heute gehören sie zu den beliebtesten Ferienzielen Italiens. Geologisch sind sie ein Teil der südlichen Kalkalpen. Ihre Gipfel reichen vom Südosten Südtirols bis in die Provinz Belluno und ins Trentino hinein. Seit 2009 gehören Teile zum UNESCO-Weltnaturerbe. Die bekanntesten Gipfel sind neben Marmolata (ital., ladinisch Marmolada) die Drei Zinnen, Sella, Rosengarten, Schlern, Geisler und Langkofel. Naturfreunde, Wanderer, Radfahrer, Kletterer und Skifahrer finden hier unendlich viele Möglichkeiten.

Ökonomisch sind Land- und Viehwirtschaft sowie ganzjährig der Tourismus am wichtigsten. Touristisch ist dieses Gebiet zwischen Sexten-

BERGE IN FLAMMEN

Am 23. Mai 1915 trat Italien mit der Kriegserklärung an Österreich-Ungarn in den Ersten Weltkrieg ein. Im Gegensatz zu den Massenschlachten an der Isonzo-Front herrschten im Hochgebirge Gruppen- und Einzelkämpfe, sodass es in Tirol zum größten Gebirgskrieg der Geschichte kam.

An der Dolomitenfront und im Ortlermassiv lagen Deutsches Alpenkorps, österreichische Kaiserjäger und -schützen den an Zahl und Ausrüstung weit überlegenen italienischen Alpini und Bersaglieri gegenüber. **Gebirgstruppen** beider Seiten haben hier alpine Höchstleistungen vollbracht, die in Friedenszeiten aufsehenerregende Einzelaktionen gewesen wären. Trotz der Härte der Kämpfe waren bis Kriegsende kaum nennenswerte Gebietsgewinne oder -verluste zu verzeichnen und die Lebensfeindlichkeit der Bergwelt forderte doppelt so viele Opfer wie die eigentlichen Kampfhandlungen.

Auf österreichischer Seite spielten Freiwilligenverbände eine wichtige Rolle, vor allem die **Standschützen**, bergerfahrene Männer, die noch nicht oder nicht mehr der aktiven Truppe angehörten und ihre Hauptleute selbst wählten. Im Sturmangriff waren die Gipfelstellungen nur schwer zu attackieren. Daher begann man, Stollen durch Gletschereis oder Fels unter die feindlichen Stellungen zu treiben, so am Col di Lana und Lagazuoi in den Dolomiten, wo ganze Gipfel und Bergflanken samt Besatzung weggesprengt wurden. Auch die Logistik erwies sich als außerordentlich schwierig. Waffen und Gerät mussten zerlegt und zu Fuß an die Einsatzorte gebracht werden, meist auf extrem ausgesetzten Klettersteigen, die nur bei Nacht einigermaßen sicher zu begehen waren. Entsprechend schwer waren die Verluste bei den Trägerkolonnen. Im Ortlergebiet, auf der Rotwandspitze und am Karnischen Kamm werden immer mal wieder Ausrüstungsgegenstände und Waffen aus dem Ersten Weltkrieg entdeckt.

Zahlreiche Buch- und Filmproduktionen setzten sich mit dem blutigen Kapitel des Ersten Weltkriegs auseinander. Freilichtmuseen bei Cortina und das Museum »Bellum Aquilarum« in Sexten vermitteln einen Einblick in das Geschehen an der »Dolomitenfront«. Ein Schmankerl für alle, die die Sella Ronda schon kennen, ist die Skirundtour des »1. Weltkriegs 1914 – 1918« entlang der Trasse der Dolomitenfront.

Alpini transportieren im Ersten Weltkrieg ein Geschütz an die Dolomitenfront.

DOLOMITEN

Die Dolomiten ragen im Südosten der Region Trentino-Alto Adige auf und greifen bis in die Provinz Belluno in der Region Venetien aus. Ihren Namen haben sie vom Dolomitgestein, das der französische Mineraloge Déodat de Dolomieu (1750–1801) als Erster beschrieb. Charakteristisch ist der plötzliche Wechsel zwischen sanften Almen und den aus ihnen herausragenden steilen Felsklippen.

Fanes-Alm
1800 m

Krummholzzone
Wald
Weide
Waldgrenze

▶ **Terassenbildung**
Mit dem Aufsteigen der Riffe aus dem Meer entstanden so genannte Stromatolithen: Ablagerungen von bis zu 1000 m gleichartiger Sedimente, die horizontal geschichtet sind.

©BAEDEKER

▶ **UNESCO-Weltnaturerbe**
Im Jahr 2009 wurden neun Einzelregionen der Dolomiten mit insgesamt 1400 km² Fläche wegen ihrer einzigartigen Schönheit von der Unesco zum Weltnaturerbe erklärt.

1. Dolomiti di Brenta
2. Bletterbach/Rio delle Foglie
3. Schlern-Rosengarten-Latemar/Sciliar-Catinaccio
4. Puez-Geisler/Puez-Odle/Pöz-Odles
5. Marmolata
6. Pale di San Martino, San Lucano, Dolomiti Bellunesi, Vette Feltrine
7. Pelmo - Croda da Lago
8. Nördliche Dolomiten/Dolomiti Settentrionali
9. Dolomiti Friulane/Dolomitis Furlanis e d'Oltre Piave

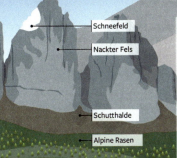

Marmolata
3343 m

Drei Zinnen
2999 m

Schneefeld

Nackter Fels

▶ **Landschaftliche Struktur der Dolomiten**

Steil aufragende, hohe Felswände aus Kalk und Dolomit

Ausgedehnte Hochflächen unterbrechen die Ketten der Felswände

Mächtige Schutthalden am Fuß der Gebirgswände

Schutthalde

Alpine Rasen

Sanft gewellte Sockel in verschiedenen Ausprägungen

			Zehner		Langkofel		Marmolata
Rosengartenspitze 2981 m		Furchetta 3025 m	(Wengen) 3026 m	Piz Boe 3152 m	3181 m	Tofana 3244 m	3343 m
	Drei Zinnen 2999 m	Sass Rigais 3025 m					Antelao 3264 m

www.bletterbach.info

Aufriss der Bletterbachschlucht
Am Fuß des 2317 m hohen Weißhorns bildet der Bletterbach den »Grand Canyon Südtirols«. Vor 15 000 Jahren entstanden, 8 km lang und bis zu 400 m tief, bietet er einen Einblick in die Erdgeschichte zwischen Perm und Trias.

1. Fossilreiche Bellerophon-Schichten
2. Schicht mit Nachweisen des Artensterbens vor 252 Mio. Jahren im Tethys-Meer
3. Ton-, Mergel-, Sand- und Kalkgestein
4. Gipfel des Weißhorns aus hellem Anis-Dolomit

und Villnösser Tal und vom Sassongher bis zu den Drei Zinnen sehr gut erschlossen: Hotels und Gasthöfe, Bergbahnen und Lifte, Wanderwege und Kletterrouten sowie Hunderte von Kilometern präparierter Skipisten. Der bekannteste Skizirkus Europas ist die Sella Ronda rund um den Sellastock (▶ Gadertal).

Die großen Hauptorte im Baedeker zum Nachschlagen: ▶ Cortina d'Ampezzo, ▶ Gadertal, ▶ Grödner Tal, ▶ Rosengarten – Latemar, Seiser Alm, Völs, Seis und Kastelruth zu Füßen des ▶ Schlerngebiets und ▶ Sextental – Drei Zinnen

Die schönste Alpenstraße

Dolomitenstraße
Die rund 110 km lange Panoramastraße führt von ▶Bozen über drei Pässe nach ▶Cortina d'Ampezzo. Sie war ein Geschenk der Bewohner zum 50. Regierungsjubiläum von Kaiser Franz Joseph, wurde allerdings erst 1909, mit elfjähriger Verspätung, eingeweiht. Heute ist sie vermutlich die berühmteste von allen Alpenstraßen. Höchster Punkt ist das 2239 m hohe Pordoijoch.

★ DORF TIROL

Italienisch: Tirolo | **Höhe** 594 m ü. d. M. | **Einwohner:** 2450

Burgen und Schlösser gibt es in Südtirol viele, nur ist keine andere Festungsanlage so sehr mit der Identität des Landes verbunden wie Schloss Tirol. Als Solitär erhebt sich die frühere Heimat der Grafen von Tirol, die dem Land seinen Namen gaben, auf der Sonnenterrasse über Meran. Aus dem einstigen Bauerndorf ist längst eine Touristenhochburg geworden. Einsam ist man nur noch weit oben auf der Spronser Seenplatte, wo die Bergseen zwischen schroffem Gestein und alten Schmugglerpfaden funkeln wie schon zur Zeit der Tiroler Grafen.

▌ Wohin in Dorf Tirol und Umgebung?

Eine Tourismushochburg und die Mutspitze

Dorf Tirol
Dorf Tirol ist eine **Hochburg des Tourismus** in Südtirol und besteht vor allem aus Hotels. Kein Wunder bei dem herrlichen Panorama mit der Texelgruppe im Vordergrund; Richtung Tal bestimmen Weinberge und Obstgärten das Bild. Im Dorfzentrum steht die Pfarrkirche **Zum hl. Johannes** aus dem 14. Jh.; sie birgt einen gotischen Taufstein aus Laaser Marmor und ein Paul Troger zugeschriebenes Him-

DORF TIROL ERLEBEN

TOURISMUSVEREIN DORF TIROL
Hauptstr. 31, 39010 Dorf Tirol
Tel. 04 73 92 33 14
www.dorf-tirol.it

Linienbusse von und nach Meran; am unteren südlichen Ortsrand befindet sich die Talstation eines Sessellifts nach Meran.

TRENKERSTUBE IM HOTEL CASTEL €€€€
In einer holzvertäfelten Stube nimmt der mit 2-Michelin-Sternen ausgezeichnete Gerhard Wieser seine Gäste mit auf eine Reise durch alpinmediterrane Küche. Traditionelles und Modernes werden ohne Effekthascherei auf neue und leichte Art verbunden, z. B. bei Maultaschen, gefüllt mit Kaninchen auf flüssiger Brennnessel und Limoncello.
Keschtngasse 18
Tel. 04 73 92 36 93
April – Mitte Nov.; Restaurant nur abends geöffnet; So., Mo. geschl.
www.hotel-castel.com

GASTHOF TALBAUER €–€€
Leckere bäuerliche Gerichte aus eigener Landwirtschaft gibt es in exponierter Lage mit herrlicher Fernsicht im Naturpark Texelgruppe. Nur zu Fuß über Dorf Tirol zu erreichen (Seilbahn zur Bergstation Hochmut). Die kleine Straße ist nur für die Bewohner der Muthöfe geöffnet.
Muthöfe 3
Tel. 04 73 22 99 41
Ende März. – Mitte Dez., Sa. geschl. außer Aug. bis Okt.
www.talbauer.it

DESIGNHOTEL GARTNER €€€€
Ungewöhnliche zeitgenössische Hotelfassade, innen viel Glas und Stahl. Show-Küche und stilvoller Wellnessbereich.
Hauptstr. 65
Tel. 04 73 92 34 14
Ende März – Mitte Nov.
www.hotelgartner.it

VILLA MARIA €€–€€€
Schneeweiße romantische Jugendstilvilla samt schönem Garten mit Pool und modern eingerichteten Zimmern
Schlossweg 7
Tel. 04 73 92 33 06
Apr. – Anfang Dez.
www.villamariatirol.com

SCHLOSS AUER €–€€
Zwei Ferienwohnungen im Retro-Stil in der einstigen Residenz der Herren von Auer. Im 16. Jh. wurde ein Mittelsaal mit Balkendecke und Freskenschmuck eingefügt. Der heutige Besitzer, ein Mitglied der Grafenfamilie Khuen-Belasi, hat das Gebäude renovieren lassen.
Seminarstr. 38
Tel. 0473 92 30 57
www.dorftirol.com/schlossauer

Langer Montag: Die Geschäftsleute haben mit der rasanten Tourismusentwicklung mitgehalten. Es gibt attraktive Einkaufsmöglichkeiten, das Angebot reicht vom italienischen Design bis zum Loden-Look; in den beiden Sommermonaten Juli und August findet jeden Montag von 20 bis 23 Uhr Abendshopping statt.

BAEDEKER ÜBERRASCHENDES

6x DURCHATMEN

Entspannen, wohlfühlen, runterkommen

1. DIE AUGEN DER BERGE

Weil sich in ihrem Wasser die Hochgebirgslandschaft spiegelt, werden die **Spronser Seen** auch »Augen der Berge« genannt. Sie liegen in unberührter Natur, es herrscht Ruhe, Handys haben keinen Empfang und Radfahrer sind auch keine unterwegs. (▶ **S. 118**).

2. AB INS KÖRBCHEN

Der Korblift von **Algund** erinnert ein wenig an einen fliegenden Einkaufswagen, doch Schwindelfreie schweben damit über Baumwipfel bis hinauf zur **Leiteralm**. Auf 1512 Meter lauscht man entspannt dem Rauschen des Waldes und dem Glockengeläut des Almviehs. (▶ **S. 214**)

3. SOMMERFRISCHLER

Wenn es im Sommer im Talkessel unerträglich wird, ziehen sich wohlhabende Städter schon seit Beginn des 17. Jh.s gerne zur Sommerfrische auf die kühleren Hochplateaus wie den **Ritten** zurück. Heute schätzen auch viele Touristen das Flair in alpiner Jugendstilarchitektur. (▶ **S. 77**)

4. ARMENBIBEL

Der **Brixner Domkreuzgang** ist ein unterhaltsamer Ort der Ruhe. Bunte Fresken in den Arkaden erzählen anschaulich Geschichten aus der Bibel, darunter die Darstellung eines Elefanten (3. Arkade), der mangels Anatomiekenntnisse zum »Rüsselpferd« geriet. (▶ **S. 85**)

5. GROSSSTADTOASE

Im Schatten alter Zedern sitzen, den Duft von Orangen, Rosen und Kamelien einatmen, das ist in der Hitze **Bozner Sommertage** eine richtige Wohltat. Der traumhafte Privatpark des Hotels Laurin mitten im Zentrum steht dafür auch Nichthotelgästen offen. (▶ **S. 61**)

6. KLANGWÄLDER

Die Wälder am **Latemar** sind nicht nur ein Paradies für Wanderer. Seit Stradivari suchen Klangholzhändler hier Fichten mit kerzengeradem Wuchs und engen Jahresringen. Ob es zum Musikinstrument taugt? Einfach an den Stamm klopfen und lauschen, wie es klingt … (▶ **S. 152**)

melfahrtsbild. Am Ortseingang liegt der **Burglehenpark** mit einer Blumenwiese und einem Naturteich. Die Attraktion des Kinderspielplatzes ist das stählerne Pferd »Jakob«. Hier beginnt der schöne 1 km lange Fußweg zum **Schloss Tirol** (keine öffentliche Zufahrt) durch das Knappenloch, einen 1682 angelegten Tunnel, und durch den Köstengraben – rechts oberhalb sind Erdpyramiden zu sehen (▶ S. 79).

Die 2295 m hohe **Mutspitze**, einer der meistbestiegenen Gipfel der Texelgruppe, ist ein steiler, mit Wiesen und Wald überzogener Berg. Eine Seilbahn bringt die Besucher zum Gasthaus Hochmut auf 1400 m Höhe. Die Muthöfe, uralte und nach wie vor bewohnte Bauernhäuser, liegen malerisch auf 1200 m Höhe.

Zeitreise durch die Landesgeschichte

Die Geschichte Tirols ist untrennbar mit dem um 1140 erbauten Schloss Tirol am nördlichen Ortsrand verbunden. Schließlich war es die Stammburg der mächtigen Grafen von Tirol, die zu jener Zeit mit anderen Adelsgeschlechtern um die Macht kämpften. Als sie im 14. Jh. ihren Regierungssitz zunächst in die Zenoburg bei Meran und 1420 nach Innsbruck verlegten, begann der Verfall der mittelalterlichen Trutzburg. Um 1900 wurde das Schloss in romantisierenden Formen wieder aufgebaut. Man erreicht es von der Ortsmitte nur zu Fuß in etwa 30 Minuten auf einem schönen Panoramaweg.

Schloss Tirol

Einmalig in Südtirol sind die **Portale** des Palas und der zweigeschossigen Burgkapelle. Diese Überbleibsel aus der romanischen Bauphase zeigen kraftvolle Figuren, Fabelwesen, geometrische Ornamente und religiöse Motive. Die Kapelle ist mit gotischen Fresken ausgemalt und wird von einer überlebensgroßen Kreuzigungsgruppe (um 1300) dominiert. Der große Burgsaal besitzt drei romanische Rundbogenfenster. Heute logiert in Schloss Tirol das **Landesmuseum für Kultur- und Landesgeschichte**. Auf vier Stockwerken wird die Geschichte Tirols mit vielen Dokumenten erzählt. Gut aufbereitet ist die Ausstellung im Kaisersaal, die sich mit dem im Mittelalter herrschenden Feudalsystem und der Stellung von Adel, Klerus und Volk befasst.

Die **Falknerei am Burghügel** zeigt bei Flugvorführungen die Künste ihrer gefiederten Schützlinge.

Schloss Tirol: Schlossweg 24 | Mitte März – Anfang Dez. Di. – So. 10 – 17, Aug. bis 18 Uhr; Führungen um 10.15 und 14 Uhr | 7 € www.schlosstirol.it

Greifvogel-Station: Schlossweg 25 | April – Anfang Nov. Di. – So. 10.30 – 17, Vorführungen tägl. 11.15 und 15.15 Uhr | 9 € www.gufyland.com

Unterhaltung im Schlosshof

In der ersten Dezemberwoche wird im Schlossinnenhof ein kleiner Markt für die **Tiroler Schlossweihnacht** aufgebaut. Im Sommer wer-

Feste auf Schloss Tirol

ZIELE
DORF TIROL

den **musikalische Werke** aus Mittelalter, Renaissance und Frühbarock aufgeführt, dazu gibt es Kostproben der mittelalterlichen Küche.

Besuch von Ezra Pound

Brunnenburg
Die Brunnenburg unterhalb von Schloss Tirol stammt ursprünglich aus dem 13. Jh., im 19. Jh. wurde sie im Stil des Historismus umgebaut. 1955 kaufte sie der Archäologe Boris de Rachewiltz, der Schwiegersohn des nordamerikanischen Dichters Ezra Pound. In jenen Jahren kam der Dichter gelegentlich zu Besuch und schrieb an seinen »Cantos«. Der Enkel, Siegfried von Rachewiltz, richtete 1974 in einem Teil der Burg ein Landwirtschaftsmuseum und eine Ezra-Pound-Gedächtnisstätte ein.
Ezra-Pound-Weg 3 | Ende März – Anfang Nov. 10 – 17 Uhr, Fr., Sa. geschl. | 3 € | www.brunnenburg.net

Einsame Bergseen

Spronser Seen
Die zehn Spronser Seen sind die größte und schönste hochalpine Seenplatte Südtirols. Wie funkelnde Edelsteine liegen sie inmitten einer einmaligen Landschaft, die man allerdings nur auf einer langen anspruchsvollen Bergtour erreicht. Von Dorf Tirol geht es über das Tiroler Kreuz hinauf ins Spronser Tal (Rundtour etwa 6,30 Std., geführte Wanderungen über den Tourismusverein Partschins, S. 224).

In wilde Bergkulisse eingebettet: die Spronser Seen

ZIELE
EISACKTAL

Kleiner Sakralbau

Oberhalb des mittelalterlichen **Schlosses Thurnstein**, heute Gasthaus mit 12 Zimmern und einer schönen Terrasse, steht, eine Viertelstunde von Dorf Tirol entfernt, das **romanische Kirchlein** St. Peter ob Gratsch, dessen Ursprünge in die karolingische Zeit reichen. Die spätromanischen Außenfresken an der Südwand zeigen Christus zwischen den Aposteln Petrus und Paulus. Gotische Fresken in der Apsis stellen Christus in der Mandorla dar, eingerahmt von den Evangelistensymbolen, darunter die 12 Apostel unter Baldachinen (um 1400). Ein Meisterwerk ist ein Brustbild des hl. Paulus aus dem 11. Jh. am südlichen Querarm. Die biblischen Szenen in den Fensterlaibungen werden der Meraner Schule zugeschrieben.

St. Peter ob Gratsch

St. Peter ob Gratsch: April – Okt. 9 – 18 Uhr | Kontakt Tel. 04 73 92 33 14

EISACKTAL

Italienisch: Valle Isarco

Das Tal entlang des Eisack zwischen Brenner und Bozen ist die wichtigste Transitroute über die Alpen, die stark befahrene Autobahn ein notwendiges Übel, bis andere Verkehrskonzepte gefunden werden. Leider bleibt die Schönheit des Eisacktals dabei auf der Strecke. Am besten begibt man sich auf die Anhöhen und in die Seitentäler.

J/K 1–5

Unterwegs führen immer wieder Seitentäler in die Dolomiten, in die Ötztaler, Stubaier und Zillertaler Alpen. Die Städte im Eisacktal sind mit dem Handelsweg und dem Bergbau in der Region gewachsen. Der nördlichste Teil mit der Franzensfeste wird eigentlich noch zum Wipptal gerechnet. Hier im Norden lohnt die einstige Kurstadt **Gossensass**, Ziel von Kaisern und Königen auf der Durchreise als erster Abstecher. Berühmtester Kurgast war der norwegische Dichter und Dramatiker Henrik Ibsen, der hier mehrere Sommerurlaube verbrachte. Oder auch die Fuggerstadt **Sterzing**, deren zauberhafte Altstadt mit mittelalterlichen Bürgerhäusern an die Vergangenheit als wohlhabende Bergbaustadt erinnert. Weiter südlich liegt von Weinbergen umgeben **Brixen**. Die ehemalige Bischofsstadt war das kirchliche und kulturelle Zentrum Südtirols. In **Feldthurns** gedeihen mehr als 3300 Kastanienbäume und zur Zeit der Rebenernte kann man hier mit gerösteten Keschtn (Kastanien) das Törggelen noch am Ursprung erleben. Wo Kloster Säben alle Blicke auf sich zieht, führt die Autobahnbrücke über das kleine mittelalterliche Städtchen **Klau-**

Stille Dörfer, schöne Täler

sen. Albrecht Dürer hat die Kulisse in vielen Zeichnungen festgehalten. In der Talsohle liegt der Naturpark Puez-Geisler, ein wegen seiner Flora und Fauna geschütztes Gebiet, das die von der UNESCO zum Weltnaturerbe erklärte Geislergruppe einschließt. Ein Besucherzentrum befindet sich in St. Magdalena in Villnöss, der Heimat von Reinhold Messner. Das Eisacktal endet, wo die Landeshauptstadt **Bozen** und das Etschtal erreicht sind und der Süden mit ausgeprägtem mediterranen Flair beginnt.

Die großen Hauptorte im Baedeker zum Nachschlagen: ▶ Bozen, ▶ Brixen, ▶ Feldthurns, ▶ Gossensass, ▶ Klausen, ▶ Mühlbach, ▶ Sterzing und ▶ Villnösser Tal

★★ EPPAN

Italienisch: Appiano | Höhe: 416 m ü. d. M. | Einwohner: 14 900

Kein Wunder, dass bei dieser lieblichen, fruchtbaren Landschaft und dem milden Klima hier schon zu allen Zeiten wohlhabende und einflussreiche Menschen lebten. Das zeigen mehr als 180 Burgen, Schlösser und Edelsitze, die sich auf vortreffliche Weise in die Hügel und Berge des größten Weinanbaugebietes Südtirols fügen. Und das Beste: In vielen Anwesen können Gäste Schlossherr auf Zeit sein, über die Weinberge blicken und abends bei einem exzellenten Tropfen am Kamin genießen.

Größtes Weinanbaugebiet Südtirols

Die Großgemeinde Eppan besteht aus dem Hauptort St. Michael, den Dörfern St. Pauls, Missian, Girlan, Frangart, Gaid, Perdonig, Unterrain und Montiggl. Sie liegt wenige Kilometer südlich von Bozen auf einer hügeligen grünen Terrasse über dem Etschtal, die im Westen zum Mendelkamm und Gantkofel ansteigt. Ihre Geschichte ist untrennbar mit den mächtigen gleichnamigen Grafen verbunden, die im Mittelalter mit den Grafen von Tirol um die Vorherrschaft kämpften. Das Gebiet zwischen Eppan und Kaltern wird auch **Überetsch** genannt, die hier teils verspielte Architektur des 16./17. Jh.s mit Erkern, Laubengängen und lauschigen Innenhöfen **Überetscher Stil**. Das besondere Flair dieser Bauten liegt in der gelungenen Symbiose zwischen lokalen Bautraditionen und Elementen der italienischen Renaissancearchitektur.

Das Klima ist günstig und das Schwemmland der Etsch fruchtbar, so gedeihen hier Obst und Wein hervorragend. Eppan ist Mittelpunkt des **größten Weinbaugebiets** des Landes; ein Teil der Weinstraße führt durch die Gemeinde. Auch der Tourismus trägt zum Wohlstand bei. In Eppan lebte der 1934 in Bozen geborene Jurist und Schriftsteller **Herbert Rosendorfer** bis zu seinem Tod 2012.

EPPAN ERLEBEN

TOURISMUSVEREIN EPPAN
Rathausplatz 1, 39057 Eppan
Tel. 04 71 66 22 06
www.eppan.com

Linienbusse von/nach Bozen; zwei
Citybuslinien verbinden die einzelnen
Orte der Gemeinde Eppan.

❶ ZUR ROSE €€€€
Herbert und Margot Hintner machten aus einem einfachen Gastbetrieb (seit 1585) ein Gourmetrestaurant, das mit einem Michelin-Stern ausgezeichnet ist. Regionalküche wird kreativ interpretiert: dreierlei Polentanocken mit Pfifferlingen und Bergkäse.
St. Michael/Eppan
Josef-Innerhofer-Str. 2
Tel. 04 71 66 22 49
www.zur-rose.com

❷ BAD TURMBACH €€€
Fangfrische Forellen und selbst gekelterte Weine gehören zum gastronomischen Aushängeschild des Restaurants und **Landgasthofs** mitten in Weinbergen und Obstgärten. Für Fleischesser stehen auch Praline vom gebackenen Kalbskopf oder geschmorte Rinderwange auf der Speisekarte.
Berg/Eppan, Turmbachweg 4
Tel. 04 71 66 23 39
Di. – Mi. nachmittags geschl.
www.turmbach.com

❸ PILLHOF €€€
Im Ansitz Pillhof (15. Jh.) hat man mittelalterliche Gewölbe mit jungem Leben und guter Südtiroler Küche belebt. Dazu gibt es eine Weinbar mit begehbarem Klimaschrank, wo alle Weine glasweise serviert werden. Reservieren!
Frangart/Eppan, Boznerstr. 8
Tel. 04 71 63 31 00
Sa. abends und So. geschl.
www.pillhof.com

❹ LIPP €–€€
Solide Südtiroler Hausmannskost mit großartigem Blick von der Außenterrasse über das Etschtal bis zu den Dolomiten gibt es im hübschen Gasthof Lipp. Serviert werden u. a. Käseknödel, Schlutzkrapfen und Kaiserschmarrn. Reservieren!
St. Michael/Eppan, Perdonig 30
Tel. 04 71 66 25 17
Ende März – Anfang Nov.
www.lipp.it

❶ STROBLHOF €€€€
Drei auf einen Streich: Als Hotel, Restaurant und Weingut präsentiert sich der Stroblhof mit hellen, modern eingerichteten Zimmern, Hallenbad und Naturbadeteich unter Kastanienbäumen und einer Gourmetgartenterrasse. Ein Schmankerl ist das angeschlossene Weingut Stroblhof, das mit Verkostungen seiner renommierten Weine lockt. Schon seit dem 19. Jh. werden hier Weine produziert. Der Blauburgunder hat schon zahlreiche Auszeichnungen bekommen.
St. Michael/Eppan
Pigenoer Weg 25
Tel. 04 71 66 22 50
Ende März – Anf. Nov.
www.stroblhof.it

❷ SCHLOSS ENGLAR €€€€
Hier erlebt man Tiroler Geschichte pur: In den 11 Zimmern des gotischen Schlosses fühlt man sich wie

ZIELE
EPPAN

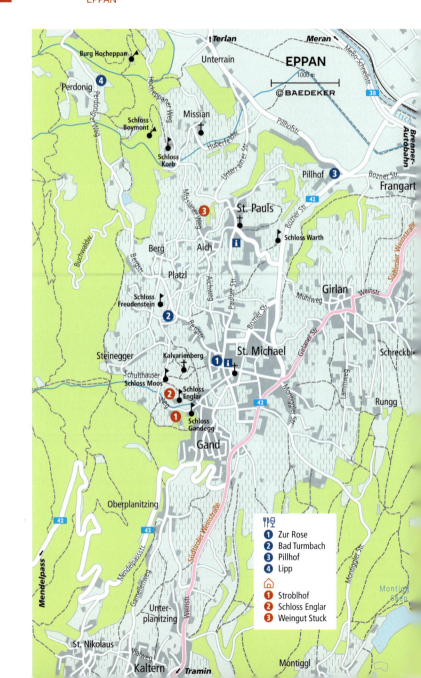

ein Adliger im Mittelalter. Die Besitzerfamilie blickt auf eine 1380 beginnende Familiengeschichte zurück. Die heutige Gräfin Khuen-Belasi kümmert sich um das Frühstück für ihre Gäste und ihren schönen Garten. Zum Schloss gehört ein Gutshof mit Obst- und Weinbau sowie Hühner, Esel und Pferde.
St. Michael/Eppan, Pigeno 42
Tel. 04 71 66 26 28
www.schloss-englar.it

❸ WEINGUT STUCK €€
Nach einer Wanderung auf Schloss Eppan zieht man im Naturschwimmteich mit Blick auf Bozen ein paar Runden. Die vier Ferienwohnungen unter Lauben liegen in einem modernen Kubus, der sich in die Rebreihen fügt.
St. Pauls / Eppan, Missianerweg 8c, Tel. 34 83 73 66 78
www.stuckhof.it

Die Vinotheken der verschiedenen Kellereien präsentieren sich gerne in zeitgenössischer Architektur und legen viel Wert auf Design. Die **Kellerei Schreckbichl** (Weinstr. 8, www.colterenzio.it) ist für ihren Sauvignon Lafoà und Merlot Siebeneich bekannt. Die **Genossenschaftskellerei St. Michael** (Umfahrungsstr. 17–19, www.stmichael.it) wird seit Jahren für die Premiumlinie St. Valentin ausgezeichnet.

❙ Wohin in Eppan und Umgebung?

Dom auf dem Land
Von Bozen her erreicht man als Erstes den etwas höher gelegenen Ort St. Pauls (S. Paolo). »Dom auf dem Land« nennt man die stattliche gotische **Pfarrkirche** (1461–1552) wegen ihres 89 m hohen Kirchturms, der einer der höchsten in Südtirol und fast von ganz Überetsch zu sehen ist. Die imposante Fassade, 1541 nach Plänen des Augsburgers Jakob Zwiesel erbaut, zeigt Einflüsse der süddeutschen Spätgotik, das Kreuzrippengewölbe (um 1550) dagegen oberitalienische Vorbilder. Beachtenswert sind das Chorgestühl (um 1600), die Totenschilde der Familien Firmian und Khuen sowie Holzplastiken des 15. und 16. Jahrhunderts.

St. Pauls

Drei-Burgen-Dreieck
Von St. Pauls führt eine Nebenstraße nach Missian (Missiano), Ausgangspunkt für den **»3-Burgen-Weg«**. Erste Station ist Schloss Korb aus dem frühen 13. Jh., heute ein komfortables Hotel. Weiter geht es zur Ruine von Schloss Boymont (1230) hinauf. Es brannte 1426 ab und verfiel. Während der Saison ist die Burgschenke geöffnet.
Burgschenke: Hocheppanerweg 5, Missian/Eppan | Anfang April bis Mitte Nov. tägl. außer Mo. 11 – 17 Uhr | Tel. 33 5 6 02 94 90

Missian

Sixtinische Kapelle der Alpen
Hocheppan, die dritte Burg, erreicht man nach etwa 30 Minuten auf einem schönen Fußweg. Noch heute beeindruckt die halb ver-

Hocheppan

HOCHEPPAN

Hocheppan (633 m ü. d.M.) ist ab Missian auf einem promenadeartigen Fußweg erreichbar. Die Anfänge der Burg gehen auf das 12. Jh. zurück. Sie war einst Stammsitz der Grafen von Eppan, einer Seitenlinie der Welfen. Im 13. und 16. Jh. erfolgten Um- und Ausbauten der Wehranlage. Berühmteste Sehenswürdigkeit ist die Burgkapelle.

❶ Kreidenturm
Talwärts steht der sogenannte Kreidenturm aus dem 12. Jh.; »kreiden« bedeutete so viel wie »Rufen« oder »Schreien«, was auf seine einstige Bedeutung als Wachturm hinweist.

❷ Zugbrücke
Von der ehemaligen Zugbrücke sind nur noch die sogenannten Auflager erhalten.

❸ Rondell
Das vorgelagerte, offene Rondell ist eine Erweiterung aus dem 16. Jahrhundert.

❹ Vorburg
Zur gleichen Zeit wie das Rondell wurde auch die Vorburg mit Torzwinger und Batterietürmen als zusätzlicher Schutz angebaut.

❺ Bergfried
Der 30 m hohe Bergfried hat einen fünfeckigen Grundriss. Bei einer Belagerung sollten dadurch die Geschosse besser abprallen. Angeblich konnte man von hier aus 36 andere Burgen sehen.

❻ Burgkapelle
Die Entstehungszeit der Burgkapelle ist ungesichert und schwankt zwischen 1130 und 1300. Der einschiffige Raum hat drei Apsiden, was für seine Größe sehr ungewöhnlich ist. 1926 wurden hier die berühmten Fresken freigelegt. Sie schildern in zwei übereinander angeordneten Bilderfriesen Leben und Passion Christi. Berühmt ist die Darstellung einer Knödel essenden Frau.

fallene Anlage mit ihrer Größe und Lage. Der innere Burghof wird von einem fünfeckigen Bergfried, dem Palas und der etwas abseits stehenden Kapelle eingerahmt. Im 13. Jh. wurde der Palas erweitert, im 16. Jh. Batterietürme und Torzwinger eingebaut.

Höhepunkt ist die **Burgkapelle**, die nur mit Führung besucht werden kann, mit ihren romanischen, byzantinisch beeinflussten **Wandmalereien** (um 1200). Am bekanntesten ist vielleicht das Bild der **»Knödelesserin«** im Stall von Bethlehem, die erste Dokumentation eines Tiroler Knödels! Die mittlere Apside zeigt Maria mit dem Kind, darunter die klugen und die törichten Jungfrauen. Letztere waren zwar hübsch gekleidet, hatten aber nicht an genügend Öl für ihre Lampen gedacht und kamen so nicht ins Paradies. In der linken Apsis sieht man in der Wölbung das Lamm, darunter Johannes den Täufer mit den Evangelisten. In der rechten Apsis übergibt Christus die Schlüssel an Petrus und eine Schriftrolle an Paulus, darüber steht Christus als Weltenrichter zwischen den zwölf Aposteln. Auch die beiden Langhauswände sind vollständig bemalt.

In der Burgschenke stehen natürlich Speck-, Spinat-, und Pressknödel auf der Karte. Neben der Burg gibt es einen Bogenparcours, wo man mit Pfeil und Bogen seine Treffsicherheit testen kann.

Hocheppanerweg 16, St. Pauls/Eppan | Führungen Mitte März bis Anfang Nov. tägl. außer Mi. 11 – 16 Uhr | 7 €
Burgschenke: tägl. außer Mi. 10 – 18 Uhr | www.hocheppan.it

Kellereien

Girlan Der östlichste und sonnigste Ort im Überetsch ist Girlan (Cornaiano), bekannt für seine Weine u. a. der Genossenschaftskellereien Girlan und Schreckbichl und der privaten Kellerei Niedrist. Eine Attraktion ist der **Martinimarkt** am 11. November mit über 160 Marktständen. Zum Markttag wird der Martiniwein, ein fruchtiger Weißburgunder, abgefüllt und ausgeschenkt.

Hauptort der Gemeinde Eppan

St. Michael Der historische Ortskern von St. Michael (San Michele) mit gepflasterten Gassen und hübschen Läden lädt zum Flanieren ein. Stattliche Bürgerhäuser und Ansitze aus der Renaissance besitzen Erker, Laubengänge und Innenhöfe im Überetscher Stil. Zu den schönsten Beispielen gehören das Wohlgemuth-Haus mit einer Loggia zwischen zwei Wohntrakten und der Ansitz Thalegg mit Erkern, Freitreppe und Innenhof. Ein Spazierweg führt von der Kalvarienberg hinauf zur **Gleifkapelle** (1717); dank des milden Klimas wachsen hier außer Wein auch Zedern, Zypressen und Pinien.

Schloss Moos-Schulthaus außerhalb von St. Michael (13. Jh.) ist ein Paradebeispiel für den Überetscher Stil und heute Museum für

ZIELE
EPPAN

OBEN: Hocheppan war einst Stammsitz der Grafen von Eppan. Die halb verfallene Anlage beeindruckt heute noch.

UNTEN: Der hervorragende Freskenzyklus in der Burgkapelle aus der Zeit um 1180 schildert Leben und Passion Christi.

ZIELE
EPPAN

mittelalterliche Wohnkultur mit Bildern von Tiroler Künstlern des 20. Jahrhunderts.
Eppan/Berg | Nur mit Führung zu besichtigen: Ostern – Okt. Di. – Sa. 10, 11, 16 und 17 Uhr | 7 €

Auf Weinsafari

Südtiroler Weinstraße

Von Nals vorbei an Bozen durch das Überetsch und das Unterland bis nach Salurn haben sich seit 1964 bislang 16 Weindörfer auf insgesamt 150 km zum Verbund der Südtiroler Weinstraße zusammengeschlossen. 74 Kellereien mit mehr als 4000 ha Rebflächen, da lässt sich auf einer Weinsafari durch verschiedene Kellereien die ganze Vielfalt Südtiroler Weine testen, mit den Winzern ins Gespräch kommen, bei der Weinernte selbst mit Hand anlegen oder die ganze Vielfalt der Weinarchitektur entdecken. Das kann man zwar auch alles auf eigene Faust planen, doch am angenehmsten ist es, wenn nach ein paar Gläschen den Fahrdienst ein Shuttlebus erledigt.
Südtiroler Weinstraße: Pillhofstr. 1, 39057 Frangart-Eppan | Tel. 04 71 86 06 59 | www.suedtiroler-weinstrasse.it

Zum Wandern

Eppaner Höhenweg

Beim Gasthof Steinegger, westlich von St. Michael, beginnt der Eppaner Höhenweg, der sich auf einer Höhe von 1000 Metern ohne allzu große Steigungen am Mendelkamm entlangzieht. Im Süden geht er in den Kalterer Höhenweg über. Vom Eppaner Höhenweg zweigt beim Gasthof Buchwald eine Bergroute (ca. 5 Std. für Auf- und Abstieg, 600 Höhenmeter) zum 1868 m hohen **Gantkofel** ab.

Zum Schwimmen

Montiggler Seen

Von Kastanienbäumen und Föhren eingefasst, sind der Große und der Kleine Montiggler See idyllische Ausflugsziele. Die Seen sind sehr sauber und locken mit angenehmen Wassertemperaturen. Von St. Michael führt eine Nebenstraße durch den Montiggler Wald in das gleichnamige Dorf. Am Westufer des Großen Montiggler Sees steht das Seeschlössl von 1888.

Zum Abkühlen

Eislöcher

Die 935 m hoch gelegenen Eppaner Eislöcher sind eine geologische Besonderheit. Am Fuß des Gandbergs, im Südwesten Eppans, liegen in einer 200 m langen und bis zu 50 m breiten Senke zahlreiche große Felstrümmer. Aus ihren Spalten weht eiskalte Luft aus einem im Berg verzweigten Röhrensystem, wo es selbst im Hochsommer zu Eisbildungen kommt. In diesem Mikroklima hat sich eine hochalpine Vegetation entwickelt. Hier blühen die Alpenrosen erst, wenn ringsum die Kirschen geerntet werden. Die Eislöcher sind auf einem gut markierten Wanderweg vom Hotel Stroblhof in einer halben Stunde zu erreichen.

ZIELE
FELDTHURNS

★ FELDTHURNS

Italienisch: Velturno | **Höhe:** 851 m ü. d. M. | **Einwohner:** 2870

Im Herbst leuchten sie in den schönsten Farben und sind ein Markenzeichen dieser Region: 3300 Edelkastanienbäume säumen das Dorf. Der ruhige Erholungsort zwischen Klausen und Brixen liegt auf einer Bergterrasse oberhalb des Eisacktals, wo das Törggelen erfunden wurde. Hier wachsen Wein und Kastanien, die im Herbst in den Buschenschanken auf den Tisch kommen.

▎ Wohin in Feldthurns?

Sprechende Steine
Reste eines Kultplatzes aus der Kupferzeit (3000 v. Chr.) und die Grundrisse eines römischen Hauses in Feldthurns sind Zeugnisse dafür, dass hier schon vor über 5000 Jahren Menschen lebten.
Simon-Rieder-Platz 2 | Di. – So. 9 – 18 Uhr | 3 € | Führungen Di. und 1. Sa. im Monat 17 Uhr nach Voranmeldung | www.feldthurns.info

Archeoparc
Tanzgasse

FELDTHURNS ERLEBEN

TOURISMUSVEREIN FELDTHURNS
Simon-Rieder-Platz 2
39040 Feldthurns
Tel. 04 72 85 52 90
www.feldthurns.com

Busse von / nach Brixen und Klausen

HOTEL UNTERWIRT €€€€
Das in den Zimmern verwendete Kastanienholz stammt aus der Gegend. Es gibt sogar ein großes Wellnessangebot und eine eigene Kosmetiklinie mit Kastanien und in der Herbstsaison natürlich Kastaniengerichte. Das Aktiv- und Vitalhotel ist seit 1858 im Besitz der Familie Tauber.
Josef-Telser-Str. 2
Tel. 04 72 85 52 25
www.unterwirt.com

OBERHAUSERHOF €
Die frischen Himbeeren zum Frühstück stammen aus dem Bauerngärtchen, Milch und Käse von den eigenen Kühen. Umgeben von grünen Wiesen mit einem fantastischen Blick auf die Geislerspitzen der Dolomiten kann man hier in drei modernen Ferienwohnungen Urlaub auf dem Bauernhof machen und sich mit Produkten aus dem Hofladen verpflegen.
Schnauders 83
Tel. 04 72 85 53 54
www.oberhauserhof.com/de

ZIELE
FELDTHURNS

Schloss Velthurns

Sommerresidenz der Fürstbischöfe
Das außen eher schlichte Schloss Velthurns am Dorfeingang geht auf den schon Anfang des 12. Jh.s belegten Sitz der Herren von Velthurns zurück. Da das milde Klima den Bischöfen von Brixen gefiel, baute Architekt Mattias Parlati im Auftrag des Kardinals Christoph von Madruz die Anlage zu einer Sommerresidenz um (1577 – 1587). Wände, Portale und Decken mit Intarsienarbeiten spiegeln die hohe Kunst der einheimischen Schreiner wider; die Wandmalereien in Tempera schufen italienische Künstler. Ganz im Geschmack jener Zeit sind die Kardinaltugenden, die Laster, die vier Jahreszeiten, die vier Erdteile und die fünf Sinne allegorisch dargestellt.
Dorf 1 | Nur mit Führung: Mitte März – Mitte Nov. Di. – So. 10, 11, 14.30, 15.30, im Juli, Aug. auch 16.30 Uhr | Tel. 04 72 85 55 25 | 5 €
www.schlossvelthurns.it

Glangerhof

Wilderermuseum
Ein Wilderer führt durch das Wilderermuseum, das gibt es nur im Gasthof Glangerhof oberhalb von Feldthurns. Das kleine Kellermuseum erzählt von Zeiten, als Wilderer bei den einfachen Leuten gut angesehen waren, weil sie für deren Überleben sorgten. Außerdem sind historische Bauerngerätschaften wie ein alter Torkel zu sehen. Der Wirt Georg Oberhofer war selber Wilderer und wurde einst auf der Flucht angeschossen. Hirschwurst steht auf der Speisekarte, doch die Hirsche erlegt Oberhofer heute ganz legal und schnitzt aus dem Geweih Hirschrosen für Lederhosenträger oder Anstecker zum Verkauf. Sein Gasthaus ist von Oktober bis Anfang November ein beliebter Treffpunkt zum Törggelen und jeden ersten Dienstag im Monat für die Mitglieder des Wildererstammtischs.
Guln 37 | Tel. 04 72 85 53 17

St. Valentin

Bilder
Einen Katzensprung entfernt ist die gotische Kirche St. Valentin in Verdings, deren Innenraum mit Fresken aus dem 15. Jh. verziert ist. Gemalt sind sie in der Manier von Hans von Bruneck (1390 – nach 1440); zu sehen sind u. a. die Marienkrönung, die zwölf Apostel sowie die Opfer Kains und Abels.

Keschtnweg

Immer die Kastanien im Blick
Feldthurns liegt am Eisacktaler Keschtnweg (▶ Brixen), ein 5 km langer, besonders schöner Abschnitt des Wegs führt von hier zum Kloster Säben oberhalb von Klausen (▶ S. 171). Der mit einer Kastanie gekennzeichnete Weg führt vorbei an alten Bauernhöfen, Ansitzen, Wegkreuzen, Kirchlein und natürlich Kastanienbäumen. Geröstet sind die Edelkastanien nach herbstlichen Wanderungen ein beliebter Begleiter zu neuem Wein und dürfen bei keinem »Törggelen« (▶ S. 169) fehlen.

ZIELE
GADERTAL · ABTEITAL

★ GADERTAL · ABTEITAL

Italienisch: Val Badia | Ladinisch: Badia | Einwohner: 6600

Im Gadertal ist man am Gipfel des Genusses. Liebhabern der feinen Küche leuchten in St. Kassian die einzigen 3 Michelin-Sterne Südtirols. Selbst auf Berghütten wird hier auf Sterne-Niveau gekocht. Wem danach ist, dem bietet sich im Winter auf der Skipiste der Einkehrschwung ins Moritzino an, die berühmteste Schickeria-Skihütte Italiens. Obwohl die Region touristisch bestens erschlossenen ist, hat sich auch die jahrhundertealte Kultur der Ladiner erhalten. Ganz leichtfüßig kommt ihre Sprache daher. Wenn die Pop-Elfen Ganes ihr »Toma la nëi - langsam fällt der Schnee« anstimmen, kehrt Ruhe ein über den Gipfeln des Gadertals.

M 3/4

Das Gadertal, eigentlich ein Talsystem mit mehreren Nebentälern, wird auch Abteital genannt, da es im Mittelalter zum Kloster Sonnenburg gehörte. Im unteren Teil ist es sehr eng und von steilen, waldreichen Bergflanken gesäumt. Kurz vor La Villa weitet es sich und gibt herrliche Ausblicke auf die **Dolomiten** frei. Am Talschluss bei Corvara gelangt man über das Grödner- und das Sella-Joch in die ladinischen Täler von Gröden und Fassa, über den Campolongo-Pass nach Arabba im Buchensteintal und im Osten über den Falzarego-Pass nach Cortina d'Ampezzo, das bereits zum Veneto gehört. Die Dörfer gehören zu den Gemeinden La Val, Badia und Corvara. Neben dem Grödner Tal ist es das zweite Tal, in dem **Sprache und Kultur der Ladiner** erhalten blieben, daher sind die Ortsschilder hier dreisprachig. Die Sprachgrenze verläuft kurz vor La Villa beim Gasthof Palfrad, ab hier wird Ladinisch gesprochen (▶ Das ist ... S. 20 und Baedeker Wissen S. 132).

Im Reich der Ladiner

Talschaft Enneberg

Ruhig und gemütlich
Bei Zwischenwasser (Longega) teilt sich das Gadertal. Richtung Südosten zweigt das Enneberger Tal (Val di Marebbe) ab. Hauptort ist St. Vigil (Al Plan de Mareo, San Vigilio). Das zauberhafte Bergdorf (1195 m) war schon vor über 100 Jahren eine gern besuchte Sommerfrische; einen richtigen Boom erlebte es nach dem Anschluss an die nahe gelegene Skiregion **Kronplatz** (▶Bruneck). Trotz vieler Hotels hat es eine gemütliche Atmosphäre bewahrt. Die **Pfarrkirche** mit ihren Giebeln und bemalten Fassaden entstand 1782 im Rokoko-

St. Vigil

SÜDTIROLER SPRACHMIX

In den beiden Provinzen Südtirol/Alto Adige und Trentino/ Trient überschneiden sich die deutsch-österreichische, die italienische und die ladinische Kultur. Die Menschen der Provinz Trentino sprechen überwiegend Italienisch, die der Provinz Südtirol Deutsch und die der Dolomitentäler um die Sella Ladinisch.

▶ **Sprachgruppen**

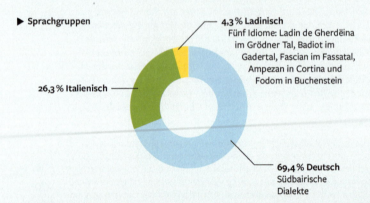

4,3 % Ladinisch
Fünf Idiome: Ladin de Gherdëina im Grödner Tal, Badiot im Gadertal, Fascian im Fassatal, Ampezan in Cortina und Fodom in Buchenstein

26,3 % Italienisch

69,4 % Deutsch
Südbairische Dialekte

▶ **Ladinisch**

Ladinisch entstand in den fünf Jahrhunderten römischer Herrschaft aus dem Vulgär(Volks-)latein der römischen Beamten und Soldaten und der Sprache der einheimischen Räter. Heute leben die Ladiner/Rätoromanen in der Schweiz (Graubünden) und in Italien (Südtirol, Trentino und Belluno) in einst unzugänglichen Tälern, wo sie ihre Kultur und Sprache bis heute bewahren. Das Kulturinstitut Micurà de Rü in St. Martin in Thurn im Gadertal fördert die Erhaltung der ladinischen Sprache und Kultur.

Ladin Pop: »Ganes«

▶ **Mehrsprachigkeit in anderen Ländern**

Schweiz

6,5 % Italienisch
8,9 % Andere
20,4 % Französisch
63,7 % Deutsch

Belgien

40 % Französisch
<1 % Deutsch
60 % Niederländisch

Finnland

5,5 % Schwedisch
3,3 % Andere
91,2 % Finnisch

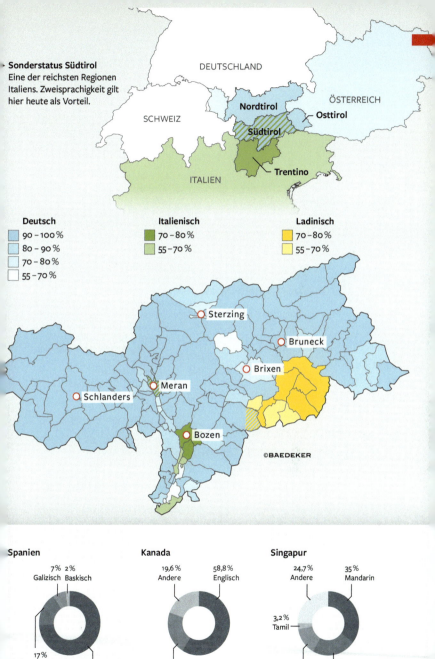

ZIELE
GADERTAL · ABTEITAL

GADERTAL ERLEBEN

TOURISMUSVEREINE
ALTA BADIA

CORVARA-KOLFUSCHG
Col-Alt-Str. 36, 39033 Corvara
Tel. 04 71 83 61 76
www.altabadia.org

TOURISMUSVEREIN LA VILLA
Colz-Str. 75, 39030 La Villa
Tel. 04 71 84 70 37
www.altabadia.org

TOURISMUSVEREIN ST. MARTIN IN THURN
Tor 18/C, 39030 St. Martin in Thurn
Tel. 04 74 52 31 75
www.sanmartin.it

TOURISMUSVEREIN ST. VIGIL IN ENNEBERG
Catarina-Lanz-Str. 14
39030 St. Vigil in Enneberg
Tel. 04 74 50 10 37
www.sanvigilio.com

TOURISMUSVEREIN WENGEN
Dorf 215, 39030 Wengen
Tel. 04 74 84 30 72
www.altabadia.org

Unter dem Motto **»Skifahren mit Genuss«** bieten Berghütten in der Wintersaison zusätzlich zu ihrer Speisekarte auch ein Gericht von einem Sternekoch an. Liste der teilnehmenden Hütten: www.altabadia.org

RESTAURANT ST. HUBERTUS €€€€
Der Ahrntaler Norbert Niederkofler ist der strahlende Stern am Südtiroler Kochhimmel (3 Michelin-Sterne). Tipp: Carpaccio vom Milchkalb, Wurzelgemüse und Birkenfond mit Kräutern.
Hotel Rosa Alpina
St. Kassian
Strada Micura de Rue 20
Tel. 04 71 84 95 00
Nur abends geöffnet; Di. und April bis Mitte Juni geschl.
www.rosalpina.it, www.n-n.it

RESTAURANT LA SIRIOLA €€€€
Küchenchef Matteo Metullio legt Wert auf Wildwachsendes und das Wissen darüber, wann etwas am besten geerntet und wie es perfekt verarbeitet wird. Leitmotiv seiner Menus ist der Wald. Zum Abschluss wartet im Chocolate Room eine Auswahl von 40 Schokoladensorten.
Hotel Ciasa Salares
St. Kassian, Strada Prè de Vi 31.
Loc. Armentarola
Tel. 04 71 84 94 45
www.ciasasalares.it

CLUB MORITZINO €€€
Seit über 50 Jahren gibt es den Club Moritzino auf dem Piz La Ila direkt an der Seilbahnstation, optimal in den Skizirkus der Sella Ronda eingebunden. Die rustikale Hütte auf 2100 m, einst eine Würstlbude, hat sich längst zum Szenetreff der Schickeria gemausert. Gute Fischgerichte, interessante Weinkarte; abends werden die Gäste mit der Schneekatze ins Tal transportiert.
Piz La Ila
Tel. 04 74 84 74 03
8.30 – 17, Restaurant 12 – 15 und drei Abende 20 – 1 Uhr;
Ostern – Ende Juni geschl.
www.moritzino.it

ZIELE
GADERTAL · ABTEITAL

RESTAURANT LA GANA €€–€€€
Unter den lokalen Naturprodukten kommen hier besonders verfeinerte Wildspezialitäten auf den Tisch. Chefkoch Giuseppe Gravelas Leidenschaft ist hausgemachte Pasta aus Kamut- oder Boxelemehl mit erlesenen Kräutern.
Im Hotel Cristallo
La Villa, Verda Str. 3
Tel. 04 71 84 77 62
nur abends, Mo. geschl.
www.restaurantlagana.com

RESTAURANT ENOTECA TABAREL €€
Mutter Patricia steht in der Küche, die Töchter Federica, Raffaella und Caroline leiten den Service und Vater Max ist der Sommelier. Mit Vorliebe werden ladinische Gerichte serviert.
St. Vigil in Enneberg
C.-Lanz-Str. 28
Tel. 04 74 50 12 10
Di. geschl.; www.tabarel.com

MASO RUNCH €€
Die ladinische Küche des Bergbauernhofs oberhalb von Pedratsches ist legendär. In der holzgetäfelten Stube gibt es u. a. Schlutzkrapfen oder Schweinshaxen, die im hauseigenen Holzofen gebraten werden.
Pedratsches, Runch 11
Tel. 04 71 83 87 96
Abendessen nur auf Bestellung, So. geschl.
www.masorunch.it

HOTEL LAGACIO MOUNTAIN RESIDENCE €€€€
24 schicke Appartements, für deren Einrichtung heimische Hölzer, Stein, Leinen und Loden verwendet wurden.
St. Kassian, Micurá de Rü Str. 48
Tel. 04 71 84 95 03
www.lagacio.com

LA PERLA €€€€
Für Hotelier Michil Costa haben Werte wie Gemeinwohl und Nachhaltigkeit in seinem mit einem Michelin-Stern dekorierten Hausrestaurant »La Stüa de Michil« eine große Bedeutung; Weinkeller mit der größten Sassicaia-Sammlung (mehr als 3400 Flaschen) Italiens.
Corvara, Str. Col Alt 105
Tel. 04 71 83 10 00
www.hotel-laperla.it

LAS VEGAS LODGE €€€€
Die Luxus-Skihütte liegt auf einer Flanke des Piz Sorega in 2050 m Höhe. Das Restaurant im Stil einer modernen Hütte ist auf einfache ladinische Küche spezialisiert. Der Name Las Vegas bedeutet (ursprünglich) »die Wiesen« und davon gibt es hier jede Menge.
St. Kassian, Piz Sorega 15
Tel. 04 71 84 01 38
www.lasvegasonline.it

HOTEL PIDER €€–€€€
Schickes, ruhig gelegenes Hotel mit modernen Zimmern und Sauna. Im Sommer Treffpunkt vieler Mountainbiker.
Wengen, San-Senese-Str. 20
Tel. 04 71 84 31 29, www.pider.info

HOTEL MELODIA DEL BOSCO €€
Sympathisches Hotel im ruhigen Pedratsches. Vor der Tür beginnen herrliche Radwege, im Winter reizt die schöne Kulisse der Heiligkreuzabfahrt. Treffpunkt von Mountainbike- und Radrennfahrer.
Pedratsches, Runcac-Str. 8
Tel. 04 71 83 96 20
www.melodiadelbosco.it

GASTHOF AL BAGN VALDANDER €
Das alte Bauernbadl ist schon seit 1507 für seine kalkhaltige Quelle be-

ZIELE
GADERTAL · ABTEITAL

kannt. Der Name Valdander kommt von Val d'Anter, Höhlental. Angeblich wohnten die Patienten der Wasserkuren früher in Höhlen. Die Bäder dauern 30 Min. und der Aufenthalt hier ist ein Ausflug in die Zeiten der Sommerfrische.
Untermoi
Tel. 04 74 52 00 05
www.valdander.com

Der **Bergbauernhof Lüch da Pecei** mit 60 Milchkühen verkauft seine Produkte vor Ort (St. Kassian, Peceistr. 17, www.badialat.it). Tipp: Dolomitenkäse.
Seit 1897 werden bei **Nagler** Stoffe gewebt und daraus Tischtücher, Handtücher und zauberhafte Gardinen hergestellt (Wengen, Handwerkerzone 13, www.tessituranagler.com).

St. Vigil in Enneberg ist an das **Skirevier** Kronplatz (▶Bruneck) angeschlossen; es gehört wie die anderen Pisten, die von Corvara/Kolfuschg und Badia erreicht werden können, zum Skigebiet Dolomiti Superski (www.dolomitisuperski.com).
Die auch für Wanderer und Radfahrer interessante **Sella Ronda** (▶ S. 138) umfasst 40 km Pisten, verbindet vier Dolomiten-Täler und bietet Ein- oder Ausstiegsmöglichkeiten an vielen Stationen; die Pisten sind auch für durchschnittliche Skifahrer gut zu bewältigen.

---

stil nach Plänen von Giuseppe Costa. Die Stuckaturen schuf Franz Singer, die Malereien Matthäus Günther und Karl Henrici. Das **Naturparkhaus** des Naturparks **Fanes-Sennes-Prags** informiert über die Dolomiten, das Almwesen, über Fossilien und Höhlenbären: 1987 wurden in der 2800 m hoch gelegenen Conturines-Höhle die Überreste von 30 Höhlenbären gefunden. Eines dieser Skelette ist ausgestellt. Für Kinder gibt es ein Terrarium und eine Spielecke. Ein Abstecher führt von St. Vigil zum hübschen Dorf Enneberg Pfarre (La Pli, Pieve di Marebbe). Seine Wallfahrtskirche besitzt innen und außen prächtige Fresken, eine früher sehr verehrte Madonnenfigur (um 1430) und Votivbilder mit Pilgerprozessionen.
Naturparkhaus: Katharina-Lanz-Str. 96 | Ende Dez. – Ende März, Anfang Mai – Ende Okt. Di. – Sa. 9.30 – 12.30, 16 – 18, Juli, Aug. auch So. Eintritt frei

Größter Naturpark Südtirols

Naturpark Fanes-Sennes-Prags

Von St. Vigil führt die Straße durch das vor allem von Ladinern bewohnte Rautal (Val dai Tamersc, Valle di Tamores) in den Naturpark Fanes-Sennes-Prags. Über das Fanes-Joch erreicht man die Fanes-Alpe, eine von hohen Gipfeln gesäumte Hochfläche. Auf dem Gebiet des größten Naturparks Südtirols (rund 250 km²) liegen u. a. die Pragser Dolomiten, die Kreuzkofel-Gruppe, Dürrenstein, Plätzwiese und die Hochebenen von Fanes, Fosses und Sennes. Der weiße Dolomitkalk ist verkarstet, Wind und Wasser haben scharfkantige Furchen und Rippen ausgewaschen, in denen sich karge Vegetation festkrallt. Dazwischen liegen türkisfarbene Bergseen wie der Grünsee. Im

ZIELE
GADERTAL · ABTEITAL

Hochsommer ist die Fanes ein einziges Blütenmeer. Die **Faneshütte** ist ein beliebtes Ausflugsziel im Sommer und Stützpunkt für Skitouren auf die umliegenden Berge im Winter. Der Hüttenwirt organisiert auch den Transport zur Hütte mit Jeep oder Pistenraupe (80 Schlafplätze, Tel. 04 74 50 10 97, www.rifugiofanes.com). Anfahrt ab St. Vigil in Enneberg bis zum Talschluss von Pederü (Parkplatz). Die für den Verkehr gesperrte, ca. 7 km lange Schotterstraße kann man zu Fuß in gut 1,5 Stunden zurücklegen.

Mittleres Gadertal

Kultur der Ladiner

Auf der Hauptstraße durch das Gadertal folgt St. Martin in Thurn (San Martino in Badia). Oberhalb erhebt sich das 1290 erstmals erwähnte, von den Brixner Fürstbischöfen erweiterte **Schloss Thurn**. Es ist Sitz des »Museums Ladin Ciastel de Thor«, das unterhaltsam über die ladinische Kultur, Sprache und Geschichte informiert. Das Istitut Ladin »Micurà de Rü« kümmert sich um die Bewahrung und Förderung der Sprache und Kultur der Ladiner. Es ist benannt nach dem ladinischen Sprachwissenschaftler Micurà de Rü, Nikolaus Bacher, der als Erster eine Grundlage der ladinischen Grammatik vermittelte.

St. Martin in Thurn

Ladinisches Landesmuseum Schloss Thurn: Torstr. 72 | Mai – Okt.
Di. – Sa. 10 – 17, So.14 – 18, Juli, Aug. auch Mo 10 – 17 Uhr | 8 €
www.museumladin.it
Istitut Ladin: Stufles-Str. 20 | Tel. 04 74 52 40 22 | www.micura.it

Berggipfel und Bauernbadl

Westlich von St. Martin liegt am Ostabhang des 2874 m hohen Peitlerkofels (▶Klausen) das hübsche Bergdorf Untermoi (Antermoia). Von hier geht es auf der Brixner Dolomitenstraße zum 2006 m hohen Würzjoch (im Winter gesperrt). Die Passhöhe ist Ausgangspunkt für eine 1,5-stündige Wanderung zur Peitlerscharte auf 2361 m. Wer trittsicher und schwindelfrei ist, kann in weiteren 1,5 Stunden auf den Peitlerkofel (2874 m) steigen. Die sanften Kuppen im Nordwesten bieten sich für leichtere Wanderungen an.

Untermoi

Kurz vor Untermoi steht an der Straße das **Bad Valdander**, eines der wenigen erhaltenen Bauernbadl. Es besteht aus einem Gasthaus, einem alten (seit 1820) und einem neuen Badehaus. Eine kalkhaltige Quelle verspricht Linderung bei Rheuma, Gicht und anderen Krankheiten (▶S. 135).

Musikalische Wasserhexen

Über die Grenzen des Ortes bekannt sind die drei »Wasserhexen« aus Wengen (La Val, La Valle). Sie singen über moderne Themen, aber in ihrer alten Sprache Ladinisch. Die jungen Sängerinnen, die

Wengen

Schwestern Elisabeth und Marlene Schuen und Natalie Plöger (▶ Interessante Menschen, S. 354), schreiben ihre Lieder selber, die Musik wird von Jazz, Klassik und Popmusik beeinflusst. Benannt haben sie sich nach Wasserhexen aus der Mythologie ihrer Heimat, »**Ganes**« auf Ladinisch. Ihr Markenzeichen ist der dreistimmige glasklare Gesang, der in La Val gepflegt wird.

Ihr Heimatdorf Wengen (1353 m) erreicht man etwas südöstlich von St. Martin. Aufgrund seiner abgeschiedenen Lage sind hier schöne Beispiele für die rätoromanische Siedlungs- und Bauform erhalten. Die **Viles**, ladinische Weiler, bestehen aus mehreren, dicht beieinander gebauten sogenannten **Paarhöfen** (d. h. ein Wohn- und ein Wirtschaftshaus). Das Zusammengehörigkeitsgefühl vermitteln auch die Innenhöfe mit häufig gemeinsam genutztem Backofen und Brunnen. Die Untergeschosse der Häuser sind aus Stein, darauf steht ein auskragender Holzbau. Mauern, Gesimse und Balkone sind mit Schnitzereien, Ornamenten und Fresken geschmückt. Zu den Viles gehörte oft auch eine Mühle zum Getreidemahlen, zum Wollestampfen für die Lodenherstellung oder – in jüngeren Zeiten – zum Antrieb kleiner E-Werke für die Materialseilbahn; besonders sehenswert sind Cians, Ciampei und Runch.

Mühlenweg

Campill Bei St. Martin in Thurn zweigt südwestlich das Campill- (Longiarü-) Tal ab. An dessen Ende liegt der kleine Ort Campill. Zwischen den beiden sehenswerten Weilern Seres und Misci verläuft der Mühlenweg, an dem etliche restaurierte Wassermühlen liegen (Rundweg ca. 2 Std.; Anfahrt: zu Fuß über den Wanderweg 4 vom Parkplatz oberhalb der Kirche von Campill; mit dem Auto zum Parkplatz bei Seres, direkt bei der Mühle). Das Museum Ladin in St. Martin in Thurn organisiert jeden Mittwoch Führungen ins Mühlental (www.museumladin.it).

Hochgadertal

Sella-Ronda-Umrundung

Alta Badia Das obere breite Gadertal, auf Ladinisch Alta Badia, auf Deutsch **Hochabteital**, ist ein sehr gut erschlossenes Feriengebiet. Im Winter ist es mit verschiedenen Lift- und Gondelanlagen an die Sella Ronda angebunden, über die vier verschiedene Dolomitentäler verbunden sind. Überquert werden dabei die Pässe Grödner Joch, Sellajoch, Pordojoch und der Campolongo-Sattel. Die Umrundung des Bergmassivs hatte als Skitour begonnen, heute wird der Gebirgsstock auch von Mountainbikern umfahren.

Im Sommer gibt es hier unzählige Wanderrouten, Klettersteige und Gipfeltouren. Die Sella-Umrundung (Sella Ronda; www.sellaronda.info) ist für Auto-, Motorrad- und Radfahrer, Wanderer und Skifah-

ZIELE
GADERTAL · ABTEITAL

Wanderer im Naturpark Fanes-Sennes-Prags

rer eine sportliche Herausforderung, außer man unternimmt die Fahrt mit einem Linienbus. Höchster Gipfel der Sellagruppe ist der Piz Boè (3152 m).

Ruhiger Pilgerort
Im Osten des Dorfs Badia (Abtei) führt ein Sessellift zum Heiligkreuz (Santa Croce, 2045 m) hinauf. Auf einem Stationenweg erreicht man die **Wallfahrtskapelle Heiligkreuz** aus dem 15. Jh. und ein ehemaliges Pilgerhospiz, das 1718 um eine Gaststätte erweitert wurde. Heute genießt man hier in holzgetäfelten Stuben eine herzhafte Tiroler Küche; bei schönem Wetter sitzt man draußen mit Blick auf den mächtigen 2908 m hohen Heiligkreuzkofel (Monte Cavallo). Im Winter bieten bestens präparierte Pisten genussreiche Abfahrten. Hier geht es ruhiger zu als im Skirevier Sella Ronda. Im etwas oberhalb von Badia gelegenen **St. Leonhard** (San Linert, San Leonardo, 1371 m) steht zwischen verstreuten Höfen die gleichnamige Dorfkirche. Hier waren dieselben Künstler am Werk wie in St. Vigil in Enneberg: Franz Singer, Matthäus Günther und Karl Henrici. Am Erntedanksonntag findet ein großer Umzug zu Ehren des hl. Leonhard, Schutzpatron des Viehs, statt. In Oies steht das Geburtshaus von Pater **Josef Freinademetz**. Er wurde 2003 heilig gesprochen und ist im Gadertal sehr beliebt.

Badia

ZIELE
GADERTAL · ABTEITAL

Skiweltcup

Stern   Die am zentralsten gelegene Ortschaft im Gadertal ist Stern (La Villa, La Ila), ein moderner Ferienort mit vielen Hotels und sehr guten Restaurants. Der Name Stern stammt von der Dorfkirche (1516), die der Heiligen Maria ad Stellam gewidmet ist. Die Kirche bildet gemeinsam mit dem Schloss Ciastel Colz (Mitte des 16. Jh.s), das wie eine Trutzburg auf 1483 m Höhe liegt, den historischen Mittelpunkt des Ortes. Es hat sich nach seiner Restaurierung zu einem kulturellen Treffpunkt entwickelt.
Eine Gondel fährt auf den 2077 m hohen Bergrücken des Piz La Ila mit Almen und Wäldern, wo sich ein schöner Blick in die Dolomiten bietet. Sportlicher Höhepunkt ist der alljährliche Slalom- und Riesenslalom-Ski-Weltcup auf der **Gran-Risa-Piste**.

Schlemmen und Skifahren

Kassian-Tal   In Stern gabelt sich das Gadertal. Der linke Arm führt südöstlich ins Kassian-Tal. Über den gleichnamigen Hauptort geht es weiter über Armentarola, den Valparola- und Falzarego-Pass hinunter nach ▶Cortina d'Ampezzo, eine besonders eindrucksvolle Route durch die Dolomiten. **St. Kassian** (San Ciascian, San Cassiano), ein bei Skifahrern und Feinschmeckern beliebter Ort, ist über eine Gondel auf den 2003 m hohen Piz Surega an die Sella Ronda angebunden. In einem der ältesten Häuser am Dorfplatz zeigt das **»Pic' Museo Ladin«** neben volkskundlichen Exponaten schöne Fossilien aus der Region und das Skelett eines Höhlenbären aus der Conturines-Höhle. Der Pflanzenfresser »Ursus spelaeus« lebte zwischen 60 000 und 30 000 v. Chr. in dieser Gegend.
Wechselnde Öffnungszeiten; Juli, Aug. Mo. – Sa. 10 – 18, So. ab 14, Mai – Okt. Mo. geschl., abends nur bis 17, So. bis 18; 11.1. – 30.3. Do. – Sa. 15 – 19 Uhr | Tel. 0471 84 95 05 | 8 €

Touristisches Zentrum

Corvara   Von Stern Richtung Südwesten gelangt man nach Corvara und Kolfuschg (Colfosco), das touristische Zentrum des Gadertals. In Corvara (1580 m) wurde 1946 der **erste Skilift Italiens** in Betrieb genommen. Im Nordwesten dominiert der mächtige Sassongher (2665 m) das Ortsbild, im Südwesten der imposante Sellastock. Mit einem Netz von Liften und Seilbahnen geht es winters wie sommers in alle Richtungen in die Bergwelt. An der neuen Kirche (1959) vorbei und ein Stück bergauf erreicht man die **St.-Katharina-Kapelle**. Hier steht der einzige Flügelaltar des Gadertals, ein spätgotisches Werk von Ruprecht Potsch und Michael Parth (um 1530). Die Flügelaußenseiten zeigen die Enthauptung der hl. Katharina. Der unbekannte Künstler wird der »Donauschule« zugerechnet.
In Kolfuschg (1650 m) haben sich im Ortskern noch ein paar alte Häuser und die spätgotische Kirche des hl. Vigil, erhalten.

★★ GLURNS

Italienisch: Glorenza | **Höhe:** 907 m ü. d. M. | **Einwohner:** 900

Sie ist nicht nur die kleinste Stadt Südtirols, sondern auch die am besten erhaltene. Blickt man von oben auf Glurns, erkennt man auch den Grund: eine intakte schützende Ringmauer mit drei malerischen Tortürmen. Sie umfasst Bürgerhäuser in engen kopfsteingepflasterten Gassen und Laubengänge, die noch nicht dem Kommerz geopfert sind. Über die Stadtmauer hinaus bekannt geworden ist Glurns für den skurrilsten Fall der Rechtsgeschichte: einen Prozess gegen Mäuse.

● D 3/4

Vom Mäuseprozess im Jahr 1519 zeugen Aufzeichnungen und Protokolle. Die Gemeinde Stilfs erhob im Glurnser Gericht Klage gegen Feldmäuse, die so große Fressschäden angerichtet hatten, dass man keine Getreidesteuer mehr zahlen konnte. Die Mäuse bekamen einen Verteidiger für ihr Recht auf Nahrung, wurden aber schlussendlich zum Verlassen der Stadt verurteilt. Ob sie sich daran gehalten haben, ist nicht überliefert.

Glurns, 1163/64 erstmals erwähnt, erhielt schon früh Stadtrechte und konkurrierte mit dem nahen Mals, damals Gerichtssitz der Churer Bischöfe. Als Markt- und Umschlagplatz im Salzhandel zwischen dem süddeutschen Raum und der Lombardei blühte das Städtchen rasch auf. 1499 wurde es nach der verlorenen Calvenschlacht (▶ Geschichte, S. 341) von den Eidgenossen zerstört. Kurz darauf entstand es als kleine Festungsstadt neu – sein Stadtbild ist noch fast unverändert erhalten.

Kleinste Stadt Südtirols

▎ Wohin in Glurns und Umgebung?

Romantisches Kleinod

Die **Stadtmauer** kann bequem in etwa 30 Minuten umwandert werden, Teile des hölzernen Wehrgangs sind begehbar. Drei mächtige Tortürme führen ins kleine Zentrum: das Schludernser Tor im Osten, das Tauferer Tor im Westen und das Malser Tor mit Hochwassermarken vom 16. Juni 1855 im Norden. Enge, kopfsteingepflasterte Gassen mit stattlichen Bürgerhäusern aus dem frühen 16. Jh. führen auf den hübschen Hauptplatz mit der neoromanischen Frauenkirche und, etwas weiter westlich, zum **Fuggerhaus**, heute Rathaus. Das Augsburger Handelsimperium war an der Erzausbeute in den Bergwerken Fuldera (Münstertal) und Scharl im Unterengadin beteiligt. Die niedrige **Laubengasse** ist hier eine reine Wohngasse. Wo einst die Warenlager der Handwerker waren, finden zwischen Mai und Ok-

★★
Glurns

BAEDEKER ÜBERRASCHENDES

6x UNTERSCHÄTZT

Genau hinsehen, nicht daran vorbeigehen, einfach probieren!

1.
URALT UND GESUND
Palabirnen gibt es seit mehr als 400 Jahren im **Vinschgau**. Auch Apothekerbirne genannt, wird ihr sogar heilende Wirkung nachgesagt. Im Tälerhof kann man Pate eines Palabirnenbaums werden und jährlich 5 bis 15 kg Frischobst beziehen (www.taelerhof.com).

2.
FRIEDENSBUNKER
Aus der Fassade des Bunkers ragt ein halber Wohnwagen und in der Bar stehen Sesselliftsitze … **Benny von Spinn** ist es gelungen, bei **Mals** einen Bunker einer friedlichen Nutzung zuzuführen.
(▶ **S. 198**)

3.
LANGE WEGE
Wenn man sich enge, steile Serpentinenstraßen mit dem Auto hinaufschrauben muss, entpuppt sich manche »Kurzstrecke« als reiner Kurvenhorror. Mitunter versagt das Navi beim Finden von Hofadressen oder Seitentäler erweisen sich als Sackgassen … **Entfernungen** sollte man in Südtirol **nie unterschätzen!**

4.
WHISKY AUS GLURNS
Eine »Schnapsidee« brachte den Sommelier Albrecht Ebensperger darauf, die **Whisky-Destillerie Puni** in **Glurns** zu gründen, die erste und einzige im ganzen Land. (▶ **S. 143**)

5.
ORTSNAMEN
Wer in Südtirol **italienische Ortsnamen** verwendet, trifft damit die mehrheitlich deutschsprachige Bevölkerung an einem empfindlichen Punkt. Denn die italienischen Namen stammen aus **faschistischer Zeit**, als die meisten deutschen Orts- und Flurnamen willkürlich ins Italienische übersetzt wurden. (▶ **S. 359**)

6.
GIPFELTREFFEN
Berggipfel hat Südtirol so viele, dass selbst der Alpenverein den genauen Überblick verloren hat. Er schätzt, dass es allein in den Dolomiten über 100 Gipfel gibt, die höher als 3000 m sind. Fest steht, die höchste Spitze des Landes ist der **Ortler** (3905 m).
(▶ **S. 243**)

ZIELE
GLURNS

GLURNS ERLEBEN

TOURISMUSVEREIN GLURNS
Schludernser Torturm
39020 Glurns
Tel. 04 73 83 10 97
www.glurns.eu

FEST
Die **»Pala-Bira-Tage«** Anfang/Mitte Sept. sind ganz der Palabirne gewidmet.

RESTAURANT STEINBOCK €–€€
Ein beliebter Treffpunkt der Einheimischen, was für die gute Tiroler Küche spricht: Knödel mit Speck oder Käse und herzhafte Schlutzkrapfen.
Florastr. 9
Tel. 0473 83 14 95; Mo. geschl.

GASTHOF GRÜNER BAUM UND BELVENUE BOUTIQUE HOTEL €€
Das einstige Patrizierhaus, heute Grüner Baum (um 1500), wurde von jungen Vinschgauer Architekten in ein schickes Stadthotel umgebaut, ohne seinen mittelalterlichen Charme zu verlieren. Die Zimmer sind in zeitgenössischem Design eingerichtet, die Küche hat einen guten Ruf. Im Nachbarhaus haben die Betreiber in einem ehemaligen Kloster 2017 das Boutique Hotel mit modernen Zimmern eröffnet, samt kleinem Wellnessbereich und Panoramawhirlpool auf dem Dach mit bezauberndem Blick über die Stadt.
Gasthof: Stadtplatz 7
Tel. 04 73 83 12 06
www.gasthofgruenerbaum.it
Hotel: Stadtplatz 1
Tel. 04 73 83 18 23

GASTHOF ZUR POST €
Die historische Gaststätte (15. Jh.) ist eine der ältesten des Landes und mit ihrer traditionellen Südtiroler Küche Stammlokal vieler Glurnser. Bekannt ist sie für ihre gotische Halle und die **Zeichnungen** von dem 1922 in Glurns geborenen **Paul Flora**.
Flora-Str. 15
Tel. 04 73 83 12 08
www.hotelpostglorenza.com

HOTEL LAMM €€–€€€
Ein wunderbarer Ausgangspunkt zum Wandern, Radfahren oder Reiten (mit Reiterhof) ist das Hotel Lamm im Münstertal mit modernen Zimmern, Fitness- und Saunaangebot. Im Winter locken das Skigebiet in Sulden und auf der Schweizer Seite die Pisten von Minschuns, die vor dem Ofenpass liegen (www.minschuns.ch).
Taufers im Münstertal
St.-Johann-Str.37
Tel. 04 73 83 21 68
www.hotel-lamm.com

In der **Konditorei Riedl** sind nicht nur die Kuchen lecker, hier gibt es auch die bekannten »Glurnser Mäuse«, leckere Pralinen in Mäuseform (Malser Straße 9, Tel. 04 73 83 13 48). Bei der **Bäckerei Schuster** (Laubengasse 3, www.schuster.it) gibt es Palabirnenbrot, das gut zu Käse schmeckt. Die **Whisky-Brennerei Puni** außerhalb der Stadtmauer (Am Mühlbach 2, www.puni.com) ist die einzige Whisky-Destille in Italien. Ganz im Trend wurde die Brennerei von Stararchitekt Werner Tscholl in eine Art Röhre aus rotem Backstein gelegt.

ZIELE
GLURNS

tober alle vier Wochen verschiedene Themenmärkte statt. Auch die **alte Wassermühle** am Mühlbach wurde restauriert. Zum Getreidemahlen zweigten die Glurnser schon im 15. Jh. einen Wasserlauf von der Etsch ab. Hier steht auch der älteste Palabirnenbaum (ca. 300 Jahre), eine autochthone im Ober- und Mittel-Vinschgau beheimatete alte Birnensorte, die besonders süß schmeckt. Weil sie als sehr gesund gilt, heißt sie im Volksmund auch Apothekerbirne.

Die 1481 erbaute gotische Pfarrkirche **St. Pankratius** steht etwas außerhalb der Stadtmauer auf einer kleinen Anhöhe. An ihrem Turm ist ein großes Fresko des Jüngsten Gerichts von 1496 zu sehen, den Abschluss schmücken die Wappen von Österreich, Tirol, Glurns und Trapp. Im Innern zeigt ein Wandgemälde die Heilige Sippe (um 1500). Überall in Glurns sieht man Hinweise auf den Zeichner und Karikaturisten **Paul Flora** (1922 – 2009), der hier geboren wurde und dessen Werke im Kirchtorturm zu sehen sind.

Wassermühle: St.-Pankratius-Gasse 8 | Juli – Sept. Di. 15 – 17 Uhr
Paul-Flora-Museum: Mai, Juni, Okt. Di. – So. 11 – 16, im Sept. bis 17 Uhr, Juli, Aug. tägl. 10 – 17 Uhr | 5 € | www.paulfloramuseum.org

Glurns ist nicht nur die kleinste Stadt Südtirols, sondern auch die am besten erhaltene; besonders eindrucksvoll sind die Ringmauer und die Laubengasse.

ZIELE
GLURNS

Romanisch-byzantinische Fresken

In Söles, südlich von Glurns, steht die Ende des 12./Anfang des 13. Jh.s erbaute älteste **Jakobskirche** Tirols. Nach der Schlacht von Calven wurde sie von den Schweizern angezündet, 1570 neu aufgebaut und 1799 von den Franzosen erneut niedergebrannt. Bei der Renovierung stieß man auf die Reste der romanisch-byzantinischen Fresken, die in liebevoller Kleinarbeit wieder zusammengesetzt wurden.

Söles

1. April – 21. Okt. Fr. 16 – 17 Uhr; im Juli, Aug. geführte Besichtigung nach Voranmeldung im Tourismusbüro Glurns (bis 17 Uhr am Vortag) | 6 €

Die Sprachgrenze

Von Glurns lohnt sich ein Abstecher Richtung Südwesten ins Münstertal (Val Monastero), das weit ins Schweizer Unterengadin hineinreicht. Der letzte Ort vor der Schweizer Grenze und damit die Sprachgrenze zum romanischen Graubünden ist Taufers, 15 km südwestlich von Glurns. Zwei mächtige Burgruinen, Reichenberg (12. Jh.) und Rotund (12. und 16. Jh.), in denen einst die Bischöfe von Chur residierten, überragen den Ort. Am östlichen Ortsrand steht direkt an der Straße das um 1230 von Johannitern aus dem nahen St. Johann in Müstair erbaute **Pilgerhospiz St. Johann.** Die dazugehörende Kirche St. Johann ist ein Juwel der Vinschgauer Kunstlandschaft. Ihr Grundriss, einmalig in Südtirol, hat die Form eines griechischen Kreuzes mit vier gleich langen Armen. Größter Schatz im Innern sind die **spätromanischen Fresken** wegen der ausdrucksstarken Mimik und Gestik der dargestellten Äbte, Ritter, Märtyrerjungfrauen und Kirchenväter. Der riesige Christophorus auf der Nordwand der Kirche entstand wohl um 1220 und ist eine der größten und ältesten Darstellungen dieses Heiligen im Alpenraum. Im ehemaligen Schlafsaal der Pilger sind in der Sockelzone noch Reste romanischer Fresken erhalten, die übrigen entstanden um 1385, darunter die hl. Ursula mit ihren Gefährtinnen und die Enthauptung des Johannes des Täufers.

Taufers im Münstertal

Juni – Okt. Mo., Di., Do. – Sa. 9.30 – 17, Mi nur bis 16 Uhr | 1 €; Führung: Mi. 16 Uhr, 4 €

Kurz in die Schweiz

Zwischen Kloster Marienberg (▶Burgeis) und dem Schweizer Kloster St. Johann in Müstair verläuft der 17 km lange Stundenweg, der auch für Familien geeignet ist (www.suedtirol.com). Von Taufers ist es nur ein kurzer Abstecher über die Grenze zum **Kloster St. Johann in Müstair**. Die Kloster- und Wallfahrtskirche gehört zum UNESCO-Weltkulturerbe (www.mustair.ch). Sie besitzt den umfangreichsten Freskenzyklus der Karolingerzeit, von einst 90 Szenen sind die meisten erhalten. Einen Blick wert sind auch die Heiligkreuzkapelle und die Chasa Chalavaina (13. Jh.) gegenüber dem Kloster.

Stundenweg St. Johann

★ GOSSENSASS

Italienisch: Colle Isarco | Höhe: 1098 m ü. d. M. | Einwohner: 1150

Ein ständiges Auf und Ab hat der kleine Ort am Brennerpass in seiner langen Geschichte als Reiseziel erlebt. Schon im Mittelalter zogen Kaiser und Könige durch Gossensass. Es war die letzte Raststätte vor dem steilsten Stück der Brennerauffahrt, und hier galt es, Rast zu machen und die Pferde zu wechseln. Als nach dem Ersten Weltkrieg der Brennerübergang zur Staatsgrenze wurde, blieben die Besucher weg. Erst mit dem Bau der Autobahn gewann der Ort wieder an Bedeutung, wenn auch nur als Ziel auf der Durchreise.

Einige stattliche Bürgerhäuser aus dem 15./16. Jh. zeugen noch heute vom Wohlstand, als die hier ansässigen Bergknappen die reichen Silbergruben im Pflerschtal ausbeuteten. Im ausgehenden 19. Jh. kam mit der Eisenbahn auch der Nobeltourismus über den Brenner. Die Entdeckung von Thermalquellen im benachbarten Brennerbad führte zum Bau einiger Grandhotels. Berühmtester Kurgast war der norwegische Dichter und Dramatiker Henrik Ibsen, der hier sieben Sommer verbrachte, 1889 zum letzten Mal, und angeblich stundenlang den tobenden Wildwassern von Pflerscher Bach und Eisack zuschaute. Heute ist der Glanz der großen Zeiten längst verblasst, die Grandhotels geschlossen. Ein kleines Skigebiet in Ladurns mit Rodelbahn und Loipen lockt Wintergäste an.

Silber, Eisenerz und Heilquellen

▌ Wohin in Gossensass und Umgebung?

Gossensass **Eine Kapelle für die Bergleute und Ibsens »Hedda Gabler«** Zu Ehren ihrer Schutzpatronin haben Bergleute 1510 die **Barbarakapelle** gestiftet. Daher sind zu beiden Seiten des gotischen Portals Wappenschilde mit ihren Werkzeugen abgebildet. Im Mittelschrein des spätgotischen Flügelaltars steht die hl. Barbara, Darstellungen aus dem Arbeitsleben der Bergleute finden sich darunter an der Predella. Gleich nebenan steht die spätbarocke **Pfarrkirche Maria Empfängnis** (1750). Die Fresken im Innern malte der Augsburger Matthäus Günther. Zu sehen sind u. a. die Marienkrönung, die Vertreibung der Händler aus dem Tempel sowie der von dem hl. Georg erstochene Drachen, der aus dem Bild auf den Betrachter zu stürzen scheint.
Der Sommer im Jahr 1889 in Gossensass und die Bekanntschaft mit einer jungen Frau aus Wien, Feriengast wie er, das schrieb **Henrik Ibsen** an die Verehrte, sei »der glücklichste, schönste in meinem ganzen Leben« gewesen. Dieses Erlebnis inspirierte ihn zu seinem Drama

»Hedda Gabler«. Im Rathaus ist dem Dichter eine kleine Ausstellung gewidmet.

Ibsenmuseum: Ibsenplatz | Mo. – Fr. 8.30 – 12.30, Mi. auch 14 – 16 Uhr

An der Grenze

Gossensass war früher die letzte Raststätte vor dem steilsten Stück der Brennerauffahrt. Der **Brennerpass** (Passo del Brennero) ist der wichtigste Grenzübergang zwischen Nordtirol (Österreich) und Südtirol. Mit 1374 m Höhe ist er der niedrigste Alpenpass und daher vom Lastwagenverkehr bevorzugt. Seit 1998 die Kontrollen weggefallen sind, hat der Grenzort seine Bedeutung und fast alle Einwohner verloren. Zur Belebung der Wirtschaft wurde 2007 das »Designer Outlet Brennero« eröffnet (▶ unten).

Brenner

Wander- und Skiparadies

Westlich von Gossensass geht es ins romantische Pflerschtal, wo vom Mittelalter bis 1818 Silber- und Bleibergwerke den Wohlstand der Region begründeten. Innerpflersch ist der Ausgangspunkt für **Wanderungen** zur Magdeburger- und Tribulaunhütte (Aufstieg ca. 3 Std.). Von dort geht es weiter auf die 3000er-Gipfel Tribulaun und Schneespitze. In **Ladurns** führt ein Sessellift hinauf zur Ladurnser Alm (1724 m; schönes Wander- und kleines Skigebiet).

Pflerschtal

GOSSENSASS ERLEBEN

TOURISMUSVEREIN GOSSENSASS
Ibsenplatz 2
39041 Gossensass
Tel. 04 72 63 23 72
www.gossensass.org

Eurocity und Regionalzüge zum Brenner, nach Sterzing, Brixen, Bozen, Trient und Verona; Busse ins Pflerschtal

FEUERSTEIN €€€€
Am Talschluss des Pflerschtales liegt dieses Familien-Resort, das modernes Design, Gourmetküche und Entspannung in ruhiger Naturlandschaft verbindet.
Pflersch 185
39041 Brenner
Tel. 04 72 77 01 26
www.feuerstein.info

Das **Designer Outlet Brennero AG** ist für Schnäppchenjäger ein Mekka, architektonisch zwar ein Graus, wegen übergroßer Reklame, aber schon weithin sichtbar. 65 Markenshops, darunter zahlreiche Outdoorhersteller und bekannte Modefirmen, bieten Nachlässe bis zu 70 %; es gibt Restaurants und Cafés (Brenner, St. Valentinstr. 9A, www.outletcenterbrenner.com).

ZIELE
GRÖDNER TAL

★ GRÖDNER TAL

Italienisch: Val Gardena | **Ladinisch:** Val Gherdëina | **Einwohner:** 10 000

Geschnitzte Madonnen, Engel und Kruzifixe haben das 25 km lange Grödner Tal in der ganzen Welt bekannt gemacht. Längst vorbei sind die Zeiten, als noch die Buckelkrämer mit ihren Holzschnitzarbeiten in den Orten hausieren gehen mussten. Durch den aufkommenden Alpinismus und die Bergfilme, die der aus St. Ulrich stammende Luis Trenker hier drehte, kamen auch immer mehr Touristen ins Grödner Tal, das heute zu den meistbesuchten Urlaubsgebieten der Alpen gehört.

Das 25 km lange, oft nur Gröden genannte Tal zweigt bei Waidbruck (▶ S. 174) vom Eisacktal nach Osten ab und ist vor allem keine Sackgasse, wie so viele andere Täler Südtirols. Von hier aus führen gewundene Passstraßen über das Grödner- und Sellajoch weiter in die Dolomiten. Sie sind der Inbegriff einer perfekten Tour für Motorradfahrer und Mountainbiker. Ein Abstecher auf landschaftlich schöner Strecke führt von St. Ulrich auch über den Panider Sattel nach Kastelruth und ins Schlerngebiet, im Herbst mit zauberhafter Laubfärbung. Seine frühere Abgeschiedenheit hat dazu geführt, dass die Bevölkerung hier heute noch Ladinisch spricht (▶ Baedeker Wissen S. 132).

Aus der Abgeschiedenheit geholt

Von der Landwirtschaft zum Fremdenverkehr

Geschichte

Das Grödner Tal ist seit prähistorischer Zeit bewohnt. Erst im Mittelalter wurde das Tal weiträumig gerodet, um Ackerbau und Viehzucht zu ermöglichen. Mit der Entdeckung des **Alpinismus** im 19. Jh. und dem Wintersport zu Beginn des 20. Jh.s hielt der Tourismus Einzug. Der Bau von Passstraßen und der Grödnerbahn für den Nachschub an der Dolomitenfront im Ersten Weltkrieg schuf die Voraussetzungen für den Tourismus im großen Stil. Heute ist er die Haupteinnahmequelle des Tals und viele Grödner sind wohlhabend geworden. Längst bestimmen Hotelbauten die Ortsbilder der ehemaligen Bergdörfer.

Vom Herrgottsschnitzer zur abstrakten Kunst

Holzschnitzerei

Die **Holzschnitzerei**, eine Arbeit für die langen Wintermonate, gibt es im Grödner Tal seit 1600. Es begann mit Löffeln, Geschirr und Spielzeug hauptsächlich für den eigenen Haushalt. Im Sommer verkauften Wanderhändler die Werke in den Tälern und sorgten für einen bescheidenen Wohlstand. Lukrativer waren Heiligenfiguren, Kruzifixe und Hausaltäre. Nach und nach spezialisierte sich das ganze Tal auf die Schnitzereien. Mit steigendem Absatz wurden Maschinen eingesetzt, es gibt aber immer noch die durch Zertifikat bestätigte

ZIELE
GRÖDNER TAL

Wolkenstein am Ostende des Grödner Tals, im Hintergrund der Schlern

Handfertigung. Längst kennt man nicht mehr nur sakrale Motive. Es gibt auch zunehmend zeitgenössische Holzkünstler, die hier ihre Ateliers haben, wie z. B. **Adolf Vallazza** in St. Ulrich, der für seine Skulpturen und Throne altes Holz verwendet (www.adolfvallazza.com), oder **Walter Moroder**, dessen lebensgroße Holzfiguren von den Toraja auf Sulawesi inspiriert sind (www.waltermoroder.com). In Wolkenstein arbeitet **Aron Demetz**, der seine Skulpturen gerne kontrolliert abbrennt oder zerfranst (www.arondemetz.it). 1994 haben sich einige Künstler und Kunsthandwerker zur **UNIKA** zusammengeschlossen, die alljährlich Ende August eine große **Grödner Skulpturenmesse** organisiert (www.unika.org/de).

Für (fast) alle Ansprüche

Von der leichten Almwanderung bis zur anstrengenden Klettertour wird hier alles geboten. Im Sommer kann man die **Sella Ronda** (▶ Gadertal) auch zu Fuß bewältigen. Geübte Bergwanderer schaffen die Strecke rund um den Sellastock in gut acht Stunden. Bequemer ist der Sellaronda-Bus (mit vielen Ein- und Aussteigemöglichkeiten unterwegs).

Auf der Trasse der 1960 stillgelegten **Grödner Bahn** verläuft heute zwischen St. Ulrich und Wolkenstein ein leicht ansteigender **Wanderweg**. Der Abschnitt bei St. Christina ist als Planetenweg mit maßstabsgetreuer Darstellung des Sonnensystems gestaltet.

Zu Fuß unterwegs im Grödner Tal

GRÖDEN ERLEBEN

TOURISMUSVERBAND GRÖDEN
Dursanstr. 80/c
39047 St. Christina
Tel. 04 71 77 77 77
www.valgardena.it

Ein Bus verbindet alle Orte im Grödner Tal; außerdem gibt es Busse nach Bozen, Brixen, Seis, Corvara, zum Sella- und Pordoi-Joch. Der Gardena-Ronda-Express verbindet St. Ulrich und St. Christina. Mit Val Gardena Card und Skipass können alle Linienbusse benützt werden (www.valgardenacard.it).

RESTAURANT ANNA STUBEN €€€€
Im Hotel Grödner Hof verwöhnt Reimund Brunner im mit wuchtigem Kachelofen versehenen Gourmetrestaurant seine Gäste mit lokaler Küche auf hohem Niveau (1 Michelin-Stern) und mit mehr als 650 ausgewählten Weinen. Für Liebhaber von Zigarren gibt es die Habana Lounge.
St. Ulrich, Vidalong-Str. 3
Tel. 04 71 79 63 15
Nur abends, So. geschl.
www.gardena.it

EMILIO-COMICI-HÜTTE €€–€€€
In der nach dem Bergsteiger Emilio Comici benannten Hütte sind Liebhaber von Fischgerichten im Gebiet der Sella Ronda genau richtig. In der Saison unbedingt reservieren!
Wolkenstein, Plan de Gralba 24
Tel. 04 71 79 41 21
Während der Hauptsaison geöffnet
www.rifugiocomici.com

CHALET GERARD €€€€
Außerhalb von Wolkenstein auf dem Weg zum Grödnerpass nahe der Sella Ronda liegt die im modernen Alpenstil gebaute Mountain Lodge mit Duft nach Zirbelkiefer und Knödeln, während das Holz im großen Kamin knistert.
Wolkenstein, Plan de Gralba 37
Tel. 0 04 71 79 52 74
www.chalet-gerard.com

HOTEL NIVES €€€–€€€€
Wolkenstein bietet eine große Hotelauswahl, darunter auch das schicke Nives mit viel hellem Holz und dezentem Tiroler Ambiente.
Wolkenstein, Nives Str. 4
Tel. 04 71 77 33 29
www.hotel-nives.com

NATURHOTEL PINEI €€
In landschaftlich schöner Lage zwischen Kastelruth und Seis, abseits des Trubels gelegenes Wander- und Familienhotel. Begehrt sind die Panorama-Zimmer mit Blick über das Grödner Tal.
St. Ulrich, St.-Michael-Weg 37
Tel. 04 71 70 00 09
www.panidersattel.com

Im **Feinkostladen** von Bruno und Sylvia **Avesani** gibt es Obst und Gemüse in bester Qualität, frische Pasta, Speck und lokale Käsesorten (St. Ulrich, Reziastr. 106).
Für ihr Schüttelbrot hat die **Bäckerei Überbacher** schon viele Auszeichnungen bekommen, auch die Mehlspeisen sind köstlich (St. Ulrich, Pedetliva-Str. 36).

ZIELE
GRÖDNER TAL

Einen der schönsten Blicke auf die Welt der Dolomiten hat man von einem **Gleitschirm** aus (www.fly2.info).
Die grandiose Bergwelt ist im Sommer ein **Mekka der Mountainbiker**. Ende Juni findet der »Sellaronda Bike Day« rund um den Sellastock statt (www.sella rondabikeday.com). Geführte Touren und Leihräder sowie im Winter Ski und Snowboards bieten u. a. Dolomiti Adventures (Mëisules-Str. 242, Wolkenstein, www.dolomiti-adventures.com). Das Grödner Tal ist eines der Top-Wintersportgebiete des Alpenraums und gehört zum Skiverbund **Dolomiti Superski**. Die meisten Abfahrten haben Anschluss an die Sella Ronda (▶ Gadertal).
Von St. Christina führt eine Gondelbahn auf den 2106 m hohen Col Raiser mit einer Schutzhütte. Von hier gelangt man zu Fuß in 20 Min. zur Regensburger Hütte (2039 m), auch Geisler-Hütte genannt, Ausgangspunkt für viele **Wander- und Klettertouren** in die **Geisler-Gruppe.**
Das gesamte Massiv vom Peitlerkofel im Norden bis zu den Flanken des Grödner- und Gadertals bildet den **Naturpark Puez-Geisler** (▶ Villnösser Tal).

| Wohin im Grödner Tal?

Hauptort des Grödner Tals
Der Tourismus hat das einstige Bergdorf St. Ulrich (Urtijëi, Ortisei; 5000 Einw.), den Hauptort des Grödner Tals, sehr verändert. Nirgendwo in ganz Südtirol sind die Hotelbauten so aufdringlich wie hier. Die Berge ringsum, allen voran der dominante Langkofel und sein Nachbar Plattkofel, mildern den Eindruck etwas.

St. Ulrich

In der Ortsmitte steht die 1749 geweihte, üppig ausgestattete spätbarocke **Pfarrkirche St. Ulrich.** Das benachbarte Kongresshaus gibt mit der Ausstellung **»ART 52«** einen Überblick über das Grödner Kunsthandwerk. In der Cësa di Ladins, dem ladinischen Kulturzentrum, zeigt das sehenswerte **Museum de Gherdëina** u. a. Werke einheimischer Holzschnitzerei und Kunstmalerei sowie Erinnerungsstücke von dem hier geborenen Luis Trenker (▶ Interessante Menschen). Auch die Ladinische Bibliothek ist hier untergebracht.
»Art 52«: Reziastr. 1 | tägl. 9 – 22 Uhr | Eintritt frei | www.art52.it
Museum de Gherdëina: Reziastr. 83 | Dez. – März Di. - Fr. 14 – 18.30, Mitte Mai – Ende Okt. Mo. - Fr. 10 – 12.30, 14 – 18 Uhr, Juli, Aug. auch Sa. | 7 € | www.museumgherdeina.it

St. Ulrichs Hausberg
Eine leichte Wanderung führt zur Raschötzer Hütte. Bequemer ist die Fahrt mit der modernen Standseilbahn **Raschötz** (www.rasciesa.com) von St. Ulrich aus. Von der Bergstation auf 2095 m aus erreicht man nach ca. 1,5 km auf breitem Weg die Raschötzhütte. Dabei passiert man auch Außerraschötz mit seinem großem Holzkruzifix

Raschötz

AUF DEM HOLZWEG

Südtiroler Geigenbauer, Architekten und Künstler geraten regelrecht ins Schwärmen, wenn sie über Holz reden. Schließlich handelt es sich um ein Material, das unverwechselbar zu Südtirol gehört, sei es in den Wäldern, Häusern, Kunstwerken oder in manchem Musikinstrument, das es zum Erklingen bringt.

Tock - Tock - Tock! Dieses Klopfen mag mancher Wanderer hören, wenn er nichtsahnend durch den Latemar-Wald spaziert. Zur Verwunderung wird er jedoch keinen Specht entdecken, sondern Instrumentenbauer wie Paul Lijsen, die gerade auf der Suche nach dem passenden Baum für eine neue Geige oder ein neues Cello sind. Musikexperten aus der ganzen Welt pilgern in diese Gegend, um sich ihr ganz persönliches Lieblingsholz auszusuchen. Lijsen klopft hierzu mit der umgedrehten Axt gegen eine Fichte, um dann an ihrem Stamm zu lauschen. »Ich höre, wie der Ton im Stamm nach oben schwingt und wie das Echo wieder zurückkommt«, sagt der Geigenbauer. Und weil jeder Baum einen anderen Klang erzeugt, hat sich Paul Lijsen nun auf den langen Holzweg gemacht, um für sein 100 qm großes Tonholzlager in der Nähe des Ammersees eine perfekte Klangfichte zu finden. Die lässt er sich dann beim Staatsforst für den Tag reservieren, an dem der Baum von der Forstbehörde zum Fällen freigegeben wird.

Im Wald der Geigen

Seinen hervorragenden Ruf hat das Klangholz schon seit Antonio Stradivaris Zeiten. Im »Wald der Geigen« ganz in der Nähe im Paneveggio-Gebiet hat der Geigenbaumeister aus Cremona einst persönlich das Holz für seine weltberühmten Instrumente ausgesucht. Vor allem für astfreies Holz einer Haselfichte zahlen Kunden heute bis zu 3000 € pro Kubikmeter. Im kühlen Klima auf bis zu 2500 Metern Höhe finden die Bäume ideale Bedingungen: kurze Wachstumsperioden und reichlich Niederschlag. So erreichen die Fichten leicht ein Alter von mehr als 200 Jahren und besitzen neben einem fast kerzengeraden Wuchs ein ebenmäßiges Holz mit extrem schmalen Wachstumsringen. Doch welche Klangfichte einmal einen Starauftritt als Weltklasse-Geige haben wird, kann selbst Paul Lijsen nie mit Gewissheit sagen.

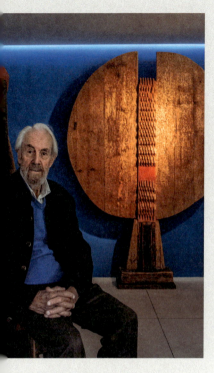

Der Herr der Throne

Wer die Bedeutung des Südtiroler Holzes begreifen will, muss den **»Meister des Holzes«, Adolf Vallazza** in seinem Atelier in St. Ulrich besuchen. Es reicht über drei Stockwerke und ist voll von Totems, Fabelwesen, Menhire und archaischen Stühlen, den sogenannten Thronen, für die er heute weltweit bekannt ist (www.adolfvallazza.com/de/). »Hier

OBEN: Der »Meister des Holzes« Adolf Vallazza (geb. 1924) in seinem Atelier in St. Ulrich
LINKS: Die lebensgroßen Holzfiguren des 1963 in Gröden geborenen Walter Moroder sind von den Toraja auf Sulawesi inspiriert.

steht mein ganzes Leben«, sagt Vallazza. Als Grödner hat auch er in jungen Jahren als Herrgottsschnitzer begonnen und irgendwann erkannt, welch großartige Skulpturen Künstler wie Picasso oder Braque dem Holz entlocken konnten. Vallazza begann Figürliches zu abstrahieren, bis ein Schlüsselerlebnis seinen Weg vom Kunsthandwerker zum Künstler besiegelte. Als er sah, wie jahrhundertealtes Holz zu Brennholz gemacht werden sollte, empfand er Wehmut darüber, was dieses Holz alles erlebt hatte und welche Geschichten es gespeichert hatte: Die Bauern hatten mit ihren Nagelschuhen sichtbare Furchen hinterlassen und die Witterung manches Holz gegerbt und ausgebleicht. Die Arbeit mit alten Hölzern aus aufgegebenen Bauernhöfen oder Heustadeln sollte von nun an Vallazzas Markenzeichen werden.

Gespür fürs Holz

Zwischen 700 Jahre alten Bergbauernhöfen ist auch der Architekt Matteo Thun in Südtirol aufgewachsen (▶ 358). Seit er mit dem Vigilius Mountain Resort 2003 den Sprung von der traditionellen Holzbauweise alter Höfe hin zur Moderne wagte, erleben Holzhotels eine regelrechte Renaissance. Denn in Südtirol hat man erkannt, dass der Umgang mit dem natürlichen Material immer auch eine Sache des Gespürs ist. Dabei geht es nicht darum, dem Holz eine Form aufzuzwingen, sondern darum, aus ihm herauszuarbeiten, was es in sich birgt. Seien es die Geschichten, die ein Vallazza findet oder der zauberhafte Klang einer Stradivari, der manche Leute sogar zum Weinen bringt.

Der 3181 m hohe steinerne Riese Langkofel wacht über das Grödner Tal.

(2283 m). Etwas unterhalb liegt das 1775 erbaute »Tschan-Kirchlein«. Zurück geht es entweder auf direktem Weg nach St. Ulrich hinunter oder noch ca. 1,5 Sunden weiter zur **Broglesalm**, wo die Brogleshütte (2045 m) und ein herrlicher Blick auf die Geislerspitzen alle Mühen belohnen.

Kleine Höhenkirche

St. Jakob

Oberhalb von St. Ulrich steht die gotische Jakobskirche etwas außerhalb von dem gleichnamigen Dorf (1566 m; zu Fuß ca. 1,5 Std.). Fresken aus dem 15. Jh. schmücken Außenwand und Chor; die Holzfiguren des reich geschnitzten barocken Hochaltars sind Kopien, die Originale (18. Jh.) befinden sich im Grödner Heimatmuseum. Von hier oben hat man einen grandiosen Ausblick.

Abstecher ins Schlerngebiet

Ein Abstecher auf landschaftlich schöner Strecke führt von St. Ulrich über den Panider Sattel nach Kastelruth und ins ▸ Schlerngebiet, im Herbst mit zauberhafter Laubfärbung.

ZIELE
GRÖDNER TAL

Größte holzgeschnitzte Krippe der Welt

Attraktion im Dorfzentrum ist die von 18 Holzkünstlern gefertigte größte Krippe der Welt, deren Besuch besonders romantisch zur Weihnachtszeit ist. Das am Hang auf 1428 m Höhe gelegene St. Christina (1900 Einw.) ist Ausgangspunkt für Wanderungen und Wintersport, denn im Süden erheben sich die markanten Felszacken der Langkofelgruppe (3181 m), im Norden die Geislerspitzen. Zwischen St. Christina und dem Nachbarort Wolkenstein, jenseits des Grödnerbachs, steht das vieltürmige **Castel Gardena.** Den deutschen Namen **Fischburg** verdankt die Burg der hier einst betriebenen Fischzucht. Engelhard Dietrich von Wolkenstein-Trostburg erbaute sie im 17. Jh. als Sommersitz (Privatbesitz, nicht zu besichtigen). Die Weltcup-Abfahrtspiste **Saslong** führt unmittelbar an der Burg vorbei. Außerdem verkehrt hier auch der **Gardena Ronda Express**, die erste unterirdische Standseilbahn Südtirols, welche die Skigebiete Col Raiser/Secëda im Norden und Sochers/Ciampinoi im Süden und somit auch mit der Sellaronda verbindet.

St. Christina

Hochalpin und wildromantisch

Fast mit St. Christina zusammengewachsen ist Wolkenstein (Sëlva, 2500 Einw.), der letzte Ort im Grödner Tal. Dank seiner Lage auf 1563 m Höhe zwischen Sella und Langkofel ist er ein hervorragender Tourenstützpunkt für Wanderer und einer der bedeutendsten Wintersportplätze in den Dolomiten (rund 1 Mio. Übernachtungen im Jahr), deren wilden, hochalpinen Teil man hier erreicht. Ein dichtes Netz von Bahnen und Liften erschließt die umliegenden Höhen.
Im südöstlichen Ortsteil Plan de Gralba liegt die Talstation der Gondel auf den 2248 m hohen **Piz de Sella** (Emilio-Comici-Hütte, ▶ S. 150). In nordöstlicher Richtung beginnt das wildromantische **Langental**, das in den **Naturpark Puez-Geisler** (▶ Villnösser Tal) hineinführt, eines der schönsten Dolomitentäler. Im Winter verläuft hier eine beliebte Langlaufloipe und im Sommer ein schöner Wanderweg für die ganze Familie.

Wolkenstein

In die Felswand gebaut

Am Eingang in das Langental »klebt« in 1600 m Höhe die Burgruine Wolkenstein wie ein Adlerhorst in der Felswand der Stevia. Im 13. Jh. war sie Stammschloss der Tiroler Adelsfamilie Wolkenstein, zu deren berühmten Vertretern der Minnesänger Oswald von Wolkenstein zählt (▶ Interessante Menschen). Dank ihrer Lage kontrollierte sie den Weg vom Grödner Joch in Richtung Gadertal. 1522 wurde sie von herunterstürzenden Felsbrocken zerstört.
Der Weg ins Langental führt an der über 300 Jahre alten Sylvesterkapelle mit schönen Fresken vorbei. Der hl. Sylvester ist der Patron der Bauern und schützt das Vieh auf den Almen.

Ruine Wolkenstein

ZIELE
INNICHEN

 INNICHEN

Italienisch: San Candido | **Höhe:** 1175 m ü. d. M. | **Einwohner:** 3300

Mächtig sind ihre festungsartigen Mauern und hochgespannt ihre Rundbögen. Beim Anblick der Stiftskirche von Innichen versteht man, dass die Einheimischen einst glaubten, ein sagenhafter Riese habe bei ihrem Bau mitgewirkt. Sie gilt heute als bedeutendster Sakralbau romanischen Stils in den Ostalpen. Nur von der zackigen Kette der Sextner Dolomiten werden die vielen Kirchen und Kapellen des alten Klosterortes Innichen noch überragt.

Die Fahrt über die Pustertaler Straße verlangt viel Geduld, da man diese wichtige Verbindungsstraße nach Osttirol mit zahllosen Lastwagen teilen muss. Doch wenn das breite Hochpustertal erreicht ist, kommt die einmalige Kulisse der Sextner Dolomiten ins Blickfeld. Bei Innichen entspringen die fünf Quellen der Drau (Toblacher Feld) und hier verläuft eine **Wasserscheide**: Die Drau fließt ganz in der Nähe auf österreichisches Gebiet und nach 749 km ins Schwarze Meer, die Rienz mündet dagegen ins Mittelmeer. Zentrum der Heilwasserquellen war einst das Wildbad Innichen, heute als Ruine romantisch in einem Waldgebiet zwischen Innichen und Sexten gelegen. Das einstmals noble Kurhotel wurde im Ersten Weltkrieg zerstört und seither dem Verfall preisgegeben.

Innichen war schon in prähistorischer und römischer Zeit besiedelt. Die germanischen Bajuwaren lieferten sich hier im 6. und 7. Jh. mit slawischen Völkern erbitterte Kämpfe, brannten alles nieder, holzten die Wälder ab und hinterließen eine verwüstete Landschaft. Das 769 gegründete Kloster Innichen sollte die Germanisierung und Christianisierung des Pustertals vorantreiben. Lange Zeit gehörte das Pustertal zur Grafschaft Görz, deren politisches Zentrum in Friaul lag. Heute ist Innichen ein geschäftiges Städtchen, dessen Skiabfahrten von Haunold und Helm fast bis in die Stadt hinein reichen.

An Quellen reich, an Straßen arm

Wohin in Innichen und Umgebung?

Sagenhafter Bauarbeiter

Stiftskirche

Laut einer Legende überredeten die Innicher den Riesen Haunold zur Mithilfe beim Bau der Stiftskirche. Zum Lohn erhielt er täglich ein Kalb und drei Scheffel Bohnen. Als er nach der Fertigstellung des Gotteshauses auf der »Fortzahlung« bestand, bauten die Bürger eine Fallgrube, in der Haunold zu Tode stürzte. Eine seiner Rippen wird zur Erinnerung in der Vorhalle der Kirche gezeigt, tatsächlich handelt es sich jedoch um eine Walrippe.

ZIELE
INNICHEN

Die mächte Stiftskirche St. Candidus und Korbinian, der **bedeutendste romanische Kirchenbau im Ostalpenraum**, bildet den Ortsmittelpunkt am von stattlichen Bürgerhäusern gesäumten Pflegplatz. Vom übrigen Klosterbau blieb nichts erhalten. Die romanische Kirche entstand Mitte des 13. Jh.s auf einem Vorgängerbau, der Glockenturm folgte 1346, die zweigeschossige Vorhalle 1468. Ab 1690 erfolgte die Barockisierung des »Doms«, 1846 dann eine Modernisierung im neuromanischen Stil. Ende der 1960er-Jahre wurde er von allen Ein- und Umbauten »befreit« und vom ursprünglichen romanischen Bestand wurde gerettet, was möglich war.
Besonders schön ist das Tympanon des Südportals mit Christus als Weltenrichter, umgeben von den Evangelistensymbolen; darüber zeigt ein Fresko von Michael Pacher (15. Jh.) Kaiser Otto I. zwischen den hll. Korbinian und Candidus. Durch das schlichte Westportal kommt man in die Vorhalle, die Treppe rechts führt in die **Dorotheenkapelle** hinauf mit einem sehenswerten Kreuzigungsfresko von Leonhard von Brixen.
Im dreischiffigen Innenraum fasziniert die **Kreuzigungsgruppe** (1250; Abb. S. 348) im Altarraum. Die Gesichter ihrer Figuren sind streng, einzig der Faltenwurf der Gewänder zeigt etwas Bewegung. In der Kuppel der Vierung erzählen etwas verblasste Fresken (um 1280) die Schöpfungsgeschichte und die Vertreibung aus dem Paradies. Unter dem Chor liegt die dreischiffige, wieder freigelegte Krypta. Ihr Kreuzgewölbe wird von Granitsäulen mit unterschiedlichen Kapitellen getragen. Es ist ziemlich düster, dennoch erkennt man die Figur des hl. Candidus (2. Hälfte 13. Jh.).
In der Friedhofsmauer neben dem westlichen Ausgang befindet sich eine Grabnische mit weiteren Fresken von **Leonhard von Brixen**.
Tägl. 8 – 18 Uhr

Domschatz
Das Stiftsmuseum neben der Kirche ist im ehemaligen Kapitelhaus, einem der ältesten Häuser Innichens, untergebracht. Neben dem Domschatz werden Bilder, Skulpturen, Handschriften und frühe Dokumente zur Geschichte des Stifts Innichen ausgestellt. — Stiftsmuseum
Juni Do. – Sa. 16 – 18, Anfang Juli – Anfang Sept. Di. – So. 10 – 12, Di. – Sa. auch 16 – 18, Anfang Sept. – Anfang Okt. Do. – Sa. 16 – 18, So. 10 – 12 Uhr | 7 €

Freskenreiches Inneres
Die Pfarrkirche St. Michael westlich der Stiftskirche wurde 1760 errichtet, vom romanischen Vorgängerbau stammt der runde Turm. Hinter der reich gegliederten Fassade öffnet sich ein schöner Innenraum, der von Rudolf Schraffl entworfen wurde. Die Fresken schuf der Nordtiroler Rokokomaler Christoph Anton Mayr. — St. Michael
Tägl. 8 – 18 Uhr

INNICHEN ERLEBEN

TOURISMUSVEREIN INNICHEN
Pflegplatz 1
39038 Innichen
Tel. 0474 91 31 49
www.innichen.it

Regionalzüge durch das Pustertal und nach Lienz, Osttirol. Busse bedienen die Orte im Tal und fahren ins Sextental bis zum Kreuzbergpass.

❶ **PIZZERIA & RESTAURANT HELMHOTEL** €€–€€€
Mehr als 100 Jahre altes Holz, knarrende Türen und im Holzofen wird ganz traditionell leckere Pizza gebacken. Mit 30 Zimmern (knapp 4 km östlich).
Boznerstr. 2
39038 Vierschach / Innichen
Tel. 04 74 91 00 42
www.helmhotel.com

❷ **KUNSTRAUM CAFÉ MITTERHOFER** €–€€
Bei Kunst im Kaffeehaus liegt der Schwerpunkt auf Fotografie. Zwischendurch gibt es auch Dichterlesungen oder Musikveranstaltungen, schließlich liegt das Café mitten in der Fußgängerzone. Kreative Kaffeespezialitäten und Produkte von Pustertaler Bergbauern gibt es natürlich auch.
Peter-Paul-Rainerstr. 4
Tel. 04 74 91 32 59
So. Ruhetag, bis 20 Uhr
www.kunstraum-mitterhofer.it

❶ **ZENANA** €€€–€€€€
Den intimen Charme vergangener Jahre zelebriert man in 9 Suiten des Boutiquehotels, mitten in der Fußgängerzone, die im originalen Artnouveau-Dekor eingerichtet sind.
Peter-Paul-Rainerstr. 17
Tel. 33 51 62 41 65
www.zenana.it

❷ **GRAUER BÄR** €€€
Das um 1300 erstmals erwähnte Hotel gehört seit 250 Jahren der Familie Ladinser. Gelungene Verbindung von Geschichte und neuzeitlichem Komfort.
Peter-Paul-Rainerstr. 2
Tel. 04 74 91 31 15
www.orsohotel.it

❸ **SOLE PARADISO** €€
Das kleine Parkhotel mit seiner schönen Holzveranda stammt noch aus Jugendstilzeiten. Es wurde 1882 mit der Eisenbahnlinie von Wien über Innichen nach Meran eröffnet und liegt mit seinen modernen Zimmern ruhig an einem Bach etwas außerhalb von Innichen.
Haunoldweg 8
Tel. 04 74 91 31 20
www.sole-paradiso.com

Seit 1560 betreibt Familie **Zacher** die Filzherstellung. In ihrem Hutfachgeschäft gibt es auch viele andere Dinge aus Filz (Burgweg 2, www.haunold.info).
Barbara Webhöfer führt im **B Beauty** ausgefallene Kosmetik- und Parfümmarken und bietet Gesichtsbehandlungen an (Alter Markt 2, www.bbeauty.bz).
Bei **Manufakt** werden Brotdosen aus Zirbenholz und andere stilvolle, handgefertigte Dinge aus lokalen Werkstätten angeboten (Peter-Paul-Rainerstr. 4, www.manufakt-innichen.blogspot.it)

ZIELE
INNICHEN

In Innichen beginnt der **Drau-Radweg,** der den Fluss über 366 km bis nach Maribor in Slowenien begleitet. Die 44 km von Innichen nach Lienz mit einem Gefälle von 500 Höhenmetern schaffen selbst Ungeübte in 3 bis 4 Stunden. Der Radweg ist sehr beliebt, im Sommer kann es eng werden (www.drauradweg.com).

Von Innichen nach Bruneck führt der 33 km lange **Pustertaler Radweg** an der Rienz entlang und meist bergab. Bis Mühlbach sind es weitere 25 km (www.pustertal.org).

Hausberg von Innichen ist der **Haunold** (2905 m). Das kleine **Skigebiet** eignet sich gut für Familien. Von Vierschach oder Sexten gelangt man auf den **Helm** (2205 m), der zum Skikarussell Sextner Dolomiten-Hochpustertal gehört und ebenfalls familienfreundlich ist (beide Reviere gehören zu Dolomiti Superski). Zwischen Juni und September gibt es eine Sommerrodelbahn (www.funbob.info).

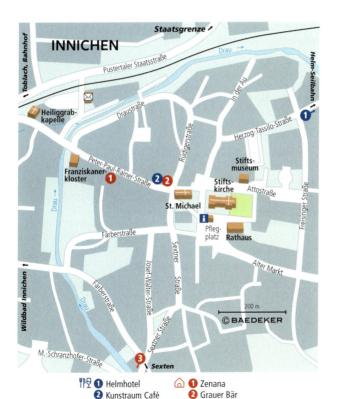

🍽 ❶ Helmhotel
   ❷ Kunstraum Café Mitterhofer

🏠 ❶ Zenana
   ❷ Grauer Bär
   ❸ Sole Paradiso

ZIELE
KALTERN

Außerkirchl
Drei ineinander verschachtelte Kapellen
Am westlichen Rand des Stadtkerns liegen die **Altöttinger- und die Heiliggrabkapelle.** Drei ineinander verschachtelte Kapellen, u. a. Nachbildungen der Gnadenkapelle im bayerischen Altötting und der Grabeskirche in Jerusalem, wurden im 17. Jh. von dem lokalen Gastwirt und Jerusalem-Pilger Georg Paprion erbaut (Besichtigung auf Anfrage beim Tourismusamt Innichen).

Lienz
Kurz nach Österreich
Nur wenige Kilometer sind es über die Grenze nach Lienz, die österreichische Bezirkshauptstadt Osttirols, die gute Einkaufsmöglichkeiten bietet. Sehenswert sind hier u. a. Ausgrabungen des römischen Aguntum und von Schloss Bruck, einst Sitz der Görzer Grafen (Regionalzug; www.stadt-lienz.at).

Drei Zinnen
Die Drei Zinnen, 20 km südlich von Innichen, sind die wohl bekannteste Berggruppe in den Dolomiten: ▶ Sextental – Drei Zinnen.

★★ KALTERN

Italienisch: Caldaro | **Höhe:** 425 m ü. d. M. | **Einwohner:** 8000

Weinhänge so weit das Auge reicht. Ab und an lugen mittelalterliche Ansitze mit zinnenbewehrten Mauern und verzierten Erkern zwischen den Rebfeldern hervor. Doch wie kein anderer Ort in Südtirol hat sich Kaltern der zeitgenössischen Architektur verschrieben und sich das verspiegelte Winecenter der Genossenschaftskellerei mitten ins Zentrum gesetzt. Darunter erstreckt sich, vor der Stadt, der Kalterer See, der größte Natursee Südtirols.

Weinbau und Moderne

Der hübsche Ort an der Südtiroler Weinstraße (▶ Das ist ... S. 24 und S. 374) ist Hauptort des fruchtbaren Überetsch, eines Bergplateaus über dem rechten Ufer der Etsch, das für sein mildes Klima bekannt ist: Im Westen wird es von den Steilhängen Penegal und Mendel, im Osten vom Kalvarienberg und den bewaldeten Höhen um Montiggl geschützt. Gegen Süden senkt sich das Gebiet zum Kalterer See und zum Etschtal ab. Wie in den Ortsteilen Mitterdorf, St. Anton, St. Nikolaus, Altenburg, St. Josef am See und Planitzing gibt es auch in Kaltern zahlreiche Häuser aus dem 16. und 17. Jh. im **»Überetscher Stil«** mit Doppelbogenfenstern, Erkern, Türmchen und Loggien. Die Tafeln an den Hauswänden erzählen aus ihrer Vergangenheit.

ZIELE
KALTERN

Am Kalterer See, dem wärmsten See der Alpen, kann man den Sommer verlängern.

Wohin in Kaltern?

Außen schlicht, Innen reich ausgestattet

Ortsmittelpunkt ist der Marktplatz mit dem barocken Marienbrunnen. Hier steht die um 1790 erbaute klassizistische Pfarrkirche mit klarem Innenraum, eher kühler Atmosphäre und linearer Dekorationsmalerei, der frei stehende Turm stammt vom gotischen Vorgängerbau. Die Deckenfresken malte Josef Schöpf, ein Schüler von Martin Knoller, 1792/93; der spätbarocke Hochaltar besitzt den höchsten Tabernakelaufbau Südtirols.

Pfarrkirche Maria Himmelfahrt

In Vino Veritas

Ganz in der Nähe erklärt das in einem alten Gewölbekeller untergebrachte Weinmuseum die Weinherstellung seit der Römerzeit; gezeigt werden eine Fassbinderwerkstatt, verschiedene Torggeln (Spindelweinpressen), Fuhrwerke und wertvolle Trinkbecher.

Südtiroler Weinmuseum

Goldgasse 1 | April – Mitte Nov. Di. – Sa. 10 – 17, So. nur bis 12 Uhr
5 € | www.weinmuseum.it | Verkostung nach Voranmeldung

KALTERN ERLEBEN

TOURISMUSVEREIN KALTERN
Marktplatz 8, 39052 Kaltern
Tel. 04 71 96 31 69
www.kaltern.com

Busse von/nach Bozen, Tramin, Auer und Neumarkt; See-Wanderbus zum Kalterer See

CASTEL RINGBERG €€€
Der Ansitz war einst Jagdschloss der Grafen von Tirol, heute gehört er zum Weingut Elena Walch. Serviert wird mediterrane Küche, dazu trinkt man bevorzugt die guten Weine von Elena Walch.
St. Josef am See 1
Tel. 04 71 96 00 10
Di. geschl.
www.castel-ringberg.com

SEEHOFKELLER €€-€€€
Von der Terrasse des historischen Weinhofs oberhalb des Kalterer Sees inmitten von Weinbergen hat man einen herrlichen Ausblick. Im Sommer gibt es leichte mediterrane Gerichte, im Herbst regionale Küche und Törggelen.
St. Josef am See 60
Tel. 04 71 96 00 20
April – Nov., Mo. geschl.
www.seehofkeller.com

GRETL AM SEE €€
Auf der schönen Seeterrasse lässt sich im Sommer vorzüglich vom hausgemachten Eis schlemmen. Das gute Lokal lebt v. a. von den Badegästen und dem nahen Campingplatz.
Kalterer See
Tel. 04 71 96 02 73
Ostern bis Okt. tägl. außer Mo.
www.gretlamsee.com

DRESCHERKELLER €-€€
Im original erhaltenen Gewölbekeller oder zwischen Oleandern, Palmen und Zypressen im eindrucksvollen Hof gibt es als Jause Südtiroler Marende mit hauseigenem Wein. Einer der bedeutendsten Ansitze im Überetscher Stil war Drehort zahlreicher Fernsehsendungen und Veranstaltungsort vieler Literaturtage.
Maria-von-Buol-Platz 3
Tel. 04 71 96 31 19
Anfang April – Anfang Nov.,
10 – 20 Uhr, Di. geschl.

SIEGI'S €-€€
Klein aber fein: Südtiroler Gerichte aus einheimischen Produkten und Weine aus der Region gibt es in dem kleinen, gemütlichen Lokal in Oberplanitzing bei Kaltern.
Oberplanitzing 56
Tel. 04 71 66 57 21, www.siegis.it
17 – 24 Uhr, So. geschl.

WEINHAUS PUNKT €
Hier trifft sich Kaltern zum ersten Espresso, auf eine schnelle Pasta und zum Aperitif; beliebt sind die Tische auf dem Marktplatz. Auf der Karte stehen alle Weine Kalterns.
Marktplatz 3
Tel. 04 71 96 49 65
8 – 23 Uhr, So., Mo. geschl.

GIUS LA RESIDENZA €€€€
Mitten in den Weinhängen bietet das Vinum- und Design-Hotel sieben Studio-Suiten in zeitgenössischem Ambiente und mit Farbideen des Vinschgauer Künstlers Manfred Mayr.
Trutsch 1
Tel. 04 71 96 32 95
www.designhotel-kaltern.com

ZIELE
KALTERN

SCHLOSSHOTEL ÄHRENTAL €€€€
Geschmackvoll restaurierter Ansitz im typischen Überetscher Stil des 17. Jh.s; mit Privatstrand und Clubhaus am Kalterer See
Goldgasse 19, Tel. 04 71 96 22 22
April – Mitte Nov. geöffnet
www.schlosshotel.it

SEEHOTEL AMBACH €€€
Gelungener Bau im Stil der frühen 1970er-Jahre mit 60 Zimmern an der ruhigen Seite des Kalterer Sees in der Überetscher Landschaft
Klughammer 3, Tel. 04 71 96 00 98
www.seehotel-ambach.com

VILLA WEINGARTEN €
Diese Villa wird Architekturfans entzücken: In Anklang an moderne Bauhausarchitektur fügt sich diese Frühstückspension mit 8 hellen Zimmern als lang gestreckter weißer Bungalow passend in die umgebenden Weinterrassen mitten in Kaltern.
Unterwinkel 24
Tel. 04 71 188 65 07
www.villaweingarten.it

Mit 3,4 Mio. Flaschen pro Jahr gehört die **Kellerei Kaltern** zu den großen Produzenten in Südtirol. Herausragend sind der Dessertwein »Serenade« und der Weißwein »Solos« aus biodynamischem Anbau (Kellereistr. 12, www.kellereikaltern.com). Als Souvenir gibt es im Shop auch ein kleines Weinkorkenregal zu erwerben. Eingegliedert ist auch die **Erste & Neue Kellerei**, der älteste Genossenschaftsbetrieb Südtirols. Spezialität: die Premiumlinie »Puntay« mit Sauvignon Blanc und Weißburgunder (Kellereistr. 5–10, www.erste-neue.it). Das kleine Weingut **Schloss Sallegg** offeriert feine Rotweine. Tipp: der Dessertwein »Moscato rosa« (Unterwinkel 15, www.castelsallegg.it). Schon die Architektur der Kellerei **Manincor** (Walter Angonese) ist einen Besuch wert. Bemerkenswert ist der rote »Cassiano« aus Merlot, Cabernet Franc, etwas Syrah und Verdot. Alle Weine werden biodynamisch angebaut (St. Josef am See 4, www.manincor.com).

Gekonnte Kontraste

Der auffällige Kubus des **Winecenters** am nördlichen Ortseingang harmoniert mit den übrigen Gebäuden von 1911, die sich im Gebäude spiegeln. Dieser Verkaufs- und Verkostungsraum der Genossenschaftskellerei Kaltern entstand nach Plänen der Wiener Architektengruppe feld72. Das **Weinhaus Punkt** am Marktplatz, ein gotisches Laubenhaus, wurde innen von Hermann Czech grundlegend umgebaut. In den Gewölben mit einigen alten Fresken stehen einfache Holztische und eine lang gestreckte Bar. Die Bar **»Zum lustigen Krokodil«** in der Goldgasse wartet mit einer gelungenen Mischung aus 1950er-Jahre-Stil und Gegenwart auf. Der Natursteinboden kontrastiert nun mit farbigen Wänden des Südtiroler Künstlers Manfred Mayr und der gradlinigen Architektur des aus Kaltern stammenden Walter Angonese. Letzterer ist auch für die **Orangerie** des Restaurants Drescherkeller am Maria-Buol-Platz verantwortlich: ein rechteckiger, mit Stahlstreben versehener Glaskasten. Das Bürogebäude der Softwarefirma **Pro Data** auf der Gand 14 ist mit einem Gitterornament überzogen, als Hinweis auf die digitalen Netze unserer Zeit.

Moderne Architektur

ZIELE
KALTERN

Eine eigene Marke

Wein aus Kaltern
An den Hängen um Kaltern wachsen zu rund 50 Prozent Vernatsch-Reben (Trollinger). Aus der ältesten einheimischen Rotweinsorte wird »Kalterersee« gemacht, der bekannteste Südtiroler Wein. Er ist leicht, frisch-fruchtig und ein idealer Begleiter zur typischen Tiroler Marende (▶S. 377). Andere Sorten sind Lagrein, Blauburgunder sowie die Weißweinreben Müller-Thurgau und Gewürztraminer. Zur besseren Vermarktung wurde die Marke **»wein.kaltern«** ins Leben gerufen. Ihr Schriftzug mit dem roten Punkt weist überall im Dorf auf Partnerbetriebe, Weinwege, Führungen und Veranstaltungen hin.

Größter Natursee Südtirols

Kalterer See
An Fischen ist er reich, der Kalterer See (216 m ü. d. M.), schließlich ist er nicht nur der größte natürliche See Südtirols, sondern auch einer der wärmsten und nährstoffreichsten Alpenseen. In einer von Wein- und Obstkulturen bedeckten Senke ca. 4 km südlich von Kaltern gelegen, ist er auch der Namensgeber für die hiesige Weinlage. **Touristisch erschlossen** sind hauptsächlich das **Ost- und Westufer**, das Südufer ist verschilft. Neben dem Baden, Ruder- und Tretbootfahren ist besonders das Segeln und Windsurfen wegen der vorherrschenden Berg- und Talwind-Zirkulation beliebt. Motorboote sind nicht zugelassen. Um den See führt ein ausgeschilderter und leicht begehbarer Rundwanderweg, vom Ostufer ein Waldweg hinauf zur Ruine Leuchtenburg (575 m; 12. Jh.) mit Fresken (15. Jh.). Das **Freibad Lido** in den Weinhängen entstand nach Plänen der Wiener Architektengruppe ENTERprise und des Künstlers Ernst Fuchs. 1972 erhielt das Traditionshaus **Gretl am See** (▶ S. 162) von dem Architekt Othmar Barth aus Brixen ein modernes Gesicht. Aus derselben Zeit und vom gleichen Architekt ist auch das **Seehotel Ambach**. Das moderne **Privathaus Maran** an der Malga 15, ein Kubus mit Satteldach, viel Glas und Stahl, stammt ebenfalls von Othmar Barth.

Rund um Kaltern

Ein Kalvarienberg und sehenswerte Gotteshäuser

Kalvarienberg
Vor den Montiggler Höhen, jenseits der Weinstraße, liegt der **Kalvarienberg** mit der Heiligkreuzkirche. Sie wurde um 1720 nach Plänen des Bozner Baumeisters Giuseppe Delai errichtet. Die Fresken werden Paul Troger zugeschrieben.

Mitterndorf und St. Nikolaus
Die gotische **Katharinenkirche** (15./16. Jh.) in Mitterndorf zeigt Wandbilder der »Bozner Schule«. Am Weg nach Oberdorf liegt das gotische **Schloss Kampan**, eines der schönsten Beispiele für den Überetscher Stil (Privatbesitz, nicht zu besichtigen).

Die Kirche **St. Nikolaus** im gleichnamigen Dorf ist schon von Weitem zu sehen; 1521 bekam sie ein Netzrippengewölbe mit Wappen-

ZIELE
KIENS

schlusssteinen, wenig später schmückte Bartlmä Dill Riemenschneider, Sohn des Holzschnitzers Tilman Riemenschneider, die Kirche mit dekorativen Blumen- und Tiermalereien.

Steilste Standseilbahn Europas
Von St. Anton fährt auf 4,5 km langer, abenteuerlicher Trasse die 1903 eingeweihte und wohl steilste Standseilbahn Europas auf den Mendel (1363 m; www.sii.bz.it). Der **Hausberg** von Kaltern, auf dem die Provinzgrenze zwischen Südtirol und Trentino verläuft, war ein beliebtes Ziel prominenter Sommerfrischler, u. a. von Kaiserin Sisi, Karl May oder dem Nobelpreisträger Wilhelm Röntgen. Von hier gelangt man auf einer kurzen Stichstraße oder zu Fuß auf den **Penegal** (1737 m; Hotel mit hübschen Zimmern und gutem Essen, www.penegal.com). Auf der Passhöhe beginnt auch eine dreistündige Wanderung auf den 2116 m hohen **Roen**, die höchste Erhebung des Mendelkamms; unterwegs locken Hütten zur Einkehr.

Mendel

Tirols ältester Sakralbau
Am Sportplatz Kaltern beginnt ein ca. einstündiger Fußweg durch einen Buchenmischwald ins südwestlich auf aussichtsreichem Hügel gelegene **Altenburg** (615 m). Die etwas versteckt auf einer steil abfallenden Felskuppe gelegene Ruine St. Peter stammt aus dem 4. oder 6. Jh. und ist vermutlich der älteste Sakralbau Tirols. Daneben steht eine fast menschengroße Steinwanne; unklar ist, ob es sich hierbei um ein Taufbecken, ein Grab oder einen Opferplatz handelte.
Von Altenburg führt ein mit Stiegen und Leitern gesicherter Steig in einer Stunde durch die Rastenbachklamm zum Kalterer See. Eine einfacher zu begehende Alternative ist der **Friedensweg**: Der rund dreistündige Wanderweg verläuft zwischen St. Anton und Altenburg und passiert unterwegs das Kardatschertal oder die Rastenbachklamm. An sieben »Besinnungspunkten« stehen Skulpturen von Südtiroler Künstlern (mehr Informationen beim Tourismusverein Kaltern).

Ruine St. Peter

KIENS

Italienisch: Chienes | Höhe: 784 m ü. d. M. | Einwohner: 2800

Mittendrin und doch ganz still: In Kiens klappern noch die Mühlen am rauschenden Bach, malerisch eingerahmt von Schloss Ehrenburg, saftigen Weiden und schneebedeckten Gipfeln des Unteren Pustertals. Doch Korn wird hier nur mehr im Museumsbetrieb gemahlen. Die Frömmigkeit der Landbevölkerung zeigt sich in der Verehrung einer Madonna im Ährenkleid.

KIENS ERLEBEN

TOURISMUSVEREIN KIENS
Kiener Dorfweg 4b, 39030 Kiens
Tel. 04 74 56 52 45
www.kiens.info

RESTAURANT SCHÖNECK €€€
Karl Baumgartner zaubert am Herd, sein Bruder Siegfried kümmert sich um den Wein. Auf die Teller kommt viel Regionales, z. B. Kalbskopfsülze oder Zicklein mit Bärlauchfüllung.
Kiens-Mühlen
Schloss-Schöneck-Str. 11
Tel. 04 74 56 55 50
Mo., Di. geschl.
www.schoeneck.it

TANZER €€–€€€
Im Restaurant des Gourmethotels lässt man sich Kreationen aus dem Felsenoktopus oder der heimischen Kräuterküche einfallen. Dazu reicht man Raritäten aus dem Weinkeller.
Pfalzen-Issing
Dorfstr.1
Tel. 04 74 56 53 66
Di., Mi. sowie Nov. und April geschl.
www.tanzer.it

TAUBERS BIOVITALHOTEL €€€
Das Hotel mit Schwerpunkt Gesundheit ist ein idealer Ausgangspunkt für nachhaltigen Urlaub. Die Lebensmittel sind aus biologisch kontrolliertem Anbau, das Fleisch aus artgerechter Haltung und das Wellness-Angebot aus der Natur: Für das Latschenkiefer-Ritual kommen heiße Latschennadeln der nahe gelegenen Bio-Latschenbrennerei Bergila in den Garten, wo man in ein Leinentuch gewickelt bei ca. 70 Grad im herrlich duftenden Latschenbett liegt.
St. Sigmund, Pustertalerstr. 7
Tel. 04 74 56 95 00
www.taubers-vitalhotel.com

Seit 1912 stellt **Bergila** Kräutertees, Tinkturen, Salben und ätherische Öle sowie seit ein paar Jahren Naturkosmetik her. Es finden auch Führungen statt (Pfalzen-Issing, Weiherplatz 8, www.bergila.it).

Der Issinger Weiher nahe Pfalzen ist ein beliebter **Badesee** mit naturbelassenem Ufer und Pizzeria direkt am See. Gleich beim See kann man sich in Südtirols größtem **Hochseilgarten** »kronaction« austoben (www.kronaction.com).

Wohin in Kiens und Umgebung?

Pfarrkirche St. Petrus und Paulus

Kiens Auf einer kleinen Anhöhe am nördlichen Dorfrand von Kiens steht die 1838 umgebaute Pfarrkirche St. Petrus und Paulus; ihr Turm stammt noch aus dem 15. Jahrhundert. Sie übertrifft an Größe sogar den Brixner Dom. Interessant sind die Deckenfresken von

Joseph Renzler mit der Darstellung der Erdteile. Die Altarbilder von A. Stadler zeigen bereits Einflüsse des aufkommenden Nazarenerstils.

Muttergottes im Ährenkleid

Auf der gegenübergelegenen Talseite liegt der Weiler Ehrenburg. Die 1698–1701 nach Plänen von Joseph Delai auf einer Anhöhe erbaute barocke **Probsteikirche Maria Himmelfahrt** besitzt Deckenfresken des Wiener Theatermalers Josef Adam Mölk (um 1750). Verehrung genießt die »Kornmuttergottes«, eine auch Ährenmadonna genannte Skulptur (15. Jh.) auf dem Altar. Die an den Chor anschließende Gruftkapelle entstand schon 1370. **Schloss Ehrenburg**, zwischen dem 13. und 16. Jh. als Wehrburg entstanden, besitzt einen schönen Arkadenhof im Renaissancestil von 1512. Um 1730 ließen Graf Sebastian Künigl und sein Bruder, der Brixner Fürstbischof Caspar Ignaz, die Burg zu einem Barockschloss umbauen. Die Innenräume sind prächtig ausgestattet mit Deckenfresken und Holzvertäfelungen. Es ist heute in Privatbesitz und nicht zugänglich.

Ehrenburg

Ältester Flügelaltar

Die dem Ortsheiligen Sigmund geweihte Kirche im gleichnamigen Ortsteil nordwestlich von Ehrenburg wurde wohl Mitte des 15. Jh.s erbaut. Außenfresken im Renaissancestil (1517) zeigen einen riesigen Christophorus unter reich verziertem Rundbogen und neben dem Portal eine Pietà vor bewegter Landschaft. Der prachtvolle Flügelaltar von 1430 ist der älteste vollständig erhaltene Flügelaltar Südtirols. Die farbenfrohen Gemälde der Flügelinnenseiten zeigen Szenen aus dem Marienleben, die der Außenseiten den bethlehemitischen Kindermord und das Martyrium des hl. Sigmund.

Pfarrkirche St. Sigmund

Mühlen und Erdpyramiden

Am westlichen Rand des Gemeindegebiets liegt das Dorf Terenten (Terento, 1210 m). Am Dorfplatz beginnt ein Rundwanderweg zu den Mühlen, in denen die Dorfbewohner einst ihr Korn mahlen ließen; unterwegs passiert man die Erdpyramiden von Terenten (▶ S. 79, Abb. S. 337).
Gesamte Gehzeit: 1,5 Std. | Schaubetrieb der Mühlen: Mai – Okt. Mo. 10–14 Uhr

Terenten

Zehn Gebote

Östlich des Dorfs Pfalzen (Falzes, 1022 m) steht inmitten von Äckern und Wiesen vor der Kulisse des Rieserferner die 1434 geweihte Kirche **St. Valentin**. Fresken von 1434 schmücken die Außenwände; die von Friedrich Pacher 1487 geschaffenen Fresken zu den Zehn Geboten im Innern wurden erst 1980 wieder entdeckt.

Pfalzen

ZIELE
KLAUSEN

★ KLAUSEN

Italienisch: Chiusa | **Höhe:** 523 m ü. d. M. | **Einwohner:** 5200

Das Bilderbuchstädtchen im Eisacktal wird von der Klosterburg Säben überragt. Dieser Anblick animierte Albrecht Dürer auf seiner ersten Italienreise 1494 zum Kupferstich »Das große Glück«. Tatsächlich wurde das Eisacktal seit jeher viel bereist und all die Könige, Päpste, Dichter und Maler hinterließen Spuren in vielen Kirchen, Klöstern, Schlössern und Ansitzen, die es heute zu entdecken gilt.

Die Geschichte Klausens ist eng mit dem Bischofssitz verbunden, der sich bis zu seiner Verlegung nach Brixen 990 auf dem Säbener Felsen befand. Das 1027 erstmals erwähnte Chiusa war der Ort eine wichtige Zollstätte des Bistums an der viel genutzten Handelsroute über den Brenner. Um 1400 bekam es die Stadtrechte und ein Berggericht, das den Bergbau von Klausen bis Buchenstein kontrollierte. Auch der Erzabbau auf der Villanderer Alm und im nahen Thinnetal trug zum wirtschaftlichen Aufschwung bei. Als man 1867 glaubte, im Innervogelweider Hof im benachbarten Lajener Ried die Heimat von Walther von der Vogelweide entdeckt zu haben, zog es viele Verehrer des Schriftstellers und Minnesängers in den Ort, darunter die Maler Spitzweg und Defregger; Klausen bekam den Ruf eines Künstlerstädtchens, von dem es heute noch zehrt. Wo Dürer einst das Panorama zeichnete, steht heute der **Dürerstein**, zu dem ein ausgeschilderter Weg führt.

Wohl bekomms!
Klausen im Eisacktal liegt in einer Weingegend und das Törggelen ist sehr beliebt. Traditionell ist es jedoch nur dort, wo wirklich Wein und Kastanien wachsen, die mit bäuerlichen Spezialitäten im Herbst in Gasthäusern und Buschenschänken verkostet werden. Gute Adressen vermittelt der Bauernbund: www.roterhahn.it/de/baeuerliche-schankbetriebe/toerggelen-suedtirol.

Törggelen

Wohin in Klausen?

Skulpturensammlung
Durch das Säbener Tor gelangt man in die Altstadt, die im Wesentlichen aus der engen, mit Bürger- und Gasthäusern gesäumten Hauptstraße besteht. In der Ortsmitte erhebt sich die nach Plänen des Brixner Meisters Benedikt Weibhauser errichtete und 1494 ge-

Pfarrkirche

Die Hauptstraße Klausens wird von Bürgerhäusern und Gasthöfen gesäumt.

KLAUSEN ERLEBEN

TOURISMUSVEREIN KLAUSEN
Marktplatz 1, 39043 Klausen
Tel. 04 72 84 74 24
www.klausen.it

Klausens Bahnhof liegt etwas außerhalb. Regionalzüge fahren nach Bozen, Trient, Brixen, Sterzing und zum Brenner, Busse in die umliegenden Dörfer.

RESTAURANT JASMIN €€€€
Einst war er Südtirols jüngster Sternekoch, heute schmücken Martin Obermarzoners kreative Küche im Restaurant des Hotels Bischofhof bereits 2 Michelin-Sterne. Frische, saisonale und unverfälschte Gerichte wie mit Ziegenbutter gebundenes Risotto oder Wolfsbarsch mit Pfirsich sind sein Markenzeichen.
Griesbruck 4
Tel. 04 72 84 74 48
Di. geschl.
www.bischofhof.it

TURMWIRT €€€
Das Haus wurde 1678 gebaut und 200 Jahre später zum Gasthof. Seither ist es in Familienbesitz. Saisonale Küche wie Eisacktaler Weinsuppe oder Steckrübenschlutzer mit Kloaznmehl.
Gufidaun-Klausen, Gufidaun 50
Tel. 04 72 84 40 01
Mi., Do. geschl.
www.turmwirt-gufidaun.com

UNTERWIRT €€–€€€
In dem gemütlichen Gasthof verfeinert Thomas Haselwanter bäuerliche Küche, etwa mit Gnocchi, gefüllt mit Ziegenkäse, oder Rinderlende auf Gröstl.
Gufidaun-Klausen
Tel. 04 72 84 40 00
Mo. geschl.
www.unterwirt-gufidaun.com

OBERPARTEGGER €
Wein, Speck und Gesang in der urigen Bauernstube sind vor allem in der Zeit des Törggelen im Herbst im Buschenschank der Familie Kainzwaldner sehr beliebt. Alle Produkte stammen vom eigenen Hof. Unbedingt vorher reservieren!
Villanders, Unter St. Stefan 7
Tel. 04 72 84 78 69
März – Mai ab 17, Sept. – Dez. ab 16 Uhr; Mo. geschl.
www.oberpartegger.com

HOTEL & RESTAURANT ANSITZ ZUM STEINBOCK €€–€€€
Außen eine Trutzburg, innen ein feines Gasthaus in alten Stuben. In ehemaligen Adelssuiten mit Holzmobiliar mit zartem Zirbenduft lässt es sich königlich schlafen. Von der Terrasse hat man einen grandiosen Ausblick über die Sarntaler Alpen und ins Eisacktal.
Villanders, F.v. Defreggergasse 14
Tel. 04 72 84 31 11
www.zumsteinbock.com

GASTHOF BRIOL €€
Die historische Herberge ist ein Unikat: Der Maler und Architekt Hubert Lanzinger ließ die einstige Sommerfrische-Villa 1928 im Stil der Wiener Moderne umbauen. Seit damals hat sich kaum etwas verändert. Gekocht wird auf alten gusseisernen Öfen nach ursprünglichen Rezepten.
Barbian-Dreikirchen
Tel. 04 71 65 01 25
Mitte April – Mitte Okt.
www.briol.it

GASTHOF ANSITZ FONTEKLAUS €

Als Jagdschloss 1706 erbaut, heute ein Hotel mit hübschem Schwimmteich. Es gibt gemütliche Zimmer, Südtiroler Küche wie z. B. Schwarzplentene Kasnocken auf Lauch und einen grandiosen Blick ins Eisacktal. Freins 4, Tel. 04 72 65 56 54 www.fonteklaus.it

Die **Eisacktaler Kellerei** überzeugt mit Riesling und dem in Südtirol eher seltenen Veltliner; die modernen Kellereigebäude entwarf der Meraner Markus Scherer (Leitach 50, www.eisacktalerkellerei.it).

---

weihte Pfarrkirche **St. Andreas.** Das Südportal mit einem Relief des hl. Andreas im Thympanon stammt von 1469. Die Decke des Innenraums ist von einem reich verzweigten Netzrippengewölbe überzogen, die Schlusssteine sind mit Heiligenfiguren bemalt. Die Kirche birgt zahlreiche bedeutende Skulpturen aus anderen Kirchen, u. a. eine Grablegung von ca. 1600, ein Pfingstwunder, eine Gruppe der 12 Aposteln mit Maria in der Mitte (Brixner Schule, um 1500), eine Verkündigung und eine Marienkrönungsgruppe sowie Reste eines Flügelaltars von Meister Leonhard (um 1470). Die thronende Maria mit Zepter und Kind unter der Empore ist eine Arbeit des Brixner Meisters Ruprecht Potsch (um 1509).

Geschenk der spanischen Königin

Im ehemaligen Kapuzinerkloster (1701) am Südende von Klausen befindet sich heute das Stadtmuseum. Das Kloster ist eine Stiftung des aus Klausen stammenden Paters Gabriel Pontifeser, der ab 1692 am Hof des spanischen Königs Karl II. lebte und Beichtvater der spanischen Königin Maria Anna war. Sie schenkte dem Kloster den Loretoschatz und ließ die Loretokapelle errichten, eine Nachbildung der Santa Casa in Loreto, Italien. Ausgestellt sind sakrale Gemälde, Goldschmiedearbeiten, Monstranzen und Messgarnituren. Ein Raum ist dem Tiroler Freiheitskämpfer und Kapuzinerpater Joachim Haspinger gewidmet, ein anderer den Malern, die Ende des 19., Anfang des 20. Jh.s Klausen für sich entdeckten und für seinen Ruf als Künstlerstädtchen sorgten.

Loretoschatz im Stadtmuseum

Ende März – Anfang Nov. Di. – Sa. 9.30 – 12, 15.30 – 18 Uhr | 4 €
www.klausen.it

Kloster Säben

Liebfrauenkirche: Di., Mi., Fr., Sa. Juli, Aug. 15 – 18, Sept., Okt. 14 bis 17 Uhr | **Marienkapelle, Kloster- und Heilig-Kreuz-Kirche**: tägl. 8 – 17 Uhr

Akropolis von Tirol

Wer auf den Heiligen Berg will, muss laufen. Beim Tinneplatz beginnt der 30-minütige Weg zum rund 200 m höher gelegenen, nur zu Fuß erreichbaren Säbener Klosterfelsen. Der erste Teil des Aufstiegs ist ein Treppen-

Aufstieg und Klostergeschichte

ZIELE
KLAUSEN

weg mit 155 Stufen. Danach kann man wählen zwischen einem sehr steilen Kreuzweg oder der bequemeren Säbener Promenade. Unterwegs passiert man die **Burg Branzoll** aus dem 13. Jh., die ihr heutiges Aussehen Ende des 19. Jh.s erhielt (Privatbesitz, nicht zugänglich).

Wo heute die Klosteranlage steht, befand sich vermutlich schon in rätischer und römischer Zeit ein Heiligtum. Im 4. Jh. entstand hier der Sitz des Bistums Sabiona mit Kirchen und Befestigungen, 990 wurde er ins wärmere Brixen verlegt. Danach wurde Säben zu einer das Tal beherrschenden Festung ausgebaut und war zwischen den Brixner Fürstbischöfen und den Grafen von Tirol heftig umkämpft. 1533 zerstörte ein Blitzschlag die Anlage weitgehend. Schließlich gründete 1681 der Klausener Pfarrer Matthias Jenner in den Ruinen ein heute noch bewohntes Benediktinerinnenkloster. Es besitzt vier Kirchen, die Konventsgebäude sind nicht zugänglich.

Die Kirchen – älteste Pilgerziele Südtirols

Besichtigung Als Erstes erreicht man die barocke **Liebfrauenkirche**. Der achteckige Zentralbau entstand 1652 – 1658 nach Plänen von Jakob und Andrea

Auf dem Säbener Felsen entstand schon im 4. Jh. der erste Bischofssitz. Kloster Säben wird heute von Benediktinerinnen bewohnt.

Delai an der Stelle einer frühchristlichen Taufkirche aus dem 6. Jahrhundert. Die Kuppel ist mit schönen Stuckaturen eines unbekannten Meisters und Fresken des Brixner Hofmalers Stephan Kessler (1658) geschmückt, die Szenen aus dem Marienleben zeigen. Der Hauptaltar (1612) stammt aus einer älteren Kirche, die Seitenaltäre stiftete 1674 der Stadtpfarrer Jenner.

Die ebenfalls barocke **Marien- oder Gnadenkapelle** steht an der Stelle der ersten Säbener Kirche und ist eines der ältesten Pilgerziele Südtirols. Die verehrte spätgotische Madonna ist allerdings eine Kopie.

An der Ringmauer aus der Festungszeit vorbei erreicht man die schlichte **Klosterkirche**. Sie wurde 1691 – 1707 nach Plänen von Giovanni Battista Delai erbaut und ist bis auf den mit schmiedeeisernem Gitter abgetrennten Raum den Nonnen vorbehalten. Schließlich gelangt man zur im 17. Jh. an der Stelle einer sehr viel älteren Vorgängerkirche errichteten **Heilig-Kreuz-Kirche** am höchsten Punkt des Säbener Felsens. Ihre farbenfrohen Wand- und Deckenfresken, vermutlich von Johann Baptist Hueber um 1679 angefertigt, erinnern an Theaterkulissen. Das Kruzifix am Hochaltar von Leonhard von Brixen (2. Hälfte 15. Jh.) ist alle drei Jahre das Ziel von Pilgern aus den ladinischen Dolomitentälern, die damit ihre Zugehörigkeit zum Bistum Brixen zeigen. Im Fußboden befindet sich das Grab des hl. Bischofs Ingenuin und in der rechten Langhauswand ein Sarkophag mit Reliquien einiger Säbener Bischöfe.

Rund um Klausen

Höchstgelegener Wallfahrtsort

Vom Weiler Latzfons 7 km nördlich von Klausen hat man einen schönen Blick auf die Dolomiten. Die beiden Kirchen Unsere Liebe Frau im Dorf und St. Peter im Walde sind romanischen Ursprungs. Die Burg Garnstein im Osten (12. Jh.) wurde im 19. Jh. im historisierenden Stil umgebaut. Vom Ort führt eine dreistündige Wanderung zum **Latzfonser Kreuz**, dem höchstgelegenen Wallfahrtsort Europas auf 2305 m. Übernachtungsmöglichkeiten bietet eine Schutzhütte. An schönen Tagen sind viele Wanderer auf diesem Weg unterwegs, aber für den Blick lohnt er sich allemal.

Latzfons

Beliebtes Fotomotiv

Auf sieben Hügeln liegt das hübsche Dorf Gufidaun (Gudon) gegenüber von Klausen, auf der östlichen Flanke des Eisacktals über dem Eingang ins Villnösser Tal. Der spitze Kirchturm, die grauen Burgen, der dicht gedrängte Ortskern und im Hintergrund die Geislerspitzen sind ein beliebtes Fotomotiv. Neben der Pfarrkirche (15. Jh.) mit einigen schönen Fresken am Haupteingang steht der mächtige **Ansitz Hohenhaus**. Er geht auf ein romanisches Bauernhaus zurück, das im 18. Jh. zu einem neobarocken Palast umgebaut wurde und heute ein

Gufidaun

ZIELE
KLAUSEN

kleines Archäologiemuseum beherbergt. Die Koburg und Schloss Summersberg sind zwei weitere herrschaftliche Häuser (Privatbesitz, nicht zugänglich). Der Ansitz Hohenhaus aus dem 16. Jh. beherbergt das **Dorfmuseum**. Auf drei Etagen wird das bäuerliche Leben mit Arbeitsgeräten, religiöser Kunst und einigen Dokumenten zur Dorfgeschichte dargestellt.

Archäologisches Museum: Mitte Juni – Mitte Sept. Mi. 18 – 20, Fr. 9 – 11, Mitte Sept. – Mitte Juni Fr. auch 14.30 – 16.30 Uhr | 4 € www.klausen.it

Dorfmuseum: Ostern – Allerheiligen Mi. 20 – 22, Do. 17 – 19, Fr. 10 – 12 Uhr | 4 € | www.klausen.it

Möglicher Geburtsort Walther von der Vogelweides

Lajen

Zwischen Villnösser und Grödner Tal erstreckt sich die Hochfläche von Lajen. Man passiert sie auf einer schönen Wanderung von Gufidaun über das Dorf Albions (857 m) zum Hauptort Lajen (1102 m). Unterwegs kommt man am **Innervogelweider-Hof** vorbei, in dem Walther von der Vogelweide um 1170 zur Welt gekommen sein soll.

Ausgegraben: Silber und Siedlungen

Villanders

Südlich von Klausen wird das Eisacktal immer enger. Auf 900 m Höhe westlich des Eisack liegt die Gemeinde Villanders (Villandro). Den Ortsmittelpunkt bestimmen die spätgotische Pfarrkirche St. Stephan und der **Ansitz zum Steinbock** aus dem 16. Jh., heute ein Hotel mit prachtvoll getäfelter Stube.

Das **Grabungsfeld** auf dem Plunacker unterhalb von Villanders ist eine der wichtigsten archäologischen Fundstätten in Südtirol. Die Siedlungsreste reichen von der Steinzeit bis ins Frühmittelalter und zeugen davon, dass die Sonnenterrassen am Osthang der Sarntaler Alpen allemal beliebter waren als das Tal des wilden Eisack.

Die **Villanderer Alm** erstreckt sich von Villanders bis zum Ritten (▶ S. 77) und ist im Winter ein beliebtes Langlaufgebiet.

Oberhalb des Dorfs, an der Straße zur Villanderer Alm, liegt das erst Anfang des 20. Jh.s stillgelegte **Silberbergwerk** am Pfunderer Berg, dem Klausen im Mittelalter einen Teil seines Wohlstands verdankte. Der feuchte und 8 °C kühle Elisabeth-Stollen wurde in ehrenamtlicher Tätigkeit restauriert und kann mit einer zweistündigen Führung besichtigt werden.

April – Okt. Di., Do., 10.30, 14, So. nur 10.30 Uhr | 9 € www.bergwerk.it

Elternhaus Oswald von Wolkensteins

Waidbruck

Waidbruck (Ponte Gardena, 200 Einw.; 470 m ü. d. M.) ist eine der kleinsten Gemeinden in Südtirol im ▶Eisacktal zwischen Brixen und Bozen am Eingang zum ▶Grödner Tal. Wahrzeichen ist die mächtige

Trostburg

Trostburg (Abb. S. 11). Hier kreuzten sich fünf historische Wege,

u. a. die alte Brennerstraße, auch westlicher Höhenweg oder »Kaiserstraße« genannt, über den Ritten nach Bozen, um die bis zum Beginn der Neuzeit unüberwindliche Eisackschlucht zu umgehen. Jahrhundertelang nahm der gesamte Verkehr – Händler, Könige und Kaiser auf dem Weg zur Krönung nach Rom – diesen Weg.

Wegen ihres unverfälschten Charakters wählten Filmemacher 2012 die **Trostburg** als Hauptmotiv des Kinofilms »Prinzessin« über ein Mädchen, das unbedingt eine Prinzessin sein wollte. Die 8 km südlich von Villanders hoch oben gelegene Trostburg beherrscht noch heute den Eingang ins ▸ Grödner Tal. Schon 1173 stand hier eine Festung. Um 1243 bauten die Herren von Velthurns eine neue Burg, die 1382 an die Grafen von Wolkenstein gelangte. Um 1595 begann der Umbau zu einer Residenz im Renaissancestil. Nach Jahren des Verfalls ging die Trostburg 1967 an den Südtiroler Burgenverein. Sie wurde renoviert und ist nun Sitz des Südtiroler Burgeninstituts und des Südtiroler Burgenmuseums. Man erreicht die Burg nur zu Fuß in 20 Minuten auf einem gepflasterten Weg. Ein Höhepunkt ist der **Große Saal** mit einer kunstvoll geschnitzten Kassettendecke mit den Wappen der Wolkensteiner und ihrer angeheirateten Verwandten. So war die Trostburg unter anderem auch das Elternhaus des spätmittelalterlichen Dichterkomponisten Oswald von Wolkenstein (▸ Interessante Menschen, S. 357). In Nischen stehen acht lebensgroße Statuen einstiger Burgherren. Drei Räume informieren über die Entwicklung des Burgenbaus in Südtirol anhand von 86 maßstabsgetreuen Holzmodellen von Ludwig Mitterdorfer (1885 – 1963). Der Innenhof besitzt eine zweigeschossige Arkadenfront.

Von Waidbruck geht es auf die westliche Talseite des Eisack in den kleinen Ort **Barbian** (850 m). Sein Wahrzeichen, der **schiefe Turm** der Pfarrkirche St. Jakobus, stammt aus romanischer Zeit, die Kirche wurde in der Gotik und im späten 19. Jh. umgebaut. Im Zentrum beginnt ein gut ausgeschilderter Waldsteig nach Bad Dreikirchen. Die Umgebung ist bekannt für Esskastanien und gute Zwetschgen. Die Straße von Waidbruck über Barbian führt weiter Richtung Süden in den Weiler Saubach; die gotische Kirche St. Ingenuin und Albuin besitzt drei schöne **spätgotische Flügelaltäre** aus der Zeit um 1500. **Schloss Friedburg** im benachbarten Kollmann mit einer auffälligen rot-weißen Fassade entstand Ende des 15. Jh.s. Bis 1829 diente es als Zollhaus für den Handelsverkehr auf der Brennerstraße (heute Hotel, www.friedburg.it).

Trostburg: Burgfriedenweg 22 | Nur mit Führung zu besichtigen: Ostern – Okt. Di. – So. 11, 14, 15, Juli, Aug. auch 10 und 16 Uhr | 8 € www.burgeninstitut.com/trostburg

Historisches Bauernbadl

Bad Dreikirchen, 8 km nordwestlich von Waidbruck, erreicht man nur zu Fuß; die beim Palwitter-Hof in Barbian beginnende holprige

Bad Dreikirchen

Zufahrtsstraße ist Anliegern vorbehalten, Feriengäste werden in Barbian abgeholt. Der 1120 m hoch gelegene Weiler besteht aus drei kleinen Kirchen, zwei Gasthäusern und einer Handvoll Sommerhäusern. Die Ortsmitte bilden die drei ineinander geschachtelten Kirchen St. Nikolaus, St. Gertraud und St. Magdalena mit markanten Schindeldächern. Der Altarraum von St. Gertraud ist mit gotischen Fresken (um 1410) geschmückt. Gut zu erkennen sind Kreuzigung und Jüngstes Gericht. St. Nikolaus wurde zehn Jahre später ausgemalt. Im Triumphbogen sieht man das Opfer von Kain und Abel, an den Chorwänden die Nikolauslegende und im Chorgewölbe die Kirchenväter mit den Evangelistensymbolen. Der spätgotische Altar mit dem Kirchenpatron Nikolaus stammt von Künstlern im Dunstkreis von Hans Klocker. Diese dürften auch in der Kirche St. Magdalena den schönen Flügelaltar mit einer Marienkrönung angefertigt haben. Vermutlich war Dreikirchen mit seinem leicht radonhaltigen Wasser schon in prähistorischer Zeit ein Quellheiligtum. Die Grundmauern des Gasthofs Bad Dreikirchen stammen aus dem Jahr 1315. Im 19. Jh. war das Gasthaus ein beliebtes Bauernbadl. Als die Sommerfrische in Mode kam, wurde Bad Dreikirchen im Treffpunkt der Stadtgesellschaft. Heute ist es ein Zufluchtsort für alle, die das einfache Leben und die Einsamkeit schätzen.

Schlüssel für die Besichtigung der Kirchen im Gasthof Messnerhof

KURTATSCH

Italienisch: Cortaccia | **Höhe:** 333 m ü. d. M. | **Einwohner:** 2250

Die älteste Weinrebe Europas, ein Klein-Venedig, in dem die Straßen früher zu Kanälen wurden, und eine weinende Madonna. Hier kommt Italien immer näher und eine Weinlandschaft mit Zypressen, Oleander, Feigen- und Olivenbäumen verbreitet deutlich südliches Flair. Schließlich ist Kurtatsch auch eines der südlichsten Dörfer des deutschen Sprachraums, denn schon in Salurn am Ende der Südtiroler Weinstraße wird vorwiegend Italienisch gesprochen.

Im Obst- und Weinland

Das Dorf Kurtatsch liegt auf einer Sonnenterrasse 333 m über dem Etschtal. Aufgrund des angenehmen Klimas ließen sich hier schon in der Bronzezeit Menschen nieder. Heute leben die Einwohner vom Obstanbau im Tal, an den Hängen wird Wein angebaut. Zur Gemeinde gehören auch Entiklar, Penon, Hofstatt, Graun und Oberfennberg.

ZIELE
KURTATSCH

Wein bestimmt das Bild von Kurtatsch an der Südtiroler Weinstraße.

Wohin in Kurtatsch und Umgebung?

Auf Weinsafari

Der Dorfplatz ist umgeben von der St.-Vigilius-Kirche und Häusern im Überetscher Stil mit Erkern, schönen Innenhöfen und steingefassten Torbögen. Im Ansitz am Orth, dem ältesten Hof in Kurtatsch aus dem 15. Jh., ist das private **Museum Zeitreise Mensch** zur Geschichte des Südtiroler Unterlands untergebracht. Interessantes über den Weinanbau erfährt man auf dem 1,5 km langen **Weinlehrpfad** nach Entiklar, den man am besten mit einer Verkostung abschließt, z. B. im Schloss Turmhof der Tiefenbrunner Schlosskellerei, einem schönen Ansitz mit mittelalterlichem Turm, heute Sitz des gleichnamigen Weinguts mit Jausenstation.

Kurtatsch

Museum Zeitreise Mensch: Botengasse 2 | Ostern – Allerheiligen nur mit Führung: Fr. 10 Uhr | 6 € | www.museumzeitreisemensch.it
Tiefenbrunner Schlosskellerei: Schlossweg 4 | So. geschl.
www.tiefenbrunner.com

Älteste Weinrebe Europas

Lauschige Gassen, stattliche Ansitze, Zypressen, Feigen und Oliven bestimmen das Bild des alten Weindorfs Margreid (Margé; 243 m, 1300 Einw.). Sie künden bereits den Süden an. Früher pflanzte man in der

Margreid

KURTATSCH ERLEBEN

**TOURISMUSVEREIN
SÜDTIROLER UNTERLAND**
H.-Schweiggl-Platz 8
39040 Kurtatsch
Tel. 04 71 88 01 00
www.suedtiroler-unterland.it

**TOURISMUSVEREIN SÜDTIROLS
SÜDEN**
Pillhofstr. 1
39057 Frangart (Bozen)
Tel. 04 71 63 34 88
www.suedtirols-sueden.info

SCHWARZ ADLER €€€
Der Schwarz Adler ist das älteste
Gasthaus im Ort mit überregional
bekannter, gehobener Küche in
historischer Atmosphäre.
H.-Schweiggl-Platz 1
Tel. 04 71 09 64 05
Di. Ruhetag
www.schwarzadler.it

**ALOIS LAGEDER PARADEIS
€–€€**
Im mittelalterlichen Ansitz Hirschprunn mit zauberhaftem Innenhof
kann man die Weine von Tór Löwen-
gang und Cason Hirschprunn probieren. Täglich wechselnde Gerichte mit
Zutaten aus ökologischem Anbau. Im
Sommer gibt es Konzerte im Innenhof.
Margreid, St.-Gertraud-Platz 10
Tel. 04 71 80 95 80
So. geschl.
www.aloislageder.eu

**BURGSCHENKE HADERBURG
€–€€**
In der Burgschenke gibt es eher herzhafte Speisen wie Ripperln, Räucher-
braten und eine opulente Marende.
Trientstr. 53 c, Salurn
April – Mitte Okt. Mo., Di. geschl.
www.haderburgschenke.com

**SCHWARZADLER TURMHOTEL
€€€**
Ein Ansitz aus dem 14. Jh. mit 24 ge-
mütlichen Zimmern mitten im Dorf.
Im Sommer lockt der Garten mit
Schwimmbad, die Saunalandschaft
bei jedem Wetter.
Kirchgasse 2
Tel. 04 71 09 64 00
www.turmhotel.it

Die Vineria Paradeis offeriert die bio-
dynamischen Weine der **Kellerei
Alois Lageder**, die klassischen Rebsorten, Kompositionen und Meisterwerke (Margreid, St.-Gertraud-Platz
5, www.aloislageder.eu).
Eine Spezialität der **Kellerei Peter
Zemmer** ist der Sekt, sehr gelungen
ist auch der »Cortinie Bianco«, eine
Cuvée aus Chardonnay und Grauburgunder (Weinstr. 24, www.zemmer.
com).
Im letzten Zipfel Südtirols produziert
das **Weingut Haderburg** einen erstklassigen, hochprämierten Schaum-
wein. Auch Chardonnay, Sauvignon
blanc und Blauburgunder sind hervorragend (Salurn, Albrecht-Dürer-
Weg 3, www.haderburg.it).

Region zu besonderen Anlässen wie Taufe oder Hochzeit eine Hausre-
be. Und so gedeiht in der Grafengasse an der Fassade des Augustin-
Hauses die angeblich älteste datierte Weinrebe Europas. Laut Inschrift

wurde sie 1601 gepflanzt und trägt bis heute jedes Jahr bis zu 80 kg Trauben. Margreid (1300 Einw.) ist der letzte Ort der Weinstraße auf dieser Talseite. Etwas weiter südlich verengen sich die Berge zur Salurner Klause, die Grenze Südtirols und des deutschen Sprachraums.
Etwas südlich von Margreid liegt das malerische **Kurtinig**, eine der kleinsten Gemeinden Südtirols und der einzige Ort, der mitten im Etschtal und nicht an seinem Rand gegründet wurde. Funde aus der Stein- bis zur Römerzeit belegen, dass die Region ein beliebtes Jagdrevier war. Vor der Regulierung der Etsch wurde Kurtinig regelmäßig überschwemmt, daher bekam es den Beinamen Klein-Venedig.

Im Blumenmeer
Die beiden Weiler Ober- und Unterfennberg liegen auf einem großen Hochplateau zwischen Wald und Wiesen, die man von Kurtatsch auf einer aussichtsreichen Straße nach Fennberg erreicht. Der Fenner See (1034 m) lockt Blumenfreunde: Hier wachsen verschiedene Orchideenarten, das schmalblättrige Wollgras und Ranunkeln in vielen Farben. Kunstfreunde besichtigen die gotischen Fresken in der Kirche St. Leonhard in Unterfennberg.

Fennberg

Südlichstes Dorf Südtirols
Das von Obstplantagen und Weinbergen eingerahmte Salurn (Salorno, 3790 Einw., 224 m ü. d. M.) ist der letzte Ort an der Weinstraße und gleichzeitig auch das südlichste Dorf Südtirols. Etwas südlich bilden der Geisersberg (östlich) und der Fennberg (westlich) die **Salurner Klause**. Tatsächlich handelt es sich hierbei nicht wirklich um eine Engstelle, dafür verläuft hier die Grenze zwischen Südtirol und Trentino und die deutsch-italienische Sprachgrenze: Schon in Salurn wird vorwiegend Italienisch gesprochen, eine Folge der Italienisierungspolitik, da es mit dem Bozner Unterland 1921 – 1948 zur Provinz Trient gehörte.
Das Zentrum bezaubert mit romantischen Gassen und Häusern im Renaissance- und Barockstil. Die Ruine der vom 12. bis 16. Jh. erbauten **Haderburg** thront malerisch auf einem Felssporn über der Talenge von Salurn. Sie gehörte den Grafen von Eppan, später Meinhard II., Graf von Görz-Tirol. Im 16. Jh. war sie das geistige Zentrum der Wiedertäufer und Lutheraner. Einer der berühmtesten Besucher war Philipp Melanchthon; der Mitstreiter Martin Luthers weilte 1531 auf der Burg. Seit 1648 gehört sie den venezianischen Grafen Zenobio-Albricci. Die Haderburg ist Schauplatz der Sage »Der Weinkeller bei Salurn«, die zur Sammlung Deutscher Sagen der Brüder Grimm gehört. Man erreicht sie über den steilen Fußpfad »Weg der Visionen«. In den Sommermonaten finden oft musikalische Veranstaltungen statt und es gibt eine Burgschenke.
Anfang April – Anfang Nov. Mi. – So. 11 – 18 Uhr
www.haderburgschenke.com

Salurn

BAEDEKER ÜBERRASCHENDES

6x ERSTAUNLICHES

Hätten Sie das gewusst?

1.
MARMOR
In **Laas** spaziert man auf marmorgepflasterten Bürgersteigen, »Steinabfall«, der bei der Herstellung von 84 000 Kreuzen für amerikanische Soldatenfriedhöfe anfiel. Weißer Laaser Marmor wird in der ganzen Welt verbaut, 2016 auch in New York. (▶ **S. 181**)

2.
SCHWABENKINDER
Noch bis Anfang des 20. Jh.s waren die Bauern in den abgelegenen **Tälern des Vinschgaus** so arm, dass sie ihre Kinder im Frühjahr zu Fuß über die Alpen schicken mussten. Dort boten sie sich auf Kindermärkten bei oberschwäbischen Bauern als Saisonarbeitskräfte an – gegen Kost und Logis. (▶ **S. 243, 274**)

3.
BERGE ALS SONNENUHR
In **Sexten** lässt sich die Uhrzeit von den Bergen ablesen. Die Gipfel von Neuner, Zehner, Elfer, Zwölfer und Einser Kofel bilden die größte steinerne Sonnenuhr der Welt. So sieht man um 12 Uhr mittags die Sonne von Norden aus genau über dem Zwölfer Gipfel stehen. (▶ **S. 285**)

4.
KNÖDELESSERIN
Ein Knödeltrio aus Speck-, Spinat- und Pressknödel gehört auf jede Südtiroler Speisekarte. Auch in der Burgschenke von **Hocheppan**. Gleich nebenan in der Burgkapelle sieht man vermutlich das erste Bild einer Knödelesserin (um 1200). (▶ **S. 126**)

5.
RÜSSELSZENEN
Das Fresko am **Hotel Elephant** erinnert daran, dass 1551 ein ausgewachsener Elefant in **Brixen** Station auf seiner Durchreise nach Wien machte. Der Dickhäuter, ein Geschenk des portugiesischen Königshauses an Großherzog Maximilian, hinterließ im Ort bleibenden Eindruck. (▶ **S. 85**)

6.
EIN COCKTAIL
Prosecco, Holunderblütensirup (im Original Zitronenmelissensirup), Minzblätter, ein Schuss Mineralwasser, Eiswürfel, eine Scheibe Limette und fertig ist **»Hugo«**, das sommerliche Kultgetränk wurde in **Naturns** erfunden. (▶ **S. 223**)

ZIELE
LAAS

★ LAAS

Italienisch: Lasa | **Höhe:** 868 m ü. d. M. | Einwohner: 3900

An schönen Sonnentagen braucht man in Laas die Sonnenbrille – schließlich sind hier sogar die Bürgersteige mit reinweißem Marmor gepflastert und der strahlt mit der Sonne regelrecht um die Wette. Laas im Vinschgau ist für seinen feinkörnigen und besonders wetterbeständigen Marmor bekannt, der in aller Welt verbreitet ist, seit 2016 auch in New York am Ground Zero im neuen U-Bahnhof Path.

Schon die Römer nutzten Laaser Marmor für ihre Meilensteine an der Via Claudia Augusta durch den Vinschgau. Auch bei den Habsburgern war er sehr beliebt. Im Zentrum von Laas sind sogar die Bürgersteige marmorgepflastert. Die kleinen Steine fielen bei der Herstellung von 84 000 Kreuzen für amerikanische Soldatenfriedhöfe auf der ganzen Welt an. Bis heute wird der Marmor in zwei Brüchen teils über, teils unter Tage abgebaut. Der höchste Stollen liegt auf 2228 m Höhe. Von hier werden die Blöcke mit einem Schrägaufzug ins Tal gebracht und dort in Platten geschnitten.

Weißes Gold

❙ Wohin in Laas und Umgebung?

Im Marmordorf

Den Tag werden die Mitarbeiter der Laaser Marmorwerke so schnell nicht vergessen, als sie nach New York zum Ground Zero eingeladen waren, um 2016 »ihren« Laaser Marmor auf dem mit 40 000 m² größten U-Bahnhof der Welt zu bestaunen. Dabei wird auch auf dem eigenen Werksgelände der Lasa Marmor GmbH mit einer Fläche von ca. 55 000 m² nicht gekleckert. Bei einer Führung kann man vieles über die Geschichte des exklusiven Steins wie auch über seine Verarbeitung erfahren, von dem nicht nur Architekten, sondern auch viele Bildhauer schwärmen.

Laas

Marmor-Führungen: Mitte April – Anfang Nov. Mo., Mi., Fr. 13.45, Di., Do. 10.30 Uhr | Treffpunkt: Bahnhof Laas, Dauer: 2 Std.; 9 € Touren zum Eingangsstollen und entlang des Marmorwegs: www.marmorplus.it | Infos zum Laaser Marmor: www.lasamarmor.it

Marmor-Apsis

Die Pfarrkirche Johannes der Täufer ist ebenfalls ein Aushängeschild für den Laaser Stein. Nach einem Brand wurde sie 1852 neu errichtet. Von der Schönheit des Vorgängerbaus aus dem 12. Jh. zeugt die mit Originalsteinen rekonstruierte Apsis aus weißem Marmor, auch

Pfarrkirche

LAAS ERLEBEN

**TOURISMUSVEREIN SCHLAN-
DERS-LAAS IM NATIONALPARK
STILFSER JOCH**
Kapuzinerstr. 10
39028 Schlanders
Tel. 04 73 73 01 55
www.schlanders-laas.it

Anfang August findet das **Marmor &
Marillen**-Fest statt mit Bildhauerei,
Musik und gutem Essen.
www.laas.info

GASTHAUS ZUR KRONE €–€€
Eine angenehme Mischung aus Gasthaus und Locanda mit solider Südtiroler Küche. Im Gewölbekeller (14. Jh.) finden Kulturveranstaltungen statt. Zum Haus gehört eine **sympathische Frühstückspension**, die nur ca. 400 m vom Gasthaus zur Krone entfernt liegt (€–€€, Olinda Strimmer, Vinschgaustr. 11, Tel. 04 73 62 65 80).
Hauptplatz 10
Tel. 04 73 62 61 17
www.krone-laas.it

GASTHAUS SONNECK €–€€
Die Jahreszeiten geben den Speiseplan von Koch Herbert Thanei vor, der die regionale herzhafte Küche des Vinschgaus schätzt: Es gibt Wildgerichte im Herbst und Hausmannskost wie Schlachtplatte und Saure Supp'.
Allitz 11
Tel. 04 73 62 65 89
www.gasthaus-sonneck.it

---

im Turm sind noch Teile des romanischen Baus erhalten. Die Fenster schuf der Laaser Künstler **Jörg Hofer**.

Am westlichen Ortsausgang steht auf einem kleinen Hügel hinter einer Umfriedungsmauer die kleine **Kirche St. Sisinius**. Sie wurde vermutlich im 8./9. Jh. an der Stelle einer heidnischen Kultstätte erbaut und dem Nonstaler Märtyrer Sisinius geweiht. Der steingedeckte Glockenturm wurde im 12. Jh. angefügt.

Marmor-Künstler

Atelier Jörg Hofer

Laas ist die Heimat von Jörg Hofer, einem der führenden Künstler Südtirols. Er arbeitet in einer von Werner Tscholl umgebauten Scheune, Ausstellungsort und Treffpunkt zugleich. Seine oft großformatigen Bilder, Visionen aus Farbe und Marmorstaub, sind u. a. bei Ausstellungen im Kunsthaus Meran und auf Schloss Tirol zu sehen.
www.joerg-hofer.it

Steppenvegetation

Sonnenberg

Der 50 km lange, zu den Ötztaler Alpen gehörende Bergrücken erstreckt sich von Mals nach Partschins. Mitten im üppigen Obstanbaugebiet gelegen, überrascht er mit Trockenheit und steppenartiger Vegetation, u. a. eine Folge der jahrhundertelangen Überwei-

ZIELE
LANA

dung. Seit Langem betreibt man Wiederaufforstung, v. a. mit Schwarzkiefern. Am Sonnenberg findet man, in Südtirol eher selten, viele Schlangen und andere wärmeliebende Tiere und Pflanzen. Die bewaldete düstere Südflanke des Tals wird Nördersberg genannt.
Der kleine Ort **Allitz** liegt am Eingang des Gadriatals am Fuß des Sonnenbergs. Sehenswert sind hier die Kirche Maria Heimsuchung von 1640 und die Kapelle zur Heiligen Dreifaltigkeit beim Untertröghof. Letztere soll ein Laaser 1752 aus Dank dafür erbaut haben, dass sein verloren gegangenes Kind unversehrt wiedergefunden wurde.
Das romantische Dorf **Tannas** liegt idyllisch auf einer Sonnenterrasse über dem Tal. Von hier hat man einen Blick über den gesamten mittleren Vinschgau bis zur Ortlergruppe und zum Stilfser Joch.

Im Marillenland
Der kleine Ort liegt am Fuß der mächtigen Tschenglser Hochwand (3378 m) im **Nationalpark Stilfser Joch**. Der markante Edelsitz der Tschenglsburg, auch Fuchsburg genannt, wurde im 15. Jh. von den Herren von Lichtenstein erbaut (Restaurant). Ein schöner Spazierweg führt zur einsam am Hang in Dorfnähe gelegenen Kirche St. Ottila.

Tschengls

 LANA

Höhe: 316 m ü. d. M. | Einwohner: 12 000

Jeder zehnte Apfel in Europa stammt aus Südtirol und jeder hundertste aus Lana. Die Stars der Gemeinde heißen deshalb hier Golden Delicious oder Pink Lady, denn mit bis zu 100 000 Tonnen Äpfel jährlich ist die Region der wichtigste Obstproduzent Südtirols. Nach manch eiskalten Frühlingsnächten verwandeln die Bauern das Blütenmeer zum Schutz in glitzernde Eisblumen.

Neben den Apfelplantagen bestimmen fast 40 Kirchen, Kapellen, Klöster und zahlreiche Burgen das Bild. In Lana mündet das **Ultental** (Val d'Ultimo) ins Etschtal, das sich rund 35 km lang bis zu den Dreitausendern der Ortlergruppe zieht und dabei alle Vegetationsstufen vom ewigen Eis der Gletscher bis zu den Wein- und Obstgärten der fruchtbaren Etschebene berührt. Das erste Mal wurde Lana 990 erwähnt, da gab es die Kirche St. Margareth bereits über 100 Jahre. Die Burgen Braunsberg, Mayenburg, Lanaburg, Brandis und Werrenburg entstanden zu Beginn des 13. Jh.s. Lana besteht aus den drei zusammengewachsenen Orten Niederlana, Mitterlana und Oberlana sowie Völlan, Tscherms, Burgstall und Gargazon.

Das Apfelstädtchen Südtirols

LANA ERLEBEN

TOURISMUSVEREIN LANA
Andreas-Hofer-Str. 9/1, 39011 Lana
Tel. 04 73 56 17 70, www.lana.info

Busse von/nach Meran, Völlan, Tisens, Nonsberg und ins Ultental

 EVENTS

Anfang bis Mitte April finden in Lana und Umgebung die Blütenfesttage mit Wanderungen und kulinarischen Verkostungen auf traditionellen Höfen statt (www.lana.info/bluetenfesttage).

KIRCHSTEIGER €€€€
Edelprodukte wie Trüffel oder Hummer werden mit Kräutern aus Südtirol kombiniert. Große Weinauswahl.
Völlan, Probst-Wieser-Weg 5
Tel. 04 73 56 80 44
www.kirchsteiger.com, Do. geschl.

HIDALGO €€€–€€€€
Im Hauptrestaurant wird feine italienische Küche serviert. Besonderes Highlight ist ein Beeftasting, bei dem Dreierlei vom Wagyu, originales Kobe Beef, japanisches Wagyu und Wagyu Südtirol, im Vergleich auf den Teller kommen. Am schönsten sitzt man auf der verglasten Terrasse.
Burgstall, Romstr. 7
Tel. 04 73 29 22 92
So., Mo. mittags geschl.
www.restaurant-hidalgo.it

MIIL €€–€€€
In einer historischen Mühle oder im sommerlichen Hofgarten werden regionale Produkte ungewöhnlich kombiniert: Flusskrebse und Kaffee oder Fichtennadel-Honigeis auf Waldbeeren mit frischem Waldklee.
Tscherms, Gampenstr. 1
Tel. 04 73 56 37 33
So., Mo. geschl.
www.miil.info

VIGILIUS MOUNTAIN RESORT €€€€
Die Lage des nur per Seilbahn auf dem Vigiljoch erreichbaren Hotels ist hinreißend und die moderne Architektur des in Bozen geborenen Architekten Matteo Thun ein Augenfänger. Aus den Bergquellen sprudelt kristallklares Wasser, das die Leitungen des Resorts wie auch den Pool speist – das alles mit Blick auf die Almen des Vigiljochs.
Vigiljoch, Lana
Tel. 04 73 55 66 00
www.vigilius.it

APPARTHOTEL CALMA €–€€
Aus dem ehemaligen Hotel Unterstein wurden modern renovierte Appartements und Zimmer mit einem großzügigen Schwimmbad, das mitten in den Apfelgärten liegt.
Tscherms, St.-Anna-Weg 7
Tel. 04 73 56 17 30
www.apparthotel-calma.com

Im **Genussmarkt PUR** (Meraner Freiheitsstraße 35, www.pursuedtirol.com) kann man beste regionale Produkte vom Schüttelbrot über Speck und Wein, darunter auch Kosmetik und etwas Kunsthandwerk kaufen. Graf Pfeil baut auf dem **Weingut Kränzelhof** Biowein an. Herausragend: der Weißburgunder »Helios« und der rote »Sagittarius«, ein Cabernet Sauvignon mit Merlot. Es gibt regelmäßige Kunstausstellungen und einen **Labyrinthgarten** (Tscherms, Gampenstr. 1, www.kraenzelhof.it)

ZIELE
LANA

❚ Wohin in Lana und Umgebung?

Schroff-schöne Schlucht
Zwischen Zypressen steht in Oberlana das schlichte **Schloss**   Oberlana
Braunsberg. Seit dem 15. Jh. gehört das Anwesen zum Besitz der
Grafen Trapp und ist nicht zu besichtigen. An der Brücke über die aus
dem Ultental kommende Falschauer beginnt ein lohnenswerter Weg,
teils über hölzerne Stege und schwankende Brücken, in die kurze,
aber eindrucksvolle **Gaulschlucht**.

Klangbotschafterin
Gleich drei Kirchen hat Mitterlana, darunter die 1306 erstmals er-   Mitterlana
wähnte gotische St. Agatha auf der Wiese. In den 1990er-Jahren wurde bei Ausgrabungen eine romanische Apsis mit Bemalung entdeckt.
Die Kirche ist in Privatbesitz, eine Besichtigung über den Tourismusverein möglich. Die Pfarrkirche wurde 1938 von dem Stuttgarter Architekten Otto Lindner erbaut; im Turm hängt die fünf Tonnen
schwere, größte Glocke Südtirols. Die Kirche St. Peter stammt aus
dem 15. und späten 17. Jh., der Hochaltar aus dem Spätbarock.

Alte Pfarrkirche in Niederlana

Schnatterpeckstr. | nur mit Führung zu besichtigen: April – Anfang
Nov. Mo. – Sa. 11, 15 Uhr; bei Beerdigungen können die Führungen
am Nachmittag ausfallen | 2 € | www.lana.info

Größter gotischer Schnitzaltar
Kunsthistorisch ist vor allem **Niederlana** interessant: die 1492 ge-   Maria
weihte gotische Pfarrkirche Maria Himmelfahrt mit frei stehendem   Himmelfahrt
Turm und Netzrippengewölbe sowie geringen Resten der gotischen
Glasmalereien im südlichen Chorfenster. Etwa um 1500 entstanden
Kanzel und Galerie mit Maßwerk.
Höhepunkt ist der 14,10 m hohe und 7 m breite **größte gotische
Schnitzaltar** des Alpenraums von **Hans Schnatterpeck dem Jüngeren**, einem Sohn des gleichnamigen Malers aus Kaufbeuren. Der
geöffnete Altar beeindruckt durch seine **überbordende Fülle an
plastischen Details**, besonders bei den fünf törichten und den fünf
klugen Jungfrauen in der äußeren Schreinumrahmung. Der Mittelschrein umfasst 24 der insgesamt 33 erhaltenen Plastiken. Im Zentrum steht der Gnadenstuhl mit Gottvater, der den Leichnam Christi
hält, über dem der Heilige Geist schwebt, flankiert von den Heiligen
Petrus mit dem Schlüssel zum Paradies und Paulus mit dem Schwert.
Darüber findet sich die Marienkrönung sowie seitlich die hl. Anna und
die hl. Katharina mit Schwert und Rad. Die Innenflächen der Seiten-
flügel zeigen links die Verkündigung Mariä und die Beschneidung
Jesu, rechts die Geburt Jesu und die Anbetung der Könige. Die Au-

ZIELE
LANA

Überbordende Fülle: der Schnitzaltar von Hans Schnatterpeck

ßenflächen der Schreinflügel tragen um 1510 gemalte Tafelbilder des Dürer-Schülers Hans Leonhard Schäufelein – seine Signatur in Form einer Schaufel befindet sich am Bild der Geißelung. Dargestellt ist die Passion Christi: Christus am Ölberg, vor Pilatus, Kreuztragung und Geißelung.

Apfelmuseum

Niederlana Auf dem Friedhof sieht man eine frei stehende Lichtsäule aus dem 16. Jh. und die spätgotische **Michaelskapelle** mit barockem Altarbild und Gewölbefresken. Der mittelalterliche Ansitz Larchgut wenige Meter hinter der Alten Pfarrkirche ist Sitz des **Südtiroler Obstbaumuseums** mit der »Braunsberger Torggl« von 1570, der vielleicht ältesten Presse Südtirols.

Die große romanische Kapelle **St. Margareth** westlich der Alten Pfarrkirche (1215) ist eine Schenkung des Stauferkaisers Friedrich II. an den Deutschen Ritterorden. Die Fresken im Innern aus dem frühen 13. Jh. wurden 1896 stark verändert. 1983 versuchte man den Originalzustand so weit wie möglich wieder herzustellen. Im Gewölbe der Hauptapsis ist Christus als Weltherrscher mit den vier Evangelistensymbolen dargestellt. Die linke Apsis zeigt in der Wölbung Maria mit Jesus und zwei Engeln, außerdem, wie die rechte Apsis, Szenen aus dem Leben der hl. Margareth. Die Sockel sind mit Bestiendarstellungen verziert.

Obstbaumuseum: Brandis-Waalweg 4 | April – Okt. Mo. – Sa. 10 – 17, Führungen Do. 10.30 Uhr | 4 € | www.obstbaumuseum.it

St. Margareth: April – Okt. Mi. 10 – 13, 14 – 17 Uhr | www.lana.info

Waalweg zum Wasserfall

Die Leonburg am Eingang zum Gampenpass ist eine trutzige Festung mit zwei imposanten Bergfrieden. Zu Beginn des 13. Jh.s erbaut, war sie von großer militärischer Bedeutung. Seit der Mitte des 15. Jh.s gehört sie den Grafen von Brandis (keine Besichtigung). **Burg Brandis** beim Golfplatz ist heute eine Ruine, kann jedoch mit Erlaubnis der Grafen Brandis besichtigt werden.

Leonburg

Der gemütliche Spaziergang (5 km) auf dem **Brandis-Waalweg**, entlang eines alten Bewässerungsgrabens, bietet einen Abstecher hinunter zur Kapelle St. Margareth. Am Ende rauscht ein kleiner Wasserfall oberhalb des Golfplatzes von Lana (hin und zurück knapp 1,5 Std.).

Hier führt die Natur Regie

Der kleine Ort (ital. Postal) liegt gegenüber von Niederlana zwischen Obstplantagen und Weinbergen. In der Pfarrkirche hängt eine »Anbetung der Könige« von 1541; die übrige Ausstattung zeigt den Stil des Historismus. Von hier kommt man bequem mit der Kabinenbahn nach **Vöran** und auf den **Tschögglberg**. Die reizvolle Almenlandschaft wird von vielen Wanderwegen erschlossen. Etwas Besonderes ist das »Knottnkino« (Knotten = Felsen) auf dem 1465 m hohen Rotsteinkogel. Mit dem Millenniumsprojekt erklärte der Bozner Künstler Franz Messner (1952 – 2017) seine Heimat zum Kunstobjekt. Hier heißt es Platz nehmen auf einem der 30 Klappsessel aus Edelstahl und Kastanienholz und Film ab: Zu sehen gibt es den durch Tageszeit und Wetter wechselnden Blick über das Etschtal zu den Ultner Bergen und zum Ortler.

Burgstall

Kürzester Weg: Parkplatz oberhalb des Gasthofes Alpenrose in Vöran; Streckenlänge: 2,9 km, reine Gehzeit 40 Minuten, Höhenunterschied: 160 m

Verwunschener See

In einem idyllisch gelegenen Naturbad in Gargazon, das am Rande mit Seerosen umrankt ist, kann man wunderbar in ungechlortem Wasser schwimmen. Das Dorf lehnt sich im Südosten des Meraner Talkessels an den Berghang; überragt wird es von der restaurierten Ruine des **Krölturms**, der im 13. Jh. von der Adelsfamilie Trautson errichtet wurde und den Weg ins Etschtal sicherte.

Gargazon

ZIELE
LANA

Mystischer Kultplatz

St. Hippolyt

An der Straße zum Gampenjoch, ein wenig südlich von Lana, steht auf einem Hügel bei Naraun das 1286 geweihte Kirchlein St. Hippolyt. Der Hügel war schon in prähistorischer Zeit besiedelt, das belegen Funde aus der Steinzeit. Vom Parkplatz erreicht man den von vielen als »Kraftort« empfundenen Hügel in 20 Minuten zu Fuß.

Rokoko und venezianische Spiegel

Schloss Lebenberg

Zwischen Meran und Lana liegt in einem fruchtbaren Obst- und Weinbaugebiet das Dorf **Tscherms** (Cermes). Über dem Dorf thront Schloss Lebenberg, 1260 von den Herren von Marling errichtet. Das Schloss ist bewohnt, ein Teil der Anlage kann jedoch besichtigt werden. Sehenswert sind die Kapelle mit gotischen Fresken (14. Jh.) und verschiedene Säle im Stil der Gotik bis Empire, u. a. der Waffensaal, der Spiegelsaal und der Rittersaal.

Lebenbergstr. 15 | April – Okt. Mo. – Sa. 10.30 – 12.30, 14 – 16.30 Uhr 8 €

Hausberg mit Mineralquellen

Vigiljoch

Die Höhenterrasse am Vigiljoch (1486 m), dem **Hausberg von Lana** mit einer kleinen, fast autofreien Hotel- und Ferienkolonie, ist im Sommer ein beliebtes Wandergebiet und im Winter ein kleines Skirevier für Kinder und Anfänger. Man erreicht sie mit einer schon 1912 installierten Seilbahn von Lana aus (Talstation an der Straße ins Ultental; www.vigilio.com). Von der Bergstation geht es weiter mit einem Sessellift auf den Larchbühel (1824 m) mit dem romantisch auf einem kleinen Hügel gelegenen St. Vigilius Kirchleich. Hier blühen wilde Orchideen und das Biotop der schwarzen Lacke besticht durch seltene Sumpf- und Moorpflanzen. Im Herbst zaubern goldene Lärchenwälder ein Feuerwerk der Natur.

Der eigentliche Schatz liegt jedoch in felsiger Tiefe: kristallklares, leicht radioaktives Wasser. In den 1960er-Jahren begann man in kilometerlangen Leitungen das Wasser nach Meran zu transportieren, wo es bis heute als **Meraner Mineralwasser** abgefüllt wird. Aufgrund seiner beruhigenden und auch schmerzlindernden Wirkung wird das radonhaltige Vigiljocher Wasser seit 1972 auch für Kuranwendungen von der neuen Therme Meran angeboten.

Burgen und Bauernbadl

Völlan

Südlich von Lana liegt Völlan (Folana) auf einer Terrasse in 696 m Höhe. Der bekannteste Einwohner ist der Rennrodler Armin Zöggeler, der fünf Olympiamedaillen und zahlreiche Weltcupsiege errang. Am Ortsrand steht die Ruine der **Mayenburg** (12. Jh.) mit wuchtigem Bergfried und Ringmauer (Privatbesitz, nicht zu besichtigen). Wertvolle Fresken von 1433 sind in der Völlaner Pfarrkirche St. Severin zu sehen, im Chor zeigt eine Darstellung die unzerstörte Burg. Das

ZIELE
LANA

1816 eröffnete **Völlaner Badl**, ein in Südtirol häufiges Bauernbadl, wurde in den letzten Jahren wiederbelebt. Ein kleines Bauernmuseum gibt Einblicke in das bäuerliche Leben.
Bauernmuseum: Badlweg 2 | Mitte April – Okt. Di., Fr. 14 – 17, So. 15 – 17 Uhr

EISBLUMENMEER
Nach manch eiskalter Frühlingsnacht lohnt es sich früh aufzustehen. Dann hat sich über Nacht ein Meer von Obstblüten in gefrorene, glitzernde Eisblumen verwandelt. Denn die Obstbauern haben die empfindlichen Blüten zu ihrem Schutz mit schnell gefrierendem Wasser besprüht. Am besten zu sehen ist das Eisblumenmeer in **Lana,** wo jährlich Tausende von Bäumen blühen.

ZIELE
LATSCH

 LATSCH

Italienisch: Laces | **Höhe:** 639 m ü. d. M. | **Einwohner:** 5150

Im Herzen des Vinschgaus ist man mitten in einer lieblichen Landschaft voller Obstbäume, Kirchen und Burgen, umgeben von Bergen und ewigen Gletschern. All das macht Latsch zu einem attraktiven Urlaubsort für Kultur- und Naturliebhaber. Bei Spaziergängen entlang alter Bewässerungskanäle, auf den sogenannten Waalwegen, lässt sich beides wunderbar verbinden.

Bei Latsch im Untervinschgau mündet das Martelltal, das sich bis zu den Hochgebirgsgletschern von Ortler und Cevedale zieht, in das Etschtal. Es war ein wichtiger Verkehrsknotenpunkt: Hier traf die beliebte Handelsroute vom Nonsberg über das Ultental auf die Römerstraße Via Claudia Augusta im Vinschgau. Heute leben die Bewohner von Obstanbau, einer Gewerbezone im Westen des Orts und vom Fremdenverkehr. Zur Gemeinde gehören außer Latsch die Dörfer Morter (▶ Martelltal), Tarsch und St. Martin im Kofel auf dem Sonnenberg.

Wohin in Latsch und Umgebung?

Spätgotischer Flügelaltar und Menhir

Spitalkirche zum Hl. Geist

Die Kirche des ehemaligen Heiliggeistspitals wurde im 14. Jh. auf den Fundamenten eines älteren Gotteshauses erbaut und von den Annberger Grafen, die auf dem gegenüberliegenden Sonnenberg residierten, im 15./16. Jh. umgestaltet. Sie ist fast vollständig ausgemalt; die Fresken (Ende 16./Anfang 17. Jh.) zeigen u. a. die Stifterfamilie Heinrich von Annenberg mit zwei Ehefrauen und neun Kindern an der Westwand. Hauptsehenswürdigkeit ist der spätgotische **Flügelaltar** des schwäbischen Meisters Jörg Lederer (um 1517). Meisterwerke sind auch die vier Tafelgemälde der Flügelaußenseiten, die Hans-Leonhard Schäuffelin zugeschrieben werden. Der Flügelaltar zählt zu den wertvollsten in Südtirol. Die **Bichl-Kirche** in der Bühelgasse wurde 1032 zum ersten Mal geweiht. Bei Restaurierungsarbeiten 1992 entdeckte man im Altar einen 5000 Jahre alten marmornen Menhir mit Ritzzeichnungen. Hinter dem Dorfplatz steht die kleine romanische Kirche **St. Nikolaus** aus der Zeit um 1200.

Spital- und Bichl-Kirche sind mit Führung nach Anmeldung zu besichtigen; Anfang Mai – Okt., Treffpunkt Mo. 10 Uhr im Tourismusbüro Latsch | 5 € | www.latsch-martell.it

Flügelaltar der Spitalkirche: Gottvater trauert um seinen toten Sohn.

Großkopferte und Wasserburg

Heiligenfiguren mit viel zu großen Köpfen, darüber der hl. Michael mit der Seelenwaage. Es ist ein Werk der Vinschgauer Steinmetzschule, das am Westportal der gotischen Pfarrkirche **St. Peter und Paul** im Ortszentrum zu sehen ist. Der Chor wurde um 1500 erbaut, das Langhaus besitzt noch Teile des Vorgängerbaus. Am Westportal ist ein Werk der Vinschgauer Steinmetzschule zu sehen: Innen wurde die Kirche 1860 neogotisch umgebaut.

Schloss Latsch besitzt einen zinnenbekrönten, vierkantigen Wehrturm. Die einzige Wasserburg im Vinschgau entstand im 13. Jh. als Stammsitz der Herren von Annenberg (Privatbesitz, nicht zugänglich).

Pfarrkirche und Schloss

Rotes Schloss

Wegen seiner Fassadenfarbe wird der westlich des Ortskerns an der Hauptstraße stehende Ansitz Mühlrain auch »Rotes Schloss« genannt. Der Barockbau mit zwei Erkertürmchen ist mit Fresken überzogen (Privatbesitz; nicht zugänglich). Die barocke Annakapelle daneben schmückt ein Relief der Unbefleckten Empfängnis.

Ansitz Mühlrain

LATSCH ERLEBEN

**TOURISMUSVEREIN
LATSCH-MARTELL**
Hauptstr. 38/A
39021 Latsch
Tel. 04 73 62 31 09
www.latsch-martell.it

Vinschger Bahn von/nach Meran und Mals, www.vinschgerbahn.it

**RESTAURANT KUPPELRAIN
€€€€**
Im Gourmetlokal Kuppelrain (ein Michelin-Stern) ist die ganze Familie im Einsatz. Chefkoch Jörg Trafoier managt mit Sohn Kevin die Küche, Tochter Natalie zaubert herrliche Pralinen sowie feinstes Gebäck und Mama Sonya Egger sorgt als Sommelière für die Weinbegleitung. Die Speisen sind ein verführerischer Reigen durch die Jahreszeiten. Bistro mit leichter Küche schon ab 10 Uhr geöffnet. Es gibt vier **Gästezimmer** (€€€).
Kastelbell
Bahnhofstr. 16
Tel. 04 73 62 41 03
So., Mo. mittag geschl.
www.kuppelrain.com

HOTEL PARADIES €€€€
Komfortables Hotel mit Zimmern im traditionellen Landhausstil, mit gehobener Küche, großzügiger Bade- und Saunalandschaft und großem Park
Latsch
Quellenweg 12
Tel. 04 73 62 22 25
www.hotelparadies.com

LATSCHERHOF €€
Sympathisches Familienhotel mit 26 Zimmern am Waldrand, Treffpunkt für Mountainbiker
Latsch
Valtneidweg 6
Tel. 04 73 62 31 52
www.latscherhof.com

TURM-CHALET €€€€
Das Turm-Chalet, von Werner Tscholl erbaut, liegt am Sonnenberg 1730 m hoch. Mit Garten, Naturpool und Terrassen.
St. Martin im Kofel
Tel. 33 58 18 55 10
www.turm-chalet.com

FALZROHR €
Ferienwohnung in einem Haus aus Holz und Glas (Architekt: Werner Tscholl) mit tollem Ausblick
Kastelbell-Tscharts
Klostergasse 19
Tel. 04 73 62 43 65
www.falzrohr.com

Annamaria und Urban Gluderer verkaufen im **Kräuterschlöss'l** Kräuter aller Art, Lebensmittel und Kosmetik; auf der Dachterrasse gibt es einen Liebesgarten (Goldrain, Schanzenstr. 50, www.kraeutergold.it).

Im Hintermartell liegt auf 1700 m das **Langlauf- und Biathlonzentrum Martell**, Ausrüstung kann geliehen werden (St. Maria i.d. Schmelz 16). Badespaß, u. a. ein Sportbecken für ambitionierte Schwimmer, eine große Rutsche für Kinder, Solebecken und Saunalandschaft, bietet das **Aquaforum Latsch** (Marktstr. 48, www.aquaforum.it).

ZIELE
LATSCH

Waalwege
Etwas talabwärts, abseits der Reschenstraße, liegen Galsaun mit einer Burgruine (13./14. Jh.) und Tschars mit der gotischen Martinskirche (16. Jh.). Tschars ist Endpunkt zweier schöner Waalwege: Der knapp 8 km lange **Latschander Waalweg** (ab Schloss Kastelbell) führt über die Latschanderschlucht nach Latsch. Der abwechslungsreiche und daher beliebte **Tscharser Schnalswaal** führt vom Hotel Himmelreich (Tschars, Klostergasse) über Schloss Juval nach Neuratheis. Der mit 11 km zweitlängste Waalweg Südtirols wurde 1517 angelegt, 12 Jahre Bauzeit waren nötig!

Galsaun/ Tschars

Ausstellungen und Events
Knapp 3 km östlich thront am linken Etschufer das zinnenbekrönte Schloss Kastelbell auf einem Felsen. Es wurde 1238 zum ersten Mal erwähnt und im 19. Jh. gründlich restauriert. Über lange Zeit gehörte es den Grafen von Hendl, nun der Südtiroler Landesregierung. In den großzügigen Räumen mit ihrem mittelalterlichen Ambiente finden Ausstellungen und Veranstaltungen statt. Eine Dauerausstellung ist der »Via Claudia Augusta«, der römischen Hauptstraße durch den Vinschgau gewidmet.
Schlossweg 1 | Führungen: Ende Juni – Mitte Sept. Di. – So. 11, 14, 15, 16 Uhr | 6 € | www.schloss-kastelbell.com

Kastelbell

Pilger- und Wanderziel
Von Latsch geht es mit einer Seilbahn zum Bergdorf St. Martin im Kofel auf 1740 m, Ausgangspunkt schöner Höhenwanderungen. Die namensgebende, Martin von Tours geweihte Kirche ist ein altes Pilgerziel; neben dem Chor steht in einer Felsnische die Statue des hl. Martin hoch zu Ross. Vom Ort hat man einen grandiosen Blick auf die Ortlergruppe. Mit der Sesselbahn geht es weiter zur bei Wanderern und Skifahrern beliebten **Tarscher Alm** (1940 m). Ein gemütlicher Wanderweg führt um den Tarscher See herum.

St. Martin im Kofel

Weitere Ziele in der Umgebung von Latsch
Südwestlich von Latsch liegt jenseits des Marienwaals der Ortsteil Tarsch. Die Fresken der Michaelskirche stammen aus dem 13. bis 15. Jh., der Hochaltar ist gotisch. Das nicht zugängliche Kirchlein des hl. Medardus hoch oberhalb des Etschtals ist romanischen Ursprungs. Goldrain liegt 3 km westlich von Latsch am rechten Ufer der Etsch und der Einmündung des Martelltals. Namensgeber ist **Schloss Goldrain** mit markanten Ecktürmen und einer mächtigen Umfassungsmauer aus dem 12. Jh.; im 16. Jh. bauten es die Grafen von Hendl im Renaissancestil um. Das heutige Bildungszentrum des Vinschgaus kann nach Voranmeldung besichtigt werden. Südlich von Goldrain führt die Straße ins ▶ Martelltal.
www.schloss-goldrain.com

Tarsch und Goldrain

ZIELE
MALS

 MALS

Italienisch: Malles Venosta | **Höhe:** 1051 m ü. d. M. |
Einwohner: 5100

Das »Wunder von Mals« heißt ein Dokumentarfilm, der dem Dorf der Ökorebellen gewidmet ist. Denn die Malser haben per Volksabstimmung entschieden, der Agrarindustrie die Stirn zu bieten, keine Pestizide mehr einzusetzen und ausschließlich ökologische Landwirtschaft zu betreiben. Als ein Künstler auch noch einen ehemaligen Bunker zur Friedensterrasse umbaute, hieß es, man müsse die Kirche doch mal im Dorf lassen. Kein Problem, schließlich hat die einstige Sieben-Kirchenstadt heute noch immer vier Kirchen und einen Burgturm.

Der von vier Kirch- und einem Burgturm beherrschte Hauptort des Obervinschgaus liegt an der Reschenstraße, am Südrand der Malser Haide, die einen Kontrast zur meist üppig grünen Landschaft des Unteren Vinschgaus bildet. Das Dorf mit engen steilen Gassen ist ein schöner Ausgangsort für Entdeckungsfahrten zum Reschenpass, ins Münstertal, zum Stilfser Joch und in den Untervinschgau. Bekannt ist es neben seinem Ökorebellentum auch für die Sport-Oberschule, eine Kaderschmiede für Wintersportler.

Stadt der fünf Türme

Im Mittelalter konkurrierten die beiden Orte Mals und Glurns miteinander. Während in Mals die Bischöfe von Chur das Sagen hatten, herrschten in Glurns die weltlichen Landesfürsten. Heute pocht das wirtschaftliche und verwaltungspolitische Herz des Obervinschgaus in Mals. Ganz wesentlich für diese Entwicklung war die 1906 eingeweihte Vinschger Bahn, die in Mals endete. Ursprünglich sollte sie über den Reschenpass bis nach Landeck verlängert werden, doch der Erste Weltkrieg machte diese Pläne zunichte. 1990 wurde die Bahn stillgelegt. Seit Mai 2005 fährt die bunte **Vinschger Bahn** zur Freude der Einheimischen und Besucher wieder nach Meran; im Sommer wird sie gerne von Radlern benutzt, die den populären Vinschger Radweg von Mals in Richtung Meran fahren.

Wohin in Mals?

Fresken aus karolingischer Zeit

St. Benedikt

Die kleine, um 800 erbaute Benediktkirche am Dorfrand gehört mit ihren Fresken und Stuckverzierungen aus karolingischer Zeit zu den kunsthistorischen Schätzen des Vinschgaus. Der Kirchturm folgte im 12. Jahrhundert. 1786 wurde die Kirche profaniert. Erst um 1913 entdeckte man die **Fresken aus karolingischer Zeit** sowie drei huf-

MALS ERLEBEN

TOURISMUSVEREIN MALS
St. Benedikt-Str. 1, 39024 Mals
Tel. 04 73 83 11 90
www.ferienregion-obervinschgau.it

Vinschger Bahn von/nach Meran, www.vinschgerbahn.it; Busse nach Nauders (Österreich) und durch das Münstertal in die Schweiz

GASTHOF ZUM GOLD'NEN ADLER €–€€
Holzgetäfelte Stuben im Gasthof 2 km westlich von Mals; die Zutaten der Südtiroler Gerichte stammen v. a. aus der eigenen Landwirtschaft. Mit Zimmern und Appartements.
Schleis 46, Tel. 04 73 83 11 39
Do. geschl.
www.zum-goldnen-adler.com

MICHLWIRT €–€€
Historisches Landgasthaus mit schönem Kachelofen. Die saisonalen Gerichte werden noch auf dem Holzofen zubereitet. Gemüse und Kräuter stammen aus dem eigenen Garten. Do. und Fr. werden Fisch sowie Krusten- und Schalentiere serviert.
Tartsch 35, Mals, Tel. 32 83 63 88 61
Mo., Di. geschl., Saisonpause Juli bis Anf. Sept., www.michlwirt.it

GERSTL €€€€
Hoch über dem Talkessel des Vinschgaus liegt auf ca. 1500 m das Alpin und Relaxhotel Gerstl. Im modernen Alpenstil eingerichtete Zimmer, schöner Wellnessbereich mit Infinitypool und Badeteich fast so, als könne man in die Bergwelt hinausschwimmen.
Schlinig 4, Mals, Tel. 04 73 83 14 16, www.dasgerstl.com

BIO HOTEL PANORAMA €€€
Holz, Flachs, Kork und Lehmwände – alle elektrosmogfreien Zimmer wurden mit natürlichen Materialien ausgestattet. Die Natur gibt auch den Speiseplan vor. Gekocht wird mit Produkten vom Bio-Bauern oder aus dem eigenen Biogarten; kleiner Wellnessbereich.
Staatsstraße 5, Mals, Tel. 04 73 83 11 86, www.biohotel-panorama.it

HOTEL GREIF €€€
Das traditionelle Hotel im Malser Zentrum wird nach ökologischen Gesichtspunkten geführt. Im Restaurant im ersten Stock kommen vegetarische und Vollwert-Küche auf den Tisch.
Gen. Verdross-Str. 40a, Mals
Tel. 04 73 83 11 89, Di. geschl.
www.hotel-greif.com

Die Käsesorten der **Hofkäserei Englhorn** werden in der feinen Gastronomie serviert. Der Hof liegt ein wenig versteckt in Schleis, aber die Mühe lohnt sich, besonders für die aromatischen Rohmilchkäse (Schleis 8, www.englhorn.com). Vom Fruchtaufstrich über Tees, Öle, Weine, Felle und Lederwaren gibt es regionale Produkte im **Bauernladen Michael Pobitzer** (Gerbergasse 18, www.pobitzer.org).

Hallenbad, Erlebnisbad, Sauna, Kegelbahn und Tennisplätze bietet Sportwell (Glurnser Str. 7, www.sportwell.it). Von St. Valentin führt eine Gondelbahn ins **Skigebiet** Haideralm auf 2060 m Höhe, im Sommer ein Paradies für Wanderer (www.haideralm.it).

ZIELE
MALS

eisenförmige Nischen an der Ostwand wieder, wohl eine Variante der Dreiapsidenkirche. Neben den Malereien fand man auch die Reste von sechs Stucksäulen, die ursprünglich an den Nischen standen.

Einzigartig sind die recht individuellen **Darstellungen des weltlichen Kirchenstifters**, eines fränkischen Adligen in blauem Umhang und mit einem Schwert, **und eines geistlichen Würdenträgers** mit dem Modell der Kirche. Beide Herren tragen rechteckige Nimben über ihren Köpfen, ein Zeichen dafür, dass sie noch lebten, als der Maler sie auf die Kirchenwand bannte. Sicher war die Kirche einst vollständig ausgemalt; heute sind nur an der Nordwand Reste der Gregorlegende und die damals sehr beliebten Paulusszenen erhalten, darunter das »Rutenmartyrium«, wobei Paulus und sein Begleiter Silas gut genährt und eher fröhlich aussehen.

Ende März – Ende Juni, Okt. Di., Do., Sa. 10 – 11.30, Anfang Juli bis Ende Sept. Mo. – Sa. auch 15 – 16.30 Uhr | Führungen: Ende März bis Ende Juni und Okt. Mo., Mi., Fr. 14, Anfang Juli – Ende Sept. Mo. – Fr. 14 Uhr | 3 €, mit Führung 3 € | www.stiegenzumhimmel.it

Weitere Sehenswürdigkeiten

St. Martin, St. Johann
Unterhalb von St. Benedikt erhebt sich der romanische Turm der Kirche **St. Martin** (12. Jh.). Hinter ihrer Umfassungsmauer ist der romanische Pfarrbezirk mit Kirchanger und Friedhof erhalten. Von der 1799 von französischen Truppen zerstörten **St.-Johann-Kirche** (ebenfalls

Die vielen Türme von Mals verschwinden beinahe angesichts des Ortlers.

12. Jh.) blieb nur der schöne romanische Turm übrig. An der spätgotischen Michaelskirche vorbei erreicht man den Friedhof. Hier findet sich die Grabstätte der Familie Plattner. **Karl Plattner** kam 1919 in Mals zur Welt, starb 1986 in Mailand und zählt zu den bedeutendsten Malern Südtirols im 20. Jahrhundert. Von ihm stammen das Fresko »Grablegung Christi« (1950) in der Kapelle für die Gefallenen in der Michaelskirche sowie das Fresko am Familiengrab (1966). In der Stadtpfarrkirche Maria Himmelfahrt (1835) schmückt das Bild der »Tod des hl. Joseph« von **Martin Knoller** (1782) einen Seitenaltar. Mitten in Mals erhebt sich schließlich noch der 33 m hohe runde Bergfried, der **Fröhlichsturm** ist der Rest einer Burg aus dem 12. Jh. (Privatbesitz). Wer die 164 Stufen hochsteigt, wird mit einem schönen Ausblick belohnt.

Turmbesteigung: Ende Juni – Anf. Sept. Di. – Do. 11 Uhr | 3 € nach Anmeldung beim Tourismusverein

Schöne Aussicht

Von der zur Ortschaft Mals abfallenden, bis zu 2000 m hohen, von Waalen durchzogenen und von Lärchenwäldern gesäumten Malser Haide hat man schöne Ausblicke auf die Ortlergipfel. Das alte Bewässerungssystem der Waale muss allerdings immer häufiger modernen Sprinkleranlagen weichen. Die buckligen Wiesen werden für die maschinelle Bearbeitung eingeebnet, was das einmalige Landschaftsbild erheblich ändert. Erreichbar ist die Malser Haide mit einer modernen Gondelumlaufbahn von **St. Valentin**. Die rund 13 km² große Ebene auf einem gewaltigen Mur- und Schuttkegel entstand während der Eiszeit. Auf den südlichen Ausläufern gedeihen Apfelbäume auf immerhin 1000 m Höhe. Am Nordostrand der Malser Haide liegt an den Berg geschmiegt der Weiler **Plawenn** auf 1700 m Höhe mit einem zinnengekrönten Ansitz. Auch **Monteplair**, ein Bauerndorf südlich von St. Valentin, in dem die Zeit scheinbar stehen geblieben ist, lohnt einen Abstecher.

Malser Haide

| Rund um Mals

Schauplatz der Calvenschlacht

Das typische Vinschgauer Dorf Laatsch, etwa 1 km südwestlich von Mals am Eingang ins Münstertal, war 1499 Schauplatz der Calvenschlacht (▶ Geschichte, S. 341). In der Dorfmitte steht die zweigeschossige St.-Leonhard-Kirche, unter deren Chor die Dorfstraße durch einen Tunnel führt. Gotische Fresken schmücken die Innenwände, der Flügelaltar entstand vermutlich im 15. Jh. in der Werkstatt von Hans Schnatterpeck.

Laatsch

Auskunft im Tourismusverein Mals, Schlüssel auch bei Familie Hutter im Haus Nr. 30 oder im Pfarrhaus

ZIELE
MARTELLTAL

Friedensbunker

Tartsch Das Dorf Tartsch liegt unweit südöstlich von Mals am Fuß des **Tartscher Bühels**, eines Moränenhügels, der als Solitär aus der Malser Haide aufragt. Hier befindet sich ein Bunker, den Mussolini als Teil der Badoglio-Linie (Alpenwall) bauen ließ, da er seinem nationalsozialistischen Verbündeten nicht traute. Einige Bunker hat man heute an Privatleute verkauft. Der Künstler Benny von Spinn hat Bunker 23 in eine **Friedensterrasse** umgebaut. Das Bunkerdach ist umgeben von einer Holzstruktur, welche die Schwingungen von John Lennons Song »Give peace a chance« nachzeichnet und hat einen mobilen runden Tresen aus frei schwingenden Sesselliftsitzen. Aus der 4 m dicken Fassade ragt die Hälfte eines Wohnwagens. Im Innern befinden sich ein Speck- und Käsekeller und mehrere kleine Zimmer für private Gäste. Hier soll ein Ort für Kunst- und Kulturevents entstehen (Besucherkontakt: www.facebook.com/bennyvonspinn/). Im Vinschgau gibt es nun einige Bunker in Privatbesitz, die heute oft als Reifekeller für Käse oder als Lagerraum für Weinbauern dienen.

Auf dem Tartscher Bühel steht die romanische **Kirche St. Veit** (um 1200). Der Christus als Weltenherrscher ist das größte romanische Fresko von Christus in Südtirol. Im mittleren Register sind wohl die Apostel abgebildet. Der Hügel war bereits in vorchristlicher Zeit besiedelt. Bei Grabungen stieß man auf Fundamente von 80 rätischen Häusern (5. bis 3. Jh. v. Chr.). Am ersten Fastensonntag treffen sich hier die jungen Männer von Tartsch zum »**Scheibenschlagen**«.

Etwas südlich von Tartsch passiert man das 1949 gebaute Kavernenkraftwerk des Montecatini-Konzerns, das Strom durch die Reschenseestauung erzeugt. Rechts der Straße steht das bombastische Denkmal eines Rossbändigers (»Vereinte Kraft«). Es zeugt von Pathos und Machtarchitektur seiner damaligen Bauherren.

St. Veit: Besichtigung nur mit Führung April – Sept. Di. 15 Uhr nach Anmeldung beim Tourismusverein Mals | 2 €

★ MARTELLTAL

Italienisch: Val Martello | **Einwohner:** 850

Aus einer Kelle, Sichel oder Kanzel kann man in tiefe Abgründe blicken. Die avantgardistischen Bauten führen Besucher nah an die bislang nur schwer zugängliche Plimaschlucht mit ihrem tosenden Wildwasser heran. Das schmale Martelltal ist eines der schönsten Seitentäler des Vinschgaus, bekannt für seine bis zu 1700 m hoch gelegenen Erdbeerfelder und seine Bartgeier, die hier in den letzten Jahren wieder angesiedelt werden konnten.

ZIELE
MARTELLTAL

Das Martelltal liegt im Nationalpark Stilfser Joch und erstreckt sich von Morter (967 m) bis zum Cevedale-Gletscher auf 3769 m Höhe. Die Bewohner leben in verstreuten Siedlungen auf beiden Seiten des Wildbachs Plima, der immer wieder über die Ufer tritt. 1987 zerstörte eine Flutwelle weite Teile des Tals, 16 Häuser und viele Kilometer Straße, als nach heftigen Unwettern am Zufrittstausee die Schleusen geöffnet wurden. Wie durch ein Wunder wurde niemand verletzt.

Erdbeeren und Eis

Wohin im Martelltal?

Hochalpin ohne Seilbahnen, Lifte und Skipisten

Morter liegt am Eingang des Martelltals. Die südlich bergan führende Talstraße wurde im Ersten Weltkrieg für den Nachschub der Ortler-Cevedale-Front gebaut. An der **Pfarrkirche St. Dionysius** ist ein großes Christophorus-Fresko (um 1500) zu sehen. Etwas außerhalb steht zwischen Obstbäumen die romanische Dreiapsidenkirche **St. Vigilius.** Im Innern des 1080 geweihten Sakralbaus ist ein schöner Mäanderfries erhalten. Eine kurze Wanderung führt zu den Burgruinen Unter- und Obermontani und zur Stephanskapelle hinauf. Die **Burg Obermontani** wurde 1228 von Albert II. von Tirol als Trutzburg gegen die Churer Bischöfe errichtet. Sie beherbergte eine bedeutende Bibliothek mittelalterlicher Handschriften. 1837 fand man hier die **zweitälteste Handschrift des Nibelungenlieds** (1323, heute in den Sammlungen der Stiftung Preußischer Kulturbesitz). Die **Burg**

Montani in Morter

Unterwegs im Martelltal, im Hintergrund der Monte Cevedale

ZIELE
MARTELLTAL

Untermontani liegt nördlich und 30 m tiefer. Als Vorburg dürfte sie Anfang/Mitte des 13. Jh.s erbaut worden sein. Die einstige **Schlosskapelle St. Stephan** bewahrt kostbare gotische Fresken aus dem 15. Jh.: Die Bilder an der Ost- und Nordwand stammen von lombardischen Wandermalern, die anderen von schwäbischen Künstlern.
St. Vigilius: Schlüssel für Besichtigung im nahen Bauernhof, Platzergasse 30 | **St. Stephan:** Führungen tägl. 11 und 15 Uhr nach Voranmeldung bei Familie Peer, Tel. 04 73 74 23 44

Bergbauernwelt

Martell

Hinter Morter überwindet die Talstraße in Serpentinen einen gewaltigen vorgeschichtlichen Bergsturz. Etwas abseits der Talstraße liegt Martell, der Hauptort der Gemeinde, auf 1312 m. Von hier erreicht man auf schönen Wegen den höchstgelegenen Marteller Hof, das Berggasthaus Stallwieser (▶ unten). Das Nationalparkhaus **Culturamartell**, ein auffälliger Holzbau in Trattla, ist ein modernes Heimatmuseum, das neben Wechselausstellungen vom Leben der Bergbauern erzählt.
Trattla 246 | Mai – Okt. Di. – Sa. 9.30 – 12.30, 14.30 – 18, Juli, Aug. bis 18 Uhr | 3 € | www.culturamartell.com

MARTELLTAL ERLEBEN

TOURISMUSVEREIN MARTELLTAL
Hauptstraße 38/a, 39021 Latsch
Tel. 04 73 62 31 09
www.latsch-martell.it

Vinschger Bahn von / nach Meran und Mals, www.vinschgerbahn.it; ins Martelltal fahren Busse von Goldrain und Morter.

LYFI-ALM €
Auf 2165 m mit herrlichem Blick auf Ortler und Cevedale, bäuerliche Küche, auch Fondue. Mit 3 Gästezimmern.
Tel. 04 73 74 47 08
Mitte Mai – Ende Okt.
www.lyfialm.it

HOTEL ZUM SEE €
Ruhiges Hotel, 1870 m hoch gelegen, idealer Ausgangspunkt für Wanderungen auf die Zufallspitze (3700 m)
Hintermartell 207
Tel. 04 73 74 46 68
www.hotelzumsee.com

BERGGASTHAUS STALLWIESER €
Hoch über dem Martelltal liegt auf fast 2000 m einer der höchsten bewirtschafteten Bauernhöfe Südtirols. Beim Stallwieser gibt es Südtiroler Küche aus eigenen Hofprodukten. Fünf Zimmer sind ein idealer Standort für Ausflüge in die umliegende imposante Bergwelt.
Waldberg 1
Tel. 04 73 74 45 52
Do. Ruhetag
www.stallwies.com

ZIELE
MERAN

Vom Felssturz verschont

Im hinteren Martelltal liegt die Kapelle St. Maria in der Schmelz. Sie wurde 1711 für die Arbeiter erbaut, die hier ab Mitte des 15. Jh.s Kupfer, Eisen und etwas Silber schürften. Jeden ersten Julisonntag wird das Patrozinium bei dem hohen Felsblock gefeiert, der bei einem Felssturz die Kirche verschonte. Oberhalb des Zufritt-Stausees (1850 m) folgt der Talschluss, Ausgangspunkt für Hochgebirgstouren in die Gletscherwelt von Ortler und Cevedale. Auf 2160 m liegt die rote Ruine des **einstigen Luxushotels Paradiso**, 1933–1935 erbaut und 1946 insolvent.

Kapelle St. Maria in der Schmelz

Spektakuläre Blicke aufs Wildwasser

Kunstvoll gefertigte Stahlkonstruktionen in Form einer Kanzel, einer Hängebrücke, einer Sichel und einer Kelle führen Besucher im hinteren Martelltal so nah wie möglich ans Wasser in der Plimaschlucht. Die Architektin der avantgardistischen Bauwerke, Heike Pohl, will jedoch nur zu dem hinleiten, was es schon gibt. Die wahre Attraktion bleibt die Schlucht: ein Naturdenkmal, das Eis- und Schneeschmelze der Marteller Gletscher in Jahrtausenden geformt haben und bisher kaum zugänglich war. Der 5,5 km lange Rundweg führt vom Talschluss des Martelltals nach dem Zufritt-Stausee bis zur Zufallhütte auf 2256 m, Gehzeit ca. 1,5 Std.

★
Plimaschluchtenweg

★★ MERAN

Italienisch: Merano | Höhe: 325 m ü. d. M. | Einwohner: 40 000

»Ich wollte, ich könnte Ihnen etwas Meran senden, den goldenen Sonnenschein und diese müde duftende Luft«, schrieb einst Arthur Schnitzlers Muse Olga Waissnix an den Schriftsteller. Der Prunk und Pomp der alten Kurstadt mit ihren Villen und Parkanlagen aus der K.-u.-k.-Zeit versank jedoch nach zwei Weltkriegen im Dornröschenschlaf und Meran pflegte über Jahre ein recht angestaubtes Image. Heute hat sich die Stadt geschickt zum Mittelpunkt der Südtiroler Wellness- und Spa-Szene gemausert und versteht es, seine prächtige Kulisse dafür in Szene zu setzen: Verlockend ist das Flanieren unter den Lauben mit seinen zahllosen Geschäften, reizvoll sind die Gärten von Schloss Trauttmansdorff und die Thermenlandschaft. Und das alles an 300 Sonnentagen im Jahr.

Zwischen Palmen und Schneebergen

Meran lockt mit besonders mildem Klima, Zitronenbäumen, Weinbergen und Obstplantagen, denn die Berge der Texelgruppe schützen die

ZIELE
MERAN

kleine Stadt am Zusammenfluss von Etsch und Passer vor den kalten Nordwinden. Zwischen Palmen und schneebedeckten Gipfeln verzaubert die Stadt mit mediterranem Flair und Weinbergen am Eingang des Schnalstals bis hin zur hochalpinen Gletscherwelt der Ötztaler Alpen.

Von den Anfängen bis zur Kurstadt

Geschichte Als Ötzi vor etwa 5300 Jahren durch die Alpen streifte, waren die Anhöhen rund um den damals noch versumpften Talkessel von Ackerbauern bewohnt. Später siedelten hier die Räter, kurz vor der Zeitwende gründeten die Römer die Militärstation Castrum Maiense, woraus die 857 erstmals erwähnte Siedlung Mairania entstand. Ihre Blütezeit erlebte sie im Mittelalter als **Hauptstadt von Tirol**. Die Laubenstraße wurde angelegt, die Stadt mit Mauern umgeben und eigene Münzen wurden geschlagen. Rund um die Stadt entstanden zahlreiche Adelssitze, denn alle suchten die Nähe zur Macht. Hinzu kam, dass Meran auf dem Krönungsweg lag, über den die deutschen Kaiser nach Rom zogen. Als aber 1420 die landesfürstliche Residenz von Schloss Tirol nach Innsbruck verlegt wurde, versank Meran in Bedeutungslosigkeit. In den Lauben lungerten Kühe herum, wie die Chronik erzählt, und man sprach vom »Kuhstadtl«.

Der zweite Aufstieg Merans begann Anfang des 19. Jh.s, Luise, die Witwe Napoleons I., pries 1818 die Schönheit Merans und der Wiener Arzt Dr. Joseph Huber veröffentlichte 1836 einen Artikel, in dem er die heilenden Kräfte des Klimas und der herbstlichen Traubenkur in Meran hervorhob. Bald reiste Kaiser Ferdinand I. mit Ehefrau an, gefolgt von den Königen von Württemberg und Preußen, und von nun an gab sich **Europas Hautevolee** in Meran die Klinke in die Hand. In Obermais entstanden feine Villen, die mittelalterlichen Ansitze wurden zu standesgemäßen Residenzen umgebaut. Dass **Kaiserin Sisi** 1870 bis 1872 die Wintermonate auf Schloss Trauttmansdorff verbrachte, mehrte den Ruhm von Meran. Und im Schlepptau der Donaumonarchie ließen sich empfindsame Dichter, Komponisten und Maler in die Stadt an der Passer locken.

Bürgermeister und Kurärzte sorgten für die Organisation des Kurbetriebs: 1855 wurde die erste Kurordnung erlassen, 1874 das erste Kurhaus eröffnet. Eine wichtige Rolle beim Aufstieg als Kurstadt spielte auch der aus dem Vinschgau stammende Kurarzt Dr. Franz Tappeiner (1816 – 1902). 1914 wurden in Meran 1,2 Mio. Übernachtungen gezählt – diese Zahl wurde erst wieder 1966 erreicht.

Nach dem Ersten Weltkrieg gehörte Südtirol zu Italien und die Gäste blieben aus. Im Zweiten Weltkrieg diente die Stadt als Lazarettstandort und wurde von den Bomben verschont, weshalb die Villen im Stil der Gründerzeit beinahe unversehrt erhalten blieben. Über die Jahre setzte sich viel Patina an, die der Stadt etwas Betuliches gab. Inzwischen spürt man aber den Zeitgeist, der sich aufs Schönste mit den bemerkenswerten Spuren der Vergangenheit verbindet.

MERAN ERLEBEN

KURVERWALTUNG MERAN
Freiheitsstr. 45
Tel. 04 73 27 20 00
www.merano-suedtirol.it/de

Zentrales Parkhaus unter der Therme; weitere Parkplätze am Praderplatz am Bahnhof und bei der Meranarena. Die **Museumobil Card** beinhaltet Fahrten mit öffentlichen Verkehrsmitteln und den Besuch von mehr als 90 Museen in Südtirol, 7 Tage kosten 34 €; erhältlich in Tourismusbüros, Bahnhöfen und zahlreichen Museen.

Auf der 1896 erbauten, 1935 erweiterten Pferderennbahn in Meran-Mais werden von April bis Oktober Galopp- und Hindernisrennen veranstaltet. Höhepunkte sind u. a. das traditionelle **Galopprennen** für Haflinger am Ostermontag und der »Preis von Meran« Ende September (www.meranomaia.it).
Die **Meraner Musikwochen** bieten klassische Musik von Ende August bis Ende September im Kurhaus; viele Konzerte sind schon Monate vorher ausgebucht (www.meranofestival.com).
Das älteste Erntedankfest Südtirols ist das **Meraner Traubenfest** (seit 1886) zum Abschluss der Weinlese am dritten Wochenende im Oktober mit großem Festumzug.
Produzenten italienischer Weine treffen sich Anfang November zum **Meraner Weinfestival** (www.meranowinefestival.com).
Der **Adventsmarkt** von Ende November bis 7. Januar versammelt 80 Aussteller auf der Kurpromenade (www.meraneradvent.it).

❶ SISSI €€€€
Mit Blick auf die Landesfürstliche Burg zaubert Andrea Fenoglio Gourmetgerichte wie die »Settepiatti«, sieben kleine Portionen, die den Querschnitt seiner Küche zeigen. Ausgezeichnet mit einem Michelin-Stern.
Galileistr. 44
Tel. 04 73 23 10 62
www.andreafenoglio.com
Mo. und Di. mittag geschl.

❷ SIEBEN €€–€€€
Traditioneller Treffpunkt zum Kaffee, Lunch und Aperitif, Südtiroler Schmankerl gepaart mit italienischen Spezialitäten
Lauben 232
Tel. 04 73 21 06 36
www.bistrosieben.it

❸ FORSTERBRÄU €–€€
Ein großer Biergarten im Innenhof unter Kastanienbäumen und das mitten in Meran. Das große gründerzeitliche Brauhaus der einheimischen Brauerei Forst versorgt mit guter großbürgerlicher Küche und bietet auch Bierverkostungen an.
Freiheitsstr. 90
Tel. 047 3 23 65 35
www.forsterbrau.it

❹ VINOTHEK RELAX €
Gute Pizzen, Speck- und Käseauswahl zu 500 Weinen aus Italien, Frankreich, Österreich und Spanien
Cavourstr. 31
Tel. 04 73 23 67 35
So. geschl.
www.weine-relax.it

❺ SCHNALSHUBERHOF €
Der Biobauernhof in Oberplars betreibt einen Buschenschank und ist für seine Käseknödel, Schupfnudeln,

ZIELE
MERAN

Bioweine und den Hausspeck bekannt. Zum Törggelen unbedingt reservieren.
Oberplars 2, Algund
Tel. 04 73 44 73 24
März – Mitte Dez. Do. – So. ab 18 Uhr

❻ CLUBLOUNGE SKETCH
Aktuelle Topadresse für den After-Work-Drink, am Abend sorgt ein DJ für gute Stimmung.
Passerpromenade 40
Tel. 04 73 21 18 00
www.sketch.bz
Di. – Sa. 17 – 1, So. bis 24 Uhr

❶ HOTEL THERME MERAN €€€€
Hier schwimmt man über den Dächern Merans. Attraktion ist das neue Sky-Spa auf dem Flachdach. Vom Sole-Infinitypool hat man einen gigantischen Blick auf den Thermenplatz und den Rest der Stadt. Die Innenarchitektur des Hotels wie auch der Therme stammt von Matteo Thun. Beide sind durch einen Tunnel miteinander verbunden; freier Eintritt für Hotelgäste.
Thermenplatz 1
Tel. 04 73 25 90 00
www.hoteltermemerano.it

❷ CASTEL FRAGSBURG €€€€
Das ehemalige Jagdschlösschen scheint wie aus einem Märchen entsprungen.Die Außenmauern sind mit Efeu bewachsen, innen Designerstücke und antike Möbel geschmackvoll kombiniert. Magisch sind die Momente auf der fast frei schwebenden Balkonterrasse mit Blick auf Meran oder im Pool des Rosengartens. Die Gourmetküche ist mit einem Michelin-Stern ausgezeichnet; im Alchemisten-Spa verwöhnt einen die Heilkraft der Natur.
Fragsburg 3 (Abb. S. 207)
Tel. 04 73 24 40 71
www.fragsburg.com

❸ MIRAMONTI BOUTIQUE HOTEL €€€€–€€€
Zwischen Himmel und Tal: In den Bergen oberhalb Merans kann man im Salzwasser-Infinitypool auf 1230 m abhängen mit Blick auf das Kirchlein St. Kathrein, vor dem gerne eine Herde Haflinger grast. Inhabergeführtes Boutique-Hotel außen aus Holz und innen mit edlen Designermöbeln in zeitlos modernem Stil.
St. Kathreinstraße 14
Hafling-Meran
Tel. 04 73 27 93 35
www.hotel-miramonti.com

❹ SCHLOSS PLARS ALGUND €€
Wie eine kleine Ritterburg mit Turm und Zinnenkranz liegt der historische Ansitz mitten in den Weinbergen von Algund. Nichts dient hier der Effekthascherei. Das Boutique-Hotels mit 12 geschmackvoll eingerichteten Zimmern ist ein von der Winzerfamilie geführtes Bed & Breakfast. Im Garten am Pool kann man bei einem Glas Wein den Tag ausklingen lassen.
Mitterplars 25, Algund
Tel. 04 73 44 84 72
www.schlossplars.com

❺ SCHLOSS PIENZENAU €
Hier kann man selber Schlossherr sein. Den Ansitz im Stadtviertel von Obermais in der Nähe der Gärten von Schloss Trauttmansdorff muss man nicht mit vielen teilen. Es gibt nur 4 Doppelzimmer im Schlossturm und ein Atelier mit acht Betten.
Pienzenauweg 6
Tel. 04 73 23 66 49
www.pienzenau.com

Beste Waren aus einheimischer Produktion, darunter auch Kosmetik und etwas Kunsthandwerk, kann man im

ZIELE
MERAN

Genussmarkt PUR (Meraner Freiheitsstraße 35, www.pursuedtirol.com) einkaufen. Auch ein Bistro sowie eine Weinbar gibt es und Filialen in Meran, Bruneck und Lana.
Bekannt für ihren köstlichen Speck ist die **Metzgerei Siebenförcher** in den Meraner Lauben. Dort hängen die Speckseiten zwischen 20 und 24 Wochen im Rauch von Buchenholz und Wacholderbeeren. Danach haben sie rund 40 % ihres Gewichts verloren, aber unglaublich an Geschmack gewonnen (Lauben 164, www.siebenfoercher.it).
Die zwei traditionsreichen **Kellereigenossenschaften** Meran und Burggräfler bilden die größte Kellerei im Westen Südtirols mit einer Auswahl von 400 Winzern der Region (Marling, Kellereistrasse 9, www.burggraefler.it). Das renommierte

Meraner Weinhaus bietet mehrfach im Monat Verkostungen von Südtiroler Weinen an (Romstr. 76, www.meranerweinhaus.com).

Alexandra Stelzer ist mit ihrem Label De Call ein fester Begriff in der Haute-Couture-Mode. Elegant schlichte Modelle und edle Stoffe sind ihr Markenzeichen (Luis Zuegg-Str. 72a, www.decall.it).
Dimitri hat etliche Jahre bei Jil Sander, Hugo Boss und Vivienne Westwood gearbeitet, bevor er seinen Shop in Meran eröffnete (Sandplatz 2, www.bydimitri.com).
Barbara von Pfoestl hat sich in ihrem Algunder Atelier auf elegante Tages- und Abendkleider sowie Brautmoden spezialisiert (Algund, Mitterplars 2, www.atelier-von-pfoestl.it).

▌ Wohin in Meran?

Überdachte Flaniermeile

Stadttore und Lauben

Die Altstadt von Meran war einst von einer Stadtmauer mit vier Stadttoren umgeben, von denen drei erhalten sind: das Vinschger Tor im Westen, das Passeirer Tor im Osten – hier stehen noch Reste der Stadtmauer – und das Bozner Tor im Süden mit einem steilen Dach und Wappen von Österreich, Tirol und Meran.
Der mittelalterliche Zauber Merans zeigt sich am unmittelbarsten bei einem Spaziergang durch die **Laubengasse**, die bereits Mitte des 13. Jh.s entstand und den Kornplatz mit dem Pfarrplatz verbindet. Bis 1913 waren die Meraner Lauben die längsten in ganz Tirol. Erst die veränderte Verkehrsführung erzwang eine zweifache Unterbrechung der überdachten Flaniermeile. Bis heute spielt sich hier das Geschäftsleben ab. Zu allen Jahreszeiten kann man hier flanieren und sich vom Angebot in den Schaufenstern verführen lassen. Die Fassaden der Häuser tragen oft reiche Verzierungen und Erker. Die dem Küchelberg zugewandten Lauben sind die **»Berglauben«**, die gegenüberliegenden zur Passer hin die **»Wasserlauben«**.

Trinkwasser gratis

Brunnenweg

Gesundes Wasser ist für die Kurstadt ein kostbares Gut, das sie in mehr als 69 Trinkbrunnen auch öffentlich zugänglich macht. Der

IM LOGGIA-HIMMEL

Von wildem Wein umrankt und von einem verwunschenen Garten umgeben, thront das ehemalige Jagdschlösschen seit fast 400 Jahren wie ein Adlerhorst hoch über der Kurstadt. Wenn zur blauen Stunde die Gäste ihren Aperitif genießen und darauf warten, dass im Talkessel die Lichter Merans zu leuchten beginnen, scheint der Balkon der **Fragsburg** über dem Abhang zu schweben.

Brunnenweg führt direkt durch die Altstadt, das Steinachviertel und die Promenade, vorbei an 12 zentral gelegenen und künstlerisch gestalteten Trinkwasserbrunnen. Ein reizvoller Rundgang, der einen an heißen Sommertagen überall mit kostenlosem Trinkwasser versorgt, das aus Quellen vom Passeiertal, dem Vinschgau und dem Naiftal stammt.

Brunnenplan: https://merangis.gvcc.net/trees_public/de/brunnen/historical | Brunnenführungen über die Kurverwaltung

Spiegel der Zeit

Mode, Accessoires und Alltagsgegenstände, die in Vitrinen präsentiert werden wie in einer Shoppingmeile, spiegeln die gesellschaftlichen Veränderungen der letzten 200 Jahre wider, vor allem den Wandel des Frauenbilds. Das Ende der 1980er-Jahre von Evelyn Ortner gegründete Frauenmuseum hat im Westen der Lauben, vor dem Kornplatz, eine Bleibe gefunden.

Meinhardstr. 2 | Mo. – Fr. 10 – 17, Sa. nur bis 12.30 Uhr | 5 €
www.museia.it

Frauenmuseum

ZIELE
MERAN

Landesfürstliche Burg

Elegante Wohnkultur
Mit Schießscharten, Zinnen, Butzenscheiben und eisenbeschlagenen Toren erinnert die kleine Landesfürstliche Burg an eine trutzige Ritterburg. Von den Lauben ist es nur einen Katzensprung zu diesem mittelalterlichen Anwesen, das Sigmund der Münzreiche 1470 als Stadtresidenz bauen ließ. Die holzgetäfelten Räume sind Beispiele eleganter gotischer Wohnkultur. Kaiser Maximilian schätzte besonders das sogenannte Kaiserzimmer mit Zirbelholztäfelung. Auf den grünen Kacheln des Kachelofens sind die Wappen der Länder des Habsburger Reichs abgebildet. Nicht mehr alle Möbel sind original, aber traditionsbewusste Bürger haben fehlendes Inventar in ganz Tirol zusammengesucht. Heute sind auch Stücke aus der Spätgotik und Frührenaissance zu sehen. Gegenüber der Burg befindet sich die Station des Sessellifts zum Segenbühel auf dem Küchelberg, ein empfehlenswertes Verkehrsmittel nach Dorf Tirol (▶ S. 114).
Galileistraße | März – Anfang Dez. Di. – Sa. 10 – 17, So. bis 13 Uhr | 5 €

Kunst Meran

Lauben voller Kunst
Wie gut sich Moderne und Mittelalter ergänzen, zeigt das Museum »Kunst Meran« in einem schmalen, mittelalterlichen Laubenhaus nahe dem Pfarrplatz mit ambitionierten Wechselausstellungen zeitgenössischer Kunst.
Lauben 163 | Di. – Sa. 10 – 18, So. ab 11 Uhr | 6 €
www.kunstmeranoarte.org

Über die Pfarrkirche St. Nikolaus hinweg geht der Blick auf Meran.

ZIELE
MERAN

Stadtpfarrkirche
Dem Schutzpatron der Reisenden, Seefahrer und Händler ist die spätgotische Pfarrkirche St. Nikolaus am Ostende der Lauben geweiht. Ihr 83 m hoher Turm trägt eine 1617 aufgesetzte Renaissancehaube und prägt damit das Stadtbild. In der Turmhalle sind Fresken aus dem 15. Jh. zu sehen (1415). Die südliche Langhauswand mit einer hervorragenden Steinskulptur des hl. Nikolaus (um 1350) erhielt in spätgotischer Zeit zwei elegante Portale. Das dreischiffige Innere entstand etwa 1350 – 1420, das Netzrippengewölbe um 1490, die Glasgemälde der südlichen Fensterfront, die Sandsteinkanzel und ein Flügelaltar an der Nordwand um 1500. Die Darstellung der »Maria Himmelfahrt« stammt vom Tiroler Barockmaler Martin Knoller (1788), der auch die Gemälde der Seitenaltäre schuf (um 1793). Die Statuen der Chorwände und der Flügelaltar an der Südwand sind neugotisch (1890). Neben dem Chor der Pfarrkirche steht die zweigeschossige **Barbarakapelle**, ein 1450 geweihter, achteckiger Zentralbau mit zwei Barockaltären und einem gotischen Flügelaltar.

Von hier führt die Passeirergasse durch **Steinach**, den einstigen Stadtkern Merans zur Zeit der Grafen von Tirol, zum Passeirer Tor.

St. Nikolaus

Sammlerstücke
Den Reiz dieser Sammlung machen Exoten wie eine ägyptische Mumie, eine Schreibmaschine des aus Partschins stammenden Schreibmaschinenerfinders Peter Mitterhofer oder eine Totenmaske Napoleons aus. Im frisch renovierten Barockpalais Mamming (1675 – 1680) hinter der Pfarrkirche residiert heute das **Stadtmuseum**. Zu sehen sind vornehmlich Funde aus der Urgeschichte, Kunsthandwerk und Gemälde von Meraner Malern. Kern der Sammlung sind gotische Skulpturen und barocke Gemälde Tiroler Meister, die auf den Sammler und Meraner Arzt Franz Innerhofer (1847 – 1918) zurückgehen.
Pfarrplatz 6 | Di. – Sa. 10.30 – 17, So. bis 13 Uhr | 6 €
www.palaismamming.it

Palais Mamming Museum

Bühne mit Flair
Rote Samtstühle, eingerahmt von viel Gold, Messing, Kristall und Marmor. Das 1899/1900 im frühen Jugendstil erbaute Stadttheater ist das einzige historische Theater Südtirols. Die Pläne stammen von Martin Dülfner, der auch die Theater in Dortmund, Lübeck und Sofia entworfen hat, und Wilhelm Kürschner. Das gebotene Programm ist sehr vielseitig und der Theaterplatz ein guter Ausgangspunkt zur Erkundung der Kurstadt.
Theaterplatz 2 | Tel. 04 73 23 35 17 | www.kurhaus.it

Stadttheater

Illustre Kurpromenade

Angemessene Kleidung, gedämpftes Sprechen und gemächliches Flanieren bestimmten noch bis zu Beginn des Ersten Weltkriegs das Bild

Promenaden

ZIELE
MERAN

Die Promenade lädt zum Flanieren ein. Am Kurhaus kann man eine Pause einlegen.

der illustren Kurpromenade mit ihren Cafés und Blumenbeeten. Sie ist die bekannteste und traditionsreichste Promenade Merans, wurde 1800 gebaut und verläuft zwischen Postbrücke und Theaterbrücke entlang der **Passer**. Der kristallklare Gebirgsbach entspringt am Timmelsjoch, durchquert Meran und mündet in die Etsch. Das **Kurhaus** ist einer der schönsten Jugendstilbauten der Alpen. Es besteht aus dem älteren Kurhaus der Wiener Architekten C. F. L. Förster und Josef Czerny (Westflügel, 1874) und dem kuppelgekrönten Neuen Kursaal des Wiener Sezessionisten Friedrich Ohmann. Der Neue Kursaal bildet seit 1914 den eleganten Rahmen für die Meraner Musikwochen und das »WineFestival«.
Freiheitsstr. 33 | Mo. – Do. 9 – 12, 15 – 17, Fr. nur bis 12 Uhr
www.kurhaus.it

Wasserwelten

Therme Meran

Vom kalten Tauchbecken bis zu dampfend warmen Whirlpools bieten 25 Becken mit unterschiedlichen Wassertemperaturen, gespeist von radonhaltigen Quellen, **Badespaß** und Linderung bei Gelenk-, Atemwegs- und Allergiebeschwerden. Das Gebäude entstand nach Plänen des Berliner Architekturbüros Baumann und Zillich, das minimalistische Design im Innern entwarf der in Bozen geborene Matteo Thun (▸ Interessante Menschen). Im Sommer ist

der Thermenpark geöffnet, schön spazieren gehen kann man auch im Rosen- und Palmengarten.
Thermenplatz 9 | 9 – 22 Uhr | Eintritt (Pools) Mo. – Fr. 2 Std. 13 €, Tageskarte 19 €; Sa., So. 2 Std. 15 €, Tageskarte 21 €
www.thermemeran.it

Promenaden für Winter und Sommer
Auf der Kurpromenade gelangt man zur **Postbrücke**, einem Beispiel vollendeten Jugendstils von 1909. Im Anschluss daran führen die **Winter- und die Sommerpromenade** an der Passer weiter flussaufwärts. Winterpromenade heißt sie, weil sich hier auch im Winter bei gutem Wetter wärmende Sonnenstrahlen genießen lassen. Hier steht die **Wandelhalle** (1864), die mit ihrer Stahlkonstruktion die Architektur der Wiener Stadtbahnhaltestellen vorwegnahm. Moderne Künstler wie Franz Lenhart dekorierten die Halle mit ihren Werken. An der gegenüberliegenden Sommerpromenade erinnert eine Marmorstatue von 1903 an Kaiserin Sisi. Unter schattigen Bäumen lässt es sich hier vor allem an heißen Sommertagen angenehm flanieren. Beide Promenaden treffen sich hinterm **Steinernen Steg**, der ältesten Passerbrücke in der Nähe des Passeirer Tors (17. Jh.). Hier beginnt die mit mediterraner Flora bepflanzte **Gilfpromenade**, die über die **Zenoburg** (Ende 13. Jh.) in die **Tappeiner-Promenade** übergeht. Benannt ist der 4 km lange Weg nach dem Meraner Kurarzt Kurt Tappeiner, der 1893 den ersten Teil aus eigenen Mitteln finanzierte. Der Tappeiner-Weg führt 100 m oberhalb von Meran am Hang des Küchelbergs bis nach Gratsch.

Postbrücke und weiter an der Passer entlang

Außerhalb der Altstadt

Wo alles begann
Sehen und gesehen werden galt auch schon zu Merans mondänen Zeiten. So betrat man die erste Thermenanlage (Otto-Huber-Str. 8) durch eine mit Säulen versehene Vorhalle und blickte auf eine breite, reich verzierte Marmortreppe, die in den oberen Stock führte. Der dreistöckige Komplex von 1907 mit der mächtigen Kuppel wurde von Max Langheinrich entworfen. Heute ist dort ein **Bürgersaal** eingerichtet, in dem Veranstaltungen stattfinden. Die Bedeutung Merans als mondäne Kurstadt spiegelt sich auch im 100 m langen **Bahnhofsgebäude** (1906), das den Ideen des Wiener Stadtplaners Otto Wagner nachempfunden ist.

Mondäne Bauten Anfang des 20. Jh.s

Weitere Architekturschätze
Der Sandplatz zwischen Bozner Tor und Passerufer ist mit seinen restaurierten Bauten ein schönes Beispiel für die Architektur zu Beginn des 19. Jh.s. Das historisch bedeutsame Palais Esplanade war ein Lu-

Sandplatz

xushotel, in dem Prominenz wie Erzherzog Johann und Kaiserin Sisi logierten. Heute beherbergt es die multikulturelle Sprachenmediathek, eine kostenlose Bibliothek zum Erlernen von Sprachen.
Sandplatz 10 | Tel. 04 73 25 22 64 | www.provinz.bz.it/italienische-kultur/sprachen/sprachenmediathek-meran.asp

Ehemaliges Armenspital

Spitalkirche zum Hl. Geist

Über die Postbrücke geht es ans andere Passerufer, wo gegenüber der Hauptpost, umtost vom Straßenverkehr, noch einmal das Mittelalter grüßt: 1271 ließ Meinhard II. hier ein Armenspital mit Kirche bauen. Ein Hochwasser zerstörte 1419 den Komplex. Die neue Kirche wurde um 1450 vollendet. Ihr elegantes zweiteiliges Westportal zeigt im Bogenfeld über den gotischen Holztüren feine Steinmetzarbeiten, u. a. einen Gnadenstuhl: Der Heilige Geist schwebt über Gottvater, der den gekreuzigten Jesus hält. Zu beiden Seiten knien der Stifter Andre Hilprant, der damalige Bürgermeister, und seine Frau. Im Innern sind eine große **Kreuzigungsgruppe** über dem Nordportal (um 1270) und die acht Heiligenstatuen an den Chorpfeilern (1520) beachtenswert, ebenso zwei Flügel des ansonsten neogotischen Altars im linken Seitenschiff: Sie zeigen rechts Verkündigung und Anbetung, links Christi Geburt und die Beschneidung; die vier Reliefs schuf **Jörg Lederer** 1524 wohl für die Kirche in Partschins.

Einst eine große Gemeinde

Jüdisches Museum

Im 19. Jh. lebten und arbeiteten viele jüdische Ärzte in der Badestadt. Es gab eine sehr aktive jüdische Gemeinde, über die das jüdische Museum gegenüber der 1901 vollendeten Synagoge berichtet.
Schillerstr. 14 | Mo. – Fr. 9 – 12 Uhr | Eintritt frei

Byzantinischer Einfluss

Kirche Maria Trost

Die kleine Kirche Maria Trost (12. Jh.) im Stadtteil Untermais, an der Kreuzung von Rom- und Schafferstraße, besitzt einen auffälligen lombardischen Glockenturm. Von ihrer romanischen Ausstattung blieb das große **Fresko mit dem Marientod** an der Nordostecke erhalten. Teile der Malerei erinnern an Hocheppan, die Starrheit der Figuren eher an byzantinische Malweise. Die barocke Umgestaltung im 17. Jh. wurde teilweise korrigiert: So sieht man noch das Deckenfresko Maria Himmelfahrt von Josef Anton Puellacher. Die schönen gotischen Fresken an der **südlichen Außenwand** wurden um 1372 von Künstlern der Bozner Schule angefertigt. In der Gruft unter dem Altar ist der Habsburger Erzherzog Ferdinand Karl begraben, der wegen seiner unstandesgemäßen Ehe mit einer Bürgerlichen von der Thronfolge ausgeschlossen wurde. Bis 1911 war er Erzherzog von Österreich, danach nannte er sich Ferdinand Burg. Wegen eines Lungenleidens lebte er bis zu seinem Tod 1915 in Südtirol.
Mitte März – Ende Okt. Fr. 14 Uhr | Anfragen: Tel. 04 73 29 14 66

Umgebung von Meran

Ein Blumenmeer, Sisis Wohnräume und einiges mehr

An lauen Sommerabenden taucht die tief stehende Sonne die Gärten in ein besonderes Licht und verstärkt den betörenden Duft vieler Pflanzen. Um so bezaubernder ist das, wenn bei der Konzertreihe »Gartennächte« außerdem Musik von den Tribünen am Seerosenteich erklingt. Auf 12 ha werden 80 exotische und heimische Gartenlandschaften gezeigt. Bekannt ist die Meraner Gegend vor allem für ihre **kälteresistenten Palmen**, die, ursprünglich aus China stammend, für kurze Zeit auch Temperaturen von minus 10 Grad überstehen. Ein schönes Souvenir sind Originalpalmensamen aus hiesigen Gärten, die im Shop verkauft werden. Welche Pflanzen im Park gerade in Blüte stehen, kann man schon vor dem Besuch auf einem **Blühkalender** im Internet nachlesen. Bei der Pflege im extremen Steilgelände verrichten Gärtner ihre Arbeit bisweilen wie Bergsteiger mit Klettergurten und Seilen gesichert. Die keck in die Luft ragende Aussichtskanzel entwarf der in Bozen geborene Architekt Matteo Thun. Der 200 m lange Felsentunnel zeigt auch, was sich unter der Erde abspielt.

★★
Gärten
Schloss
Trauttmansdorff

Wasser- und Terrassengärten, Sonnengärten, Waldgärten sowie Landschaften Südtirols – diese vier Gartenwelten werden in Schloss Trauttmansdorff vorgestellt.

ZIELE
MERAN

BLUMENDÜFTE MIT MUSIK

An lauen Sommerabenden taucht die untergehende Sonne die **Gärten von Trauttmansdorff** noch einmal in ein besonderes sanftes Licht und verstärkt den betörenden Duft vieler Pflanzen. Während der Konzertreihe »Gartennächte« wird diese bezaubernde Atmosphäre auch noch von internationalen Musikklängen begleitet, während man im Freien um den Seerosenteich sitzt.

Zum Thema Wein sind goldene Repliken eines **8000 Jahre alten Traubenkerns** – ein Geschenk Georgiens – und **2400 Jahre alte Traubenkerne aus Südtirol** zu sehen. Außerdem gibt es Führungen nach Castel Katzenzungen (▶ Nals, Tisens/Prissian, S. 220) zur »Versoaln«-Rebe, der größten und wohl auch einer der ältesten Südtirols mit anschließender Weinprobe (Aug., Sept., Okt. jeweils Do.).

Das 1347 erstmals erwähnte, 1850 umgebaute **Schloss Trauttmansdorff** beherbergt u. a. die ehemaligen Wohnräume von Kaiserin Sisi sowie das »Touriseum« mit einer Dokumentation über 200 Jahre Südtiroler Tourismusgeschichte. Als historischer Reiseführer wird auch ein Baedeker »Tirol« von 1868 gezeigt, über den damals ein Kritiker schrieb: »Hat man sich erst einmal mit dem rothen Buch eingelassen, so sind alle Emanzipationsversuche vergeblich. Mit jeder Auflage wird das entsetzliche Buch besser.« (Anmerkung des Baedeker Verlags: Trotz des Lobs handelt es sich um eine Fälschung.) Schloss Trauttmansdorff erreicht man auch auf dem 3 km langen »Sisi-Weg« vom Zentrum Merans in ca. 1 Std. zu Fuß.

St.-Valentin-Str. 51a | April – Okt. 9 – 19, 1. – 15. Nov. bis 17 Uhr | 13 €
www.trauttmansdorff.it

Ausflug in die Vergangenheit

Algund Einen Ausflug in die Vergangenheit unternimmt man auf dem denkmalgeschützten **Schnalshuberhof** (▶ S. 203) in die sogenannte Zeitungsstube des Buschenschanks, wo hinter der bröckelnden Täfelung Zeitungen von 1871 zum Vorschein kommen. Oder man steigt in einen der historischen Korblifte ein, die an schwebende Einkaufswagen erinnern, um sich zur Leiteralm (1512 m) in ein wunderbares Wandergebiet bringen zu lassen. **Algund**, 5 km nordwestlich von Meran, besteht aus den Ortsteilen Dorf, Oberplars, Vellau und ist ein beliebter Ferienort mit vielen kleinen Pensionen und Ansitzen, die oft ma-

lerisch in den Weinbergen liegen und reizvolle Ausblicke auf Meran und das Etschtal bieten.
www.algund.com

Blonde Mähne und robuste Statur

Blonde Mähne und eine robuste Statur sind ihr Markenzeichen. Die Pferderasse der Haflinger wurde benannt nach dem Ort Hafling (Avelengo), 11 km südöstlich von Meran auf 1250 m Höhe. Gezüchtet hat man die stämmigen Pferde ursprünglich als Helfer im Gebirge und für den Kriegseinsatz. Heute sind sie hauptsächlich als Reit- und Kutschpferde zum Freizeitvergnügen der Gäste unterwegs. Idyllischer könnte das Bild kaum sein, wenn Haflinger auf dem Kirchenhügel vor St. Katharina (13. Jh.) grasen, von dem aus man einen herrlichen Blick auf Meran hat. Die charmante Landschaft um Hafling mit Almen, Lärchen- und Fichtenwäldern ist auch ein herrliches Wandergebiet. Von Hafling führt die Straße weiter nach Falzeben; hier besteht Anschluss an das Ski- und Wandergebiet Meran 2000 (▶ 216).

 Hafling

Infos zu Reiterhöfen, Stallbesichtigungen, Reitkursen und Kutschausfahrten über den Tourismusverein Hafling: www.hafling.com

Höchster Wasserfall Südtirols

Im freien Fall stürzt das tosende Wasser des Fragsburger Wasserfalls 135 m in die Tiefe, was ihn zum höchsten Wasserfall des Landes macht. Von Schloss Trauttmansdorff folgt man der Ausschilderung zum Parkplatz von Castel Fragsburg (Hotel ▶ Übernachten, S. 205, Abb. S. 207), von hier erreicht man in einem leichten, etwa 20 minütigen Spaziergang eine kleine Aussichtsplattform auf den Wasserfall.

 Fragsburger Wasserfall

Wo Künstler ihre Inspirationen bekommen

Das Geläut der heute neugotischen Pfarrkirche Maria Himmelfahrt (12. Jh.) soll den Komponisten **Franz Liszt** im Juli 1874 zu dem Lied »Ihr Glocken von Marling« inspiriert haben. Die 3 km südwestlich gelegene Gemeinde Marling ist schon fast mit Meran zusammengewachsen und liegt in einem intensiv genutzten Obstbaugebiet. Der etwas oberhalb verlaufende Marlinger Waalweg und der Marlinger Höhenweg ziehen viele Wanderer an (www.marling.info).

Marling

Immer dem Plätschern nach

Ein Waaler hielt früher nicht nur die Wasserwege in Schuss, er erkannte die vielen Bächlein auch an ihrem unterschiedlichen Plätschern. Die Bewässerungskanäle waren überall im wasserarmen Vinschgau und im Meraner Becken angelegt, brachten sie den Bauern doch kostenlos Gletscherwasser auf die Felder. Der rund 12 km lange **Marlinger Waalweg** beginnt bei Töll in der Gemeinde Partschins und führt oberhalb von Forst, Marling und Tscherms nach Oberlana. In der Saison sind hier viele Wanderer unterwegs. Der **Algunder**

 Waalwege

ZIELE
MÜHLBACH

Waalweg von Oberplars durch Kastanienwälder bis Gratsch, wo er in den Tappeiner Weg einmündet, ist gut 6 km lang. Unterwegs genießt man den Blick auf Dorf Tirol, das Etschtal und Meran. Auch im Winter sind einige Waalwege begehbar wie der **Schenner Waalweg**, der in Verdins am Eingang des Passeiertals beginnt und im Naiftal endet, oder der **Maiser Waalweg**, der durch schöne Natur und das Villenviertel von Meran über ca. 8,5 km von Saltaus im Passeiertal bis nach Obermais führt.

40 Pistenkilometer

Meran 2000

Fünf Kilometer von Meran entfernt liegt das **Skigebiet** Meran 2000 am Südfuß des Ifinger. Die Seilbahn bringt Skifahrer in 7 Minuten von Meran-Naif zum Piffing Köpfli. Hier gibt es 40 km Pisten (auch mit Flutlicht), eine Naturrodelbahn und Winterwanderwege (www.meran2000.net). In das Gebiet um die Kirsteiger Alm und Meraner Hütte (1930 m) gelangt man mit dem Sessellift von Falzeben.

MÜHLBACH

Italienisch: Rio di Pusteria | **Höhe:** 777 m ü. d. M. | **Einwohner:** 2900

Die Jeanne d'Arc Tirols war eine Bauernmagd. Durch ihr beherztes Eingreifen mit einer Mistgabel verhalf sie den Tirolern in dem kleinen Ort Spinges zum Sieg über Napoleon. Dass bäuerliche Kultur in der Gegend noch hoch im Kurs steht, davon zeugen viele schindelgedeckte Bergbauernhöfe auf den Almen. In Mühlbach erinnern dagegen prächtige Ansitze und Bürgerhäuser an die einstige Bedeutung des Ortes am Eingang des Pustertals als wichtiger Handelsplatz zwischen Venedig und Süddeutschland.

❙ Wohin in Mühlbach und Umgebung?

Stattliche Bürgerhäuser und Ansitze

Mühlbach

Das Zentrum um den schönen Marktplatz prägen stattliche Bürgerhäuser und winklige Gassen. Fresken aus der Pacher-Schule (um 1500) schmücken die 1227 erbaute, modern erweiterte Kirche **St. Helena**; eine Szene zeigt die Kreuzauffindung durch Helena, die Mutter des römischen Kaisers Konstantin. Bei Aufräumarbeiten in der doppelstöckigen **Florianikapelle** auf dem Friedhof (1482) stieß man auf römische Münzen, Dokumente und Statuen. Mehrere Ansitze erinnern an die einstige Bedeutung Mühlbachs, wie der Ansitz

ZIELE
MÜHLBACH

Kandelburg in der Richtergasse, ursprünglich Gerichtssitz und heute Hotel; das ehemalige Verlies im Untergeschoss kann besichtigt werden.

MÜHLBACH ERLEBEN

TOURISMUSVEREIN MÜHLBACH-VALS-SPINGES
Katharina-Lanz-Str. 90
39037 Mühlbach
Tel. 04 72 88 60 48
www.gitschberg-jochtal.com

Regionalzüge von / nach Brixen, Bruneck, Innichen; Busse ins gesamte Pustertal

LA PASSION €€€–€€€€
Klein aber fein: Die aromastarke Küche von Wolfgang Kerschbaumer ist mit einem Michelin-Stern ausgezeichnet und bei nur fünf Tischen fällt der Service sehr persönlich aus.
Obervintl, Nikolausweg 5B
Tel. 04 72 86 85 95, Mo. geschl.
www.lapassion.it

WIRTSHAUS ANSITZ STRASSHOF €
Im historischen Ansitz oberhalb von Mühlbach kommen bodenständige Küche und Spezialitäten aus Sardinien, der Heimat der Köchin, auf den Tisch.
Springerstr. 2
Tel. 04 72 88 61 42
Di. abend, Mi. geschl.
www.strasshof.it

EDELRAUTHÜTTE €
Wer die Mühe eines 3,5-stündigen Aufstiegs vom Weiler Dun im Pfunderer Tal nicht scheut, wird mit herzhafter Küche belohnt und seit dem Neubau 2016 mit spektakulärer Architektur, die über große Fensterfronten die wilde Zillertaler Bergnatur imposant ins Haus holt. Einfache, aber heimelige Zimmer.
Tel. 04 72 65 32 30
Anf. Juni – Anf. Okt.
www.edelrauthuette.it

ANSITZ KANDELBURG €–€€
Stilvoll eingerichtete Zimmer, in denen man schläft wie einst die Grafen. Serviert wird im ehemaligen Rittersaal.
Richtergasse 4
Tel. 04 72 84 97 92
www.ansitz-kandelburg.com

GASTHOF SEPPI €
Komfortabel eingerichtete Zimmer direkt am verkehrsberuhigten Kirchplatz. Das Gasthaus ist auch bei den Einheimischen beliebt.
Richtergasse 1
Tel. 04 72 84 97 01
www.gasthof-seppi.it

Die **Metzgerei Franz Pichler** ist für ihren Speck und die geräucherten Würste weit über das Pustertal hinaus bekannt (Katharina-Lanz-Str. 68).

Die Region Jochtal und Gitschberg bietet herrliche Landschaft voller Beschaulichkeit, 44 km Piste, Langlaufloipen, Wanderwege und Mountainbike-Strecken (www.gitschberg-jochtal.com).

ZIELE
MÜHLBACH

Heftig umkämpft

Mühlbacher Klause
Ein wenig geheimnisvoll ragt sie aus der Landschaft, jene Burg, die Herzog Sigmund der Münzreiche in den 1450er-Jahren erbauen ließ. Sie war Zollstation an der Grenze zwischen den Grafschaften Tirol und Görz und zugleich Festung. Michael Gaismair, der Anführer des Bauernaufstands, belagerte das Bollwerk vergeblich. Auch in den Tiroler Freiheitskriegen 1809 und 1813 lieferten sich Bayern und Franzosen hier heftige Gefechte. Später nutzten die Bauern die ausgebrannte Ruine als Steinbruch. In den letzten Jahren wurde die Klause saniert.
Führungen: Juni – Sept. Do. 10, 14.30, Juli, Aug. auch Sa. 10 Uhr | Auskunft: Tourismusverein Gitschberg-Jochtal, Tel. 04 72 84 94 67

Bäuerliches Ensemble

Vals, Meransen, Gitschberg
Zur Gemeinde Mühlbach gehören auch die Skigebiete **Jochtal** oberhalb von Vals (1354 m) und **Gitschberg** oberhalb von Meransen (1414 m). Vals, 10 km nördlich von Mühlbach, ist Hauptort des **Valser Tals**, an dessen Talende die Alm Fane wartet: ein sehenswertes Ensemble bäuerlicher Architektur. Die mit Schindeln gedeckten Gebäude um ein Kirchlein werden als Berggasthof, Käserei, Stallungen und Scheunen genutzt. Im Sommer fährt ein Shuttlebus von Vals.
Meransen erreicht man von Mühlbach entweder auf einer 8 km langen Panoramastraße oder mit einer ganzjährig betriebenen Seilbahn. Das sonnige Hochplateau ist ein herrliches Wandergebiet und im Winter ein schönes Skigebiet. Der 2125 m hohe **Gitschberg** ist durch eine Gondel mit dem Jochtal verbunden.

Vom Schaf zum Mantel

Lodenwelt Vintl
Vom Scheren der Schafe über das Walken bis hin zum Kämmen und Spinnen der Wolle: Im **Museum der Lodenwelt** erfährt man alles über die Herstellung von Lodenmänteln, von denen in der Manufaktur jedes Jahr 5000 von Hand gefertigt werden. Früher fertigten die Bauern ihre Kleidung aus der Schafwolle, später machte Kaiser Franz Josef den Stoff salonfähig. Das Geschäft von **Oberrauch Zitt** gleich nebenan hat eine große Auswahl Lodenkleidung. Vintl liegt 5,5 km nordöstlich von Mühlbach, am Eingang des Pfunderer Tals. Das Seitental am Anfang des Pustertals ist noch recht einsam. Von Pfunders (1158 m) und Weitental, den zwei Dörfern im Tal, lässt es sich auf schönen Pfaden zu Bergseen oder Wasserfällen wandern. Recht anspruchsvoll ist der **Pfunderer Höhenweg**, der in sechs Tagen von ▸ Sterzing nach ▸ Bruneck führt.
Vintl, Pustertalerstraße 1 | Mo. – Sa. 9 – 17.30, Juli, Aug. bis 20.30 Uhr | www.oberrauch-zitt.com/loden/lodenwelt

Natur und moderne Kunst

Natz
Die Natzer Hochfläche ist bekannt für den Obstanbau, die sanft gewellte Gegend lädt zum Spazierengehen ein; ein Museum zeigt Werke des Holzschnitzers Rudolf Bacher (1903 – 1983).

ZIELE
NALS

Ritterlich-höfische Malerei

Das heutige Schloss Rodenegg (Rodegno) südöstlich von Mühlbach an der Straße nach Rodeneck war schon im Mittelalter eine der größten Wehrburgen des Landes. Erbaut wurde sie im 12. Jh. auf einem Felssporn hoch über der Rienzschlucht. 1491 gelangte sie als Lehen an die Rodenegger Linie der Grafen von Wolkenstein, die sie im Renaissancestil mit Loggienfront umbauten und eine Gemäldesammlung sowie eine Bibliothek anlegten. Auch heute wird Rodenegg noch bewohnt, daher sind nur Teile zugänglich. Die 1972/73 zufällig entdeckten Fresken der Burgkapelle sind die **ältesten Zeugnisse profaner Wandmalerei** im deutschsprachigen Raum. Der Bilderzyklus aus dem frühen 13. Jh. zeigt Szenen aus dem Versepos »Iwein« (um 1190) des Minnesängers Hartmann von Aue. Iwein war einer der zwölf Ritter der Tafelrunde am Hof von König Artus.

Rodeneck

Besichtigung mit Führung und nach Anmeldung, Tel. 04 72 45 40 56
5 € | Mai – Mitte Okt. So. – Fr. 11.30, 14.30, Mitte Juli – Aug. auch 15.30 Uhr

Retterin mit Mistgabel

Bekannt wurde Spinges wegen der erbitterten Kämpfe zwischen napoleonischen und österreichischen Truppen 1797, als die **Bauernmagd Katharina Lanz** durch ihr beherztes Eingreifen den Tirolern zum Sieg verhalf. Mit einer Mistgabel verteidigte sie unerkannt die Kirche und verschwand dann. Erst kurz vor ihrem Tod, 50 Jahre später, bekannte sich Katharina Lanz zu ihrer Tat. In den Glasfenstern der spätgotischen Pfarrkirche zum hl. Rupert wird diese Szene dargestellt. Daneben steht die Heilig-Grab-Kapelle aus dem 17. Jh. mit großen Engeln aus Marmor und Passionsfiguren. Den kleinen Ort Spinges auf 1101 m Höhe südwestlich von Mühlbach erreicht man über eine Serpentinenstraße.

Spinges

 NALS

Italienisch: Nalles | **Höhe:** 331 m ü. d. M. | **Einwohner:** 1970

Zu einer Weinreise durch die Jahrhunderte verführt die kleine Gemeinde Nals südlich von Meran ihre Besucher. So ruhen in der ältesten Privatkellerei des Landes noch Fässer aus der Zeit Maria Theresias oder wächst auf Schloss Katzenzungen die größte und einer der ältesten Rebstöcke Südtirols. Höchst modern ist dagegen die Architektur der Genossenschaftskellerei, die jedoch auch so manch historisches Tröpfchen in ihren Holzkisten aufbewahrt.

ZIELE
NALS

Obst und Wein

Der Ort lag an der römischen Handelsstraße Via Claudia Augusta. 2005 wurden die Grundmauern eines römischen Hauses mit einer Badeanlage entdeckt, dazu das unversehrte Grab einer 20-jährigen Frau mit Ohrringen und einer Glasperlenkette. Im Spätmittelalter wurde bei Nals in zwei Bergwerken Silber abgebaut. Heute lebt man vom Obst- und vom Weinanbau. Zur Gemeinde gehören Teile des Tisner Mittelgebirges und die Orte Prissian und Grissian.

Wohin in Nals und Umgebung?

Wein-Architektur

Genossenschaftskellerei Nals Margreid

Ein Weingut als übergroße Weinkiste – diesen Entwurf für die Genossenschaftskellerei Nals Margreid lieferte 2011 der Architekt Markus Scherer. Und so ist der oberirdisch angelegte Barrique-Keller innen wie außen mit Eichenholz verkleidet. 140 Weinbauern gehören zur Genossenschaft, zu den prämierten Weinen gehören u. a. der Weißburgunder »Sirmian« und der Gewürztraminer »Baron Salvadori«.
Nals, Heiligenbergerweg 2 | www.kellerei.it

Älteste Privatkellerei

Schwanburg

Mitte des 16. Jh.s ließ ein vermögender Abkömmling der Familie Payrsberg-Boymont einen prächtigen Ansitz mit Weinhof und Keller bauen. Der schöne Innenhof mit einer Sonnenuhr von 1560 ist von Loggien umgeben. Später ging das Anwesen an die Grafen von Trapp, schließlich an die Erben der Familie Carli, die das Weingut heute führen. Es handelt sich um die älteste Privatkellerei Südtirols, die auch noch Fässer aus der Zeit Maria Theresias im Keller aufbewahrt.

Open-Air-Konzerte

Burgruine Kasatsch

Auf einem Felsbuckel sitzt die Ruine der 1194 erbauten Burg Kasatsch; im Volksmund wird sie auch Pfeffersburg genannt. Im Sommer finden hier Freiluftkonzerte statt. Man erreicht Unterkasatsch von Nals auf einem uralten gepflasterten Fußweg oder mit dem Auto über Prissian.
Die Fresken im spätgotischen Chor der Pfarrkirche St. Valentin in **Andrian**, 4 km südlich von Nals, stammen aus der Erbauungszeit. Weiter talaufwärts thront die Halbruine der **Burg Festenstein** (13. Jh.) auf einem Porphyrfelsen rund 450 m über der Gaider Schlucht. Sie ist nur zu Fuß auf einem steilen Steig erreichbar (ca. 1 Std.; nicht zugänglich).

Größte Rebe Südtirols

Tisens, Prissian

So ein Schluck »Versoaln«-Weißwein ist schon etwas ganz Besonderes. Vor **Schloss Katzenzungen** in Prissian (3 km nordwestlich von Nals) wächst die angeblich größte Rebe Südtirols. Ihr Stamm ist

NALS ERLEBEN

TOURISMUSVEREIN NALS
Rathausplatz 1/A, 39010 Nals
Tel. 04 71 67 86 19
www.nals.info

Busse von/nach Lana, Meran,
St. Felix und Fondo im Trentino

**RESTAURANT ZUM LÖWEN
€€€–€€€€**
Die eigentliche Löwin ist hier die Küchenchefin Anna Matscher. Sie hat ihren Beruf als Masseurin an den Nagel gehängt und ist die bislang einzige Spitzenköchin Südtirols geworden (1 Michelin-Stern). Im schicken Lokal mit viel Glas und Granit kommen z. B. Hirschrücken, Kornellkirschen, Kakaobohnen und Topfenspatzen auf den Tisch.
Tisens, Hauptstr. 72
Tel. 04 73 92 09 27
Mo., Di. und Mi. mittags geschl.
www.zumloewen.it

GASTHOF ZUM MOHREN €€€
Geschmackvolle Zimmer im modernen Alpenstil; besonders gelungen sind die Designzimmer mit handgehobelten oder geräucherten Eichenholzböden. Gute Küche und beeindruckender Weinkeller, u. a. mit eigenem Wein.
Tisens-Prissian
Tel. 04 73 92 09 23
www.mohren.it

SCHLOSS WEHRBURG €€
Umgeben von sagenumwobenen Gewölben und schmucken Fassaden, lässt es sich in dem Schloss aus dem 13. Jh. wie ein Burgherr im Turm residieren und in modernem Komfort historische Atmosphäre erleben. Klimaanlage und TV gehören nicht dazu, dafür ein Weinkeller, eine Bibliothek, eine Kapelle und ein Garten mit Außenpool.
Tisens, Prissian 7
Tel. 04 73 92 09 34
Ostern – Ende Okt. geöffnet
www.wehrburg.com

---

mannsdick, ihr Blätterdach 300 m² groß und ihr Alter wird auf über 350 Jahre geschätzt, damit gehört sie zu den ältesten Rebstöcke Europas. Aus den Trauben wird der Weißwein »Versoaln« erzeugt. Jährlich gibt es nur etwa 500 Flaschen mit Zertifikat (www.castel.katzenzungen.com). Die Gärten von Schloss Trauttmansdorff (▶ Meran, S. 213) veranstalten unter dem Motto »Gärten & Wein« im Aug., Sept. und Okt. jeden Do. auch Ausflüge nach Schloss Katzenzungen einschließlich einer Weinprobe (www.trauttmansdorff.it).
Auch die Landschaft ist zauberhaft. Eine recht steile Straße führt auf die Tisner Mittelgebirgsterrasse hinauf, wo auf 300 bis 350 m Höhe die Orte Tisens und Prissian (Tesimo, Prissiano) höchst malerisch zwischen Obstgärten und Kastanienhainen liegen. Diese klimatisch begünstigte Region war schon früh besiedelt. Ritter und Grafen errichteten noble **Ansitze** wie die Fahlburg (heute Restaurant), die Wehrburg (heute Hotel) und Schloss Katzenzungen (▶ oben).

ZIELE
NALS

Die gotische **Pfarrkirche Maria Himmelfahrt in Tisens** mit einem Netzgewölbe und mit Wappen geschmückten Schlusssteinen geht auf Lutz von Schussenried zurück, den Baumeister der Bozner Pfarrkirche. Der **Naturlehrpfad Vorbichl** erklärt die Zusammenhänge der hiesigen Natur (Infos: Tourismusverein Tisens-Prissian, www.tisens prissian.com).

Auf dem Pilgerweg

Kapelle St. Jakob

Von Prissian führt eine Straße nach **Grissian** (950 m). Oberhalb des Weilers, auf einem Hügel über der Schlucht des Nalser Bachs, thront die 1142 geweihte Kapelle St. Jakob. Sie liegt auf dem Pilgerweg nach Santiago de Compostela vom Gampenpass durch das Nonstal nach Oberitalien. Der Bildstock mit einer Kreuzigungsgruppe vor der Kirche entstand um 1440, ebenso die Außenfresken an der Südmauer. In der Apsis und am Chorbogen verzaubern romanische Fresken, sie zeigen Kain und Abel beim Opferfeuer und die Opferung Isaaks (um 1210), die übrigen Fresken entstanden im 15. Jahrhundert.
April – Okt. 8 – 18 Uhr | Auskunft beim Tourismusverein Tisens-Prissian, Tel. 04 73 92 08 88

Abrahams Opfergang über dem Apsisbogen im St.-Jakobs-Kirchlein

Mystischer Kraftplatz

Die zweistündige Wanderung beginnt in Naraun am Parkplatz. Auf dem Weg Nr. 7 geht es durch Laubwälder, hinter dem Obermoarhof folgt man dem Weg Nr. 8 nach **Völlan**. Auf dem Rückweg lohnt sich der kurze, steile Anstieg zum romanischen Kirchlein **St. Hippolyt**. Der Hügel, auf dem die Kirche so malerisch steht, gilt als mystischer Kultplatz, auf dem jahrtausendealte Siedlungsspuren zu finden sind. Jungsteinzeitliche Schalensteine und die Spuren neolithischer Brandstätten kann man heute noch erkennen. Der Abstieg erfolgt in Richtung Tisens und auf dem Weg Nr. 5 bis zum Parkplatz in Naraun.

Zu Fuß von Naraun nach St. Hippolyt

 NATURNS

Italienisch: Naturno | Höhe: 554 m ü. d. M. | Einwohner: 5770

Hugo, das prickelnde Sommer-Kult-Getränk, ist eine Erfindung aus Naturns. Kein Wunder, denn leicht und beschwingt nahm man es hier auch schon in früheren Jahrhunderten. So sieht man auf einem Fresko im weltbekannten Prokulus-Kirchlein einen fröhlich schaukelnden Bischof und grinsende Kühe. Und wenn man eh schon so gut drauf ist, schafft man es auch, in fünf Tagen die Texelgruppe auf dem Meraner Höhenweg zu umrunden ...

Wohin in Naturns und Umgebung?

Prickelndes und Naturales

»Für diesen Hugo reise ich auch gerne 450 km aus Deutschland an«, schwärmt eine Bloggerin im Internet. Sie meint den Hugo in der Bar San Zeno (Bahnhofstraße 20), wo das Kultgetränk 2005 erfunden wurde: ein Cocktail aus Prosecco, Holunderblütensirup (im Original war es Zitronenmelissensirup), Minzblättern, einem Schuss Mineralwasser, Eiswürfeln und einer Scheibe Limette. Wer hätte gedacht, dass den Namen bald jeder kennt? Und wer nicht gleich am nächsten Tag die Wanderschuhe schnüren will, kann sich erstmal im **Naturparkhaus** am Rand von Naturns über den rund 33 ha großen **Naturpark Texelgruppe** informieren, der vom Etschtal bis zu den mehr als 3000 m hohen Alpengipfeln reicht. Neben der Flora und Fauna werden auch die Waalwege, ein uraltes Vinschgauer Kulturgut, erklärt. In der Saison gibt es geführte Wanderungen. Eine der schönsten Touren ist der **Meraner Höhenweg** (▶ S. 228). Die zinnengekrönte kleine Burg oberhalb von Naturns, Schloss Naturns, ist Privatbesitz und

Naturns

NATURNS ERLEBEN

TOURISMUSVEREIN NATURNS
Rathausstr. 1, 39025 Naturns
Tel. 04 73 66 60 77
www.naturns.it

Naturns ist eine Station der **Vinschger Bahn** (www.vinschgerbahn.it).

TOURISMUSVEREIN PARTSCHINS, RABLAND, TÖLL
Spaureggstr. 10
39020 Partschins
Tel. 04 73 96 71 57
www.partschins.com

Töll und Rabland sind Stationen der Vinschger Bahn (www.vinschgerbahn.it). Busverbindung von/nach Meran. Mit der Texelbahn Zugang zum Meraner Höhenweg und zur Texelgruppe (www.texelbahn.com).

ONKEL TAA €€€
Serviert wird Leckeres aus der K.-u.-k.-Hofküche – Lieblingsgerichte von Kaiserin Sisi und Kaiser Franz: Egarter Flusskrebse oder Ungarisches Kalbsgulasch und zum Abschluss einen Gugelhupf. Das dazugehörige K.-u.-k.-Museum Bad Egart zeigt viel Trödel und Tand aus Habsburger Zeiten.
Partschins-Töll, Bahnhofstr.17
Tel. 04 73 96 73 42
So. abends und Mo. geschl.
www.onkeltaa.com

BERGGASTHOF LINTHOF €–€€
Oberhalb von Naturns am Sonnenberg gelegen, gute Jause und Südtiroler Schmankerln. Man kann **auch übernachten**.
Sonnenberg 48
Tel. 04 73 66 78 84
Mitte Dez. – Mitte März geschl.
www.linthof.com

OBERORTL SCHLOSSWIRT JUVAL €–€€
Besitzer ist Reinhold Messner. Hier genießt man in einer alten Stube die eigenen Weine und lokale Gerichte vom Oberortlhof. **Mit 4 Ferienwohnungen** (www.roterhahn.it).
Juval 2, Tel. 04 73 66 80 56
So. – Di. 10 – 18, Do. bis 21 Uhr, Mi. geschl.
www.schlosswirtjuval.it

GASTHOF FALKENSTEIN €–€€
Typisches gutes Südtiroler Gasthaus, eigene Weine, selbst gemachter Speck mit Schüttelbrot. **Auch 10 Zimmer.**
Schlossweg 15
Tel. 04 73 66 73 21
www.gasthof-falkenstein.com
Mo. und 15. – 26. Dez. geschl.

HOTEL LINDENHOF €€€€
Erlebnis- und Genussresort mit Schwerpunkt auf Wellness: 7 Saunen und 8 Pools, großzügiger Fitnessraum. Verleih von Mountainbikes und Rennrädern; geführte Wanderungen.
Kirchweg 2, Tel. 0473 66 62 42
Mitte Nov. – Anfang März geschl.
www.lindenhof.it

HOTEL AN DER STACHELBURG €€€
Sympathisches Hotel aus Holz, Naturfarben und modernem Design. Hallenbad, Garten, Sauna; geführte Wanderungen im Naturpark Texelgruppe.
Partschins
Wasserfallweg 7
Tel. 0473 96 73 10
www.hotel-stachelburg.com

GOLDENE ROSE €
Familienhotel mit Gasthaus
Schlossweg 4
Tel. 04 73 66 10 26
www.goldene-rose.info

Das ungewöhnliche Gebäude von **Mode Alber** (Bahnhofstr. 22, www.alber-mode.com) stammt von Walter Dietl, einem der führenden Architekten Südtirols. Gehobene italienische und deutsche Mode (Bruno Cucinelli, Strenesse), handgearbeitete Schuhe von Reinhard Plank.

Gisela und Martin Aurich vom **Weingut Unterortl** bewirtschaften 3,6 ha Rebfläche auf dem Juvaler Hügel. U. a. gibt es einen feinen Riesling und einen ebensolchen Marillenbrand (Juval 1B, www.unterortl.it).

---

nicht zugänglich. In der 1475 geweihten, 1760 barockisierten Pfarrkirche **St. Zeno** sind Reste aus vorkarolingischer Zeit sowie Freskenfragmente aus dem 13. Jh. zu sehen. Die Malereien auf der Außenwand entstanden um 1500.
In der Kirche St. Oswald im westlichen Ortsteil Tschirland hängen Gemälde des einheimischen Barockmalers Simon Ybertrachter aus der Zeit um 1749. In Tabland birgt die romanische, gotisierte Kirche St. Nikolaus einen Hans Schnatterpeck zugeschriebenen Flügelaltar. Jenseits der Etsch, zu Füßen des Nörderbergs, steht das um 1217 errichtete, im 16. Jh. im Renaissancestil umgebaute Schloss Dornsberg (Privatbesitz, nicht zugänglich).
Naturparkhaus: Feldgasse 3 | Ende März – Ende Okt. Di. – Sa. 9.30 – 12.30, 14.30 – 18 Uhr, Juli, Aug., Sept. auch So.

Schaukelnder Bischof und grinsende Kühe
Bezaubernd sind die grinsenden Kühe zu beiden Seiten der Eingangstür – der hl. Prokulus ist schließlich Viehpatron. Die bekannteste Szene ist »der Schaukler«: Vermutlich wird die Flucht des Veroneser Bischofs Prokulus dargestellt. Andere Fresken stammen aus der Zeit um 1400. Einige wurden abgelöst und sind neben Grabfunden des spätantiken Friedhofs im unterirdischen Museum gegenüber der Kirche zu sehen. Die unscheinbare Kirche St. Prokulus östlich von Naturns wurde in **vorkarolingischer Zeit** erbaut. Ihre Fresken geben ein beredtes Zeugnis von der Kunstfertigkeit im 8. Jahrhundert.

St. Prokulus

Kirche: St. Prokulus-Str. | Anfang April – Anfang Nov. Di – So. 9.30 – 12, 14 – 17, Führung: 10 und 15 Uhr
Museum: Anfang April – Anfang Nov. Di. – So. 10 – 12.30, 14.30 – 17.30 Uhr | 4,50 € | www.prokulus.org

Totentanz
Südöstlich von Naturns liegt das Örtchen Plaus. An der **Friedhofsmauer** der Kirche St. Ulrich schuf der Vinschger Künstler Stefan Stecher 2001 eine **zeitgenössische Version des Totentanzes** in 18 Szenen, unter jedem Bild steht ein Satz im Vinschgauer Dialekt.

Plaus

ZIELE
NATURNS

Der »schaukelnde Bischof Prokulus« in seinem Kirchlein

MMM Juval Schloss Juval, Wohnsitz und Museum R. Messners ▶ Schnalstal

Der Erfinder der Schreibmaschine

Partschins Das hübsche Dorf (Parcines, 626 m ü. d. M., 3651 Einw.; www.partschins.com) liegt am Beginn des Vinschgaus, etwas oberhalb der einst hier entlangführenden römischen Handelsstraße Via Claudia Augusta. Mit seinen Edelsitzen und alten Höfen rund um die spätgotische Pfarrkirche St. Peter und Paul hat es sich sein historisches Ortsbild bewahrt. Die beiden Ortsteile Rabland und Töll erstrecken sich unten auf dem Talboden.

Man hört sie regelrecht klappern, all die vielen Tasten der **2000 mechanischen Schreibmaschinen**, die im Schreibmaschinenmuseum am Kirchplatz in einem eigenwilligen Neubau (1993, G. Mitterhofer & Luciano Deluga) ausgestellt sind. Erinnern sollen sie an den Partschinser Tüftler **Peter Mitterhofer** (1822 – 1893), den Erfinder der Schreibmaschine. Die Exponate geben einen Einblick in die 120-jährige Entwicklungsgeschichte. Das wertvollste Ausstellungsstück ist die dänische Schreibkugel »Malling Hansen«. Mitterhofer erlebte den Durchbruch seiner Erfindung nicht mehr. Erst die US-amerikanische Firma Remington verdiente sich damit eine goldene Nase.

Die **Stachlburg** nördlich des Ortskerns ist eine typische Tiroler Dorfburg (Ende 13. Jh.) und der einstige Stammsitz der Herren von Partschins. Als Ministerialsitz errichtet, wurde das Anwesen 1549 von Georg Stachl gekauft. Heute ist hier die Kellerei des Barons Sigmund von Kripp untergebracht. Das eigenwillige Vinschgauer Klima mit seiner Trockenheit und starken Winden formt charaktervolle Weine, vor allem Blau- und Weißburgunder. Im Rahmen von Kellerführungen und Weinverkostungen werden oft auch Teile der Burg gezeigt.
Schreibmaschinenmuseum: Kirchplatz 10 | April – Okt. Mo. 14 – 18, Di. – Fr. 10 – 12, 14 – 18, Sa. 10 – 12, Nov. – März Di. 10 – 12 Uhr | 7 €
www.schreibmaschinenmuseum.com
Schlossweingut Stachlburg: Peter-Mitterhofer-Weg 2
www.stachlburg.com

Im Rausch der Sinne
Der Partschinser Wasserfall ist zwar mit seinen 97 m nicht der höchste (das ist der Fragsburger Wasserfall, S. 215), aber der eindrucksvollste Wasserfall Südtirols. Am Eingang ins Zieltal rauschen während der Schneeschmelze bis zu 10 000 l Wasser pro Sekunde zu Tal. An sonnigen Tagen zwischen zehn und zwölf Uhr glitzert der feine Sprühnebel in allen Regenbogenfarben. Bei geführten Nachtwanderungen wird der Wasserfall Kulisse für eine Licht - und Klanginszenierung (Buchung über: Tourismusverein Partschins, www.partschins.suedtirol.com). Erreichbar ist der Wasserfall mit dem Gästebus oder auf einer 1,5-stündigen Wanderung.

Partschinser Wasserfall

Zu Fuß unterwegs
Partschins ist ein guter Ausgangspunkt für Wanderungen. Eine rund 4-stündige Tour beginnt etwas nördlich des Partschinser Wasserfalls; von hier geht es über die Nassereith-Hütte zur Lodnerhütte (2259 m), Ausgangspunkt für Bergtouren in die Texelgruppe. Beliebt sind auch der Einstieg in den Meraner Höhenweg (▶ S. 228) und der **Sonnenberger Panoramaweg** an der nördlichen Talflanke nach Naturns, der Partschinser Waalweg und der Höhenweg, die beide im Ortsteil Vertigen beginnen: Der Waalweg folgt in etwa 700 m Höhe einem alten Bewässerungskanal, der Höhenweg verläuft auf knapp 1200 m. Wo die **Etsch in eine Felsschlucht stürzt**, liegt der Weiler **Töll** (550 m), ein idealer Ausgangspunkt für Wanderungen. Einen Abstecher lohnt das gotische Kirchlein St. Helena. 1326 wurde es das erste Mal erwähnt, vermutlich ist es jedoch viel älter.

Schöne Wanderwege

Fundort von Ötzi
Von Meran und Dorf Tirol hat man die Texelgruppe mit der 2295 m hohen Mutspitze ständig vor Augen. Die Texelgruppe wird begrenzt vom ▶ Passeiertal im Osten, dem Pfelderer Tal im Norden, dem Schnalstal im Westen und dem Untervinschgau im Süden. Am Haus-

Naturpark Texelgruppe

Begegnung im Naturpark Texelgruppe beim Abstieg vom Schwarzkopfgipfel

labjoch im äußersten Nordwesten wurde 1991 die berühmte Gletscherleiche Ötzi gefunden (▶ Baedeker Wissen S. 70). Der Naturpark mit Vegetationsformen von der submediterranen Steppenlandschaft des Naturnser Sonnenbergs bis zu den Firnregionen bewahrt eine noch weitgehend intakte Tier- und Pflanzenwelt.

Hohe Höfe

Naturnser Höfewanderung

Zur **Naturnser Höfewanderung** geht es mit dem Linienbus ins Schnalstal bis nach Katharinaberg, wo man zum Meraner Höhenweg aufsteigt. Vorbei an alten Höfen des Sonnenbergs wie Unterperfl, Wand, Kopfron und Innerunterstell erreicht man den Linthof. Für den Rückweg kann man auch die Seilbahn nach Unterstell nehmen. Von der Bergstation Unterstell ist man in ca. 10 min. auf einer **16 m frei schwebenden Aussichtsplattform** mit Blick auf den Meraner Talkessel und das Bergmassiv der Ortlergruppe. Nur für Schwindelfreie!

In fünf Tagen um die Texelgruppe

Meraner Höhenweg

Der **bekannteste Wanderweg im Naturpark Texelgruppe** ist der 100 km lange Meraner Höhenweg. In fünf Tagen umrundet man auf einem Panoramaweg die gesamte Texelgruppe. Unterwegs gibt es zahlreiche Einkehrmöglichkeiten. Einen guten Einstieg, auch für einzelne Etappen, bieten Naturns, Partschins, Dorf Tirol und Katharinaberg im Schnalstal. Vom Höhenweg zweigen hochalpine Touren zu den Gipfeln der Texelgruppe ab (www.hoehenweg.meran.info).

ZIELE
NEUMARKT

 NEUMARKT

Italienisch: Egna | Höhe: 214 m ü. d. M. | Einwohner: 3060

Beim Streifzug durch die wunderbar erhaltenen mittelalterlichen Laubengassen von Neumarkt darf man sich nicht in die Irre führen lassen. Mancher der Schlapphut- und Vollbartträger könnte auch ein bekannter Schauspieler sein. Das Örtchen mit seinen Innenhöfen, Torbögen, Erkern und freien Stiegenhäusern ist ein beliebter Drehort für Historienfilme.

Vom Markt zur beliebten Filmkulisse

Der 1189 als »Neuer Markt« vom Bischof von Trient gegründete Ort entwickelte sich dank seiner Lage an der römischen Handelsstraße Via Claudia Augusta und zahlreicher Privilegien zu einem wichtigen Warenumschlagplatz, zumal die Etsch zu jener Zeit noch schiffbar war. Davon zeugt das »Ballhaus«, wo die Waren einst gelagert wurden. Heute ist Neumarkt der Hauptort des Südtiroler Unterlands. Oberhalb von Neumarkt erstreckt sich der artenreiche Naturpark Trudner Horn (▶ Aldein – Radein).

Geschichte

Wohin in Neumarkt?

Begehrte Filmkulisse

Die 500 m langen Laubengassen im Ortskern gehören zu den längsten durchgängig erhaltenen in Südtirol. Daher sind sie eine beliebte Filmkulisse, u. a. wurden hier Teile des Andreas-Hofer-Films von Xaver Schwarzenberger mit Tobias Moretti gedreht. Im Haus Nr. 20 verbrachte der **Tiroler Freiheitsheld Andreas Hofer** eine Nacht auf dem Weg nach Mantua, daran erinnert eine Gedenktafel. Die Pfarrkirche **St. Nikolaus** am Ende der Laubengasse wurde in romanischer Zeit gebaut, später gotisiert und barockisiert. Sie besitzt ein schönes Sterngewölbe (1475), die Kreuzwegstationen malte Anton Fasal 1938.

Lauben-
gasse

Von Omas Dachboden gerettet

Das Museum in einem der letzten traditionellen Saalhäuser des Orts zeigt Alltagsgegenstände aus der Zeit von 1815 bis 1950, die Anna Grandi Müller u. a. auf Südtiroler Dachböden entdeckte.
Andreas-Hofer-Str. 50, Ostern – Nov. So., Di., Fr. 10 – 12, Mi., Do. 16 bis 18 Uhr, freier Eintritt

Museum für
Alltagskultur

Ein Höhepunkt Tiroler Hochgotik und eine Ruine

Die dreischiffige gotische Kirche Unserer Lieben Frau (1412 – 1518) im **Ortsteil Vill** gilt als ein Höhepunkt der Tiroler Hochgotik. Die

Frauen-
kirche

NEUMARKT ERLEBEN

FERIENDESTINATION CASTELFEDER
Hauptplatz 5, 39040 Auer
Tel. 04 71 81 02 31
www.castelfeder.info

Anfang August findet hier das **Laubenfest** statt mit Musik, Tanz, Wein und einigen Schmankerln von Fischspezialitäten bis zur traditionellen Bratwurst.

JOHNSON & DIPOLI €€
Hier wird man unter schönen Laubengängen mit den interessanten Weinen aus Südtirol und verführerischen Antipasti verwöhnt.
Andreas-Hofer-Str. 3
Tel. 04 71 82 03 23
www.johnson-dipoli.it

HOTEL ANDREAS HOFER €
Hier kann man im historischen Ambiente der Lauben essen und übernachten. Das Dorfgasthaus ist auch bei den Einheimischen beliebt.
Straße der Alten Gründungen 21-23
Tel. 0471 81 26 53
www.hotelandreashofer.com

Das **Weingut Peter Dipoli** bietet hervorragende Weine an: den weißen »Voglar«, den roten »Fihl«, ein reinsortiger Merlot, und »Yugnum«, ein Verschnitt aus Merlot und Cabernet Sauvignon (Villnerstr. 5, www.peterdipoli.com).
Zu den beliebtesten Tropfen des **Weinguts Franz Haas** gehört »Manna«, eine Cuvée aus vier Weißweinen, und »Moscato giallo«, ein Süßwein mit dem feinen Bouquet der Muskatellertraube (Montan, Dorfstr. 6, www.franz-haas.com).

Fresken aus dem frühen 16. Jh. zeigen Szenen des Jüngsten Gerichts und Christus als Schmerzensmann, umgeben von Heiligen.
Burg Kaldiff am Rand einer Bergterrasse östlich von Neumarkt ist seit einem Brand nur mehr Ruine. Sie stammt aus dem 12. Jh. und wurde im 17. Jh. stark verändert, innen sind noch Reste aus der Renaissance erhalten. Zur Burg führt ein markierter Wandersteig.

Wandern auf Albrecht Dürers Spuren

Dürerweg · Das Etschtal war wieder einmal überschwemmt, als Albrecht Dürer 1494 nach Venedig reiste, daher musste er auf Höhenwege ausweichen. Dort entstanden Zeichnungen und Aquarelle wie »Wehlsch Pirg«, das das Cembratal zeigt, und »Ain welsch schlos«. Auf Dürers Spuren führt nun der mit seinen Initialen AD markierte »Dürerweg« vom Klösterle in St. Florian, südlich von Neumarkt, zu den Erdpyramiden bei Segonzano im Trentino (▶ S. 79). Die Gehzeit beträgt gute 8 Stunden.

Wegbeschreibung, Einkehrmöglichkeiten: www.duererweg.it

ZIELE
NIEDERDORF · PRAGSER WILDSEE

NIEDERDORF ·
★★ PRAGSER WILDSEE

Italienisch: Villabassa | **Höhe:** 1158 m ü. d. M. | **Einwohner:** 1590

Nein, es waren nicht die strahlend blauen Augen von Terence Hill, die zu einem Besucherrekord am Pragser Wildsee geführt haben. Der eigentliche Star ist und bleibt der smaragdgrün leuchtende See, der von steilen Berghängen umgeben ist. Allerdings wetteiferte der Pragser schon lange mit dem Karersee um das Prädikat »schönster See Südtirols«. Seit der Pragser Wildsee 2011 in einer TV-Serie mit Terence Hill als Förster so richtig in Szene gesetzt wurde, ist die Sache entschieden.

Von der Zollstation zum beliebten Ausflugsziel
Schon zu Zeiten der Römer lag hier eine wichtige Rast- und Zollstation auf der Handels- und Kriegsroute durch das Pustertal. 994 wurde der Ort erstmals erwähnt. Eine wichtige Rolle in der Entwicklung des Tourismus spielte die Einweihung der Ampezzaner Straße 1833, die Venedig mit Deutschland verband, und der Bau der Pustertaler Bahn 1871 von Lienz nach Franzensfeste, denn die feinen Sommergäste reisten gerne im reservierten Erste-Klasse-Coupé an.

Geschichte

▌ Wohin in Niederdorf?

Pioniere des Tourismus
In der spätbarocken **Pfarrkirche zum hl. Stephan** von 1792 sind Fresken von Franz Altmutter, Skulpturen des Tirolers Franz Xaver Nißl und ein Altarbild von Martin Knoller, einem Schüler des Barockmalers Paul Troger, zu sehen. Am Friedhof steht eine gotische **Doppelkapelle** aus dem 15. Jahrhundert: Die Totenkapelle unten besitzt ein Fresko von Simon von Taisten, die Annakapelle darüber ein Sterngewölbe mit runden Schlusssteinen. Im Haus Wassermann, einem herrschaftlichen Ansitz, ist das **Fremdenverkehrsmuseum Hochpustertal** untergebracht. Hier wird die Geschichte des Tourismus von den Anfängen an erzählt. Der ehemalige Ansitz der Herren von Kurz zu Thurn erhielt um 1800 sein heutiges Ansehen mit bemerkenswertem Balkon und Dreiecksgiebeln an der Nordfassade. Einst Zollhaus und Kaserne, wurde es 1928 **Rathaus.**
Museum: Juni – Sept. Di. – So. 16 – 19 Uhr | 4 €

Niederdorf

Ein Schritt vom Himmel
Diesem magischen Leuchten des Pragser Wildsees kann sich kaum jemand entziehen. Wie ein Smaragd funkelt er im Winter in sattem

Pragser Wildsee

ZIELE
NIEDERDORF · PRAGSER WILDSEE

NIEDERDORF ERLEBEN

TOURISMUSVEREIN NIEDERDORF
Bahnhofstr. 3
39039 Niederdorf
Tel. 04 74 74 51 36
www.hochpustertal.info

Niederdorf wird von der Pustertaler Bahn bedient; Busse verbinden mit der Umgebung.

HOTEL PRAGSER WILDSEE €€€
Noch immer weht die Aura der großen Zeit durch die Räume des Grandhotels direkt am See. Erbaut 1897 – 1899 ist vieles heute noch größtenteils im Originalzustand erhalten.
Prags, St. Veit 27
Tel. 04 74 74 86 02
www.pragserwildsee.it

HOTEL EMMA €–€€
Nostalgie liegt hier in der Luft. Schließlich führte einst die Tourismuspionierin Emma Hellenstainer dieses Haus unter dem Namen Schwarzer Adler. Grundsolides 3 Sterne-Haus mit guter Küche.
Emma-Str. 5, Tel. 04 74 74 51 22
www.hotel-emma.it

LECHNERHOF €
Die Bergbauernfamilie Patzleiner lebt v. a. von ihrem Ziegenkäse, der im ganzen Pustertal einen ausgezeichneten Ruf genießt (Hofladen); 4 moderne Appartements.
Prags, Lechnerhof 37
Tel. 04 74 74 86 52
www.pragserkaese.com

HOTEL ADLER €–€€
In der Küche wirkt Helene Markart. Ihre Gerichte sind geprägt von Kindheitserinnerungen auf dem Land mit dem Geschmack der Rezepte von früher. Die Räume sind mit Möbeln aus dem 17. Jh. eingerichtet. Ein beliebter Treffpunkt ist das Wintergarten-Café.
Von-Kurz-Platz 3
Tel. 04 74 74 51 28
Di. und Nov. – Mitte Dez. geschl.
www.hoteladler.com

Grün und leuchtet in der Sommersonne in karibischem Blau. »Ein Schritt vom Himmel« (»Un passo dal cielo«) heißt deshalb auch eine TV-Serie, in der Terence Hill einen Förster spielt, der sein Büro im Bootshaus des Pragser Wildsees hat. Diese unbeschreiblich schöne Kulisse bringt seitdem viele Zuschauer hierher, die den wildromantischen See endlich mit eigenen Augen sehen wollen. Während der Hochsaison ist die Gegend daher hoffnungslos überlaufen. Da hilft nur die Flucht in den Naturpark Fanes-Sennes-Prags im ▶ Gadertal oder man mietet sich am **Hotel Pragser Wildsee** (▶ oben) ein Ruderboot und genießt die Stille auf dem See. Dieses in die Jahre

Wie ein in Silber gefasster Smaragd:
der Pragser Wildsee oberhalb des Hochpustertals

ZIELE
NIEDERDORF · PRAGSER WILDSEE

KARIBISCHE STIMMUNG
Smaragdgrün leuchtet der **Pragser Wildsee** im Winter und karibisch blau im Sommer. Er ist von steilen und bewaldeten Berghängen umgeben und am Ufer steht ein historisches Grandhotel. Seit einer hier gedrehten TV-Serie mit Terence Hill ist die Schönheit des Sees zwar kein Geheimnis mehr, doch wer sich am Bootshaus ein Ruderboot mietet, hat draußen den See, sein Leuchten und die Stille noch für sich allein.

gekommene frühere Grandhotel wurde einst im Auftrag von **Emma Hellenstainer** (1817 – 1904) gegründet, einer Pionierin in Sachen Tourismus, die als eine der Ersten die Chancen des Orts erkannte. 1945 wurden in Niederdorf 134 prominente KZ-Häftlinge als Faustpfand für Verhandlungen mit den Alliierten festgehalten. Nach ihrer Befreiung kamen sie im Hotel Pragser Wildsee unter. »In diesen ersten Tagen der Freiheit schien uns Prags wie das Paradies auf Erden. Ich konnte den Blick nicht von meinem Fenster lösen, von den schneebedeckten Bergen, die sich steil über den stillen geheimnisvoll-traurigen See erhoben«, schrieb die ehemalige SS-Geisel Fey von Hassell in ihren Erinnerungen. Die heutige Hotelbesitzerin und Enkelin Emma Hellenstainers hat wertvolle Zeugnisse dieser Tage in einem Archiv zusammengetragen.

Die Zufahrtsstraße zum Pragser Wildsee zweigt kurz hinter ▶ Welsberg nach Süden ins Pragser Tal (Val Braies, www.hochpustertal. info) ab und gabelt sich nach wenigen Kilometern. Eine Straße führt ins Innerpragser Tal, das am Pragser Wildsee endet.

Hochebene mit Ausblick

Altprags, Plätzwiese

Eine andere Straße führt an der einstigen Hotelsiedlung Altprags vorbei ins Altpragser Tal und endet am Parkplatz vom Gasthof Brückele. Im Sommer fährt von hier ein Bus auf steilem Weg hinauf zur **Plätzwiese.** Die Hochebene auf knapp 2000 m bietet herrliche Almen, etliche Gasthäuser und einen grandiosen Blick auf die Ampezzaner Dolomiten, auf die Ostwand des Hohen Gaisl und auf den Dürrenstein (2839 m). Die Straße über einen Sattel nach Schluderbach ist für den Verkehr gesperrt. Am Scheitelpunkt liegt ein mächtiges Sperrfort aus dem Ersten Weltkrieg.

ZIELE
PASSEIERTAL

PASSEIERTAL

Italienisch: Val Passiria

In einem einzigartigen Kurvenkarussell fährt man zum Timmelsjoch auf 2509 m hinauf oder steigt tief ins Erdinnere hinein, wo man dem einstigen Silber- und Bleierzabbau nachspüren kann: Das Passeiertal ist eines der landschaftlich vielfältigsten und urigsten Täler Südtirols. Die typischen Schildhöfe zeugen von dem Aufstieg der Bauern, die einst in den niederen Adel erhoben wurden. Das Passeiertal ist auch die Heimat von Andreas Hofer. In St. Leonhard kann man erfahren, wie aus dem Gastwirt ein Freiheitskämpfer wurde.

Das Passeiertal, oft auch nur Pseirer genannt, zieht sich rund 50 km lang von Meran bis zum 2509 m hohen **Timmelsjoch**, wo die Grenze zu Österreich verläuft und das Ötztal beginnt. Die Bergmassive der Texelgruppe im Westen und der Sarntaler Alpen im Osten umrahmen das Tal. Die namensgebende Passer entspringt am Timmelsjoch und fließt hinter Meran in die Etsch. Das »Vorderpasseier«, der erste Abschnitt des hier noch breiten Tals bis St. Leonhard, ist eine liebliche Landschaft mit Weinbergen und mediterraner Vegetation. Das »Hinterpasseier«, wo die Schneeschmelze erst im späten Frühjahr beginnt, ist rau. Die Bewohner der hoch über dem Tal gelegenen Dörfer im Hinterpasseier leben von der Almwirtschaft, im Vorderpasseier ist der Tourismus bedeutend.

Von lieblich bis rau

Schildhöfe

Das Passeiertal ist ein uralter Fernhandelsweg über das Timmelsjoch ins obere Inntal und über den Jaufenpass nach Sterzing und Innsbruck. Erst 1968 wurde die Timmelsjochstraße asphaltiert; sie ist nur in den schneefreien Sommermonaten befahrbar. Eine Besonderheit sind die **Schildhöfe.** Im 13. und 14. Jh. konnten einige Bauern in den niederen Adel aufsteigen, wenn sie sich verpflichteten, für ihren Lehnsherrn in den Krieg zu ziehen. Als Gegenleistung wurden ihnen Steuern erlassen und besondere Rechte erteilt, u. a. das Recht, Waffen zu tragen. Elf dieser Schildhöfe sind noch erhalten, u. a. in Saltaus.

Geschichte

▎ Wohin im Passeiertal?

Wallfahrtsort

Über **Kuens** am Eingang des Tals erreicht man nach wenigen Kilometern Riffian (Rifiano, 504 m), das noch ganz unter dem Einfluss von Meran steht. Der winzige Ort hat gleich zwei sehenswerte Sakralbau-

Riffian

ten. Die ursprünglich gotische **Wallfahrtskirche** »Zu den sieben Schmerzen Mariens« wurde im 17. Jh. von Franz und Anton Delai barockisiert und gehört zu den **schönsten Barockkirchen** Südtirols. Beachtenswert sind die elegante Kanzel und der farbenprächtige Hochaltar mit einer viel verehrten Muttergottes (1420); die Altarfiguren schnitzte der bayerische Bildhauer Balthasar Horer. In der benachbarten **Friedhofskapelle** schildern Fresken aus dem frühen 15. Jh. Ereignisse aus dem Alten Testament. Sie sind im »Höfischen Stil« gemalt, der von den Höfen Burgunds und Oberitaliens nach Südtirol gelangte. Typisch ist die idealisierte Darstellung der Personen in faltenreichen Gewändern oder prächtigen Rüstungen. Es ist nicht eindeutig geklärt, wer die Bilder malte.

Dialektwechsel

Saltaus In Saltaus beginnt das **Vorderpasseier**. Das Tal wird enger und die Menschen sprechen auf einmal einen anderen Dialekt. Direkt an der Straße steht der zinnengeschmückte **Schildhof Saltaus**, heute birgt er ein Hotel (▸ Erleben). Mit der Seilbahn gelangt man auf das **Hirzer-Hochplateau** (1980 m), Ausgangspunkt einer 2,5-stündigen Bergtour auf den 2781 m hohen Hirzer, den höchsten Gipfel der Sarntaler Alpen.

Von Malern und Freiheitskämpfern

St. Martin Kurz vor St. Martin geht es westlich zum Passeirer Wasserfall: Der Kalmbach fällt hier 48 m in die Tiefe. Vor allem bei Wanderern ist St. Martin als Ausgangsort für schöne Bergtouren beliebt. An den steilen Hängen fallen sieben Schildhöfe auf, deren Besitzer ursprünglich dem niederen Adel angehörten, darunter das **Steinhaus**, ein Wahrzeichen von St. Martin. Der bereits 1285 erwähnte Hof besaß neben Grund und Boden im Passeiertal auch Rechte an der Saline von Hall im heutigen Nordtirol. Die barocke Pfarrkirche St. Martin ist dem Ortspatron gewidmet. Im Zentrum steht ferner das Turmhaus, dessen Erker mit Barockmalereien verziert ist. Bis 1845 trafen sich in St. Martin die Mitglieder der 1719 zur Pflege der Barockmalerei gegründeten **»Passeirer Malschule«**. Das Malerhaus mit schönen Außenfresken, der einstige Sitz der Schule, ist nicht zugänglich. Im Ort erinnern schön verzierte Häuser an das Wirken der Künstler.

Von St. Martin führt eine 1,5-stündige Wanderung zur **Pfistrad Alm** (1350 m). Im Kaser, einem der ältesten Holzbauten Südtirols und heute eine Außenstelle des Museums Passeier, informiert eine Ausstellung über die Almwirtschaft und mittelalterliches Wohnen. In der **Pfandler Alm** in Prantach oberhalb von St. Martin versteckte sich Andreas Hofer (▸ Interessante Menschen) gut eineinhalb Monate vor den Franzosen, bis er verraten und gefangen genommen wurde. 1919 brannte die Hütte ab, wurde 1984 von Pseirer Schützen aber wieder aufgebaut.

PASSEIERTAL ERLEBEN

TOURISMUSVEREIN PASSEIERTAL
Passeirerstr. 40, 39015 St. Leonhard
Tel. 04 73 65 61 88
www.passeiertal.it

Die **Passeier Bauernmeisterschaft** Mitte Januar in Rabenstein ist ein Duathlon aus den Disziplinen »Haiziechn« (Heuziehen) und Eisklettern.

HOTEL ANDREUS €€€€
Das moderne Hotel verbindet perfekt Wohlfühlen und ein buntes Sportangebot. Es liegt neben dem Golfclub Meran und verfügt über einen eigenen Pferdestall mit Reitschule. Geboten werden u. a. ein großzügiges Spa mit Yoga und Pilates. Die Suiten sind mit Holz und Naturstein eingerichtet.
St. Leonhard, Kellerlahne 3 A
Tel. 04 73 49 13 30
www.andreus.it

HOTEL SALTAUSER HOF €€–€€€
Im Krieg mit der Sicherung des Jaufenweges beauftragt und in Friedenszeiten Hof-Lieferant von Fisch und Wildbret für Schloss Tirol. Dieser Schildhof genoss Sonderstatus bei Adel, Bürgern und selbst bei der Kirche; Zimmer im Tiroler Stil sowie zwei hochmoderne Suiten. Die Terrasse lockt mit grandiosem Blick ins Passeiertal.
Saltaus, Passeirerstr. 6
Tel. 04 73 64 54 03
www.saltauserhof.com

RESTAURANT WEZL €€
In dem Passeirer Bauernhaus bereitet Jochen Kofler gute Tiroler Küche zu und stellt mit Karl Pichler vom Innerleiterhof in Schenna Obstbrände und Grappa her.
Riffian, Jaufenstr. 37
Tel. 04 73 24 10 75, www.wezl.it

HOTEL PFANDLERALM €–€€
Das 3-Sterne-Haus ist in aktuellem Design eingerichtet, ohne seine Tiroler Natur zu verleugnen; mit Sauna und Außenpool.
St. Martin, Jaufenstr. 21
Tel. 04 73 64 12 78
www.hotel-pfandleralm.it

GASTHOF LAMM ZUM MITTERWIRT €€
Das Gasthaus am Dorfplatz gibt es seit 1777; während des Tiroler Aufstands führten die bayerischen Beamten Verhöre in der Wirtsstube durch. Deftige Südtiroler Küche.
St. Martin, Dorfstr. 36
Tel. 04 73 64 12 40
So. abends und Mo. geschl.
www.gasthaus-lamm.it

Mit Überhängen und Quergängen ist der 25 m hohe **Eiskletterturm in Rabenstein** Anziehungspunkt für Kletterfans, sogar Eiskletter-Weltcups finden hier statt. Ausrüstungsverleih gibts vor Ort (Rabenstein 22/A, Moos, www.eisklettern.it).
Der 18-Loch-**Golfplatz** bei St. Martin liegt auf 500 m Höhe vor der großartigen Bergkulisse des Passeiertals (Kellerlahne 3, St. Leonhard, www.golfclubpasseier.com).
Das bis zu 2520 m hohe **Skigebiet** von Pfelders verfügt über 10 km präparierte Pisten, eine 3,5 km lange Rodelbahn und eine 11 km lange Langlaufloipe; es gehört zur Ortler Skiarena.

ZIELE
PASSEIERTAL

Nostalgie: Geburtshaus und Versteck des Tiroler Freiheitskämpfers Andreas Hofer

Im Heimatort von Andreas Hofer

St. Leonhard Rund 3000 Einwohner zählt der **Hauptort des Passeiertals** an der Gabelung von Jaufenpass und Hinterpasseier, der Heimatort des Tiroler Freiheitskämpfers **Andreas Hofer** (▶ Interessante Menschen). Sein Geburtshaus, der »Sandhof«, liegt kurz vor St. Leonhard. Dort beleuchtet im sehenswerten **Museum Passeier – Andreas Hofer** eine Ausstellung die Rolle von Andreas Hofer im Tiroler Freiheitskampf. Außerdem ist eine volkskundliche Sammlung zu sehen. Auf dem Freigelände vor dem Museum stehen alte Passeirer Bergbauernhöfe aus dem ganzen Tal. Auch die **Hoferkapelle**, die Wandgemälde in der 1883 erbauten Herz-Jesu-Kapelle und der **Franzosenfriedhof** am westlichen Ende des Dorfs in der Nähe der Passer erinnern an Hofer und die Kämpfe von 1809. Die teilrestaurierte **Ruine Jaufenburg** (13. Jh.) über dem Dorf sicherte einst den Talkessel. In ihrem fünfstöckigen Bergfried informiert eine Ausstellung über das Mittelalter im Passeiertal.

Museum Passeier: Passeirerstr. 72 | Mitte März – Ende Okt. Di. – So. 10 – 18 Uhr | 8 € | www.museum.passeier.it

Ruine Jaufenburg: Juni – Mitte Sept. Mo. 10 – 13 Uhr | 2 €

Im Kurvenkarussell

Jaufenpass In St. Leonhard teilt sich das Passeiertal. Richtung Osten geht es über den 2099 m hohen Jaufenpass (Passo del Monte Giovo) nach Sterzing. Die 39 km lange, 1905 bis 1911 erbaute kurvenreiche Straße ist bei Motorradfahrern sehr beliebt. Seit einigen Jahren ist sie auch im Winter geöffnet, um die Wintersportgebiete von Ratschings zu erschließen.

ZIELE
PASSEIERTAL

Von Brücken und Bunkern
Richtung Westen geht es auf der Timmelsjochstraße Richtung Österreich (▶ unten). Moos (1007 m, 2000 Einw.), Hauptort im Hinterpasseier, liegt mitten im **Naturpark Texelgruppe** (▶ Naturns). Die um 1402/03 erbaute spätgotische Pfarrkirche ist mit Gemälden der Passeirer Malschule geschmückt. Ein beliebtes Ziel ist der **Stieber Wasserfall**. Am westlichen Ortsrand stürzt der Pfelderer Bach in zwei Kaskaden 18 m tief in eine Schlucht und mündet dann in die Passer. Eine Brücke über den Wasserfall bringt die Besucher dicht heran. Bei Moos stößt das Pfelderer Tal südwestlich in die Texelgruppe vor. Der kleine Ort Pfelders in einem Talkessel, umgeben von gewaltigen Bergen, ist Mittelpunkt eines Wander- und Skigebiets.

Moos
(Moso)

An der Straße zum Timmelsjoch liegt das **Bunker Mooseum**. Benito Mussolini ließ 1942 den Bunker zur Verteidigung Italiens gegen Angriffe vom Timmelsjoch her erbauen. Er wurde aber nie genutzt. Heute werden dort geografische und historische Themen des Passeiertals, die Geschichte des Bergbaus am Schneeberg und Wissenswertes über den Naturpark Texelgruppe präsentiert. Ca. 7 km nördlich von Moos zweigt ein Wanderweg zur **Schneeberghütte** (2355 m) ab; die Gehzeit beträgt 2 bis 2,5 Stunden.

Bunker Mooseum: Dorf 29a, Moos in Passeier | April – Okt. Di. – So. 10 – 18 Uhr | 6 € | www.bunker-mooseum.it

Im Bauch des Bergs
In der Nähe der Schneeberghütte wurde auf über 2000 m im **höchsten Bergwerk Europas** vom 13. Jh. bis 1979 Silber- und Bleierz abgebaut. Reste der restaurierten Förderanlagen sind in das Landesbergbaumuseum Schneeberg integriert. Mit einer Grubenbahn geht es in die Stollen, danach kann man zum Knappendorf wandern.

Schneeberg

Maiern 48, Ridnaun | Mitte April – Okt., kleine Führung 9 €, große Führung 26 € | Es gibt auch einen Gästebus mit Haltestellen ab Riffian. | www.bergbaumuseum.it

Höchster unvergletscherter Passübergang der Alpen
Das Timmelsjoch (Passo del Rombo) verbindet das Passeiertal mit dem Ötztal in Österreich. Die 30 km lange, kurvenreiche Timmelsjochstraße überwindet von St. Leonhard bis zur Passhöhe (2509 m) einen Höhenunterschied von 1800 m. Eine Fahrt auf der 1968 fertiggestellten Straße beginnt am besten in Meran. Unterwegs lassen sich nahezu alle Vegetationsstufen erleben, von der mediterranen bis zur hochalpinen. Die Straße ist auf italienischer Seite für Wohnmobile gesperrt; auf der österreichischen Seite ist sie gebührenpflichtig. Anlässlich des 50-jährigen Bestehens der Passstraße entstanden an verschiedenen Haltepunkten auf Süd- und Nordtiroler Seite fünf »Architektur-Skulpturen«, entworfen von dem Vinschgauer Architekten Werner Tscholl. Das Projekt heißt **»Timmelsjoch-Erfahrung«**, die

Timmelsjoch

einzelnen Stationen, die wie Wächter am Wegrand stehen, Steg, Schmuggler, Passmuseum, Fernrohr und Granat. Sie begleiten die Grenzgänger auf ihrer Fahrt und informieren sie über die vielfältige Natur, Kultur, Gesellschaft und Wirtschaft der Region.
Mai – Okt. | Eintritt frei | Pkw-Maut 16 €, hin und zurück 21 €
www.timmelsjoch.com

PRAD AM ★★ STILFSER JOCH

Italienisch: Prato allo Stélvio | Höhe: 915 m ü. d. M. | Einwohner: 3560

Zum Wandern geht es mit Extrembergsteiger Reinhold Messner zum Yak-Auftrieb in Sulden und zum Skifahren mit Ski-Legende Gustav Thöni nach Trafoi auf die Piste. Berühmte Südtiroler kann man in der Region jederzeit hautnah erleben. Für Motorradfahrer sind dagegen die 83 Steilkehren von Prad hinauf zum Stilfser Joch der absolute Kick. Dahinter ragen die fast 4000 m hohen Berge der Ortlergruppe auf.

▌ Wohin in Prad und Umgebung?

Von Kirchen, Burgen und Fischen

St. Johann, Maria Königin

Malereien der Vinschgauer Malerschule (um 1420) schmücken die Apsis der romanischen Kirche **St. Johann** (Ende 13. Jh.) am südlichen Ortsrand. Reste romanischer Fresken sind an der nördlichen Außenwand zu erkennen. Sehenswert sind die Seitenaltäre der **Pfarrkirche Maria Königin**, die in den 1950er-Jahren von dem Prader Künstler Hans Ebensperger gemalt wurden. Ebensperger (1929–1972) gehört neben Karl Plattner zu den wichtigsten Künstlern dieser Generation und war maßgeblich daran beteiligt, Südtirol aus dem traditionell eher konservativen Kunstklima herauszuführen. Die gotische Kirche **St. Georg** im benachbarten Ortsteil Agums war einst Pfarrkirche von Prad. Das überlebensgroße Kruzifix »Großer Herrgott« auf dem Altar stammt aus dem 14. Jahrhundert. Das **Nationalparkhaus Aquaprad** widmet sich v. a. dem Thema Wasser, den heimischen Fischarten und ihrem Lebensraum.

Nordwestlich überragt die gewaltige **Burgruine Lichtenberg** die gleichnamige Gemeinde. Im 13. Jh. erbaut, sollte sie Tirol gegen die

streitbaren Schweizer schützen. Ihre Fresken wurden ins Tiroler Landesmuseum in Innsbruck verbracht. Etwas Wandmalerei ist noch in der Kapelle zu sehen (Führungen übers Tourismusbüro Prad, Tel. 04 73 73 61 60 34, www.prad.it).
Aquaprad: Kreuzweg 4/c | Di. – Fr. 9.30 – 12.30, 14.30 – 18, Sa., So. 14.30 – 18 Uhr | 6 € | www.stelviopark.bz.it

Abseits gelegen
Etwas talaufwärts (1311 m) und abseits der Passstraße liegt das Dorf Stilfs. Im Zentrum steht das 300 Jahre alte »Pfeiferhaus«, heute Ausstellungsraum und Atelier für einheimische Künstler. Noch vor wenigen Jahrzehnten war das Dorf besonders im Winter nur mühsam zu erreichen.

Stilfs

Sperrfort aus K.-u.-k.-Zeiten
Der ruhige Ort ist Ausgangspunkt schöner Bergwanderungen. Ein 1860 – 1862 erbautes Sperrfort aus K.-u.-k.-Zeiten sollte das Trafoier Tal vor Angriffen italienischer Truppen vom Stilfser Joch her schützen. Doch zu Beginn des Ersten Weltkriegs war die Anlage bereits völlig veraltet, zu Kampfhandlungen kam es nie.

Gomagoi

Zum Yak-Auftrieb mit Reinhold Messner
Einmal mit Extrembergsteiger Reinhold Messner zum Wandern gehen? In Sulden kein Problem. Jeden Sommer bringt Messner seine tibetischen Yaks beim Almauftrieb hoch hinauf ins Gebirge, wo sie

Sulden

Reinhold Messner nimmt beim Almauftrieb seiner zotteligen Yaks gerne Gäste mit.

ZIELE
PRAD AM STILFSER JOCH

PRAD ERLEBEN

ⓘ FERIENREGION ORTLERGEBIET
Hauptstr. 72, 39029 Sulden
Tel. 04 73 61 30 15
www.ortlergebiet.it

Busse von/nach Mals, Glurns und Spondinig durch das Trafoier Tal und ins Suldental, im Sommer über das Stilfser Joch nach Bormio (Italien)

 UND EVENTS

Beim »Klosn« ziehen um den Nikolaustag maskierte Fabelwesen mit dem Heiligen Nikolaus durch das Dorf.
Am ersten Fastensonntag findet das traditionelle Scheibenschlagen statt (▶ S. 383).

YAK & YETI €€€
In einem Bauernhaus von 1600 hat Reinhold Messner ein kleines Restaurant eingerichtet. Spezialität: Yak-Fleisch.
Sulden, Forststr. 55
Tel. 38 06 57 49 67
Pfingsten – Mitte Okt., Dez. – Ende April, Di. geschl.
www.messner-mountain-museum.it

MADRITSCHHÜTTE €–€€
Die Berghütte auf 2600 m ähnelt mehr einem gepflegten Restaurant als einer urigen Berghütte. Cocktails oder heiße Getränke gibt es gleich nebenan im höchstgelegenen Iglu Europas.

HOTEL MADATSCH €€€
Das schicke Hotel mit der Optik eines Chaletschlosses liegt direkt an der Skipiste und ist mit Liebe zum Detail eingerichtet. Empfehlung: die Turmsuite mit Blick zum Ortler.
Trafoi, Stilfserjochstr. 31
Tel. 04 73 61 17 67, www.trafoi.it

HOTEL BELLA VISTA €€–€€€
Das ehemalige Ski-Ass Gustav Thöni konnte in den frühen 1970er-Jahren nicht schnell genug ins Tal kommen. Heute führen er und seine Familie ein Hotel, das seinen Gästen Entschleunigung nahebringen will. In einer Vitrine erinnern zahllose Pokale an seine Erfolge.
Trafoi, Tel. 04 73 61 17 16
www.bella-vista.it

BELVITA HOTEL POST €€€
Mitten im Ort gelegen; Schwimmbad, Wellnessbereich und Beautyfarm
Sulden, Hauptstr. 24
Tel. 0473 61 30 24
www.hotelpost.it

TIBETHÜTTE €
Bereits in den 1960er-Jahren ließ der von Tibet begeisterte Hotelier Ernst Angerer dieses exotische Hotel mit Gasthaus in einem Rundturm auf der Passhöhe (2800 m) bauen.
Stilfser Joch, Tel. 03 42 90 33 60
Ende Mai – Anfang Okt.
www.tibet-stelvio.com

Das Lager des Sommeliers Walter Karner im Prader Industriegebiet umfasst rund 600 Weine (**Karner Wein Plus**, Prad, Kiefernhainweg 74, www.karner.it).

Sulden ist ein Mekka für **Skifahrer** und **Snowboarder**. In der Nähe der Madritschhütte gibt es eine Halfpipe und einen Funpark für Freestyler. Ein Höhepunkt ist die Tiefschneeabfahrt

ZIELE
PRAD AM STILFSER JOCH

von der **Schöntaufspitze** (3200 m) zur Talstation; für Spezialisten im freien Gelände gibt es eine schmale Rinne in Form eines Ypsilons. Das Gebiet gehört zur **Ortler Skiarena** (www.ortlerskiarena.com). Bei der »Genuss-Skitourenwoche Vinschgau« geht es in die Hochtäler, dazu erfährt man viel über die Geschichte und Kultur des Vinschgaus; Höhepunkt ist die Besteigung des Cevedale oder der Suldenspitze (www.alpinschule-ortler.com).
Unvergessliche **Bergwanderungen** erlebt man in den »Ortler Traumwochen« von Juli bis Mitte September; u. a. werden die Gipfel vom Großen Angelus, der Suldenspitze, von Cevedale und Ortler bestiegen (www.alpinschule-ortler.com). Von Juni bis Oktober sind 30 km Pisten auf dem Stilfser Joch auch zum **Sommer-Skifahren** geöffnet.

---

den Sommer über zwischen **Schaubachhütte** und **Madritschhütte** verbringen. Auf die leichte 45-minütige Wanderung nimmt er kostenlos interessierte Gäste mit. Start und Treffpunkt: Ende Juni um 9.30 Uhr von der Talstation der Seilbahn Sulden (Termin: www.messner-mountain-museum.it).
Reinhold Messner betreibt in Sulden zwei seiner insgesamt sechs Museen: Das »Flohhäusl«, eine kleine Berghütte neben dem Hotel Post, beherbergt das **»Alpine Curiosa«**. Es zeigt alpine Kuriositäten von Bergsteigern, u. a. einen Bonatti-Rucksack, einen Comici-Meißel und einen Gipfelstein vom Mount Kailash.
Das Messner Mountain Museum Ortles oder **MMM Ortles** behandelt in seinen unterirdischen Räumen die Themen Gletscher, Erdpole, Schneemenschen und vor allem die großen Eisgebirge, darunter den Ortler, den höchsten Berg Südtirols.
Sulden am Fuß der Ortlergruppe erreicht man von Gomagoi über eine Nebenstraße ins **Suldental** (Val di Solda). Der Ort ist einer der bekanntesten **Wintersportorte** Südtirols, da bis in den Mai meist gute Schneebedingungen herrschen; im Sommer ist Sulden ein guter Ausgangsort für Bergtouren. Der familienfreundliche, rund 8 km lange **Panoramaweg**, die sogenannte Kulturpromenade, führt in 2,5 Stunden rund um Sulden.
Alpine Curiosa: tägl. 9 – 18 Uhr | freier Eintritt
MMM Ortles: Forststr. c/o Yak & Yeti | Mitte Dez. – Anf. Mai, Ende Mai – Mitte Okt. Mi. – Mo. 14 – 18, Juli, Aug. 13 – 19 Uhr | 8 €
www.messner.mountain-museum.it

Skifahren mit Weltmeister Gustav Thöni

Im **Trafoier Tal** herrschte noch Anfang des 20. Jh.s bittere Armut. Bis zum Ersten Weltkrieg mussten die **»Schwabenkinder«**, Kinder armer Bergbauernfamilien im Alter zwischen 6 und 14 Jahren alljährlich im Frühjahr über die Alpen zu den Kindermärkten vor allem in Oberschwaben wandern, wo sie als Saisonarbeitskräfte, als Hütebuben, Knechte und Mägde an Bauern vermittelt wurden. Als Lohn erhielten

Trafoi

sie ein Bett und Verpflegung, gelegentlich etwas Geld. Mit dem Fest Simon und Juda, am 28. Okt., spätestens am Gedenktag des hl. Martin am 11. Nov., waren sie mit ihrem Lohn wieder zu Hause (www.schwabenkinder.eu).

Einst besaß das kleine Trafoi (1543 m) ein Grandhotel, eine der **ersten Sommerfrischen** zu Beginn des alpinen Tourismus. Das Hotel brannte jedoch schon vor dem Ersten Weltkrieg ab und Trafoi wurde zunächst vergessen. Mittlerweile hat es sich zu einem beliebten Ferienort entwickelt. Im Sommer ist es ein guter Ausgangspunkt für Bergtouren ins Ortlergebiet. In dem kleinen **Skigebiet** um die Furkelhütte hat der mehrfache Weltmeister und Olympiasieger Gustav Thöni (▶ Interessante Menschen, S. 358) das Skifahren gelernt. Hier betreibt er heute eine Skischule und ein Skikindergarten. Hinter seinem Hotel Bellavista (▶ Erleben, S. 242) an der ersten Kehre zum Silfser Joch liegt das **Nationalparkhaus Naturatrafoi**. Seine Ausstellung widmet sich dem »Leben an der Grenze«, dem Überleben von Tieren und Pflanzen im Hochgebirge.

Ein beliebtes Wanderziel zu Fuß oder mit Schneeschuhen ist der **Wallfahrtsort** Heilige Drei Brunnen am Ende des Tals. Das Quellheiligtum ist wohl schon in vorchristlicher Zeit verehrt worden. Die kleine Loreto-Kapelle stammt von 1645, die größere Wallfahrtskirche nebenan von 1701/02. Unterwegs kommt man an der K.-u.-k.-Kaserne vorbei, einem ehemaligen Erholungsheim für Offiziere. Hinter Trafoi beginnen die Kehren der berühmten Stilfser Jochstraße mit Blick auf die Trafoier Eiswand (3663 m).

Nationalparkhaus Naturatrafoi: Trafoi 57 | Mai – Ende Okt. Di. – Sa. 9.30 – 12.30, 14.30 – 18, Juli, Aug. auch So. mittags, Ende Dez. –Ende März Di. – Sa. 14.30 – 17.30 Uhr | 3 € | www.naturatrafoi.com

Kurvenparadies mit 83 Kehren

Stilfser Joch

Auf der Passhöhe (Passo dello Stelvio) herrscht Jahrmarktstimmung. Souvenirläden und Imbissbuden reihen sich aneinander. Besonders der Duft nach Kraut und Bratwürsten von den Freiluftgrillstationen ist verführerisch. Eigenwillig ist hier oben nicht nur ein Hotel im Tibet-Stil. Aus den Lautsprechern dröhnt bisweilen Heavy Metal und Hardrock zur Begrüßung all der vielen Motorradfahrer, die sich hier meist mit Helmkameras einfinden. Schließlich muss die spektakuläre Fahrt hinauf festgehalten werden. Ein paar Stufen führen zu einer unscheinbaren, trotzdem sehr bekannten Gedenktafel. Sie erinnert an Fausto Coppi (1919 – 1960), einer der erfolgreichsten und populärsten Radfahrer der Geschichte. Die Stilfser Jochstraße, der **höchste Straßenpass in Italien** und der zweithöchste befahrbare Straßenpass in den Alpen, ist eine Glanzleistung des alpinen Straßenbaus. Insgesamt sind es 83 scharfe Serpentinen bis zur Passhöhe auf 2757 m Höhe (auf Südtiroler Seite sind 48 Kehren). Gebaut wurde sie 1820 – 1825, um die Lombardei, die nach Napoleons Nie-

ZIELE
PRAD AM STILFSER JOCH

Die Lindwurmstraße am Stilfser Joch mit Langzeitbelichtung in Szene gesetzt

derlage an Österreich gefallen war, mit dem Inntal und Wien zu verbinden. Im Ersten Weltkrieg verlief die Italienfront über das Stilfser Joch. Auf Südtiroler Seite bewältigt die Straße mit 48 Spitzkehren einen Höhenunterschied von 1870 m, die maximale Steigung beträgt 15 %: ein Mekka für Motorradfahrer und Radsportler. Es fährt aber auch ein Linienbus von Prad aus zur Passhöhe. Seit Mai 2013 ist die zwischen Mitte/Ende Mai und Anfang Oktober geöffnete Straße **mautpflichtig** (Wochenvignette: 10 €, Verkauf an Automaten; keine Einzelfahrten).

Das Gelände um das Ortler-Cevedale-Massiv südlich des Stilfser Jochs wurde 1935 zum **Nationalpark** erklärt. Mit 1350 km² gehört er zu den größten Schutzgebieten Europas und wird von der Schweiz, der Lombardei und dem Trentino gemeinsam betreut. Hier leben u. a. Gämsen, Murmeltiere, Steinböcke, Auerhähne, Alpenschneehühner und Königsadler. Die Vegetation geht teilweise noch auf die Eiszeiten zurück. Auf Südtioler Seite gibt es gleich drei Besucherzentren: das Culturamartell im ▸ Martelltal, das Aquaprad in Prad (▸ S. 240) und das Naturatrafoi in Trafoi, unmittelbar an der Stilfser Jochstraße (▸ S. 244).

Ausflug in die Schweiz

Wenige Kilometer hinter dem Stilfser Joch führt die Straße über den 2503 m hohen Umbrailpass in die Schweiz nach Santa Maria im Münstertal. Von hier bietet sich u. a. ein Ausflug zur sehenswerten Klosterkirche St. Johann in Taufers an (▸ S. 145).

Umbrailpass

ZIELE
PUSTERTAL

PUSTERTAL

Italienisch: Val Pusteria

Das Pustertal zieht sich von Brixen über Bruneck parallel zum Alpenhauptkamm bis zur österreichischen Grenze bei Sillian und weiter bis nach Lienz. Es ist das einzige Tal in Südtirol, das in West-Ost-Richtung verläuft!

Alte Kulturtraditionen und mächtige Dreitausender

Die Rienz, der Talfluss, hat sich hier tief in den Fels gegraben. Im Tal liegen stattliche Dörfer, auf der Sonnenseite ziehen sich Bauernhöfe und Weiler bis knapp an die Baumgrenze hinauf; die schattige Südseite ist dicht bewaldet. Der erste größere Ort ist Mühlbach, wo prächtige Ansitze und Bürgerhäuser an die einstige Bedeutung des Ortes als wichtiger Handelsplatz zwischen Venedig und Süddeutschland erinnern. Bis Vintl fühlen sich die Bewohner dem Brixner Raum zugehörig, dann beginnt die Heimat der sogenannten Pusterer. Kiens gilt als das Reich der vielen Wassermühlen und in der Mitte des Tals liegt der besuchenswerte Hauptort Bruneck. Schon Michael Pacher, ein Meister gotischer Schnitzaltäre, betrieb hier im 15. Jh. seine Werkstadt. Der Motor des Wintertourismus befindet sich heute auf Brunecks Hausberg, dem Kronplatz. Etliche Kilometer dahinter ist man schon im Hochpustertal mit dem alten Klosterort Innichen und seinen vielen Kirchen und Kappellen, die nur von den Zackenbergen der Sextner Dolomiten überragt werden. In Toblach erinnert ein ehemaliges Grandhotel an mondäne Zeiten, als Toblach Erholungsorts der Wiener Schickeria und von Gustav Mahler war. Bei Toblach verläuft auch die Wasserscheide: Die Rienz mündet in die Adria, die Drau über die Donau in das Schwarze Meer. Auf Südtiroler Seite endet das Pustertal an der österreichischen Grenze zwischen Winnebach und Sillian, die Staatsstraße SS 49 wird zur Bundesstraße 100 und führt bis Lienz, der Hauptstadt von Osttirol.

Vom Pustertal zweigen mehrere Seitentäler ab, daher herrscht auf der Staatsstraße SS 49 meist Kolonnenverkehr. Im Norden bestimmen massive Gebirgsketten das Bild: Bei Vintl geht es ins Pfunderer Tal, bei Bruneck in das Taufener Ahrntal, das gleich von 84 imposanten Dreitausendern umschlossen wird. Bei Olang führt der Weg ins Antholzer Tal mit seinem idyllischen See, der im Winter ein Paradies für Langläufe ist. Bei Welsberg zweigt das Gsieser Tal mit seinen vielen Almen ab. In südlicher Richtung geht es bei Niederdorf zum Naturjuwel Pragser Wildsee, einem smaragdgrün leuchtenden See. Ein beliebter Weg in Richtung Süden in St. Lorenzen führt auch über das Gadertal in die Dolomiten, wo neben der gehobenen Sterne-Küche auch die jahrhunderte alte Sprache und Kultur der Ladiner zu Hause

ZIELE
RESCHEN

ist; Richtung Süden verlaufen ebenfalls das Höhlensteintal und das Sextental mit den berühmten Drei Zinnen.

Die großen Hauptorte im Baedeker zum Nachschlagen: ▶ Bruneck, ▶ Gadertal, ▶ Innichen, ▶ Kiens, ▶ Mühlbach, ▶ Niederdorf · Pragser Wildsee, ▶ Sextental – Drei Zinnen, ▶ Tauferer Ahrntal, ▶ Toblach und ▶ Welsberg – Gsieser Tal

★ RESCHEN

Italienisch: Resia | Höhe: 1504 m ü. d. M.

Das Bild des einsam aus dem See ragenden Kirchturms von Graun ist eines der bekanntesten Bildmotive Südtirols. Gar lieblich mutet es heute an, wenn im Sommer die MS Hubertus bei ihren Kreuzfahrten Touristen über den See schippert und dabei den alten frei stehenden Kirchturm umrundet. Er ist das letzte sichtbare Relikt einer leidvollen Geschichte, bei der viele Einheimische ihr Zuhause verloren, als die Gegend 1950 zur Stromgewinnung geflutet wurde.

Der Reschen ist ein ganzjährig geöffneter Übergang über den Alpenhauptkamm. Die Grenze zwischen Tirol (Österreich) und dem Vinschgau (Italien) verläuft ca. 2 km nördlich, auch die Schweizer Grenze ist ganz nah. Am Reschenpass entspringt die Etsch, der zweitlängste Fluss Italiens. Sie fließt durch den Reschensee und den Haidersee hinunter auf die Malser Haide und mündet nach 415 km bei Porto Fossone (Provinz Rovigo) in die Adria. Zur Region Reschenpass gehören außer Reschen noch Nauders (Österreich), Graun, Langtaufers und St. Valentin auf der Haide.

Österreich und Schweiz ganz nah

Wichtige Nord-Süd-Verbindung

Schon in vorrömischer Zeit verband ein Saumpfad das obere Inntal mit dem Vinschgau. Ab 15 v. Chr. verlief die Via Claudia Augusta, die römische Handelsstraße von Venedig nach Augsburg, über diesen Pass. Erst der Bau der Eisenbahn und später der Autobahn rückten den Brenner in den Mittelpunkt. Mussolini war überzeugter Anhänger der Idee eines **Alpenwalls** (ähnlich der französischen Maginot-Linie). Da der Reschenpass strategisch wichtig war, baute man auf dem sumpfigen Hochtal der Plamort-Ebene die sogenannte Drachenzahn-Panzerabwehrsperre. Allerdings wurden nur 17 der 34 geplanten Bunker fertiggestellt. Heute dienen manche davon als Weinkeller oder Käselager.

Geschichte

| Wohin in Reschen und Umgebung?

Kirchturm im See

Reschensee

Manchmal meine er, die Kirchenglocken von Graun noch zu hören, erzählt Kapitän Winkler, wenn er mit dem Ausflugsschiff »MS Hubertus« den aus dem Reschensee ragenden Turm umrundet. Das Grauen von Graun hat der Kapitän noch miterlebt. Am 16. Juli 1950 läuteten die Turmglocken zum letzten Mal. Um Strom für Norditalien und die Schweiz zu erzeugen und um die Turbinen eines Kraftwerks in Schluderns anzutreiben, wurde der Reschensee 1948 – 1950 aufgestaut. Dafür mussten das malerische Graun und ein Teil vom Dorf Reschen geflutet werden. Häuser und Kirche wurden gesprengt, nur der Grauner Kirchturm aus dem 14. Jh. ragt seither aus dem größten See Südtirols und ist zu einer Touristenattraktion geworden.

Das Dorf **Reschen** liegt am Nordende des Sees auf 1497 m Höhe, **Graun** wurde 4 km südlich von Reschen an etwas höherer Stelle (1500 m) neu gegründet. Im Museum Vintschger Oberland im Gemeindehaus neben der Kirche wird diese Geschichte anschaulich mit historischen Fotos und Dokumenten erzählt.

Museum Vintschger Oberland im alten Gemeindehaus: Anfang Juni – Mitte Sept. Mi. 17 Uhr nach Anmeldung Tel. 04 73 63 31 01 | Eintritt frei | www.vinschgau.net

MS Hubertus: im Juli, Aug., Sept. mehrmals tägl. Ausflugsfahrten über den See | Ticket 10 € | www.sport-winkler.it/schifffahrt/schifffahrt.html

Atlantis: Der Kirchturm im Reschensee erinnert an das versunkene Dorf Altgraun.

RESCHEN ERLEBEN

TOURISMUSVEREIN RESCHENPASS
Hauptstraße 61, 39027 Graun
Tel. 04 73 63 31 01
www.reschenpass.it

VILLA WALDKÖNIGIN €€€
Das Stammhaus ist ein mit eindrucksvollen Details renoviertes Jugendstilschlösschen, das auf den mutigen Kontrast eines modernen Anbaus mit großer Wellnessanlage, stylischem Restaurant und geradlinigen, modernen Zirbenholzzimmern trifft.
St. Valentin, Waldweg 17
Tel. 0473 63 45 59
www.waldkoenigin.com

HOTEL ETSCHQUELLE €€
Den Blick auf den Reschensee kann man vom Balkon aus in aller Ruhe genießen. Die Zimmer des liebenswerten Familienhotels sind teils traditionsbewusst, teils modern eingerichtet; kleiner SPA-Bereich.
Reschen, Neudorf 43
Tel. 04 73 63 31 25
www.etschquelle.com

FERIENWOHNUNG IM STROHHAUS €–€€
Hier wohnt man hinter meterdicken Strohmauern, die perfekt isolieren und ein angenehmes Raumklima schaffen, ohne dass man auf die Annehmlichkeiten einer modern ausgestatteten Wohnung verzichten muss. Der Hausbesitzer ist freischaffender Künstler, viele seiner Bilder und Objekte schmücken Wohnungen und Hof.
Richard Fliri & Yvonne Aschoff
Graun, Langtaufers 84 A
Tel. 04 73 63 34 32
www.fliri.net

Die **Bäckerei Angerer** in St. Valentin verarbeitet nur Korn aus Eigenproduktion oder von einheimischen Ackerbauern zu Schüttelbrot oder Ur-Paarl, hier Vinschgerl genannt (Via Claudia Augusta 29, www.backstube.it).
Anna die Zarte, Johann der Milde oder Josef der Kräftige. Die Namen ihrer Käse, die aus Heumilch von Bauern des Langtaufertals gewonnen werden, haben die Zwillingsbrüder der **Spezialitätenkäserei Patscheider** dem Stammbaum ihrer Familie entliehen (Hauptstr. 74, St. Valentin, www.patscheiderkaese.it).

Der Vinschger Oberwind ist ideal zum **Segeln und (Kite-)Surfen.** Auf dem See werden im Winter **Langlaufloipen** gespurt, die Kiter vergnügen sich auf Skiern und **Schlittschuhläufer** auf ihren Kufen. Das Vinschger Oberland ist ein beliebtes **Wintersportgebiet** mit 115 km Piste in Reschen-Schöneben, Haideralm-St. Valentin und Langtauferertal-Maseben. Der Skibus verkehrt zwischen Nauders (Österreich), Reschen und St. Valentin. Das Skigebiet gehört (außer Nauders) zur Ortler Skiarena (www.ortlerskiarena.com).
Rund um den Reschensee wurden **Radwege** angelegt. Eine schöne Tageswanderung beginnt an der Bergstation **Haideralm** (Kabinenbahn von St. Valentin). Der Weg Nr. 14 führt oberhalb der Baumgrenze in 3 Std. nach Schöneben. Dort geht es entweder mit der Gondel zurück ins Tal oder auf dem Waldweg (Nr. 11) in 2 Std. nach St. Valentin zurück (www.haideralm.it).

ZIELE
ROSENGARTEN – LATEMAR

Höchste bewohnte Siedlung
Rojen
Von Reschen zweigt das kleine Rojental Richtung Schweizer Grenze ab. Rojen ist die höchste ganzjährig bewohnte Siedlung Südtirols (knapp 2000 m). Fresken im Höfischen Stil (um 1400) schmücken den Chor der **St.-Nikolaus-Kirche**. Zu sehen sind Episoden aus dem Leben Christi, die Marter des hl. Sebastian und die Nikolauslegende.
Den Schlüssel zur Kirche gibt es im benachbarten Gasthof.

Ideal für Allergiker
Langtauferer Tal
Das Langtauferer Tal (Valle Lunga) im Osten des Oberen Vinschgaus reicht von Graun bis zum Alpenkamm. Am Ende des Tals liegt der Weiler Melag am Fuß der 3728 m hohen **Weißkugel**, des zweithöchsten Bergs der Ötztaler Alpen. Das Langtauferer Tal besitzt ein kleines Skigebiet (Sesselbahn zur Maseben-Alm) und ist der **ideale Ferienort für Allergiker**. Der Sommer ist so kurz, dass fast keine Pollen fliegen, und die Hausstaubmilbe kommt auch nicht mehr vor. Zahlreiche Unterkünfte bieten allergiegerechte Wohnräume**.**

★★ ROSENGARTEN – LATEMAR

Italienisch: Cima di Catinaccio & Latemar | **Rosengartenspitze:** 2981 m ü. d. M. | **Latemar-Spitze:** 2846 m ü. d. M.

Im sagenumwobenen Reich von König Laurin liefert sich die Natur einen ganz und gar zauberhaften Wettstreit. Das rote Alpenglühen am Rosengarten ist so magisch wie das smaragdgrüne Leuchten des Karersees. Kein Wunder, dass diese atemberaubende Landschaft viele Geschichten von Elfen und Feen in einem verwunschenen Märchenland hervorgebracht hat. Im Latemarwald suchen Instrumentenbauer nach speziellen Klangfichten, von denen man sagt, schon Stradivari habe aus ihnen seine Geigen gebaut. Eine Musik so zauberhaft, dass auch sie gut in diese Landschaft passt.

Allein schon ihre Namen lassen die Herzen der Bergsteiger höherschlagen. Höchste Erhebung ist der **Kesselkogel** (3002 m), Hauptgipfel die geringfügig niedrigere Rosengartenspitze, bekannt sind auch die **Vajolettürme** und die **Laurinswand**, wo laut einer ladinischen Sage **König Laurin** zu Hause ist (▶ Das ist ... S. 16). Die höchste Spitze des Latemar-Massivs ist der **Westturm** (2842 m). Man erreicht die gigantischen Bergzwillinge auf der Großen Dolomitenstraße von Bozen aus. In Kardaun zweigt das Eggental (Val d'Ega) ab. Durch die enge Eggenbachschlucht und über Welschnofen geht es zum Karerpass hoch, der die beiden beeindruckenden Bergmassive trennt. Rosengarten und Latemar bieten unzählige Routen für Wanderer, Bergsteiger und Wintersportler an, Unterkünfte gibt es in Schutzhütten. Sehr beliebt ist z. B. der **Hirzlweg**, der ins Trentiner Fassatal oder als Rundtour über den Grasleitenpass ins Tierser Tal erweitert werden kann. Die schönsten Touren im Latemar verlaufen an seinem Fuß, u. a. eine ca. 3-stündige Wanderung zum Karersee.

ALPENGLÜHEN

Ein unvergleichliches Naturschauspiel lässt am **Rosengarten** die Berge leuchten. Enrosadira wird dieses mystische Alpenglühen auch genannt. Der Sage nach lebte hier einst der Zwergenkönig Laurin inmitten eines prächtigen Gartens voller Rosen. Wer sie sehen möchte, sollte bei auf- oder untergehender Sonne hinaufschauen, dann erstrahlen die Berge rot bis zartrosa.

ZIELE
ROSENGARTEN – LATEMAR

Wohin im Rosengarten & Latemar?

Die Beschreibung folgt der 1860–1909 erbauten **Großen Dolomitenstraße** von Bozen über den Karerpass und das Pordoijoch nach ▶ Cortina d'Ampezzo.

Sammlung sakraler Kunst

Deutschnofen (Nova Ponente)

Der Ort liegt nur einen Katzensprung von Bozen entfernt zwischen dem Etsch- und dem Eggental auf 1357 m. Im 12. Jh. wurde diese Region besiedelt und das Dorf gegründet. Das Gemeindehaus ist in **Schloss Thurn** (17. Jh.) untergebracht, wo früher das Gericht tagte. Im Turmgeschoss ist neben vorgeschichtlichen Funden eine **Sammlung sakraler Kunst** zu sehen, darunter zwei Altarblätter, Gemälde und frühbarocke Heiligenstatuen. Die Pfarrkirche **St. Ulrich** (15. Jh.) besitzt einen neogotischen Hochaltar mit vier älteren Holzreliefs, die Hans von Judenburg 1422 ursprünglich für die Pfarrkirche Bozen geschaffen hatte. 1724 wurde der Altar nach Deutschnofen verkauft. Auch die Heimsuchung am rechten Seitenaltar stammt aus Bozen.

Das hübsche Kirchlein **St. Helena** steht auf einer Anhöhe mit schönem Blick auf Rosengarten und Latemar. 1410 wurde es von Künstlern der Bozner Schule ausgemalt. Schön sind die vier Evangelisten auf thronartigen Stühlen vor Schreibpulten mit vielen Einrichtungsdetails eines Schreibzimmers. Man erreicht St. Helena und den nahen Gasthof auf einem beliebten Wanderweg ab Deutschnofen.

Museum Schloss Thurn: Schloss-Thurn-Str. 1 | Mo.–Fr. 8–12.30, 14–17.30 Uhr | Eintritt frei
St. Helena: Kirchenschlüssel in der Jausenstation Kreuzhof, Tel. 04 71 61 01 71

Bedeutendster Wallfahrtsort Südtirols

Maria Weißenstein

Im Winter ist es ruhig in Weißenstein, dann kommen weniger Pilger zu Südtirols bedeutendstem Wallfahrtsort und die **Pater des Servitenklosters** haben auch mal Zeit für sich. Gerade das verschneite Weißenstein wirkt wie ein verwunschenes Märchenschloss. Maria Weißenstein, der **bekannteste Wallfahrtsort** Südtirols, liegt auf einem Hochplateau 10 km südlich von Deutschnofen. Man erreicht ihn zu Fuß auf einem teils recht steilen Wanderweg in etwa 4 Stunden von Leifers aus. Nicht-Wallfahrer kommen meist lieber mit dem Auto. Von der Kirche hat man einen großartigen Blick auf den Rosengarten.

Der Legende nach beginnt die Geschichte der Wallfahrten mit der Auffindung einer Marienstatue aus Alabaster im Jahr 1553, die als wundertätiges Gnadenbild verehrt wird. In der barocken Kirche des Servitenklosters steht heute eine Kopie, das Original befindet sich in der Pfarrkirche von Leifers. Der Komplex besteht aus **Kirche und Kloster, einem Kongress- und Exerzitienhaus** sowie einem **Hotel**

ZIELE
ROSENGARTEN – LATEMAR

ROSENGARTEN & LATEMAR ERLEBEN

EGGENTAL TOURISMUS
Dolomitenstraße 4
39056 Welschnofen
Tel. 04 71 61 95 00
www.eggental.com

Busse von/nach Bozen, zum Karersee und Karerpass und nach Vigo im Fassatal

GOURMET RESTAURANT JOHANNESSTUBE €€€–€€€€
Um den Geschmack der Natur geht es Chefkoch Theodor Falser. Dafür lässt er eigens seltene Gemüsesorten anbauen. Für seine feine einheimische Küche bekam er einen Michelin-Stern.
c/o Spa & Resort Engel
Welschnofen
Gummerer Str. 3
Tel. 04 71 61 31 31
www.hotel-engel.com

TSCHAMIN SCHWAIGE €€–€€€
Deftige Südtiroler Küche: Knödel in allen Variationen und verführerische Mehlspeisen; Tipp: Forellen aus dem eigenen Teich
Tiers, St. Zyprian 81
Tel. 04 71 64 20 10
Mai – Anfang Nov.
www.tschaminschwaige.com

GASTHOF GASSERHOF €€
In der Tiroler Gaststube kommt gute regionale Küche wie hausgemachte Schüttelbrot-Spaghetti oder auch mal Blutwurstknödel auf den Tisch.
Eggen, Dorf 6
Tel. 04 71 61 58 82
www.gasserhof.it

CYRIANERHOF €€€€
Der Blick vom Naturpool auf den Rosengarten ist ein echter Logenplatz, um das Alpenglühen zu erleben. Das schicke Hotel mit großem Wellnessangebot bietet z. B. Massagen mit dem Urzeitgestein des Silberquarzits oder ein Schafwollbad aus dem Ultental.
Tiers, St. Zyprian 69
Tel. 04 71 64 21 43
April – Mitte Nov., 26. Dez. – Mitte März
www.cyprianerhof.com

HOTEL WEISSLAHNBAD €€–€€€
Schon 1779 soll hier eine Badeanstalt existiert haben. Heute gibt es in dem Hotel mit modernen Zimmern Bäder mit Trester und Rosskastanie oder Molke.
Tiers
Weißlahn 21
Tel. 04 71 64 21 26
Mai – Anfang Nov., Weihnachten bis Anfang März
www.weisslahnbad.com

Der traumhaft gelegene 18-Loch-**Golfclub Petersberg** wurde Ende der 1980er-Jahre als erster Club in Südtirol eröffnet
(Unterwinkl 5, Deutschnofen, www.golfclubpetersberg.it).
Das Bergdorf **Obereggen** (Fiemme) unterhalb des Latemar hat sich zu einem lebhaften **Wintersportort** entwickelt. Das »Skicenter Latemar« bietet 48 Pistenkilometer
(www.latemar.it).

ZIELE
ROSENGARTEN – LATEMAR

Der Rosengarten hat auch am helllichten Tag etwas Magisches an sich.

mit **Gasthaus**. Kirche und Kloster entstanden 1753. Die Deckenfresken der Kirche malte der Wiener Theatermaler Adam Mölk. Sehenswert ist der reiche Sammlung von **Votivbildern** (17. u. 18. Jh.), die als Dank für erhörte Gebete gestiftet wurden. Unter der großen Freitreppe liegt die Krypta mit den Gräbern der Ordensgeistlichen.
Südlich von Maria Weißenstein erstreckt sich der Höhenzug des Regglbergs, ein ausgezeichnetes Wandergebiet.
Die Kirche ist tägl. 7.30 – 19 Uhr geöffnet.

Hauptort des Eggentals

Welschnofen
(Nova
Levante)

Welschnofen (1182 m, www.welschnofen.com), südöstlich von Bozen an der großen Dolomitenstraße gelegen, ist der Hauptort des Eggentals (Val d'Ega). Der vermutlich im 12. Jh. von Ladinern gegründete Ort gehörte bis ins 17. Jh. zum rätoromanischen Kulturkreis. Heute ist die Region beliebt bei Wanderern, aber auch als Ausgangspunkt für Bergtouren zum Rosengarten und zum Latemar. Wintersportler können zwischen den familienfreundlichen Abfahrten am Karerpass oder den anspruchsvolleren Pisten in Obereggen wählen.

Seeleuchten und Klangfichten

Karersee

Kurz nach Welschnofen Richtung Karerpass führt die Straße am traumhaft schön gelegenen Karersee (Lago di Carezza) vorbei, in

ZIELE
ROSENGARTEN – LATEMAR

dessen smaragdgrünem Wasser sich die wild zerklüfteten Gipfel des Latemar spiegeln. Da fast alle dieses Naturspektakel sehen wollen, ist von dem einsamen Bergsee nicht mehr viel übrig geblieben …
Für anspruchsvolle Instrumentenbauer ist der Latemar-Forst ein besonderer Ort: Hier wachsen Haselfichten, sog. **Klangfichten**. Aufgrund der Temperaturen, der Höhe und des speziellen Bodens wachsen sie besonders gerade und ihre Jahresringe haben weniger als 2 mm Abstand. Ihr Holz (»Klangholz«) ist bei Instrumentenbauern sehr begehrt. In der Unterführung zur Plattform des Karersees ist ein Klangholz des Vinschgauer Künstlers Manfred Mayr installiert.

Ein ehemaliges Grandhotel, Wintersport und Wandern
Nach wenigen Minuten erreicht man den Karerpass (Passo di Costalunga, 1758 m), einen breiten Sattel mit satten Almwiesen zwischen Rosengarten im Norden und Latemar im Süden. Mittelpunkt der kleinen Hotelsiedlung unterhalb des Passes, die schon um die vorletzte Jahrhundertwende ein beliebtes Reiseziel war, ist das ehemalige **Grandhotel Karersee,** ein imposantes Gebäude im Stil der Belle Époque. Der Erste Weltkrieg sorgte für das Aus der Nobelherberge; das Grandhotel wurde in Appartements umgewandelt.
Hinter dem Karerpass beginnt das **Fassatal** (Val di Fassa), das größte Wintersport- und Wandergebiet des Trentino. Von Vigo di Fassa geht es mit der Kabinenbahn zum Hochplateau **Ciampedie** (2000 m) mit herrlichem Blick zur Rosengartengruppe; das **Museo Ladino de Fascia** beschäftigt sich mit der ladinischen Kultur (www.istladin. net). Wer auf die **Marmolata** will, die 3343 m hohe Königin der Dolomiten, fährt von **Canazei** im Fassatal östlich über den Passo Fedaia (2057 m) nach Malga Ciapela. Anschluss ans ▶ Grödner Tal hat man von Canazei Richtung Norden über das Sellajoch. Auf der Dolomitenstraße geht es über das Pordoijoch (Passo di Pordoi, 2239 m) und den Falzaregopass (2105 m) nach ▶ Cortina d'Ampezzo.
Zwischen Karersee und Karerpass zweigt eine Straße Richtung Norden mit grandiosen Blicken auf die Rosengartengruppe zum 1690 m hohen **Nigerpass** (Passo Nigra) ab.

Kleine Kapelle vor großen Felsen
In dem 1028 m hoch gelegenen Dolomitendorf (www.tiers-rosengarten.com), einem guten Ausgangspunkt für Touren in die Rosengartengruppe, geht es noch beschaulich zu. Es wird nördlich überragt von der Felskuppe des Tschafon (1737 m), unterhalb des Gipfels liegt die Tschafonhütte, die man von Tiers in 2 Stunden erreichen kann. Die gut erhaltenen Außenfresken der kleinen Kirche St. Katharina werden der Bozner Schule zugeschrieben.
Die **Kapelle St. Zyprian** im gleichnamigen Weiler hinter Tiers steht dekorativ vor den Felszacken des Rosengarten und ist ein bekanntes Fotomotiv in Südtirol, ein spätromanischer Bau (13. Jh.) mit Ton-

Karerpass

Tiers

ZIELE
ROSENGARTEN – LATEMAR

nengewölbe, Rundapsis und niedrigem Turm. Das Außenfresko erzählt die Geschichte der wundersamen Rettung der Platzliner Wiese: Gott schickte viele Blitze vom Himmel, aber Zyprian und Justina hielten schützend ihre Mäntel über die dort weidende Herde.

Die Straße führt weiter nach **Weißlahnbad**, das vor über 100 Jahren wegen seiner Heilquellen ein viel besuchter Badeort war. Gegenwärtig wird versucht, diese Tradition wieder zu beleben.

Tal der Sägemühlen

Tschamintal

Von Weißlahnbad erreicht man das noch sehr ursprüngliche Tschamintal, ein Teil des **Naturparks Schlern**. Die alte Stegermühle aus dem 16. Jh. am Taleingang ist die letzte von einst 23 wasserbetriebenen Sägemühlen im Tal. Das Gebäude beherbergt heute das **Naturparkhaus** Schlern. Zu Fuß kann man in 3 Stunden über das Bärenloch zur großartig gelegenen Grasleitenhütte wandern.

Naturparkhaus Schlern: Mitte Juni – Mitte Okt. Di. – Sa. 9.30 – 12.30, 14.30 – 18 Uhr, Juli, Aug. auch So.; Mi. um 11, 15 und 16.30 Uhr wird die Säge in Gang gesetzt.

Ein besonders schönes Fotomotiv: die Bergkirche St. Zyprian bei Tiers vor der großartigen Kulisse der Rosengartengruppe

ZIELE
SARNTAL

★ SARNTAL

Italienisch: Val Sarentino | Höhe: 570 - 2781 m ü. d. M. |
Einwohner: 7050

Das Sarntal, der geografische Mittelpunkt des Landes, wird von einer hufeisenförmigen Bergkette eingerahmt, höchster Punkt ist der Hirzer. Im Tal fließt die Talfer. Stille Dörfer, satte Wiesen und eine unberührte Landschaft machen seinen Reiz aus. In den Höhenlagen wachsen viele Latschenkiefern, deren duftendes Öl in Wellnessabteilungen genutzt wird. Auch für das leibliche Wohl ist reichlich gesorgt, das Tal hat gleich zwei Sterne-Lokale zu bieten.

Das Sarntal erstreckt sich von Bozen bis zum 2214 m hohen Penser Joch im Norden, das das Tal mit ▶ Sterzing und dem ▶ Eisacktal (▶ Touren S. 39) verbindet, im Winter allerdings gesperrt ist. Lange Zeit war das Tal aus dem Norden nur schwer erreichbar. Erst 1900 wurde eine Trasse für den Wagenverkehr nach Bozen gebaut. Heute führt eine 70 km lange Straße durch 24 Tunnel, entlang an roten Porphyrfelsen. Mehrere Burgen bewachten einst den Taleingang, u. a. Schloss Klebenstein an der Talfer und das mächtige Schloss Runkelstein (▶ Bozen). Auf der westlichen Talseite folgen die Burgruine Rafenstein, etwas weiter hinten und östlich auf steilem Felsen Schloss Wangen-Bellermont und am Ufer der Talfer die kleine Burg Ried. Nahebei ist der **Johanniskofel** mit dem Johanniskirchlein ein Blickfang.

Unberührt und von Burgen bewacht

| Wohin im Sarntal?

Größte Flächengemeinde

Sarnthein (Sarentino) ist der Hauptort des Sarntals und die größte Flächengemeinde Südtirols. Über dem Ort ragt die im 13. Jh. erstmals erwähnte **Burg Reinegg** auf (Privatbesitz, nicht zu besichtigen). Die romanische, im Stil der Gotik umgebaute **Kirche St. Cyprian** an der Talferbrücke hat innen wie außen schöne Fresken. Diejenigen an der nördlichen Langhauswand malten Vertreter der Bozner Schule Ende des 14. Jh.s, die anderen sind 100 Jahre jünger. Am ersten Septembersonntag, dem Schutzengelsonntag, findet eine große Prozession mit Trachtenumzug und Volksfest statt.

Sarnthein

Im Ort gibt es stattliche alte Bauernhäuser wie das 1288 erstmals erwähnte **Rohrer Haus**. Als Museum hält es die Erinnerung an die bäuerliche Welt des Sarntals wach. Im Sommer wird jeden Samstag Brot gebacken.
Mitte Juni – Ende Okt. Do. 15 – 18, 20 – 22, Fr. – So. 15 – 18 Uhr
www.rohrerhaus.it

ZIELE
SARNTAL

SARNTAL ERLEBEN

TOURISMUS SARNTAL
Europastr. 15, 39058 Sarnthein
Tel. 04 71 62 30 91
www.sarntal.com

Busse von/nach Bozen durch das Sarntal bis Astfeld bzw. Durnholz/Reinswald

AUENER HOF & GOURMET-RESTAURANT TERRA €€€€
Das höchstgelegene Sternelokal Italiens: zwei Michelin-Sterne auf 1620 m! Serviert wird moderne Naturküche auf handgetöpferten Tellern. Die Gerichte sehen wie kleine Kunstwerke aus. Heinrich Schneider und seinem Team kann man beim Kochen zusehen. Mit 10 Komfortzimmern.
Auen, Prati 21, Tel. 04 71 62 30 55
www.auenerhof.it
So., Mo. sowie Mitte März – Ende April, Anf. Nov. – Ende Dez. geschl.

BAD SCHÖRGAU €€€
Im Restaurant von Egon Heiss und Gregor Wenter kann man wählen zwischen Tradition (Speckplatte) oder Zeitgeist (Bretonische Seezunge). In dem mit einem Michelin-Stern ausgezeichneten Restaurant werden heimische Lebensmittel mit Delikatessen von Weltrang kombiniert. Die Zimmer sind ganz mit Holz eingerichtet und im Bad stehen Zuber mit dem Sud aus der Latschenkiefer.
Sarnthein, Bad Schörgau-Str. 24
Tel. 04 71 62 30 48, Mo., Di. geschl.
www.bad-schoergau.com

JÄGERHOF €€
Freundliche, rustikale Pension mit Restaurant und kleinem Wellnessbereich im 300-Seelen-Dorf Durnholz. Zimmer und Ferienwohnungen.
Durnholz, Tel. 04 71 62 52 10
www.jaegerhof.org

Im Haus der Latsche (Bar Garni Reischnhitt) gibt es Pflegeprodukte rund um die Latschenkiefer von der **Latschenölbrennerei Eschgfeller** gleich nebenan (Sarnthein, Unterreinswald 17, www.eschgfeller.com). Früher war es die Winterbeschäftigung der Bauern, heute ist es ein Lehrberuf: Die **Federkielstickerei** hat Eingang in die Alltagsmode gefunden, auf Gürteln, Taschen und Trachtenschuhen (Federkielstickerei Thaler, Sarnthein, Rohrerstr. 41, www.federkielstickerei.com).
In der **Handweberei Unterweger** entstehen der bekannte »Sarner Jangger«, die beliebten Filzpatschen, Wolldecken und Teppiche (Sarntal, Steet 26 a, www.handweberei.it).
In der **Drechslerei Fritz** kann man zusehen, wie schöne Holzschalen entstehen (Sarntal, Steet 37 a, www.drechslerei-fritz.com).

Das Sarntal ist ein schönes Wandergebiet. Empfehlenswert ist die **Hufeisen-Tour**, eine siebentägige Wanderung mit Übernachtung in Berghütten. Die Tour von Reinswald über die Heiligkreuzhütte zum Durnholzer See ist an einem Tag zu bewältigen (www.sarntal.com).
Das **Skigebiet Reinswald** im Durnholzer Tal ist bei den Einheimischen, die den Rummel der großen Skigebiete wie Sella Ronda oder Kronplatz meiden, sehr beliebt. Am Pichlberg gibt es eine Kabinenbahn und mehrere Lifte sowie gut gepflegte Pisten (www.reinswald.com).

ZIELE
SCHENNA

Am geografischen Mittelpunkt Südtirols
Bei Astfeld, etwa 3 km nördlich von Sarnthein, gabelt sich die Straße. Geradeaus geht es zum Penser Joch, rechts zweigt die Straße ins Durnholzer Tal ab. Hier liegt gleich bei Reinswald der geografische Mittelpunkt Südtirols. Die sogenannten **Urlelockn** sind ein höchst mystischer Ort. Nach alter Sage lag hier einst ein verwunschener See, in dem all jene, die kein sittsames Leben führten, ihr nasses Grab fanden.

Reinswald

Märchenhafter Bergsee
Im schönen Wandergebiet des **Durnholzer Tals** liegt das kleine Dorf Durnholz 1558 m hoch am gleichnamigen See. Der kleine märchenhafte Bergsee ist wegen seiner hohen Lage zu kalt zum Baden, im Winter friert er aber meist zu und man kann gut Schlittschuh laufen. Die gotische **Pfarrkirche** ist mit um 1420 entstandenen Fresken geschmückt. Am Gentersberg steht die kleine **Kirche St. Valentin** mit Außenfresken eines Bozner Meisters, im Innern sind Apsis und Chor bemalt.

Durnholz

Geheimnisvolle Steinmänner
Auf der sagenumwobenen Bergkuppe am Schöneck, auch **Große Reisch** (2000 m) genannt, stehen teilweise übermannshohe »**stoanerne Mandln**«, was so viel wie Steinmänner heißt. Viele Legenden beschreiben ihren Standort als geheimnisumwitterten Hexentanzplatz. Im Gebirge sind sie aber eigentlich nichts Unübliches, dienen sie doch der Orientierung im weglosen Gelände. Dabei ist der Weg hierher einfach zu erreichen. Von Sarnthein geht es Richtung Auener Alm in Richtung Auerer Joch in ca. 1,5 Std. hinauf.

Schöneck

 SCHENNA

Italienisch: Scena | **Höhe:** 600 m ü. d. M. | **Einwohner:** 2850

Schenna ist eine Bühne mit Panoramablick über das Meraner Land. Diese schöne Lage auf einem Hügel zwischen Apfelgärten und Weinbergen blieb jedoch nicht lange verborgen. Aus dem kleinen Ort nordöstlich von Meran ist heute längst eine Touristenhochburg geworden. Geschichtsinteressierte werden im Schloss fündig und für Gourmetfreunde kochen fünf Südtiroler Sterneköche im Sommer regelmäßig in mittelalterlichen Gemäuern auf.

Wohin in Schenna?

Hausbesuch bei den Grafen von Meran

Schloss Schenna

Für Petermann von Schenna, einen Gefolgsmann von Margarete Maultasch, der letzten Gräfin von Tirol, wurde Schloss Schenna um 1350 erbaut. 1844 erwarb Erzherzog Johann von Österreich die Anlage und baute sie zum Familiensitz um. Er hatte durch seine Hochzeit mit der Ausseer Postmeistertochter Anna Plochl jeden Anspruch auf die Thronfolge verloren, allerdings stand er nur an achter Stelle. Seine Nachkommen durften sich fortan Grafen von Meran nennen.
Der mächtige Bau, nach wie vor im Besitz der Grafen von Meran, ist teilweise noch von einem Burggraben umgeben. Über eine Brücke gelangt man in den Innenhof und ins Schlossinnere, das bis auf einen Flügel mit Privaträumen besichtigt werden kann. In den schönen **Renaissanceräumen** mit prachtvollen Täfelungen und Kassettendecken sind Gemälde von Stephan Kessler und eine Waffensammlung zu sehen. In weiteren Räumen befinden sich Erinnerungsstücke an den Erzherzog und vor allem die größte private Dokumentation über den Freiheitshelden **Andreas Hofer**, darunter das einzige Bild, das vor seinem Tode von ihm gemalt wurde (▶ Interessante Menschen, S. 354). Im Speisesaal steht ein imposanter Kachelofen aus Delfter Porzellan. Ein stimmungsvolles Ereignis ist der **Schlossadvent** am 2. Dezemberwochenende.
Schlossweg 14 | Besichtigung nur mit Führung, Karwoche – 1. Nov. Di. – Fr. 10.30, 11.30, 14, 15 Uhr; Mo. Abendführung 21 Uhr | 9 €, Kombi-Karte Schloss/Mausoleum 8,50 € | www.schloss-schenna.com

Der Kultur auf der Spur

Pfarrbezirk

Erst im Winter 2016 entdeckten Archäologen bei Instandsetzungsarbeiten in der alten gotischen **Pfarrkirche Maria Aufnahme** mehr als 2000 Jahre alte Mauerreste aus der Römerzeit und Reste einer romanischen Kirche des frühen Mittelalters. Sie belegen, dass die Siedlungsgeschichte des Ortes viel älter ist, als es bisher bekannt war. Die Funde werden bald in einem Museum zugänglich gemacht. In der Pfarrkirche selbst sind Fresken aus dem 16. Jh. zu sehen. Südlich an den Hauptchor schließt die **Johanneskapelle** mit Bildern im Höfischen Stil (um 1400) an. Zu sehen sind u. a. Szenen aus der Legende des hl. Pankraz an den Wänden, die klugen und törichten Jungfrauen am Triumphbogen und in den Gewölbefeldern Kirchenväter und Evangelistensymbole. Die romanische Friedhofskapelle **St. Martin** (um 1200) besitzt mit zwei Schiffen und zwei Apsiden einen ungewöhnlichen Grundriss. Die neogotische **Begräbniskirche St. Johann** aus rotem Sandstein entstand 1869 nach Plänen von Moritz Wappler. Im Mausoleum stehen die Sarkophage von Erzherzog Johann und seiner Frau Anna Plochl.
Schlossweg 14 | Mitte April – Anf. Nov. Mo. – Sa. 10 – 11.30, 15 – 16.30 Uhr | 2 € | www.schloss-schenna.com

ZIELE
SCHENNA

Schenna, eine Bühne mit Panoramablick auf die herrliche Bergkulisse

Und noch mehr Fresken

Die romanische Rundkirche St. Georg im Oberdorf aus dem 12. Jh. ist die ehemalige Kapelle der alten Burg Schenna, an die noch der Stumpf eines Bergfrieds erinnert. Sie wurde um 1400 ausgemalt, die Fresken sind fast vollständig erhalten. Das Kuppelgewölbe wurde nach einem Blitzeinschlag mit einer Säule verstärkt. Ein Teil des Gewölbes zeigt das Jüngste Gericht in üppiger Scheinarchitektur, die Wände sind geschmückt mit Szenen aus dem Leben des hl. Georg und der Nikolauslegende. Zwei Flachreliefs auf den Flügelinnenseiten des spätgotischen Hauptaltars zeigen Papst Silvester und den hl. Antonius; der Schutzherr der Haustiere wird in Südtirol auch »Facken-Toni« genannt.

St. Georg im Oberdorf

April – Okt. Mo. – Sa. 10.00 – 12.00, 14.00 – 17.00 Uhr

Weitverzweigte Wegenetze

Nördlich von Schenna liegt am **Waalweg** die Talstation der Seilbahn zum **Taser**, einem viel besuchten Wandergebiet. An einer Bergflanke entlang führt die Straße ins 4 km entfernte **Verdins**. Mit einer Schwebebahn kommt man weiter nach Oberkirn (1400 m) und mit einem Sessellift zur Grube (1801 m) und zu einer Schutzhütte. Auch hier gibt es zahlreiche Wandermöglichkeiten.

Wandern und Klettern

SCHENNA ERLEBEN

TOURISMUSVEREIN SCHENNA
Erzherzog-Johann-Platz 1/D
39017 Schenna, Tel. 04 73 94 56 69
www.schenna.com

Busse von/nach Meran und Verdins, Gästebusse nach St. Georgen und zum Schloss Trauttmansdorff; die »**Buscard**« für 16 € gilt sieben Tage. Die »**Guest Card Meraner Land**« gewährt Ermäßigungen bei allen Seilbahnen, Sport- und Freizeitwelten und über 100 Museen während des Aufenthalts; man erhält sie kostenlos beim Vermieter.

EVENTS
In der zweiten Juliwoche treffen sich die **Oldtimer** zur **Südtirol Classic** (bis Jahrgang 1975) in Schenna. Bei den Routen wird mehr Wert auf Fahrgenuss als auf Schnelligkeit gelegt. Auf dem **Unkräutermarkt** Mitte April wird gezeigt, dass auch Unkräuter sehr schmackhafte Gerichte liefern können. Die Initiative geht auf die Kräuterbäuerin Priska Weger zurück. Sehr begehrt sind ihre Führungen zu Wildkräutern (www.oberhaslerhof.com). Zwischen Mai und Oktober geben sich in der Meraner Umgebung fünf **Südtiroler Sterneköche** ein Stelldichein und bitten in mittelalterlichen Gemäuern zu Tisch (www.sterneschloesser-almen.com). Im August kochen Haubenköche auf der Gompm Alm unter dem Motto »unplugged taste« ganz ohne Strom nur auf dem Holzherd.

THURNERHOF €€
Das Wirtshaus in dem schönen Bauernhaus (15. Jh.) gehört zum Schloss Schenna. Sehr begehrt sind die Tische in der Selchkuchl. Tipp: Schlutzkrapfen mit Lauch.
Verdinserstr. 26
Tel. 04 73 94 57 02
Mo. geschl.

HOTEL HOHENWART €€€€
Im Solebad auf der Dachterrasse schwimmt man mit grandiosem Rundumblick über Meran, den Vinschgau, das Passeier- und das Etschtal. Das Spa-Menü ist mit Ursteinmassage oder Traubenextrakt ganz auf die Kraft der Natur ausgerichtet und was auf den Tisch kommt, stammt aus der eigenen Produktion.
Verdinserstr. 5, Tel. 04 73 94 44 00
www.hohenwart.com

HOTEL WEINMESSER €€€€
Holz alter Weinfässer, Rebenzweige und Weinkisten finden sich in den Zimmern, die in den Farben des Weinlaubs und der Trauben gehalten sind ... Die Inhaberin Doris Kohlgruber ist eine leidenschaftliche Sommelière. Für Interessierte gibt es Wein- und Olivenölverkostungen.
Schennastr. 41, Tel. 04 71 94 56 60
www.weinmesser.com

TASER FAMILIENALM €€€
Weiträumige Anlage mit Gasthof, Chalets, Hotel, Schwimmbad, Sauna und Hochseilgarten auf der 1450 m hohen Taser Alm
Schennaberg 25, Tel. 04 73 94 56 15
Nov. – Ostern geschl.
www.familienalm.com

NATURRESIDENCE DAHOAM €€
Oberhalb von Schenna gelegen; das moderne Lärchenholzhaus bietet zwei große Ferienwohnungen,

Schwimmteich und in unmittelbarer Nachbarschaft ein kleineres Chalet. So cool und spannend kann Öko zum Wohnen im Passivhaus sein.
Pichlerstr. 26, Tel. 0 34 95 08 67 53
www.dahoam.it

Der **Innleiterhof** (mit 15 Gastzimmern) produziert Vernatsch, Weißburgunder und Blauburgunder und verkauft ab Hof (Leiterweg 8, www.innerleiter hof.it).

Schon das Gebäude fällt aus dem Rahmen und auch im Schmuck der Juweliersfamilie Gamper steckt viel Kreativität; wer Ausgefallenes sucht, ist hier richtig (**Tiroler Goldschmied**, Schennastr. 8, www.tirolergoldschmied.info).

Von Schenna zieht sich ein Mittelgebirge bis zu den Zwillingsgipfeln der Sarntaler Alpen, Hirzer (2781 m) und Ifinger (2581 m). Ein dichtes Netz von Wanderwegen und diverse Seilbahnen erschließen die Umgebung. Der Tourismusverein informiert mit Broschüren und einer sehr guten Website. Seit Herbst 2016 gibt es am Ifinger den **Klettersteig Heini Holzer**. Der 550 m lange Aufstieg ist mit 1000 m Stahlseil gesichert und von mittlerem Schwierigkeitsgrad (www.klettersteig-heiniholzer.com).

SCHLANDERS

Italienisch: Silandro | Höhe: 721 m ü. d. M. | Einwohner: 6050

Zwischen all den Ansitzen, Klöstern und Kirchen sticht besonders der Kirchturm von Schlanders hervor. Schließlich ist er mit fast 100 m der höchste Tirols und Schlanders wegen seiner zentralen Lage und hohen Bevölkerungszahl heute der Hauptort des Vinschgaus. Kleinstädtisches Flair trifft hier auf ländliche Idylle in den umliegenden Ortschaften.

▌ Wohin in Schlanders und Umgebung?

Rathaus im Wohnturm
Beliebter Mittelpunkt von Schlanders ist die einstige Hauptstraße, heute Fußgängerzone, zwischen der Spitalkirche und dem Plawennplatz mit Bars, Geschäften, Cafés und Restaurants. Der Ansitz Plawenn am gleichnamigen Platz, auch Freienturm genannt, geht auf einen mittelalterlichen Wohnturm zurück, der 1729/30 ausgebaut wurde. Heute ist hier das **Rathaus** untergebracht. Schön sind das

Ansitz Plawenn

SCHLANDERS ERLEBEN

**TOURISMUSVEREIN
SCHLANDERS-LAAS**
Kapuzinerstr. 10
39028 Schlanders
Tel. 04 73 73 01 55
www.schlanders-laas.it

Schlanders und ▶ Laas sind Stationen der **Vinschger Bahn** zwischen Mals und Meran (www.vinschgerbahn.it).

BIO-LANDHOTEL ANNA €€
Erich Vill gehört zu den Pionieren des Bioanbaus in Südtirol. Auf den Tisch kommen Produkte vom eigenen Land und aus geprüfter Herstellung. Auf einer Kutschfahrt kann man hier durch die Obstgärten fahren, denn auch ein Reiterhof gehört dazu.
Hauptstr. 27
Tel. 04 73 73 03 14
www.vill.it

GOLDENE ROSE €€
Direkt in der Fußgängerzone liegt das familiengeführte Genusshotel mit à-la-Carte-Restaurant im Innengarten.
Hauptstr. 73
Tel. 04 73 73 02 c18
www.hotel-goldenerose.it

Portal mit einem Diamantenquadermuster, das Wappen der Grafen Hendl über dem Eingang und ein barockes Marmorrelief der Muttergottes von Gregor Schwenzengast. Ganz in der Nähe liegt der **Ansitz Schlanderegg**, erkennbar an seiner verspielten Fassadenmalerei aus dem 18. Jh., mit dem beliebten Café Stainer.

Höchster Kirchturm Südtirols

Pfarrkirche Maria Himmelfahrt
Sie ist weithin sichtbar, denn die Pfarrkirche Maria Himmelfahrt mit ihrem roten, **fast 100 m hohen Spitzhelm** beherrscht das Ortsbild. Sie entstand Anfang des 16. Jh.s neu, da Schlanders, wie viele andere Orte im Vinschgau, nach dem 1499 verlorenen Krieg gegen die Engadiner von marodierenden Schweizern in Schutt und Asche gelegt worden war. Die Fresken im Innern mit Szenen aus dem Leben Marias malte der Wiener Hof- und Theatermaler **Adam Mölk**. Vom ersten Geschoss der zweistöckigen Empore bekommt man den besten Eindruck vom Innenraum mit dem wuchtigen Barockaltar.
Westlich der Pfarrkirche folgt der Gebäudekomplex der Deutschordenskommende mit Wappentüren und Loggienhof.

Schöner Renaissancebau

Schlandersburg
Die am nördlichen Ortsrand zwischen Obstgärten gelegene Schlandersburg ist der schönste **Renaissancebau** im Vinschgau. Hier residierten von 1220 bis 1770 die Herren von Schlanders. Ihr aktuelles Aussehen erhielt die Burg um 1600 im Auftrag der Grafen Hendl. Der zweigeschossige Arkadenhof und das pilasterge-

ZIELE
SCHLANDERS

Zwischen den Häusern von Schlanders sticht der Kirchturm heraus.

fasste Portal, die Heiligenfresken und Wappendarstellungen wirken sehr harmonisch. Heute sind hier Ämter und eine Bibliothek untergebracht.

In der kleinen **Spitalkirche** aus dem frühen 16. Jh. südöstlich der Schlandersburg sind neben gotischen Fresken an den Chorwänden weitere Malereien von Adam Mölk zu sehen.

Nördlichste Kastanienhaine

Einen **schönen alten Dorfkern** und ein besonders mildes Klima hat der Nachbarort Kortsch am Fuß des Sonnenbergs: In der Umgebung stehen die nördlichsten Kastanienhaine. Man erreicht Kortsch auch auf einem schönen Wanderweg oberhalb von Schlanders durch Obstwiesen und Kastanienhaine entlang dem **Ilswaal,** über den das Wasser aus dem Schandrauntal nach Kortsch geleitet wird. Er endet bei der besuchenswerten **Felsenkirche St. Ägidius** oberhalb von Kortsch. Ein Christophorus-Fresko schmückt die südliche Außenwand. Von hier geht es auf dem Rosenkranzweg in ca. 20 Minuten nach Kortsch hinab.

Kortsch

Die **Pfarrkirche St. Johann der Täufer** im Zentrum von Kortsch schmückt ein kleiner Flügelaltar (nach 1500); er wird der Brixner Werkstatt von Ruprecht Potsch zugeschrieben. Einst stand er in der Kirche St. Ägidius, daher findet sich neben Maria und der hl. Dorothea auch die Figur dieses Heiligen. Beachtenswert sind überdies eine Pietà (um 1400), etliche barocke Altäre und die Kanzel.

ZIELE
SCHLERNGEBIET · SEISER ALM

Marmorbrüche

Göflan

Das kleine Dorf am Fuß des Nördersbergs, etwa 1,5 km von Schlanders entfernt, ist für seine 2250 m hoch gelegenen Marmorbrüche bekannt. Die 1185 erstmals erwähnte **Kuratialkirche St. Martin** besitzt drei Flügelaltäre, der linke Seitenaltar stammt von **Jörg Lederer**: Maria mit dem Kind und zwei weitere Heilige. Auf den Außenseiten sind Passionsszenen und eine berührende Kreuzigung dargestellt. Unmittelbar hinter der Kirche erreicht man über eine schmale Treppe die spätgotische **Kapelle St. Walpurgis**, die mit viel Göflaner Marmor erbaut wurde und ein schönes Netzgewölbe besitzt. Besichtigung beider Kirchen nach Vereinbarung mit dem Tourismusverein Schlanders

★ SCHLERNGEBIET · ★★ SEISER ALM

Italienisch: Altipiano dello Sciliar · Alpe di Siusi | Höchster Punkt: Schlern, 2564 m ü. d. M.

Diese Landschaft wirkt wie eine begehbare Fototapete: Vor dem Hintergrund mächtiger, über 3200 m hoher Zackenberge erstrecken sich saftige Almwiesen, aus deren sanften Hügeln kleine Holzhütten lugen. Ein paar Bauern stellen Heumännchen zum Trocknen auf und eine Pferdekutsche bringt neue Gäste auf Europas größte Hochalm. Die Seiser Alm ist ein Naturjuwel, wie man es nur mehr selten findet, und damit das so bleibt, ist die Zufahrt streng geregelt.

Bereits in den 1960er-Jahren war die landschaftlich reizvolle Seiser Alm ein beliebter Schauplatz für Filmproduktionen, darunter auch von Roman Polanskis »Tanz der Vampire«. Die wunderbar mystischen Szenen der Lang- und Plattkofelgruppe und der Seiser Alm im Mondlicht gingen damals um die Welt. Das Schlerngebiet erstreckt sich vom Grödner Tal im Norden bis zum Tierser Tal im Süden. Mit einer Fläche von 56 km² ist die Seiser Alm die größte Hochalm Europas.

▌ Wohin im Schlerngebiet?

Singende Spatzen

Kastelruth

Das größte und nördlichste der drei Dörfer am Fuß des Schlern ist das vor allem bei Fans des volkstümlichen Schlagers beliebte Kastel-

ZIELE
SCHLERNGEBIET · SEISER ALM

ruth (Castelrotto, 1060 m, 6500 Einw.). Denn der Ort ist vor allem durch die Volksmusikgruppe **»Kastelruther Spatzen«** bekannt, die regelmäßig durch Europa tourt und jeden Oktober das »Spatzenfest« in ihrem Heimatort veranstaltet (www.kastelrutherspatzen.de). Frontmann Norbert Rier lebt im Ort und zieht viele Verehrer an. In der Dolomitenstraße 3 betreibt der Spatzen-Trompeter Walter Mauroner einen Fan-Shop mit Museum (www.spatzenladen.it).

Der Kirchplatz im Zentrum wird von alten Häusern mit Zinnengiebeln und blumengeschmückten Erkern gesäumt. Hier steht auch die Pfarrkirche **St. Peter und Paul** aus dem 19. Jh., deren mächtiger Zwiebelturm aus dem Spätbarock stammt. Der Ursprung des Orts liegt in einer langobardischen oder gar rätischen Burg, die sich auf einem Hügel in der Nähe des heutigen Zentrums befand.

DA BLÜHT DIR WAS

Koriander-, Kerbel-, Malven-, Korn-, Porridge-, Ringelblumen und noch lang kein Ende. Wenn Franz Mulser seinen bunten Sommersalat aus 35 Almblumen serviert, gibt es kaum jemand, der diese farbenfrohe Pracht nicht im Bild festhält. Der junge Seiser wird auch Blumenflüsterer genannt, hat u. a. im Tantris bei Hans Haas gearbeitet und ist jetzt Chef seiner eigenen winzigen Almküche auf der Gostner Schwaige (▶ S. 268).

ZIELE
SCHLERNGEBIET · SEISER ALM

DAS SCHLERNGEBIET ERLEBEN

TOURISMUSVERBAND SEISER ALM
Dorfstr. 15, 39050 Völs
Tel. 04 71 70 96 00
www.seiseralm.it
Zentrale Informationsstelle für alle Dörfer der Seiser Alm; lokale Infos gibt es auch in Kastelruth, Seis, Völs und Compatsch auf der Seiser Alm.

Vom großen Parkplatz in Seis, an der Talstation der Kabinenbahn zur Seiser Alm, kostenloser Shuttle-Service in alle Dörfer (www.seiseralmbahn.it), denn die Straße zur Seiser Alm ist von 9 bis 17 Uhr gesperrt; Hotelgäste erhalten eine Sondererlaubnis. Die Dörfer im Schlerngebiet sind durch die Buslinie Bozen – Gröden verbunden.

Ritterturniere und Wettkämpfe auf Pferden im Juni zum **Oswald-von-Wolkenstein-Ritt** (www.ovwritt.com).
Gastronomische Oktober-Wochen **»Kuchlkastl«** im Schlerngebiet (www.voelserkuchlkastl.com).
Volksmusikevent mit den **Kastelruther Spatzen** im Juni open air oder Fest der Volksmusik im Oktober (www.kastelrutherspatzen.de).

ZUM TURM €€€
Traditioneller Gasthof mit Hotel – der Turmwirt wurde 1511 zum ersten Mal erwähnt. Heute laden gemütliche Stuben zu feiner Südtiroler Küche ein. Lecker: Steak vom Kastelruther Jungrind auf Blauburgundersoße mit Rösti.
Kastelruth, Kofelgasse 8
Tel. 04 71 70 63 49
Juni – Nov., Dez. – April, Mi. geschl.
www.zumturm.it

GOSTNER SCHWAIGE €€–€€€
Franz Mulser ist der Chef einer winzigen Almküche und gilt als Blumenflüsterer. Ins Restaurant passen gerade einmal 25 Personen. Der junge Seiser hat u. a. im Tantris bei Hans Haas gearbeitet. Empfehlung: Heusuppe mit Trüffel, serviert im frischen Brotlaib.
Seis, Saltriastr. 13
Tel. 0 34 78 36 81 54
Winters und sommers geöffnet; Anfang April – Mitte Dez. tägl. 9 – 18 Uhr, abends nur auf Vorbestellung
www.gostnerschwaige.com

FRONTHOF €–€€
Der geschichtsträchtige Fronthof (1379) ist das größte im Steilhang auf Steinquadern erbaute Bauernhaus Südtirols. Der Oachner Höfewanderweg führt direkt am Buschenschank vorbei, der ein beliebtes Törggelen-Ziel ist (unbedingt reservieren). Herrlich schmecken die Völser Kirchtagskrapfen mit Birnenfüllung.
Völs, Bühelweg 2
Tel. 04 71 60 10 91
März – Mai nur So. mittag, Juli, Aug. Di. – Do., Sept. Mi., Do. und Okt., Nov. Mi. – So. 12 – 23 Uhr
www.fronthof.com

ADLER MOUNTAIN LODGE €€€€
Eines der schönsten Hotels in ganz Südtirol. 18 Suiten und 12 Chalets aus massivem Holz, mit modernen

ZIELE
SCHLERNGEBIET · SEISER ALM

Möbeln und großen Panoramafenstern. Die spektakuläre Naturkulisse von Lang- und Plattkofel hat man so überall im Blick: vom Bett, vom Pool, vom Restaurant. Oben im SPA-Bereich, wo Latschenkiefer- oder Ursteinmassagen mit Silberquarzit für alpines Wohlfühlen sorgen, endet ein riesiges, über drei Treppenhausstockwerke reichendes Totem des Grödner Künstlers Adolf Vallazza.
Seiser Alm, Pizstraße 11
Tel. 04 71 72 30 00
www.adler-lodge.com

BIO HOTEL TIRLER €€€€
Im allergikerfreundlichen Biohotel auf 1752 m Höhe haben Pollen und Milben Pause. Die Zimmer sind aus Naturhölzern wie Zirbe und Lärche sowie beheizten Lehmwänden gebaut. Es gibt eigens Quellwasser und einen mit purem Sauerstoff angereicherten Außenpool.
Seiser Alm, Saltria 59
Tel. 04 71 72 79 27
www.hotel-tirler.com

HOTEL TURM €€€€
Für Kunstliebhaber ein wahres Mekka: Karl Pramstrahler, der einstige Chef, hat über 2000 Gemälde u. a. von Beuys, Kokoschka, Dix, Klee, Giorgio de Chirico und Renato Guttuso gesammelt. Komplex aus drei Häusern und mehreren Türmen.
Völs, Kirchplatz 9
Tel. 04 71 72 50 14
www.hotelturm.it

HOTEL HEUBAD €€€
»Heubadln« ist auf dem Schlern seit 1871 dokumentiert, als Bauern nach der Heuernte in der Heumad übernachteten und am nächsten Tag trotz kräftezehrender Arbeit topfit waren. Das Dolomitenheu ist besonders reichhaltig. Im Hotel Heubad, dem ältesten der Region (seit 1903), werden heute original Völser Heubäder in moderner Form angeboten.
Völs, Schlernstrasse 13
Tel. 04 71 72 50 20
www.hotelheubad.com

EDELANSITZ ZIMMERLEHEN €
Der mittelalterliche Ansitz war einst ein bischöfliches Lehen und besitzt heute 3 Ferienwohnungen, in denen man in 800 Jahre alter Geschichte leben kann. Das Dorfzentrum von Völs ist in ca. 15 Min. auch zu Fuß zu erreichen.
Völs, Kühbachweg 15
Tel. 04 71 72 50 53
www.zimmerlehen.it

Köstlichen Speck, Selchkarree und viele andere Wurst- und Schinkenprodukte verkauft die **Metzgerei Pramstrahler** (Völs, Blumau 26).
Valentin Hofers Leidenschaft ist die **Kaffeerösterei Caroma**. Er ist der erste Kaffee-Sommelier Italiens und gibt sein Wissen auch in Lehrgängen weiter (Völs, Handwerkerzone 92, www.caffe-caroma.com). Sein Sortiment führen auch PUR in Meran und Bruneck sowie die Backstuben von Profanter.
Florian Rabanser produziert am Plunhof Dolomiten-**Gin**, der nur aus in den Dolomiten wachsenden Kräutern und Ingredienzien gebrannt wird (St. Valentin-Seis, St. Valentin Straße 9, www.zuplun.it).

Heubad-Kuren und Sommerfrische
Viel von seinem **mittelalterlichen Charme** bewahrt hat das südlichste Dorf Völs (Fiè, 880 m, 3550 Einw.) mit Dorfplatz, Pfarrbezirk und verwinkelten Gassen. Bereits im ausgehenden 19. Jh. war der Ort ein beliebtes Ziel zur Sommerfrische sowie für Heubadkuren.

Völs

ZIELE
SCHLERNGEBIET · SEISER ALM

Die große spätgotische **Pfarrkirche** mit ihrem Zwiebelturm erinnert an die einstige Bedeutung der Pfarrei, die von den Herren von Völs sehr gefördert wurde. Die dreischiffige Halle mit klassischen Säulenformen und Gewölben stammt aus der frühen Renaissance; nach einem Brand 1703 wurde sie barockisiert und erhielt eine Rokokokanzel mit Posaunenengeln. In den mächtigen Flügelaltar von 1488 wurde ein neogotisches Tabernakel eingefügt. Dort steht an Feiertagen die kostbare Monstranz. Die benachbarte romanische Kapelle St. Michael am Friedhof ist heute **Pfarrmuseum**; zu sehen sind Kunstgegenstände aus aufgegebenen Kirchen der Umgebung. Die Kirche **St. Peter am Bichel** am westlichen Ortsrand (13. Jh.) ist das älteste Gotteshaus im Schlerngebiet.
Pfarrmuseum: Führungen Juni – Okt. Do. 10.30 Uhr, Anmeldung im Tourismusbüro Völs

Romantische Ruderfahrt

Völser Weiher

Eine Runde im Ruderboot über den Völser Weiher am Fuße des Schlern zu drehen, ist vor allem im Frühling oder Herbst recht romantisch, dann ist der Natursee noch nicht so überlaufen wie an heißen Sommertagen, an denen hier viele Badegäste Abkühlung suchen. Man erreicht ihn auch zu Fuß von Völs oder Seis aus. Im Speisesaal des **»Alten Gasthauses«** hängen Jugendstilbilder zur Laurinsage von Ignaz Stolz (1868 – 1953). Im frühen 20. Jh. war das Gasthaus Treffpunkt von Literaten und Künstlern; Arthur Schnitzler verfasste hier große Teile seines Theaterstücks »Das weite Land«.

Kultur auf dem Schlossplatz

Schloss Prösels

Das Renaissanceschloss südlich von Völs erhielt sein heutiges Aussehen um 1500 im Auftrag von Leonhard von Völs, dem mächtigen Landeshauptmann von Tirol. Im 19. Jh. verfiel die Burg und ihr Inventar wurde versteigert. Heute kann das Anwesen mit einer Führung besichtigt werden; in den historischen Räumen sind eine Waffensammlung, Bilder und antike Möbel zu sehen. Auf dem Schlossplatz finden Konzerte, Ausstellungen und Theateraufführungen statt.
Prösels 21 | Mai – Okt. Führungen 11, 14, 15, 16, Juli und Aug. auch 10 und 13 Uhr | 9 € | www.schloss-proesels.it

Tor zu den Dolomiten

Seis

Das beliebte Touristenziel Seis (Siusi, 1004 m, 1700 Einw.) liegt unterhalb der Seiser Alm und vor dem Schlernmassiv mit den beiden »Zeigefingern« Santner- und Euringerspitze (2413 und 2394 m). Schon Ende des 19. Jh.s schätzten Gäste die Gegend; so verbrachte der norwegische Dramatiker Henrik Ibsen viele Sommerwochen in Seis, später baute sich sein Sohn hier ein Ferienhaus.
Oberhalb von Seis gibt das gotische Kirchlein **St. Valentin** mit seinem barocken Turmhelm vor dem Schlernmassiv ein umwerfendes

6x

EINFACH UNBEZAHLBAR

Erlebnisse, die für Geld nicht zu bekommen sind

1.
APFELOFFERTEN
Die rotbäckigen Markenbotschafter ihres Landes gibt es in fast jeder Hotellobby, auf Hotelzimmern oder in ausgewählten Läden: die **Südtiroler Äpfel**. Denn auch hier im Land gilt: »Ein Apfel am Tag und du hast mit dem Arzt keine Plag.«

2.
FILM AB!
Zu jeder Tageszeit ein anderes Panorama. Hauptdarsteller und Regisseur sind das Etschtal und die umgebende Bergwelt. 30 Klappsessel unter freiem Himmel laden zu diesem zauberhaften Naturspektakel im **Knottnkino** auf dem Rotsteinkogel ein. Eintritt frei! (▶ **S. 187**)

3.
ABENDS INS MUSEION
In den Sommermonaten erleuchten Künstlervideos die Fassade des Museion in **Bozen**. Mit mehr als 4500 Arbeiten ist es eines der wichtigsten Museen für Gegenwartskunst im Alpenraum. Jeden Donnerstag zwischen 18 und 22 Uhr ist der Eintritt frei.
(▶ **S. 69**)

4.
KUNSTVOLLE TRINKBRÜNNCHEN
Ein Spaziergang durch **Merans** Altstadt ist auch an heißen Sommertagen eine Freude. Der ausgeschilderte Brunnenweg führt an zwölf künstlerisch gestalteten Trinkwasserbrunnen vorbei, von denen es insgesamt über 69 gibt. (▶ **S. 201**)

5.
LEHMSÄULEN MIT HUT
Die leicht zu erwandernden **Erdpyramiden am Ritten** sind ein Naturwunder. Die hohen Lehmsäulen balancieren auf der Spitze recht spektakuläre, vor Regen schützende Decksteine. Erst wenn sie fallen, zerfällt auch die Pyramide.
(▶ **S. 79**)

6.
NATURSEE MIT AUSBLICK
Einen Sommerabend mit einem Bad im Natursee **Völser Weiher** am Fuß des Schlern ausklingen lassen, das schöne Bergmassiv immer im Blick. Und im Winter friert der See recht schnell zu und ist dann fest in der Hand der Schlittschuhläufer …
(▶ **S. 270**)

ZIELE
SCHLERNGEBIET · SEISER ALM

Fotomotiv ab. Seine schönen Fresken außen und innen stammen von von einem unbekannten Meister der Bozner Schule (Ende des 14., Anfang des 15. Jh.s). In seiner Darstellung der Heiligen Drei Könige bildet die heimische Landschaft den für damalige Zeiten ungewöhnlichen Hintergrund. In **St. Vigil** etwas östlich ist die bereits im 15. Jh. erwähnte **Malenger Kornmühle** noch immer in Betrieb. Sie wird durch das Wasser des Frötschbachs angetrieben.

Auskunft über eine Besichtigung beim Tourismusbüro Seiser Alm

Wohnsitz Oswald von Wolkensteins

Ruine Hauenstein

Südöstlich von Seis steht die Ruine Hauenstein unterhalb der Santner Spitze auf einem Felsen. Im 15. Jh. war sie Wohnsitz von **Oswald von Wolkenstein** (▶ Interessante Menschen). Im ausgehenden Mittelalter kämpfte dieser auf der Seite des Tiroler Adels gegen den habsburgischen Landesfürsten Friedrich II., der den Adel entmachten und das Land zentral regieren wollte. Seine Burg erreicht man von Seis auf einem Spazierweg (ca. 45 Min.).

Autofreie Hochalm

Seiser Alm

Die einzigartige Schönheit dieses 56 km² großen, zwischen 1680 m und 2518 m hoch gelegenen Hochtals vor den Dolomitengipfeln Schlern, Rosengarten- und Langkofelgruppe (3181 m) machte die Seiser Alm weltberühmt. Sie ist Ausgangspunkt großartiger Hochgebirgstouren und herrlicher Wanderungen, darunter die rund 3-stündige Tour von Seis über die Ruine Hauenstein und den Völser Weiher nach Völs, oder die leichte Tour von Compatsch über die Puflatschalpe (Sessellift) zu den Hexenbänken und über die Arnikahütte und A.V.S.-Hütte zurück zur Seiser Alm (2,5 Std.). Im Winter warten gespurte Loipen und leichte Skiabfahrten. Doch die steigende Zahl von Hotels und Liftanlagen gefährden die Idylle. Die Alm selbst ist inzwischen Landschaftsschutzgebiet und autofrei, die Zufahrt streng reglementiert. Am bequemsten erreicht man die Hochalm mit der Alm-Bahn von Seis aus; die Bergstation liegt beim **Hoteldorf Compatsch** (1844 m, am Westrand der Alm). Zwischen Seis und Kastelruth zweigt die Straße zur Seiser Alm ab (Alpe di Siusi). Sie ist **von 9 bis 17 Uhr für den privaten Verkehr gesperrt**. Während dieser Zeit ist die Alm nur mit der Alm Bahn oder mit dem Bus erreichbar. Für Gäste ist am Anreise- und Abreisetag die Zufahrt zur oder von der Unterkunft mit Sondererlaubnis gestattet. Die erhält man bei Anreise an der Forststation in St. Valentin, im Tourismusverein Seiser Alm oder direkt bei seinem Gastgeber. Während des Aufenthalts ist es nur vor 10 und nach 17 Uhr erlaubt, auf der Alm zu fahren.

UNESCO-Weltnaturerbe

Naturpark Schlern-Rosengarten

Ein kleiner Teil der Seiser Alm und das Schlernmassiv wurden 1974 unter Schutz gestellt. Heute gehören sie zum 6800 ha großen, ersten

ZIELE
SCHLERNGEBIET · SEISER ALM

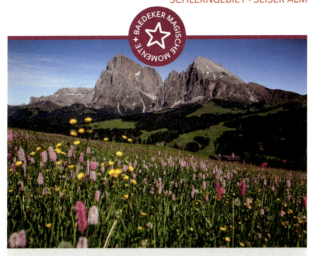

URLAUB WIE IM FILM
Mit Pferdekutschen fährt man hier gemächlich durch eine Bilderbuchlandschaft aus hügeligen Wiesen mit kleinen Holzhütten, im Hintergrund steigen massive Zackenberge auf. Denn aus dem Naturjuwel **Seiser Alm** wurde der Autoverkehr weitgehend verbannt, daher wirkt die Landschaft wie eine Filmkulisse. Im Mondlicht erinnert sie gar an Szenen aus dem Film »Tanz der Vampire«, der hier gedreht wurde.

Naturpark Südtirols (zum Naturpark gehört außerdem das bei Tiers abzweigende Tschamintal, ▶ Rosengarten) und sind UNESCO-Weltnaturerbe. Der tafelbergartige Felsstock des 2564 m hohen **Schlern** mit den beiden Zacken Santner- und Euringerspitze ist eines der Wahrzeichen Südtirols. Der Bergstock hat einer geologischen Formation den Namen gegeben: dem Schlerndolomit. Die besonderen Witterungsverhältnisse und die Kalkböden sorgen für eine unglaubliche Blütenpracht. Auf einer Wanderung nach St. Oswald kommt man an der schön mit Efeu bewachsenen **Burgruine Aichach** oberhalb der Schlucht des Schwarzgriesbachs vorbei. Erbaut wurde sie von den Herren von Aichach, dann wurde sie von den Herren von Kastelruth erobert. Im Weiler **St. Oswald** steht eine Kirche, deren Chor mit gotischen Fresken von der Schule des Leonhard von Brixen ausgemalt wurde, vermutlich auf Veranlassung der Familie von Wolkenstein.

★★ SCHLUDERNS

Italienisch: Sluderno | **Höhe:** 921 m ü. d. M. | **Einwohner:** 1800

Nirgends kann man eine Zeitreise durch den Vinschgau wohl besser beginnen als auf der Churburg. Zumal es einem hier sogar passieren kann, dass man auf ihren Besitzer Graf von Trapp trifft und so Details aus der mehr als 700-jährigen Schlossgeschichte erfährt: Von ausgebrüteten Narreneiern, Hundsgugel-Helmen oder Pferden in voller Rüstung. Schließlich ist man hier im rauen Teil des Vinschgaus angelangt, der über Jahrhunderte zwar wehrhaft, aber auch bitterarm war.

▌ Wohin in Schluderns?

Ursprüngliches Ortsbild

Pfarrbezirk

Schluderns, Betonung auf der zweiten Silbe, hat sein ursprüngliches Ortsbild mit Pfarrbezirk bestehend aus Kirche, Friedhof und Umfassungsmauer bewahrt. Im Mittelpunkt steht die um 1500 errichtete gotische **Pfarrkirche St. Katharina** mit schlankem romanischem Turm. Das Seitenschiff wurde erst 1910 angebaut. Der spätbarocke Hochaltar besitzt einen mächtigen Tabernakelaufbau und Skulpturen von Balthasar Horer (1760), schön sind auch ein kleiner Säulenaltar im südlichen Seitenschiff (um 1600) mit dem vor 1530 gemalten Tafelbild der Anbetung der Heiligen Drei Könige und drei Renaissancegrabsteine der Grafen von Trapp.

Waal-Lehrpfad

Vintschger Museum

Dem Thema Wasser, besonders dem alten **Bewässerungssystem der Waale,** widmet sich das Museum im Ortszentrum, schließlich verläuft gleich oberhalb des Museums der Quairwaal, von dem ein Teilstück als Lehrpfad zur Ausstellung gehört. Außerdem sind Funde vom Ganglegg oberhalb von Schluderns zu sehen, wo eine befestigte **Höhensiedlung aus der Bronze- und Eisenzeit** freigelegt wurde. Man vermutet einen Regierungssitz der rätischen Venosten, von denen sich der Name Vinschgau ableitet. Im archäologischen Park am Ganglegg sind Überreste und zwei rekonstruierte Häuser zu sehen. Eine dritte Abteilung widmet sich dem Schicksal der **»Schwabenkinder«**, die zu oberschwäbischen Bauern zum Arbeiten geschickt wurden, weil ihre Eltern sie nicht ernähren konnten (▶ S. 243). Meraner Str. 11 | April – Okt. Di. – So. 10 – 12.30, 14 – 18, Juli, Aug. keine Mittagspause| 5 € | www.vintschgermuseum.com | Der Tourismusverein organisiert Ausflüge entlang des Quairwaals und zum Ganglegg.

 Churburg

Churburg 1, nur mit Führung zu besichtigen | Mitte März – Okt. 10 – 12, 14 – 16.30 Uhr | 10 € | www.churburg.com

Gerüstete Ritter und berankte Arkaden

Die hoch über Schluderns am Eingang zum Matscher Tal gelegene Churburg ist einer der schönsten befestigten Adelssitze in Südtirol. Erbaut wurde sie Mitte des 13. Jh.s vom Churer Bischof Heinrich von Montfort zum Schutz vor den berüchtigten Matscher Vögten, denen bereits 1297 die Hälfte der Churburg gehörte. Kurz darauf erhielten sie durch Verhandlungen die andere Hälfte als Lehen. Nach dem Aussterben dieses Geschlechts 1504 gelangte die Burg an die Grafen von Trapp, denen sie heute noch gehört. 1537 wurde sie zur prachtvollen Residenz im Stil der Renaissance umgebaut.

Augenfänger ist der dreistöckige Arkadenhof mit einem kunstvoll bemalten Gewölbe im ersten Stock. Es sitzt auf 16 mit romanischen und gotischen Details ganz unterschiedlich gestalteten Säulen aus Laaser Marmor. Die üppige Ausmalung von 1580 wurde erst ab 1910 freigelegt, zu sehen sind u. a. **Blätter, Zweige und Früchte und ein Lebensbaum**, der 1504 mit Gaudenz von Matsch beginnt und 1650 mit Barbara von Trapp endet, weil es an der Decke keinen Platz mehr gab. Zum Schmunzeln ist die **Narrenszene** an einer Wand: Dort hat ein Narr viele Narreneier ausgebrütet; die geschlüpften Narrenkinder sind bald flügge und werden in Säcke gesteckt, damit jeder Adelshof seinen eigenen Narren bekommt.

SCHLUDERNS ERLEBEN

TOURISMUSVEREIN SCHLUDERNS
St. Benedikt-Str. 1, 39024 Mals
Tel. 04 73 83 11 90
www.ferienregion-obervinschgau.it

GASTHOF WEISSKUGEL €
Typische Vinschgauer Küche, u. a. Schwarzplenten (Buchweizen), Dinkelteigtaschen und Kasnocken
Matsch, Hauptplatz 10
Tel. 04 73 84 26 00
www.weisskugel-matsch.com

HOTEL ALTE MÜHLE €€
Die bereits 1279 zum ersten Mal erwähnte Getreidemühle ist seit 1492 im Besitz der Familie Pali und heute ein moderner Gasthof mit 13 Zimmern. Spezialität: selbst gebackenes Brot, Gemüse aus dem eigenen Garten.
Matscher Winkel 24
Tel. 04 73 61 52 38; Mo. geschl.
www.hotel-alte-muehle.com

BURGGASTHOF ZUM WEISSEN RÖSSL €–€€
Gepflegtes Haus mit geschmackvollen Zimmern. Mittelpunkt ist die holzgetäfelte Stube mit Kachelofen.
Meranerstr. 3
Tel. 04 73 61 53 00
www.burggasthof.com

AVIUNSHOF €–€€
Zeitgenössische Architektur: Im Klimahaus gibt es 4 schicke Ferienwohnungen; Blick auf die Ortlergruppe.
Mals, Matsch 91
Tel. 33 34 63 44 66

Regionale **Bio-Lebensmittel** im »Dorflodn Vinschgau« unterhalb der Churburg. Der ehemalige Stadel hat sich zu einem einladenden Geschäft gemausert (Churburggasse 3, www.dorflodn-vinschgau.com).
Delikatessen aus **Raritätenobst** wie Palabirnen und alten Apfelsorten gibt es beim Tälerhof am Fuß der Churburg – vom Brotaufstrich bis zum Apfeldessertwein. Man kann auch Pate eines Palabirnenbaumes werden und jährlich 5 – 15 kg Frischobst beziehen (Wiesenweg 4, www.taelerhof.com).

Vom Laubengang gelangt man durch schöne Intarsientüren in die Burg hinein. Im **Jakobszimmer** mit einer prunkvollen Kassettendecke sind Erinnerungsstücke von Jakob VII. von Trapp (1529 – 1563) zu sehen, u. a. sein Pilgermantel mit Gralkreuz. Die Hausorgel von 1559 ist eines der wenigen erhaltenen Tasteninstrumente jener Zeit. Die **Rüstkammer** ist dagegen eine »eiserne Garderobe« mit 50 vollständigen Rüstungen, ausschließlich Harnische aus dem Besitz der Geschlechter Matsch und Trapp. Ins Auge fallen sofort ein Pferd und Reiter in Rüstung sowie die »Hundsgugel«-Helme, die wie eine Hundeschnauze aussehen und zu den ältesten Sammlerstücken zählen (ca. 1370). Sie stammen fast durchwegs aus Mailänder oder Innsbrucker Plattnerwerkstätten. Die Schlosskapelle besitzt ein Dipty-

ZIELE
SCHLUDERNS

Ein Blickfang: der farbenfroh ausgestattete Arkadengang in der Churburg

chon mit Passionsszenen (1415) und eine romanische Madonna aus Holz (um 1270).

Wunderbares Hochalpental

Das abgeschiedene Matschertal, die Heimat der gleichnamigen Vögte, zweigt von Schluderns in Richtung Nordosten ab und endet am Fuß der Ötztaler Alpen. Gleich am Eingang des Tals öffnet sich der Blick auf den Matscher Burghügel. Von den Stammburgen Ober- und Untermatsch sind nur Ruinen zu sehen, während die Burgkapelle St. Martin in Obermatsch (12. Jh., um 1650 umgebaut) noch vollständig erhalten ist. Das Gasthaus **Glieshof** im hinteren Matschertal ist ein guter Ausgangspunkt für **Wanderungen zur Oberretteshütte** und zum Gipfel der Weißkugel (3739 m). Gemütlich verläuft der rund 3,5-stündige Weg entlang des Leitenwaals ins Tal des Saldurbachs hinauf und entlang des Bergwaals wieder hinunter nach Schluderns.

Matsch und Matschertal

ZIELE
SCHNALSTAL

 SCHNALSTAL

Italienisch: Val Senales | **Einwohner:** 1200

 E/F 3

Wie kaum eine Region in Europa zeigt das Schnalstal innerhalb weniger Kilometer Vegetationsunterschiede vom Weinbau bis zum hochalpinen Gletscher. Das Hochtal mit seinen stillen Dörfern ist naturbelassen, war es doch schon früher Rückzugsort für Mönche und Wallfahrer. Am Eingang zum Schnalstal wacht Schloss Juval, der Sommersitz von Reinhold Messner, und am Tisenjoch wurde 1991 »Ötzi« gefunden, die berühmte Gletscherleiche.

Das Schnalstal ist ein Seitental des Vinschgaus. Es zweigt bei Naturns Richtung Nordwesten ab und zieht sich 22 km lang bis zu den Ötztaler Alpen. Im Osten wird es von der Texelgruppe begrenzt. Das Hochtal wird vom Schnalser Bach durchflossen, der im oberen Teil des Tals zum **Vernagt-Stausee** aufgestaut ist. Hier findet man die höchstgelegenen Bauernhöfe Südtirols, darunter den **Finailhof** (1953 m). Der erste Fahrweg in die Schlucht wurde erst 1873 gebaut, vorher war die Region nur über Höhenwege und einen gefährlichen Steig zu erreichen. Mittlerweile ist das Hochtal touristisch bestens erschlossen.

 Höchstgelegene Höfe Südtirols

Wohin im Schnalstal?

Sommerwohnsitz Reinhold Messners

MMM Museum

Schloss Juval

»Hier ist Reinhold Messner abgestürzt«, steht auf einer Hinweistafel unter einem schwarzen Raben im Eingangsbereich. Der Hausherr selbst hat sie für Besucher aufstellen lassen, die so erfahren, dass der Extrembergsteiger 1995 ausgerechnet beim Versuch, ins eigene Schloss einzusteigen, weil er den Hausschlüssel vergessen hatte, an einer drei Meter hohen Mauer abrutschte und sich das Fersenbein zertrümmerte. Im Juli und August lebt Messner mit seiner Familie auf Schloss Juval, das auf 927 m Höhe über dem Eingang des Schnalstals thront (Abb. S. 8, 280). Erbaut wurde die Burg 1278 von Hugo von Monfort. Nach mehreren Besitzerwechseln verfiel sie allmählich. 1983 kaufte sie der Bergsteiger **Reinhold Messner** und ließ sie vom Vinschgauer Architekten Werner Tscholl restaurieren. Im Frühjahr und Herbst sind etliche Räume und die Sammlung zu besichtigen. Ein Burgbesuch vermittelt einen Einblick in das Südtiroler Mittelalter und die Renaissance mit holzgetäfelten Burgzimmern und freskenverzierten Räumen. Die Sammlung, eine Abteilung des **Messner Mountain Museum**, ist eine bunte Mischung aus Tibetika, Bergbildern, Masken und Zeugnissen aus dem Bergsteigerleben Messners. Zum Schloss gehören auch der **Biobergbauernhof Oberortl** und

SCHNALSTAL ERLEBEN

TOURISMUSVEREIN SCHNALSTAL
Karthaus 42, 39020 Schnals
Tel. 04 73 67 91 48
www.schnalstal.it

Busse von/nach Naturns

RESTAURANT GRÜNER €–€€
Die Speisekarte bietet eine Mischung italienischer und Südtiroler Gerichte. Das Lokal befindet sich direkt in den Mauern der ehemaligen Kartause Allerengelberg.
Karthaus 24
Tel. 04 73 67 91 04; Do. geschl.
www.restaurant-gruener.com

GOLDENE ROSE €€€–€€€€
Der gepflegte Gasthof im Tiroler Stil hat einen beachtlichen Weinkeller und einen schönen Wellnessbereich. Zum Haus gehört auch die Schutzhütte »Schöne Aussicht« (▶unten).
Karthaus 29, Tel. 04 73 67 91 30
www.goldenerose.it

TONZHAUS €€€
Aus dem ehemaligen Hotel Goldenes Kreuz wurde das Tonzhaus, das zum neuen Namen auch vier neue Natursuiten und einen Infinitypool bekommen hat. Schafwollbäder runden das Naturprogramm ab.
Unser Frau 27, Tel. 04 73 66 96 88
www.tonzhaus.com

GLACIER HOTEL GRAWAND €€–€€€
Im höchstgelegenen Berghotel Europas blickt man auf die Dreitausender Weißkugel, Wildspitze und Similaun, wo man einst den Ötzi fand. Das Glacier Hotel Grawand liegt direkt an der Bergstation der Gletscherbahn auf 3212 m.
Kurzras 12, Tel. 04 73 66 21 18
www.grawand.com

HOTEL OBERRAINDLHOF €€–€€€
Ein Südtiroler Gasthaus mit urigen Bauernstuben, einem alten Bauernhaus und schmackhaften Gerichten aus lokalen Produkten.
Raindl 49, Tel. 04 73 67 91 31
www.oberraindlhof.com

SCHUTZHÜTTE SCHÖNE AUSSICHT €
Die Schutzhütte von Paul Grüner ist weithin bekannt, die Sauna und die heißen Holzzuber sind ein Treffpunkt für die Hausgäste. Ab Dez. kann man auch in zwei Iglus wohnen. Eine hauseigene Naturkosmetik verarbeitet Glimmerschiefer aus dem Gestein des Hochjochferners (www.glacisse.it).
Kurzra, Tel. 04 73 66 21 40
www.goldenerose.it

Der **Vinschger Bauernladen** offeriert neben Kartoffeln, Äpfeln, Speck, Wein und anderen Leckereien eine Kaffeebar. Die Lage unterhalb der Burg Juval lockt viele Kunden an und ist daher auch So. und an Feiertagen von 10 bis 18 Uhr geöffnet (Staatsstr. 78, www.bauernladen.it).

Das Schnalstal ist ein Eldorado für **Skifahrer**, vor allem im Gletschergebiet auf 3200 m Höhe. Die Gegend gehört zum Skiverbund Ortler Skiarena. In der Bergstation Grawand gibt es eine **Dauerausstellung zu Gletschern** (geöffnet wie die Seilbahnen, freier Eintritt, www.schnalstal.com).

ZIELE
SCHNALSTAL

die **Buschenschenke Schlosswirt**, die geschaffen wurden, um diese kleinräumige Kulturlandschaft zu beleben und zu erhalten.

Schloss Juval 1, Kastelbell | Nur mit Führung, Ende März – Juni, Sept. – Anf. Nov. 10 – 16 Uhr, Mi. geschl. | 10 € | Zugang nur zu Fuß oder mit dem Shuttlebus vom Parkplatz | www.messner-mountain-museum.it

Abgelegene Bergbauernhöfe

Katharinaberg, Pfossental

Das Schnalstal beginnt als enge Schlucht, die sich erst bei Ratteis etwas öffnet. Auf steilem Fels und einem Geländevorsprung liegt das kleine Dorf Katharinaberg (1245 m). Hier zweigt die Straße ins Pfossental ab, das weit in den Naturpark der Texelgruppe reicht, und endet nach etwa 5 km bei Vorderkaser. Der 1290 erstmals erwähnte **Berggasthof** ist der letzte Hof und liegt auf 2006 m Höhe unterhalb der Texelspitze. Heute wird er nur noch als Alm bewirtschaftet und ist ein wichtiger Stützpunkt für Bergsteiger. Hier beginnen lohnende Routen wie der Übergang nach Pfelders über das 2895 m hohe Eisjöchl und die Stettiner Hütte. Weniger ambitioniert, aber ebenfalls empfehlenswert ist die Wanderung zu den hoch gelegenen, uralten Bergbauernhöfen, die das Bild des Schnalstals prägen, auf dem **Almerlebnisweg** von Vorderkaser über Mitterkaser, Gamplhof, Rableid und Eishof. Schautafeln erläutern, wie hier früher Landwirtschaft auf kleinen Terrassen und die Waalwege funktionierten. Den Talschluss krönt der Hohe Wilde (3480 m).

Aus dieser Perspektive wirkt Schloss Juval eher unwirtlich.

ZIELE
SCHNALSTAL

Das stille Dorf

Etwas weiter nördlich, gegenüber der Mündung des Pfossentals, liegt Karthaus auf 1327 m Höhe. Der Ortsname erinnert an das 1326 gegründete **Kartäuserkloster Allerengelberg**. Ganz nach der strengen Ordensregel lebten die Mönche hier in völliger Isolation. Dann entwickelten sich Anfang des 17. Jh.s offenbar mehr als platonische Beziehungen zu den Dominikanerinnen des Klosters Steinach bei Meran. 1782 wurde das Kartäuserkloster aufgehoben, danach bezogen Bauern die verlassenen Gebäude. 1924 brannte Karthaus bis auf wenige Häuser nieder und wurde wieder aufgebaut. Noch heute entdeckt man an manchen Gebäuden gotische Spitzbogenportale. Reste der Mönchszellen und Teile des gewölbten Kreuzgangs sind erhalten. Zu erkennen ist außerdem der Verlauf der Wehrmauer. Sie entstand zum Schutz vor den Bauern, die sich öfter gegen die hohen klösterlichen Abgaben auflehnten.

★ Karthaus

Wallfahrtsziel und Steinzeitdorf

Etwa in der Mitte des Tals liegt auf der westlichen Seite der Wallfahrtsort Unser Frau in Schnals. Die malerisch gelegene, 1307 errichtete und 1750 umgebaute Kirche ist seit dem 14. Jh. ein Wallfahrtsziel. Am Ortsrand, in Sichtweite des Hauslabjochs, wo die berühmte Gletscherleiche Ötzi gefunden wurde, zeigt das rekonstruierte steinzeitliche Dorf **Archeoparc**, wie Ötzi und seine Zeitgenossen vor rund 5000 Jahren möglicherweise gelebt haben.

Unser Frau in Schnals

Archeoparc: Unser Frau 163 | April – Anfang Nov. Di. – So. 10 – 17, Juli, Aug. tägl. bis 18 Uhr | 12 € | www.archeoparc.it

Der große Trek

In Serpentinen zieht sich die Straße nach Vernagt hinauf, wo 1956 bis 1962 der gleichnamige **See** gestaut wurde (▶ Abb. S. 45). Am Ufer des bei Hochwasser recht reizvollen Sees entstand eine Siedlung aus Gasthäusern und Hotels. Vernagt ist Ausgangspunkt und Ziel des **Schaftriebs** zu bzw. von den Weiden des Ötztaler Rofanbergs. Im Frühjahr werden Tausende Schafe über das oft tief verschneite, 3019 m hohe Niederjoch zu den Almen nach Österreich getrieben, die noch immer Schnalstaler Bauern gehören. Die Rückkehr der Tiere Mitte September wird groß gefeiert (Auskunft über die Termine beim Tourismusverein Schnalstal, Abb. S. 383).

Vernagt

Fundort des Ötzi

Ein deutsches Urlauberehepaar aus Nürnberg stolperte am 19. September 1991 fast über eine im Schmelzwasser liegende Leiche. Zu den Ersten am Fundort gehörte auch Reinhold Messner. Er war damals davon überzeugt, dass es sich nicht um einen verunglückten Skitourengeher handelte. Und in der Tat ging Tage später die Nachricht vom Fund einer 5300 Jahre alten Mumie um die Welt. Die Wan-

Similaunhütte

derung zur **Fundstelle am Tisenjoch** ist vom Stausee in Vernagt nicht besonders schwierig, beträgt aber gut 8 Stunden. Sie führt am Tisenhof vorbei und entlang des Leiterbachs. Nach einer steilen Rinne folgt der Steig zur Similaunhütte am Niederjoch (3016 m). Mit herrlichem Blick auf den Gletscher geht es weiter auf einem Felspfad zum Tisenjoch. Eine Steinpyramide weist auf die Fundstelle hin, wo die Gletschermumie entdeckt wurde (▶ Baedeker Wissen S. 70). Es werden auch geführte Wander- oder Skitouren zum Fundort angeboten (Infos über den Tourismusverein Schnalstal).

Schnalstaler Gletscher

Kurzras

An einer großen Hotelanlage aus den 1970er-Jahren endet die Straße. Mit der **Schnalstaler Gletscherbahn** gelangen Skifahrer und Wanderer in 6 Minuten zur futuristischen Bergstation auf 3212 m Höhe. Hier findet man auf dem sich bis weit nach Österreich erstreckenden **Hochjochferner** ein Ganzjahresskigebiet mit 35 km Pisten.

SEXTENTAL · ★★ DREI ZINNEN

Italienisch: Val di Sesto | **Höhe:** 1310 m ü. d. M. | **Einwohner:** 1950

O/P 3/4

Die Natur war in Südtirol schon immer der beste Baumeister. So braucht man in den Sextner Alpen keine Uhr, denn an den Berggipfeln lässt sich, je nach Sonnenstand, die Zeit ablesen. Auch kann sich kaum jemand dem Anblick der Drei Zinnen entziehen. So magisch schön ist das Dreigestirn der Dolomiten, dass es viele Besucher mit dem bekannten Postkartenmotiv im Kopf hierherzieht. Der Vergleich mit der Realität wird niemanden enttäuschen.

Mächtige Gesteinswelten

Das Sextental, ein Seitental des Pustertals, führt von Innichen südwestlich in die Dolomiten hinein. Hier treffen die Gesteinswelten der Sextner Dolomiten mit der Sonnenuhr und die bis oben begrünten Ausläufer der Karnischen Alpen mit dem markanten Helm aufeinander. Im Tal liegen die Orte Sexten, auch St. Veit genannt, und 2 km taleinwärts Moos, wo das berühmte **Fischleintal** Richtung Süden abzweigt, ein bequemer Zugang zu den Drei Zinnen. Über die Karnischen Alpen verläuft die Staatsgrenze zwischen Italien und Österreich, im Süden bildet der Berggrat die Grenze zwischen Südtirol und der italienischsprachigen Provinz Belluno.

ZIELE
SEXTENTAL · DREI ZINNEN

Vom Handwerkerort zur beliebten Sommerfrische
Schon im Mittelalter blühte der Handel im Sextental, auch das Hutmacher- und Steinmetzhandwerk florierten. Die Sextner erkannten schon Mitte des 19. Jh.s die Vorteile des aufkeimenden Tourismus und so brachte die bekannte Bergführerdynastie Innerkofler schon bald Hobbybergsteiger auf die Dolomitengipfel. Dank des grandiosen Bergpanoramas wurde das Tal eine beliebte Sommerfrische und daran hat sich bis heute wenig geändert. Noch immer sind die Besucherzahlen im Sommer höher als während der Wintermonate.

Geschichte

Umkämpftes Gebiet
Im Ersten Weltkrieg lag Sexten unmittelbar an der Dolomitenfront und war wegen der Nähe zur Pustertalbahn, der Nachschublinie für die Front, heiß umkämpft. Die beiden Orte Sexten und Moos wurden fast zur Gänze zerstört. Über zwei Jahre dauerte der Stellungskrieg zwischen den österreichischen Kaiserjägern und den italienischen Alpini. Noch heute findet man immer wieder Relikte aus dieser Zeit im Zinnengebiet auf der Rotwandspitze und am Karnischen Kamm (▶ Baedeker Wissen S. 111). Bereits 1889 wurde Mitterberg am Südhang des Sextentals errichtet, das zusammen mit der Festung Haideck die sogenannte Sextner Sperre bildete, die ein Vorrücken italienischer Truppen auf das Pustertal verhindern sollte. Heute finden hier geführte Wanderungen zu den Frontstellungen statt und das **Museum »Bellum Aquilarum«** in Sexten vermittelt einen Einblick in das Geschehen an der Kriegsfront.
Museum »Bellum Aquilarum«: Kirchweg 9, Sexten | Freier Eintritt ins Museum und kostenlose geführte Wanderungen | Mitte Juni bis Ende Sept. | www.bellumaquilarum.it

Dolomitenfront

Wohin in Sexten und Umgebung?

Bergsteigerdorf
Der auf 1316 m gelegene Hauptort in einem weiten Wiesental bietet sich mit seinen vielen Bergführern als idealer Ausgangspunkt für Wanderungen an. Zum Wiederaufbau nach dem Ersten Weltkrieg lud man bekannte Architekten und Maler ein. In der **Pfarrkirche St. Peter und Paul** (1922/23 großenteils neu erbaut) haben die Altarbilder des Venezianers Cosroe Dusi (1808 – 1859) den Brand unbeschadet überstanden. Das Deckengemälde und die Kreuzwegstationen sind von dem Bozner **Albert Stolz** (1875 – 1947). Sein ebenso bekannter Bruder **Rudolf** (1874 – 1960) malte den Freskenzyklus **»Totentanz«** in der Friedhofskapelle, der die Schrecken des Kriegs zeigt. Auf dem Friedhof sind viele namhafte Sextner Bergsteiger begraben und etliche Skulpturen Südtiroler Künstler zu sehen. Im **Rudolf-**

Sexten

ZIELE
SEXTENTAL · DREI ZINNEN

SEXTEN ERLEBEN

ⓘ

TOURISMUSVEREIN SEXTEN
Dolomitenstr. 45, 39030 Sexten
Tel. 04 74 71 03 10
www.sexten.it

Busse von/nach Innichen, Toblach; im Tal von/nach Moos, zum Dolomitenhof und zum Kreuzbergpass

RESTAURANT PATZENFELD €€€–€€€€
Von der Almhütte bis zum Chef's Table reicht das gastronomische Angebot im Caravan Park & Mountain Resort Patzenfeld. Gehobene Küche vom Rinderfilet mit Parmesan-Schüttelbrotkruste bis zum Milchschweinfilet im Speckmantel mit einer breiten Weinauswahl wird z. B. im Restaurant Patzerfeld serviert. Romantisch wohnen lässt es sich hier auch in einem luxuriösen Baumhaus.
St. Josefstr. 54
Tel. 04 74 71 04 44
www.caravanparksexten.it

MÜHLE €–€€
Gemütliche Bar, zum Tiroler Imbiss gibt es süffigen Vernatsch oder ein kaltes Bier.
Dolomitenstr. 20
Tel. 0 34 01 02 80 63
20.5. – Okt. tägl.

TALSCHLUSSHÜTTE €
Bei einer herzhaften Marende oder bei Knödeln genießt man den Blick auf das grandiose Panorama der Sextner Sonnenuhr. Nur zu Fuß (ab Bushaltestelle Dolomitenhof) oder mit der Pferdekutsche zu erreichen. **Mit** rustikalen **Betten**.
Fischleintal
Tel. 04 74 71 06 06
Mitte Mai – Ende Okt., Weihn. – Ostern, Do. geschl.
www.talschlusshuette.com

BAD MOOS – DOLOMITES SPA RESORT €€€€
Das heilkräftige Wasser einer eigenen Schwefelquelle, die hier schon seit 1765 sprudelt, nutzt das Kurhotel Bad Moos direkt am idyllischen Eingang ins Fischleintal. In einem großen Wellnessbereich gibt es neben Trinkkuren auch diverse Schwefelbäder im Holzzuber sowie Pferde- und Kutschfahrten in die Umgebung.
Moos, Fischleintalstr. 27
Tel. 04 74 71 31 00
www.badmoos.it

HOTEL DREI ZINNEN €€€
Das Hotel wurde 1930 vom Wiener Architekten Claus Holzmeister entworfen und von Rudolf Stolz ausgemalt. Entstanden ist ein Meisterwerk der Tiroler Moderne. Der stilvolle Speisesaal besitzt schöne Fresken.
Moos, St. Josefstr. 28
Tel. 04 74 71 03 21
Mitte Juni – Sept., Mitte Dez. bis März
www.hotel-drei-zinnen.com

RESIDENCE ALMA €€
Wohnen in zeitgenössischem Design und in einer Architektur, die sich als Verlängerung der Natur begreift; die Ferienwohnungen der Residence Alma gehören zum Familienresort Rainer. Der Entwurf von 2007 stammt vom Londoner Architekturbüro Plasmastudio.
St. Josefstr. 40
Tel. 04 74 71 03 66
www.familyresort-rainer.com

ZIELE
SEXTENTAL · DREI ZINNEN

Ein Traum für jeden **Mountainbiker** sind die Routen bei den Drei Zinnen. Empfehlenswerte Strecken: Rifugio Auronzo – Rifugio Lavaredo – Büllelejoch und Rifugio Auronzo – Rifugio Lavaredo – Paternsattel – Drei-Zinnen-Hütte. Eine Herausforderung ist auch der gut 120 km lange Stoneman-Trail mit über 4560 Höhenmetern in den Sextner Dolomiten (Juni – Anf. Sept., www.stoneman.it).
Der Helm, Hausberg der Region Sexten, gehört zum **Skigebiet** Dolomiti Superski. Die Sextner Loipe führt am Sextenbach entlang und wendet im Fischleintal; das Gebiet gehört zu Dolomiti Nordicski (www.dolomitinordicski.com).
Für **Wanderer** ist die viel begangene Umrundung des Drei-Zinnen-Massivs moderat zu bewältigen, vom Parkplatz der Auronzo-Hütte, zu erreichen über die Mautstraße vom Misurinasee oder mit dem Bus von Sexten mit Umsteigen in Toblach. Der Rundweg über das Rifugio Lavaredo, den Paternsattel und das Zinnenplateau dauert ca. 4 Std.
Die Alpinschule Drei Zinnen bietet auch private Führer an, mit denen man seine individuelle Traumroute durchs Gebiet planen kann (Dolomitenstr. 45 bei der Helmseilbahn, www.alpinschule-dreizinnen.com).

Stolz-Museum am Sextner Hauptplatz sind rund 160 Werke des Malers ausgestellt.
Rudolf-Stolz-Museum: Dolomitenstr. 16 b | Juli, Aug. Di., Mi., Do. 15 – 19, Fr., Sa., So. auch 10 – 12, sonst Mi., Fr., So. 16 – 18 Uhr | Eintritt frei

Hausberg und Wildbad
Bequem zu besteigen ist der Hausberg von Sexten, der 2124 m hohe Helm. Von oben hat man eine **grandiose Aussicht** über das ganze obere Pustertal. An den Hängen liegen uralte Bergbauernhöfe, darüber ein mit Wanderwegen und Steigen erschlossener Lärchengürtel. In der 1717 erbauten Kirche St. Josef in **Moos** sind Fresken von Rudolf Stolz zu sehen. Die Schwefelquelle des nahe gelegenen ehemaligen Wildbads Moos dient heute im Sporthotel Moos der Therapie (▶ Übernachten, S. 284).

Helm

Steinerne Sonnenuhr
Bei Moos zweigt das umwerfend schöne Fischleintal ab. Es zieht sich an den mächtigen Felswänden Richtung Drei Zinnen entlang bis zur Talschlusshütte, einem stattlichen Gasthaus unterhalb des Einserkofls. Ab dem Fischleinboden ist das Tal für den Autoverkehr gesperrt. So hat man einen ungestörten Blick auf die berühmte Sextner Sonnenuhr. Zur passenden Uhrzeit steht die Sonne direkt über dem jeweiligen Felsen: Neuner, Zehner (= Rotwand), Elfer, Zwölfer und der Einser Kofel bilden die **größte steinerne Sonnenuhr** der Welt. Von Moos folgt man der mäßig ansteigenden Staatsstraße und erreicht den Kreuzbergsattel (1636 m), der Südtirol mit der Nachbar-

Fischleintal

285

provinz Veneto verbindet. Rundherum gibt es **leichte Wanderwege** zu den blumenreichen Rotwandwiesen und auf die Nemes-, die Klammbach- und die Coltrondo-Alm.

Das berühmte Dreigestirn

Naturpark Drei Zinnen – Sextner Dolomiten

Der größte Besuchermagnet ist der 1981 eingerichtete, 119 km² große Naturpark Drei Zinnen – Sextner Dolomiten mit einer Felsenwelt aus Nadeln und Türmen. Der Park deckt beinahe die gesamten Sextner Dolomiten auf Südtiroler Gebiet ab und reicht im Norden bis an das Pustertal, im Osten an das Sextental, im Süden an die Grenze zu Belluno und im Westen an das Höhlensteintal. Auf dem Gebiet liegen die drei Gemeinden ▸ Toblach, ▸ Innichen und Sexten. Die bekanntesten Erhebungen sind der **Elfer** (3092 m), die **Hochbrunner Schneid** (3046 m), der **Zwölfer** (3094 m), der **Paternkofel** (2744 m) und die **einzigartigen Drei Zinnen** (2999 m; Abb. S. 16/17). Sie formen das markanteste und bekannteste Bild der Dolomiten: drei aufeinanderfolgende, schroff aufragende Felsen. Zu diesem Wahrzeichen der Dolomiten, 20 km südlich von ▸ Innichen, gelangt man am einfachsten vom Misurina-Pass (Col Sant' Angelo, 1756 m) auf einer 8 km langen, gut ausgebauten und streckenweise mautpflichtigen Straße bis zum Parkplatz bei der Auronzo-Hütte (Rifugio Auronzo, 2320 m, www.

Die Gipfel der Sextner Dolomiten, vom Hausberg Helm aus gesehen

ZIELE
STERZING

rifugioauronzo.it). Von hier ist eine Umrundung der Drei Zinnen (ca. 9 km) auf dem Hochplateau bei max. rund 500 m Höhendifferenz in ca. 4 Std. gut zu bewältigen. Sie zählt deshalb zu den **attraktivsten Wandertouren in den Dolomiten**. Bergeinsamkeit darf man hier im Sommer daher nicht erwarten. Den klassischen Postkartenblick auf die Drei Zinnen erreicht man aber erst ab der Hälfte des Weges am Paternsattel in Richtung Drei-Zinnen-Hütte. Dort bescheren Klettersteige am Paternkofel den Geübten Felsentunnel mit fantastischen Gucklöchern und Ausblicken auf die Nordwände. Nicht zu übersehen: die vielen Überreste aus dem Ersten Weltkrieg. Eigentlich sind hier oben nicht nur drei, sondern gleich fünf Hauptgipfel auszumachen: Westliche Zinne (2973 m), Große Zinne (2998 m), Kleine Zinne (2857 m), Punta di Frida (2792 m) und Kleinste Zinne (2700 m), auch Preußturm genannt. Hinzu kommen etliche Nebengipfel. Die Große Zinne wurde 1869 erstmals bestiegen; Erstbegehungen über schwierigere Routen haben die Bergsteiger noch bis in die 1960er-Jahre beschäftigt.

Das Naturparkhaus im Grandhotel ▶ Toblach informiert über die Natur, Kultur und Geologie und bietet in den Sommermonaten geführte Wanderungen an.

 STERZING

Italienisch: Vipiteno | **Höhe:** 948 m ü. d. M. | **Einwohner:** 6850

»Tjo, tjo i ri!« Die Melodie dieses Andachtsjodlers ist weltbekannt und wird allerorten in den verschiedensten Varianten gesungen. Vielleicht weil man sich die Melodienfolge, die ohne Worte auskommt, so gut merken kann. Erfunden wurde der Jodler in Sterzing, wo er erstmals 1833 in der Weihnachtsmesse zur Aufführung kam und bis heute noch gesungen wird. Das kleine Sterzing bezaubert obendrein mit seinem mittelalterlichen Stadtbild aus schönen Bürgerhäusern mit reich geschmückten Fassaden, Lauben und eleganten Geschäften.

Sterzing ist der Hauptort des **Wipptals,** des oberen Eisacktals. Seine Lage in der Nähe wichtiger Handelswege wie Brennerpass im Norden, Jaufenpass im Westen und Penser Joch im Süden garantierte der Stadt schon früh hohe Einnahmen. Das meiste Geld kam letztlich aus dem Blei- und Silberbergbau. Eine Umlaufbahn am nördlichen Stadtrand führt auf den Hausberg **Rosskopf** (2176 m) hinauf, ein schönes Wander- und Skigebiet.

Wohl- habend dank Handel und Bergbau

ZIELE
STERZING

STERZING ERLEBEN

TOURISMUSVEREIN STERZING
Stadtplatz 3
39049 Sterzing
Tel. 04 72 76 53 25
www.sterzing.com

Regionalzüge zum Brenner, nach Bozen, Trient und Verona. Linienbusse durch das Eisacktal und die Sterzinger Seitentäler; von den Parkplätzen im Norden und Süden kommt man bequem zu Fuß ins Stadtzentrum.

Herzhafte Speckknödel, grüne Spinatknödel oder Schwarzbrotknödel: Beim **Knödelfest** wird der Stadtplatz jedes Jahr am 2. So. im Sept. zum überdimensionalen Freiluftrestaurant.

❶ GOURMETSTUBE EINHORN €€€–€€€€

Peter Girtlers experimentierfreudige Eigenkreationen wurden mit zwei Michelin-Sternen ausgezeichnet, z. B. Granny Smith als vegetarischer Drink mit Karotteneiswürfeln und Mozzarella-Tomaten-Praline sowie toskanischer Lardo mit Räucherforelle als Abschluss. In der Gasthofstube werden auch gutbürgerliche, alt-österreichische und mediterrane Gerichte serviert.
Im Romantikhotel Stafler
Freienfeld/Sterzing
Mauls 10
Tel. 04 72 77 11 36
www.stafler.com

❷ KLEINE FLAMME €€€

Das Restaurant liegt eher versteckt in einer Passage. Burkhard Bacher kombiniert europäische und asiatische Küche und wurde dafür mit einem Michelin-Stern belohnt. Tipp: Vitello tonnato mit Zitronengras oder Jakobsmuscheln mit Chili-Polenta.
Neustadt 31
Tel. 04 72 76 60 65
So. abends, Mo. geschl.
www.kleineflamme.com

❸ PRETZHOF €€

Der Bauernhof von 1249 am Eingang des Pfitschertals hat zwei schöne Tiroler Stuben, in denen eine herzhafte einheimische Küche serviert wird. Vieles kommt aus der eigenen Produktion (Hofladen).
Wiesen/Pfitsch
Tulfer 259
Tel. 04 72 76 44 55
Mo., Di. (außer im Aug.) geschl.
www.pretzhof.com

❶ ROMANTIKHOTEL STAFLER €€€–€€€€

Seit 1270 ist das Gasthaus Stafler ein Begriff, die Pferdeställe der einstigen Poststation sind noch erhalten. Großes Wellnessprogramm. In der Gourmetstube Einhorn wird die mit einem Michelin-Stern ausgezeichnete Küche von Peter Girtler serviert (▶ oben, Essen).
Freienfeld/Sterzing
Mauls 10
Tel. 04 72 77 11 36
www.stafler.com

❷ STEINDL'S BOUTIQUEHOTEL €€€–€€€€

Das nach ökologischen Prinzipien gebaute Hotel beeindruckt durch seinen außergewöhnlichen Baustil in modernster Holzarchitektur. Ebenso stylische Zimmer und große Dach-

ZIELE
STERZING

terrasse mit herrlichem Blick auf Sterzings Park.
Parkweg 2
Tel. 04 72 76 53 58
www.hotelsteindl.it

❸ HOTEL LILIE €€
Das Haus mit 15 Zi. mitten in der Fußgängerzone zählt zu den schönsten denkmalgeschützten Bauten des späten Mittelalters in Sterzing. Die Konditorei im Erdgeschoss ist ein Treffpunkt der Einheimischen.
Neustadt 49
Tel. 04 72 76 00 63
www.hotellilie.it

Der **Eisacktal-Radweg** ist eine Etappe des internationalen Radfernwegs München – Verona. Der Radweg von Sterzing zum Brenner wurde auf einer ehemaligen Bahntrasse neu angelegt. Bei der Route nach Franzensfeste fährt man durch kleine Dörfer.

Nur einen Katzensprung vom Stadtzentrum Sterzing entfernt liegt die Talstation der Rosskopfbahn. Oben wartet ein kleines **Skigebiet**. Eine Attraktion für Winterurlauber ist die 10 km lange, mit Flutlicht ausgestattete **Rodelbahn** (www.rosskopf.com). Das **größte Skigebiet** des oberen Eisacktals mit 25 km präparierter Piste und einer 16 km langen Höhenloipe auf 1800 m liegt bei Ratschings (www.ratschings-jaufen.it).

Die Wellnessoase des **Relaxbads »Balneum Sterzing«** ist neben den Poollandschaften auch mit geschmackvoll alpinen Elementen aus Silberquarzit und stylischen Panoramaräumen mit Holz und Heu eingerichtet (www.balneum.sterzing.eu).

🍴🍷 ❶ Einhorn
   ❷ Kleine Flamme
   ❸ Pretzhof

🏠 ❶ Romantikhotel Stafler
   ❷ Steindl's Boutiquehotel
   ❸ Hotel Lilie

ZIELE
STERZING

Der markante Zwölferturm in Sterzings Fußgängerzone

Die richtige Lage und Bodenschätze

Geschichte — Schon die Römer erkannten die strategisch günstige Lage und gründeten hier zum Schutz der Kriegs- und Handelsstraße Via Claudia Augusta das Kastell Vipitenum. Im Mittelalter war Sterzing eine aufstrebende Handelsstadt, die vom Durchgangsverkehr lebte und eine wichtige Rolle im Machtkampf zwischen den Grafen von Tirol und den Brixner Fürstbischöfen spielte. Dank der Einnahmen aus den Silberbergwerken im Ridnauntal im 14. und 15. Jh. wurde Sterzing innerhalb kurzer Zeit eine der reichsten Städte in Tirol. Ihr Ruf lockte auch die Augsburger Handelsfamilie Fugger an, die große Besitztümer im Tiroler Bergbau hatte. Zur Blütezeit des Bergbaus lebten hier Tausende Bergknappen, die zum großen Teil aus anderen Ländern stammten. 1809 begann hier unter der Führung Andreas Hofers der Tiroler Freiheitskampf. Die 1867 eingeweihte Brenner-Eisenbahn brachte der Stadt und den Sterzinger Fuhrleuten zunächst nur Einbußen. Erst als die ersten Bergenthusiasten Anfang des 20. Jh.s mit dem Auto kamen, begann Sterzing vom Tourismus zu profitieren.

Aus Tschöfs bei Sterzing stammte **Michael Gaismair**, der Führer des Bauernaufstands 1525.

Wohin in Sterzing?

Wie im Museum

Sterzing ist ein einziges Freilichtmuseum. Mittelpunkt ist die Hauptstraße, die von der **Altstadt** im Norden über den Stadtplatz und durch den mächtigen Zwölferturm in die **Neustadt** führt, die auch schon über 500 Jahre alt ist und nach einem Stadtbrand 1443 neu entstand. Sie wird von prächtigen Bürger-, Handwerker- und Gasthäusern gesäumt, deren Giebel, Zinnen, Fassaden, Wirtshausschilder, Toreinfassungen, Erker, Wappensteine und Innenhöfe von einer wohlhabenden Vergangenheit zeugen. Die lange gotische Fassade gleich am Eingang in die Altstadt gehörte zur ehemaligen Johanneskirche, die heute eine Gaststätte ist. Daneben folgt das alteingesessene **Gasthaus Krone**; der ehemalige landesfürstliche Ansitz ist schon seit dem 15. Jh. ein Treffpunkt der Sterzinger.

Stadtbild

Farbige Erzählkunst

Die kleine Heiliggeist-Spitalkirche (oder Spitalkirche, 1380) gegenüber dem Zwölferturm am Stadtplatz gehörte einst zum Sterzinger Bürgerspital. Der Innenraum wurde 1400–1415 von **Hans von Bruneck** mit gotischen Fresken ausgemalt. Der für seine technische Fertigkeit und farbige Erzählkunst bekannte Künstler verband Stilelemente der norditalienischen Malerei mit dem aus Burgund und Böhmen stammenden »Höfischen Stil«. Das moderne Holzkruzifix vor dem Altar schuf der Sterzinger Künstler Hans von Harder.
Mo. – Fr. 8.30 – 12, 14.30 – 18, Sa. 8.30 – 12 Uhr

Heiliggeist-Spitalkirche

Wo die Neustadt beginnt

Der **Zwölferturm** mit Sonnen- und Zeigeruhr markiert den Beginn der Neustadt. Nicht weit entfernt steht der **Ansitz Jöchlsthurn** mit einem markanten Staffelgiebel. Im 15. Jh. war der ehemalige Stadtturm im Auftrag der Familie Jöchl, die durch Bergbau am Schneeberg reich geworden war, zu einer Residenz umgebaut worden. Später waren in dem Gebäude das Bezirksgericht und das Gefängnis untergebracht. In den repräsentativen Räumen sind noch Holzdecken und Wandfresken aus dem 15./16. Jh. zu sehen. Heute gehört der Jöchlsthurn den Grafen von Enzenberg.

Zwölferturm, Jöchlsthurn

Zwischen Renaissance und Römerkult

Das stattliche Rathaus, etwa in der Mitte der Neustadt, wurde Ende des 15. Jh.s in der Übergangszeit zwischen Gotik und Renaissance gebaut. Im ersten Stock liegt der meisterhaft getäfelte Ratssaal mit schöner Balkendecke. In einem Innenhof stehen ein römischer Meilenstein und die Kopie des römischen Mithras-Altars, der 1589 bei Mauls südlich von Sterzing gefunden wurde. Römische Soldaten hatten den Kult um den **persischen Sonnengott Mithras** nach Südtirol

Rathaus

ZIELE
STERZING

gebracht. Das Original befindet sich im Bozner Archäologiemuseum. Die Statue des hl. Nepomuk, der vor Überschwemmungen schützen soll, steht seit 1739 vor dem Rathaus.
Mo., Di., Do., Fr. 8 – 12.30, Mi. bis 13 und 14 – 17.30 Uhr | Infos zu Führungen beim Tourismusverein Sterzing

Wo der Andachtsjodler erklingt

Pfarrkirche Maria im Moos
Die große Pfarrkirche aus dem 15. Jh. steht etwas außerhalb am südlichen Stadtrand an der Jaufenstraße. Besonders idyllisch ist es hier zur Christmette, wenn um Mitternacht der Pfarrchor Sterzing das weltberühmte »Tjo, tjo i ri!« des Andachtsjodlers singt. Für Maria im Moos fertigte der damals bereits berühmte **Hans Multscher** Mitte des 15. Jh.s einen schönen Flügelaltar. Ab 1753 wurde das Gotteshaus dem Zeitgeschmack entsprechend barockisiert. Dabei entstanden die großflächigen Deckenfresken des Theatermalers Adam Mölk, 1779 musste der Multscher-Altar Platz für einen goldstrotzenden Barockaltar Platz machen (er befindet sich heute im Stadtmuseum). Erst im Rahmen einer Regotisierung wurden Anfang des 20. Jh.s im neugotischen **Hochaltar fünf Schreinfiguren Multschers** wieder aufgestellt. Allerdings haben die weiblichen Heiligen unter ihrem Auf- und Abbau sehr gelitten. Doch noch immer berühren sie mit ihrem Naturalismus, besonders Maria mit dem Kind, die an eine Bürgersfrau auf dem Weg zur Kirche erinnert.
Tägl. 9 – 19 Uhr

Spätgotischer Multscher-Altar

Deutschordenskommende
Das große Gebäude aus dem 16. und 18. Jh. neben der Pfarrkirche war Pilgerhospiz, Spital und Sitz des Deutschen Ordens. Im barocken Ostflügel sind das Sterzinger Stadtmuseum und das **Multscher Museum** untergebracht. Hauptsehenswürdigkeit sind die Reste des **berühmten Sterzinger Altars** von Hans Multscher. Als der knapp 60-jährige Ulmer 1456 den Auftrag für den Flügelaltar erhielt, war er der führende Künstler der süddeutschen Gotik. Das 12 m hohe Kunstwerk hatte großen Einfluss auf die einheimischen Kunstschaffenden, u. a. auf Michael Pacher. Multschers berühmte acht **Altargemälde** zeigen Szenen aus dem Marienleben (Innenseiten) und der Passion (Außenseiten). Auf allen Gemälden sind die Innenräume und Landschaften sehr präzise dargestellt. Übrigens: Benito Mussolini schenkte die Bilder 1940 seinem Freund Hermann Göring, 1959 wurden sie zurückgegeben. Auch die beiden lebensgroßen **Schreinwächter Georg und Florian** in zeitgenössischen Rüstungen begeistern mit einem bis dahin in Südtirol nie gesehenen Naturalismus. Beachtenswert sind überdies die Räume der Kommende: Der Rittersaal zeigt spätbarocke Szenen aus der Geschichte des Ordens, das Fürstenzimmer Panoramabilder des Sterzinger Moos (um 1740).

Die barocke **Elisabethkirche**, einst Spitalkirche, entstand nach einem Entwurf des Bozners Guiseppe Delai. Das Deckenfresko und das Gemälde des Hochaltars stammen vom Augsburger Matthäus Günther.
Multscher Museum: Deutschhausstr. 11 | April – Okt. Di. – Sa. 10 – 13, 13.30 – 17 Uhr | 2,50 €

Rund um Sterzing

Zauberwerke der Illusionsmalerei
Grünes Laubwerk überall, dazu Vögel und kletternde Jünglinge. Der Grüne Saal ist zweifellos der Höhepunkt von Burg Reifenstein. Er wurde 1499 vollständig mit diesem Zauberwerk der illusionistischen Malerei ausgemalt. Die imposante Ritterburg Reifenstein mit dicken Mauern, Zinnen, Toren und Zugbrücken ist ein Aushängeschild mittelalterlicher Kultur. Sie thront auf einem Felshügel über dem Sterzinger Moos etwa 2 km südlich vom Deutschordenshaus, in der Nähe von Elzenbaum. Gebaut wurde sie von Brixner Ministerialen um 1100, ihr heutiges Aussehen erhielt sie nach 1470 im Auftrag des Deutschen Ordens, der die Burg von Sigmund dem Münzreichen erworben hatte.

Burg Reifenstein

Ein Aushängeschild mittelalterlicher Kultur: Burg Reifenstein

ZIELE
STERZING

Die verschlossene Zenokapelle auf dem Burgfelsen ist wahrscheinlich noch älter als Reifenstein. Schalensteine aus der Nähe der Kapelle deuten auf eine prähistorische Kultstätte hin. Auf der anderen Talseite liegt Burg Sprechenstein (Privatbesitz; nicht zu besichtigen).
Reifenstein: April – Okt. tägl. außer Sa. 10.30 – 11.30; Führungen tägl. außer Sa. 14, 15, Ende Juli – Anf. Sept. auch um 16 Uhr | 7 €

Atemberaubende Blicke in die Tiefe

Gilfenklamm

Am Eingang ins **Ratschingsertal** (Valle di Racines) südwestlich von Sterzing zwängt sich der Ratschinger Bach durch eine enge Schlucht: Die Gilfenklamm ist tief in weißen Marmor eingeschnitten, der durch die hohe Feuchtigkeit oft grünlich schimmert. Ein schöner Wanderweg beginnt beim Gasthaus Gilfenklamm. Über 175 Höhenmeter sind mit Stiegen und Leitern zu überwinden, doch das eindrucksvolle Naturschauspiel lohnt die Mühen (ca. 1,5 Std.). Seit dem 15. Jh. wird hier Marmor abgebaut.

Schloss der 365 Fenster

Ridnauntal, Ratschingsertal

Jeden Tag könnte man in **Schloss Wolfsthurn** aus einem anderen Fenster blicken, denn es sind genau 365 an der Zahl. Das fensterreiche Schloss liegt im 16 km langen Ridnauntal (Val Ridanna) westlich von Sterzing, wo es sich am Talanfang oberhalb des Dorfs Mareit erhebt. Es wurde 1730 auf mittelalterlichen Grundmauern errichtet und gehört zu den **schönsten barocken Profanbauten** Südtirols. Das Anwesen gehört der Familie Sternbach. In eleganten Sälen ist das **Südtiroler Landesmuseum für Jagd und Fischerei** untergebracht. Der Bildstock aus weißem Marmor vor Mareit wurde 1537 von Bergknappen gestiftet. An sie erinnert auch die 1482 geweihte **Knappenkapelle St. Magdalena** auf einer Anhöhe an der Straße von Mareit nach Gasse: Auf dem Flügelaltar (1509) des Sterzingers Mattheis Stöberl sieht man Bergleute bei der Arbeit.

Am Talende erhebt sich der **Schneeberg**. Ab dem 13. Jh. und vor allem im 15./16. Jh. sorgten seine Bodenschätze für den Reichtum Sterzings. Nach dem Ende des Abbaus 1979 wurde ein Besucherbergwerk eingerichtet. Das besuchenswerte **Südtiroler Bergbaumuseum Schneeberg** in Meiern informiert mit einem Lehrpfad, dem 200 m langen Schaustollen und originalen Transportmitteln anschaulich über die lange Geschichte des Bergbaus in Tirol. Zudem werden Exkursionen zu den über 2000 m hoch gelegenen Abbaugebieten angeboten.

Landesmuseum Schloss Wolfsthurn: Kirchdorf 25, Ratschings/Mareit | April – Mitte Nov. Di. – Sa. 10 – 17, So., Fei. 13 – 17 Uhr | 6 € www.wolfsthurn.it
St. Magdalena: Mai – Okt. Mo. 16 – 17, Juli, Aug. auch Fr. 10.30 bis 11.30 Uhr | **Südtiroler Bergbaumuseum:** April – Anfang Nov. Di. – So. 9.30, 11.15, 13.30 und 15.15 Uhr | Führung 10 €, Bergbauwelt 35 € | www.bergbaumuseum.it

ZIELE
TAUFERER AHRNTAL

Älteste private Schutzhütte

Nordöstlich von Sterzing beginnt das Pfitscher Tal (Val di Vizze), das sich nordöstlich bis zum Hochfeiler zieht, dem mit 3510 m höchsten Gipfel der Zillertaler Alpen. Es ist ein beliebtes Skilanglauf- und Wanderziel. Ein schöner Weg führt von St. Jakob am Ende des Tals (1446 m) zum Weiler Stein (1490 m) und anschließend in 2 Std. zum 2251 m hohen Pfitscherjoch mit dem Pfitscherjoch-Haus. Es wurde 1888 erbaut und ist die **älteste private Schutzhütte Südtirols** (www.pfitscherjochhaus.com). Eine andere Tour geht von Stein in 5 Std. zur 2710 m hoch gelegenen Hochfeilerhütte am Fuß des Hochfeilers.

Pfitscher Tal

Weitere Dörfer außerhalb von Sterzing

Auf dem Weg von Sterzing nach Brixen erreicht man nach 6 km Trens mit der **Wallfahrtskirche Mariä Himmelfahrt**. Sie wurde 1498 erbaut und 1753 im Rokokostil verändert. Das Deckengemälde malte Adam Mölk; das Gnadenbild, eine Maria mit Diadem und blümchenverziertem Mantel (um 1470), steht in der Gnadenkapelle (1726/27). In **Mauls,** am Südende des Sterzinger Moos, wurde der Mithras-Stein gefunden, der heute im Bozner Archäologiemuseum ausgestellt ist. Kurz nach Mauls erinnern die »Sachsenklemme« und ein Denkmal an die Niederlage der sächsischen Truppen im Tiroler Freiheitskrieg 1809.

Trens

TAUFERER AHRNTAL

Italienisch: Valli di Tures e Aurina | **Höhe:** 942 – 3378 m ü. d. M.
Einwohner: 5900

Von imposanten Gipfeln ist man im nordöstlichsten Teil des Landes regelrecht umzingelt. Gleich 84 (!) Dreitausender umschließen das Tauferer Ahrntal. Die landschaftliche Palette reicht von zackigen Bergspitzen bis hin zu sanft ansteigenden Almwiesen und bezaubernden Wasserfällen.

Bei Bruneck zweigt es als Tauferer Tal aus dem Pustertal nach Norden ab, hinter Sand i. T. zieht es sich als Ahrntal bis zur mächtigen Grenzkette der Zillertaler Alpen. Am Talschluss ist nach über 40 km der nördlichste Zipfel Italiens erreicht. Rund 400 km Wanderwege führen zu 50 Almen, die noch bewirtschaftet werden. Abgeschiedenheit und Armut prägten lange Zeit die Region, die heute im Bergtourismus ihr Auskommen findet, schließlich suchen immer mehr Menschen unberührte Landschaften zur Erholung.

Von Gipfeln umgeben

295

Wohin im Tauferer Ahrntal?

Von Künstlern und Dichtern am Wegesrand

Gais »Ihr Kirschenmund das Paradies, der lachen kann, ganz zuckersüß«, schwärmt Minnesänger Oswald von Wolkenstein auf Schloss Neuhaus oberhalb von Gais, rund 6 km nördlich von Bruneck, von einem Beerenmädchen, das ihm hier auf seinen Jagdausflügen den Kopf verdrehte. Das im 13. Jh. von den Edlen zu Taufers erbaute Schloss ist heute ein Hotel, das vorwiegend auf Hochzeiten und Gruppenfeiern ausgerichtet ist. Man erreicht es vom Ortszentrum zu Fuß auf dem **Kulturweg**: Kunstobjekte entlang des Wegs erinnern an frühere Gäste, darunter Oswald von Wolkenstein (▶ Interessante Menschen) oder der amerikanische Schriftsteller **Ezra Pound**. 1925 war Pound zusammen mit seiner hochschwangeren Frau Olga Rudge, einer bekannten Konzertgeigerin, in Südtirol auf der Durchreise, als ihre Tochter Mary in Brixen auf die Welt kam. Die nächsten zwölf Jahre lebte diese dann bei einer Bauersfrau in Gais, wo ihre Eltern sie öfter besuchten. Aus Sama Moidile wurde Mary von Rachewiltz. Die italienisch-amerikanische Schriftstellerin und Übersetzerin lebt heute noch auf der Brunnenburg bei Meran. Auf dem höchsten Punkt des Weges, im Aussichtspavillon neben dem Schloss, findet man eine Bücherbox mit Werken des hier sehr geehrten Dichters und Künstlers Pound.

Schloss Neuhaus: www.schlossneuhaus.com
Kulturweg Gais: www.kulturweg-gais.it

Wie Phönix aus der Asche

Uttenheim An der Stelle einer Vorgängerkirche hat man die ursprünglich romanische, später barockisierte Pfarrkirche **St. Margareth** errichtet, deren Deckenfresken Franz Anton Zeiller malte. Von Uttenheim führt ein einstündiger steiler Anstieg zur Burgruine von Uttenheim, die von den Einheimischen Schlössl genannt wird (um 1150). In der Apsis der Burgkapelle St. Valentin wurden romanische Fresken freigelegt. Zu den jüngeren Gebäuden gehört eine Burgschenke. Oberhalb geht es zu den 1560 m hoch gelegenen Höfen von Lanebach, die früher nur unter größten Mühen zu erreichen waren.

Mit der Kraft des Wassers

Mühlen, Mühlwald Bei Mühlen zweigt das Mühlwalder Tal mit den Ortschaften Mühlwald und Lappach ab. Am Ende des Tals auf fast 2000 m Höhe liegt der von Gletscherwasser gespeiste **Neves-Stausee**. Am Seeufer führt eine leichte Wanderung mit Jausenstationen entlang. Das Tal ist ein guter Ausgangsort für ausgedehnte Hochgebirgstouren.

Das Örtchen **Taufers** wartet mit einem schönen Beispiel der Pustertaler Spätgotik auf: Die 1527 geweihte **Pfarrkirche Mariä Himmelfahrt** besitzt ein Netzgewölbe mit wappenverzierten Schlusssteinen.

DAS TAUFERER AHRNTAL ERLEBEN

TOURISMUSVEREIN SAND IN TAUFERS
J.-Jungmann-Str. 8
39032 Sand in Taufers
Tel. 04 74 67 80 76
www.taufers.com

Busse von/nach Bruneck durch das Ahrntal bis Kasern und in die Seitentäler bis Lappach, Ahornach, Rein und Weißenbach

Mehr als 1000 Käsesorten werden beim **Käsefestival** von Sand in Taufers alle zwei Jahre Anfang März vorgestellt. Das Tauferer Ahrntal ist vor allem die Heimat des Ahrntaler Graukäses, einer Spezialität aus saurer Magermilch, die man mittlerweile auch auf den Speisekarten der Südtiroler Spitzengastronomie findet (www.kaesefestival.com).

KRÄUTERRESTAURANT ARCANA €€–€€€
Südtiroler Gerichte mit Alpenkräutern stehen hier im Fokus. Die Kräuterspezialistin Anneres Ebenkofler sammelt Wildkräuter vor der Haustür, die auch für Tees, Tinkturen oder Salben im Wellnessbereich Verwendung finden. Fleisch und Gemüse stammen vom eigenen oder von benachbarten Bauernhöfen. Das Restaurant gehört zum Naturhotel Moosmair.
Sand in Taufers, Ahornach 44
Tel. 04 74 67 80 46
Mo., Di. geschl.
www.moosmair.it

RESTAURANT ZUM TURM €€
Gekocht wird nach dem Motto: Seit jeher sind es die einfachen, natürlichen Gerichte aus einheimischen Produkten, die alle Zeiten überdauert haben. Dazu gehören auch hausgemachte Ahrntaler Schlutzkrapfen mit Graukäse, Parmesan und brauner Butter.
Sand in Taufers, Bayergasse 12
Tel. 04 74 67 81 43, Mo. geschl.
www.zumturm.org

HOTEL FELDMILLA €€€€
Design und Nachhaltigkeit werden in diesem schicken Hotel kombiniert. Holz, Stein und Erdfarben bestimmen den klaren und reduzierten Stil der Zimmer und im SPA.
Sand in Taufers, Schlossweg 9
Tel. 04 74 67 71 00
www.feldmilla.com

BERGHOTEL KASERN €€
Das typische Tiroler Gasthaus mit netten Zimmern und herzhafter Küche liegt am Ende des Ahrntals in Kasern. Hier kann die Bergtour zu Rauchkofel, Dreiherrn- oder Rötspitze direkt vorm Hotel beginnen.
Prettau, Kasern 10
Tel. 04 74 65 41 85
www.kasern.com

Der zur Region Dolomiti Superski gehörende Kronplatz ist nicht weit (▶ Bruneck). Hinzu kommen kleinere und ruhigere **Skigebiete** wie Speikboden (www.speikboden.it) und Klausberg (www.klausberg.it).
Das Team **River Tours Südtirol** zeigt, wie aufregend und unterhaltsam Wassersport auf der wilden Ahr und dem Eisack sein kann; die Ausrüstung wird gestellt (Ahrntalerstr. Sportzone 1, Gais-Uttenheim, www.suedtirol-river-tours.com).

ZIELE
TAUFERER AHRNTAL

Im Pfarrmuseum nebenan sind sakrale Kunstgegenstände aus anderen Kirchen ausgestellt. Das zweistöckige Gebäude war einst der Lagerraum für den Kornzehnt der Tauferer Untertanen.
Juni – 15. Okt. Mi. – Sa. 16 – 18, So. 10 – 12 Uhr | Eintritt frei

Für Burgenliebhaber

Sand in Taufers

Sand in Taufers, der Hauptort des Tals, wird von der beeindruckenden **Burg Taufers** beherrscht. Sie steht auf einem strategisch bedeutsamen Felsen, der das Tauferer Tal vom Ahrntal fast vollständig abriegelt. Die Befestigung entstand in den 1220er-Jahre für die Herren von Taufers und war schon damals mit Bergfried, Wohnturm, Palas und weiteren Wohn- und Wirtschaftsgebäuden auffällig groß. Nach dem Tod des letzten Taufers 1336 gelangte die Burg an die Grafen von Tirol und war lange Gerichtssitz. Heute gehört sie dem Land Südtirol bzw. dem Südtiroler Burgeninstitut. Von den 64 Räumen sind zwei Dutzend holzgetäfelt, darunter die Bibliothek mit einem großen Kachelofen, der Gerichts- und der Waffensaal. Im Rittersaal hängen 26 historische Porträts (1565). Aus dem ältesten Baubestand stammt die Kapelle mit einem romanischen Kruzifix; die Ost-

Im Ahrntal gibt es herrliche Wanderwege.

wand und Apsis sind mit Fresken verziert, die wohl um 1482 von Malern aus der **Schule von Michael Pacher** ausgeführt wurden.
Am südlichen Ortsrand steht der 1584 in elegantem Renaissancestil erbaute stattliche **Ansitz Neumelans** (Privatbesitz, nicht zu besichtigen). Im Rathaus ist das **Naturparkhaus Rieserferner-Ahrn** untergebracht. Hier wird die Landschaft Rieserferner mit multimedialer Technik auf informative Weise vorgestellt.
Burg Taufers: tägl. außer Weihnachten und Neujahr geöffnet, die Innenräume sind nur mit Führung zu besichtigen, in der Hauptsaison jede Stunde zwischen 10 und 17 Uhr | 8 € | www.burgeninstitut.com
Naturparkhaus: Rathausplatz 9 | Mai – Okt., Ende Dez. – März Di. – Sa. 9.30 – 12.30, 14.30 – 18 Uhr, Juli, Aug. auch So. geöffnet

Unterwegs mit Hans Kammerlander

In Ahornach östlich von Sand in Taufers beginnt das Reintal. Wegen der starken Thermik ist die Gegend ein Eldorado für **Gleitschirm- und Drachenflieger**. In Ahornach kam 1956 **Hans Kammerlander** zur Welt, einer der besten Bergsteiger Südtirols. Für Interessierte veranstaltet er hier regelmäßig Touren wie seine klassischen 24-Stunden-Wanderungen (www.kammerlander.com).

Ahornach

Gletscherriesen, die sich an Höhe überbieten

Charakteristisch für den Naturpark Rieserferner-Ahrn ist sein Wasserreichtum. Hier tosen die berühmten Reinbachfälle und der Pojer Wasserfall, hier rauschen Bergbäche talwärts und stille Seen laden zum Verweilen ein. Der 313 km² große Naturpark bildet mit dem Nationalpark Hohe Tauern und dem Naturpark Zillertaler Alpen das **größte zusammenhängende Schutzgebiet Europas** (2471 km²). Das Bergdorf Rein in Taufers (knapp 1600 m) ist ein idealer Ausgangspunkt für Wanderungen in die einmalige Landschaft mit schneebedeckten Dreitausendern. Dort, wo sich reihum imposante Gletscherriesen erheben und sich gegenseitig an Höhe zu überbieten versuchen, ist man umgeben von Steilhängen, dichten Wäldern, einsamen Gipfeln und wilden Gewässern. Am Ende des ▶ Antholzer Tals liegt der Antholzer See, der drittgrößte Natursee Südtirols.

Naturpark Rieserferner-Ahrn

Franz von Assisis Sonnengesang

Von Sand geht es ins Nachbartal Rein, vorbei an den **Reinbachfällen**, deren Wasser tosend die Tobelschlucht hinunterstürzt, zum kleinen Bergdorf Rein auf knapp 1600 m. Entlang der Reinbachfälle führt ein zweistündiger »Besinnungsweg zum Sonnengesang« zur **Tobl-Kapelle**. Unterwegs passiert man zehn von einheimischen Holzschnitzern gefertigte Stationen. Sie beziehen sich auf den berühmten »Sonnengesang« von Franz von Assisis Gebet, in dem er die Schönheit der Schöpfung preist. Die Tobl-Kapelle ist den Heiligen Franziskus und Klara gewidmet.

Rein in Taufers

ZIELE
TAUFERER AHRNTAL

Naturschätze der Alpen

Ahrntal   Hinter Sand in Taufers beginnt das Ahrntal (Campo Tures). Auf der Höhe von Luttach zweigt eine Straße nach Westen ins Weißenbachtal ab. Im gleichnamigen Dorf lohnen die Kirche St. Jakob mit einem gotischen Sakramentshäuschen und einem schönen Flügelaltar von 1516 sowie das **Krippen- und Volkskundemuseum Maranatha** einen Besuch. Letzteres gibt einen Einblick in die Kunst der hiesigen Holzschnitzer, die dank der Einnahmen aus diesem Handwerk über den Winter kamen.

Das Ahrntal wendet sich hinter Luttach Richtung Nordosten. In der spätbarocken Dorfkirche in St. Johann sind drei Altartafeln und barocke Gewölbefresken des Nordtirolers Joseph Schöpf zu sehen. Zu den Hauptsehenswürdigkeiten des privaten **Mineralienmuseums Artur Kirchler** an der Straße von St. Johann nach Steinhaus gehören die größten Rauchquarze Südtirols und eines der schönsten Bergkristallgwindel der Welt aus dem Bergwerk Prettau. Im angeschlossenen Laden kann man Bergkristalle kaufen.

Krippen- und Volkskundemuseum: Weißenbachstr. 17 | Mo. – Fr. 9 – 12, 14 – 18, So. nur bis 17 Uhr | 5 € | www.krippenmuseum.com
Mineralienmuseum: St. Johann 3, Ahrntal | tägl., April – Okt. 9.30 – 12, 14 – 18.30 Uhr, Nov. – März nur nachmittags | 4 € www.mineralienmuseum.com

Wohlstand dank Kupfer

Steinhaus   Die stattlichen Häuser wie der Ansitz Gassegg, das Rathaus oder der Erzstadel erinnern an die guten Zeiten von Steinhaus, als der Kupfererzabbau für Wohlstand sorgte. Die Kupferqualität war so gut, dass der hiesige Bergbau zu einer ernsthaften Konkurrenz für die großen Minen in Norditalien wurde. Nicht zu übersehen ist der **Kornkasten** von 1700, einst das Magazin des Prettauer Kupferbergwerks. Hier erhielten die Knappen ihren Lohn in sog. Pfennwerten wie Getreide, Salz, Käse und Schmalz ausgezahlt. Heute gehört das Gebäude zum **Bergbaumuseum**. Die Sammlung der Grafen Enzenberg, der Enkel des letzten Ahrntaler Montan-Unternehmers, informiert mithilfe moderner Technik über die Welt des Bergbaus.

Steinhaus 99, Ahrntal | April – Okt. Di. – So. 10 – 17 Uhr | 4 € www.bergbaumuseum.it

Zentrum des Kupferbergbaus

Kasern   Je tiefer man ins Tal kommt, umso kleiner werden die Ortschaften. Unterwegs passiert man St. Jakob (1194 m) und St. Peter, dann erreicht man Prettau auf 1475 m Höhe, den Hauptort des hinteren Ahrntals. Nur wenige Minuten entfernt liegt Kasern, das Zentrum des Kupferbergbaus in den Jahren 1500 – 1971. Der **Kaserer Kreuzweg** führt über 15 Stationen zur Heilig-Geist-Kirche. Sie diente den Knappen und Wanderern, die über die Krimmler Tauern ins Pinzgau oder nach Salzburg marschierten. Die überdachten Holzsäulen schnitzten einheimische Jugendliche.

Mit der Bahn in den Stollen
Das ehemalige Bergwerk gehört heute zu den Südtiroler Bergbaumuseen. Schon in der Bronzezeit wurde in der Nähe des Rötbachs Kupfererz abgebaut. Die erste urkundliche Erwähnung stammt von 1426. Im Mittelalter gehörte das Bergwerk den Freiherren von Welsberg; zu Beginn des 19. Jh.s fiel es an die Grafen Enzenberg. 1893 wurde der Bergbau vorübergehend, 1971 endgültig eingestellt. Die Fahrt mit der Grubenbahn in den Ignaz-Stollen ist ein eindrückliches Erlebnis. Beim Museum beginnt ein mehrstündiger Lehrpfad mit zehn Schautafeln, der bis auf knapp 2000 m führt. Geführte Wanderungen können beim Tourismusamt Sand in Taufers gebucht werden. Hörmanngasse 38/A | April – Okt. Di. – So. 9.30 – 16.30 Uhr | 9 €, Kombikarte mit dem Bergbaumuseum Steinhaus 10 € | www.bergbaumuseum.it

Schaubergwerk Prettau

★ TERLAN

Italienisch: Terlano | **Höhe:** 248 m ü. d. M. | **Einwohner:** 4350

Schon im April und Mai herrscht Hochbetrieb in Terlan. Dann dreht sich alles um den kostbaren Margarete-Spargel. Elegant im Aussehen und mild im Geschmack wird er bei Spargelkennern besonders geschätzt. Klassisch serviert mit Hausschinken, Salzkartoffeln und Bozner Soße, dazu ein feiner, mineralischer Terlaner Spargelwein (Sauvignon) der Kellerei Terlan. Ein Gedicht!

Das alte Weindorf zwischen Meran und Bozen am Ufer der Etsch, im Schatten des Tschögglbergs, wurde erstmals 970 als Torilan erwähnt. Im späten Mittelalter wurde in Terlan viel Geld mit dem Silberabbau verdient. In der Blütezeit schürften rund 1000 Knappen in 30 Gruben nach Silber, woran der Flurname Silberleiten erinnert, heute eine hervorragende Weinlage ...

Wohin in Terlan und Umgebung?

Größtes Werk der Bozner Schule
Ein Buntsandsteinbau mit einem Dach aus farbig glasierten Ziegeln im Ortszentrum ist die überaus sehenswerte gotische **Pfarrkirche**

Terlan

Weinprobe mit Kellermeister Rudi Kofler in der Genossenschaftskellerei Terlan

Maria Himmelfahrt (14. Jh.). Der 75 m hohe Turm musste Ende des 19. Jh.s neu aufgebaut werden, da er sich auf dem feuchten Untergrund zu sehr geneigt hatte. Kostbar sind die **Wandfresken**, mit 1000 m² das größte zusammenhängende Werk der **Bozner Schule** (1380–1420). Sie zeigen vor allem Szenen aus dem Marienleben und aus der Kindheit Christi, Apostel und Heilige. Die Fresken im Langhaus malten Hans von Stockinger und Mitglieder seiner Werkstatt. Das Seitenschiff mit Szenen aus der Legende des hl. Alexius wurde um 1420 ausgemalt, an der Altarwand sieht man Szenen aus dem Leben Moses'. Hinreißend schön ist auch die in Sandstein gemeißelte Gruppe der Marienkrönung von 1370 im Seitenschiff, ein Werk des Veronesers Giovanni di Rigino.

Im Süden von Terlan thront hoch über dem Tal die **Ruine Neuhaus**, deren fünfeckiger Bergfried vollständig erhalten ist. Vom Palas stehen noch die Südwand und die Kellerräume mit einer Zisterne. Die 1226 erstmals erwähnte Burg diente den Grafen von Tirol als Grenzfestung gegen die Grafschaft Bozen. Angeblich war sie ein Lieblingssitz der Landesfürstin Margarete Maultasch. Historisch belegt ist das zwar nicht, aber der Volksmund machte aus ihr **Burg Maultasch.** 1382–1559 gehörte sie den Herren von Niedertor, die durch den Erwerb den Aufstieg in den Landadel schafften. Später gehörte die Burg den Wolkensteinern, schließlich den Grafen Enzenberg.

Pfarrkirche: Gratis-Führungen April – Okt. jeden 1. und 3. Di. im Monat; Treffpunkt um 10 Uhr beim Tourismusbüro Terlan

TERLAN ERLEBEN

TOURISMUSVEREIN TERLAN
Dr.-Weiser-Platz, 39018 Terlan
Tel. 04 71 25 71 65
www.terlan.info

Gute Busverbindung mit Meran und Bozen

RESTAURANT PATAUNER €€
Das Restaurant war einst der Speisesaal des Deutschen Ordens. In der Küche wird vor allem Gemüse aus dem eigenen Garten verarbeitet. Ab April kommt ausschließlich Terlaner Spargel auf den Tisch.
Siebeneich, Boznerstr. 6
Tel. 04 71 91 85 02, Do. geschl.

OBERLEGAR €
Ein typischer Buschenschank mit erstklassigen Gerichten: u. a. Spargel, Marende und selbst gebackenes Brot
Terlan, Möltnerstr. 2
Tel. 0 33 43 18 95 20
Mitte März – Ende Mai, Mitte Sept. – Weihnachten, Di. geschl.

ART & DESIGN HOTEL NAPURA €€€–€€€€
Das erste Designhotel aus Holz, Stein und Stahl in dieser Ecke Südtirols fällt durch seine eigenwillige Holzfassade auf. Schicker Wellnessbereich mit großer Dachterrasse und Kunstwerken namhafter lokaler Künstler.
Siebeneich, Steurer Weg 7
Tel. 04 71 20 02 32
www.napurahotel.it

HOTEL SPARERHOF €€
Der Sparerhof ist für seine leckeren Spargelgerichte bekannt. Hübsche Zimmer mit gutem Komfort, Pool und Fahrradverleih.
Vilpian, Nalser Strasse 2
Tel. 04 71 67 86 71
www.sparerhof.it

Mit dem Kellermeister Rudi Kofler hat sich die **Genossenschaftskellerei Terlan** zu einem Shootingstar der Südtiroler Weinszene entwickelt. Grandios: der Weißburgunder Vorberg und der Quarz, ein Sauvignon (Silberleiten 7, www.cantina-terlano.com).
In den Gebäuden des Deutschen Ordens produziert das **Weingut von Braunbach** u. a. Magdalener und Lagrein; mit Vinothek (Siebeneich, Pater Romediusweg 9, www.braunbach.it). Sekt nach der klassischen Methode stellt unter dem Namen **Arunda** die Familie Reiterer her (Mölten, www.arundavivaldi.it).

Einmalige Kulturlandschaft
Nordwestlich von Terlan liegt Vilpian zwischen Weinbergen und Obstplantagen am Fuß des Tschögglbergs (Monzoccolo, 2086 m), eines Bergrückens zwischen Meran und Bozen. Besonders das Hochplateau des **Salten** zeigt eine einmalige Kulturlandschaft: Mitten in den hoch gelegenen Weiden stehen Hunderte vereinzelter Lärchen, die dieser Gegend ein höchst eigenwilliges Aussehen geben.

Vilpian

ZIELE
TOBLACH

Sekt von ganz oben

Mölten | Mölten (1200 m) ist Sitz der höchstgelegenen **Sektkellerei** Europas. Hier produziert die Familie Reiterer aus den Trauben der Weinberge rund um Terlan begehrte Schaumweine (www.arundavivaldi.it).

Schwein gehabt

Siebeneich | Südlich von Terlan liegt der Gemeindeteil Siebeneich. Die **Barockkirche zum hl. Antonius** am Ortsrand mitten in Weingärten gehörte einst dem Deutschen Orden. In den Konventgebäuden ist heute die Weinkellerei von Braunbach untergebracht. Über Siebeneich thront die Ruine der um 1220 erbauten **Burg Greifenstein**, im Volksmund auch »Sauschloss« genannt, da ihre Bewohner während einer Belagerung angeblich ihr letztes Schwein über die Burgmauer warfen (▶ Das ist … S. 10). Auf Greifenstein soll sich 1420 ein Teil des Tiroler Adels gegen den habsburgischen Landesfürsten Friedrich verschworen haben.

★ TOBLACH

Italienisch: Dobbiaco | Höhe: 1256 m ü. d. M. | Einwohner: 3360

Seine Vergangenheit als Erholungsort der feinen Wiener Gesellschaft, die um 1900 gerne ihre Sommer in den Bergen nahe der Sextner Dolomiten verbrachte, sieht man Toblach heute noch an. Die Zeiten der Nobelherbergen und schlossartigen Villen sind längst vergangen, das schöne Grandhotel ist heute Kultur- und Tagungszentrum. Aber die Musikwochen erinnern jedes Jahr an den berühmtesten Toblach-Urlauber, an Gustav Mahler.

Beliebt bei Wanderern und Bergsteigern

Auch im 21. Jh. ist der Ort dank seiner eindrucksvollen Bergwelt ein beliebter Treffpunkt von Wanderern und Bergsteigern. Das Toblacher Feld (1222 m) ist der höchste Punkt des Pusterer Talbodens. Über den unscheinbaren Sattel verläuft die Grenze zwischen Italien und Österreich sowie die europäische Wasserscheide: Die Rienz fließt nach Westen und über Eisack und Etsch ins Mittelmeer, die Drau über die Donau ins Schwarze Meer. Dank seiner Lage an der »Strada d'Alemagna« machte Toblach schon im Mittelalter als »Duplago« gute Geschäfte. Die Handelsstraße verband die beiden Wirtschaftszentren Venedig und Augsburg, und auch heute noch herrscht auf der Straße von Toblach durch das lang gezogene Höhlensteintal nach Cortina d'Ampezzo viel Verkehr. Mit dem Bau der Brenner-Eisenbahn 1867 zwischen Innsbruck und Bozen und der Verbindung ins Pustertal 1871 begann die Blütezeit des Tourismus in den Dolomiten.

ZIELE
TOBLACH

TOBLACH ERLEBEN

TOURISMUSVEREIN TOBLACH
Dolomitenstr. 3, 39034 Toblach
Tel. 04 74 97 21 32
www.drei-zinnen.info

Regionalzüge durch das Pustertal bis nach Lienz in Osttirol; Busse von/nach Prags, Cortina d'Ampezzo und zur Auronzo-Hütte

TILIA €€€€
In einem ungewöhnlichen Glaskubus mit nur 16 Sitzplätzen befindet sich das Gourmetlokal im Garten des einstigen Grandhotels. Chris Oberhammer erhielt 2001 seinen ersten Michelin-Stern. In seiner Freizeit malt und fertigt Skulpturen, die im Lokal ausgestellt sind. Tipp: Gemüseeintopf oder die Bohnensuppe mit Gamberoni.
Dolomitenstr. 31b
Tel. 0 33 58 12 77 83
www.tilia.bz und
www.chris-oberhammer.com

WINKELKELLER €–€€
In gemütlichen Stuben und unter den gotischen Gewölben eines alten Bauernhauses gibt es traditionelle Südtiroler Kost.
Graf-Künigl-Str. 8
Tel. 04 74 97 20 22
www.winkelkeller.it

ROMANTIK HOTEL SANTER €€€€
Tiroler Gasthaus mit 60 Zimmern und beachtlichem Wellnessbereich; der Hausherr ist auch im nahe gelegenen Nordic Center engagiert.
Alemagnastr. 1
Tel. 04 74 97 21 42
www.hotel-santer.com

ARISTON €–€€
Die Ferienwohnungen sind geschmackvoll mit Holzböden und Lodenstoffen ausgestattet. Bar und Restaurant mit Südtiroler Küche.
Dolomiti Residence
Gustav-Mahler-Str. 1
Tel. 04 74 97 33 19
www.ariston-dolomiti.it

PICHLER SUITE & APPARTEMENTS €–€€
Gemütliche Ferienwohnungen mit allem Komfort in einem Haus aus dem 17. Jahrhundert
Rote-Turm-Str. 25
Tel. 0 32 93 02 14 01
www.app-pichler.com

Die Boutique von **Franz Kraler** gegenüber dem Grandhotel gehört zu den besten **Modeläden** in Italien (Dolomitenstr. 46; Outletstore: St.-Johannesstr. 35, www.franzkraler.it).
Die **Schaukäserei Drei Zinnen** zeigt in zahlreichen Stationen, wie Käse hergestellt wird. Anschließend kann man etliche Sorten verkosten und kaufen. Produziert werden auch Sahne, Butter, Joghurt und Ricotta. Die meistverkauften Käse sind der Toblacher Stangenkäse und der würzige Bergkäse (Pustertalerstr. 3c, www.3zinnen.it).

Toblach ist Ausgangspunkt für zwei der schönsten **Radrouten** in den Alpen: Auf der alten Bahntrasse von Toblach nach Cortina wird im Sommer geradelt, im Winter ist dort eine **Loipe** gespurt; die Rückkehr ist per Shuttlebus möglich. Noch beliebter ist der Radweg entlang der Drau nach

Lienz (Österreich); für den Heimweg kann man die Bahn nehmen. Zentrum des **Langlaufsports** mit Schule und Verleih ist die **Nordic Arena** (Seeweg 16, www.nordic arena-toblach.it), sie besitzt außerdem eine der höchsten Kletterwände Italiens. Von hier startet im Januar der **Pustertaler Skimarathon**. Anfang Februar trifft man sich zum **Pustertaler Volkslanglauf**. Beide Rennen finden auf der stillgelegten Bahntrasse von Toblach nach Cortina statt. Neben den Rennstrecken rund um die Arena lohnt sich u. a. die **Loipe von Toblach** durch das Höhlensteintal bis nach Cortina d'Ampezzo. Toblach bzw. Niederdorf sind die Ausgangspunkte des anspruchsvollen **Dolomiten-Höhenwegs** Nr. 3, der in 8 bis10 Etappen nach Longarone im Piavetal (Provinz Belluno) führt.

❘ Wohin in Toblach und Umgebung?

Religiöses Zentrum

Alt-Toblach Die spätbarocke **Pfarrkirche St. Johann** im Zentrum fällt schon durch ihren grünen Kirchturm ins Auge. Ein Höhepunkt der Innenausstattung ist der Tabernakelaufbau des Altars mit einem Relief der Grablegung und schönen Engelsstatuen von Johann Perger. Die Deckengemälde und das Altarblatt sind ein Werk von Franz Anton Zeiller (1769). Im Chor zeigen sie Zacharias im Tempel und in den Kuppeln des Langhauses Szenen aus dem Leben von Johannes dem Täufer. Erwähnenswert sind auch die reich verzierte Kanzel und der Taufstein aus der Renaissance.

Am Südausgang des Friedhofs führt der **älteste Kreuzweg Tirols** vorbei an fünf bildstockartigen Kapellen zur auffälligen **Rundkapelle St. Joseph**. Das kleine Gotteshaus mit schönen Fresken im Gewölbe und einer Nachbildung des Heiligen Grabes soll Kaiser Maximilian 1512 gestiftet haben.

Das mittelalterliche Ortsbild prägen etliche Ansitze wie die **Herbstenburg** mit Zinnenkranz und großen Erkern. Sie wurde 1500 von Kaspar und Christoph Herbst zu Herbstenburg als Sitz der Vogtei erworben und zur Festung umgebaut. In der Nähe steht der vierkantige »Rote Turm« (1430), nach seinem Erbauer auch »Hornberger Turm« genannt (beides Privatbesitz und nicht zu besichtigen).

Von den zahlreichen kleinen Kirchen rund um Alt-Toblach lohnt die auf 1800 m einsam im hinteren Silvestertal gelegene **St. Silvester** einen Besuch. Sie ist mit Fresken (um 1500) eines Künstlers der Brixner Schule ausgemalt. Von hier genießt man einen schönen Blick auf die Sextner Dolomiten.

Mahler-Musikwochen im einstigen Grandhotel

Neu-Toblach Der imposante Bau des Grandhotels erinnert an die große Zeit Toblachs als Sommerfrische. Die 1878 eröffnete Nobelherberge liegt in unmittelbarer Nähe des legendären Südbahnhofs. Hier stieg der

europäische Hochadel, Gäste des sogenannten Südbahnhofhotels, aus, darunter der deutsche Kronprinz Friedrich Wilhelm und König Albert von Sachsen. Heute ist es Kultur- und Tagungszentrum. Im Gustav Mahler gewidmeten Konzertsaal finden seit 1981 von Mitte Juli bis Anfang August die **Gustav-Mahler-Musikwochen** statt.
Dolomitenstr. 31 | www.gustav-mahler.it

Von der Schönheit der Dolomiten
In dem Speisesaal, in dem einst Gustav Mahler und Richard Strauss speisten, machen sich heute Rucksacktouristen breit. Im weitläufigen Komplex des Grandhotels ist neben einer Jugendherberge auch das Naturparkhaus Drei Zinnen untergebracht, das die Schönheit der Dolomitenlandschaft auf anschauliche Weise zeigt (▶ Sextental, S. 282). *Naturparkhaus Drei Zinnen*
Dolomitenstr. 31 | Jan. – April, Mai – Okt. Di. – Sa. 9.30 – 12.30, 14 bis 18, Juli, Aug. auch So. und Do. bis 22 Uhr

Große Sinfonien in kleinem Holzhaus
Der berühmteste Feriengast in Toblach war **Gustav Mahler**. Die letzten drei Sommer seines Lebens (1908 – 1910) verbrachte er hier im Trenkerhof im nahen Weiler Alt-Schluderbach. Dort ließ er sich ein kleines Holzhaus, das **»Komponierhäuschen«**, einrichten, um ungestört an seinen beiden (letzten) Sinfonien und dem »Lied von der Erde« zu arbeiten. Das Komponierhäuschen liegt in einem Wildpark und kann besichtigt werden. Über den Komponisten und seine Arbeit im Häusl wird auf Schautafeln informiert, Originalmöbel befinden sich dort nicht mehr. Die von Gustav Mahler bewohnten Räume im ehemaligen Trenkerhof können zur Zeit nicht besichtigt werden. Um dem Komponisten an diesem Ort nachzuspüren, muss man mit der holzverkleideten Gaststube Vorlieb nehmen. *Gustav-Mahler-Haus*
Alt-Schluderbach 3 | Okt. – Mai Fr. – Mi. 10 – 16, Juni – Sept. tägl. 9 bis 17 Uhr | 5 €

Ein Wallfahrtsort
Etwa 3 km nordwestlich von Toblach liegt der Wallfahrtsort Aufkirchen. Die Kuratiekirche zur Schmerzhaften Muttergottes besitzt eine große Figurengruppe zur Beweinung Christi von 1475 und außen ein Christophorus-Fresko von Simon von Taisten (16. Jh.). *Aufkirchen*

Drei-Zinnen-Blick für Wandermuffel
Der einzige Ort, an dem man von der Hauptstraße sogar vom Auto aus das bekannte Bergmassiv der Drei Zinnen mit Blick auf die legendären Nordwände sehen kann, befindet sich in Landro im Höhlensteintal (Valle di Landro), etwa 7 km von Toblach zwischen Toblacher und Dürrensee. Der Aussichtspunkt »Dolomytes« (2013) sieht aus wie ein abstraktes Fernrohr, durch das man die Drei Zinnen perfekt ins Visier nehmen kann.

Höhlensteintal

ZIELE
TOBLACH

Das etwa 15 km lange, **landschaftlich außerordentlich schöne** Höhlensteintal trennt die Sextner Dolomiten mit dem Naturpark Drei Zinnen im Osten von den Pragser Dolomiten mit dem Naturpark Fanes-Sennes-Prags im Westen. Zugleich ist es auch die Grenze zwischen dem deutschen und dem ladinischen Sprachgebiet. Es beginnt am **Toblacher See**, der etwas oberhalb im Wald liegt und von steilen Felsen umgeben ist. Es gibt einen Seeuferweg (2 Std.), einen Ruderbootverleih und Jausenstationen.

Im oberen Talabschnitt liegt noch der **Dürensee**, einer der schönsten Dolomitenseen am Fuß des Monte Cristallo. Am Nordufer sind Reste des 1915 gesprengten Dorfs Höhlenstein zu entdecken. Der landschaftliche Höhepunkt sind zweifellos die **Drei Zinnen** (▶ Sextental). In der Hotelsiedlung Schluderbach, südlich des Dürensees, gabelt sich die Straße. Die eine führt Richtung **Misurina** mit einem smaragdgrünen See und auf der mautpflichtigen Drei-Zinnen-Straße zu diesen **Dolomitengipfeln**, die andere nach Cortina d'Ampezzo, dem Nobelskiort der Römer und Mailänder. Bei der Gabelung hat man einen tollen Blick auf die westlich aufragende Hohe Gaisl (3139 m); im Osten ragen der Monte Piana (2324 m) und im Süden die zerklüftete Felswand des Monte Cristallo (3221 m) in den Himmel.

Hier am Toblacher See beginnt das schöne Höhlensteintal.

ZIELE
TRAMIN

★ TRAMIN

Italienisch: Termeno | Höhe: 276 m ü. d. M. | Einwohner: 3300

Mitten im heidnischen Brauchtum landet, wer zum Fasching nach Tramin kommt. Alle zwei Jahre treibt dann der wilde Egetmann-Umzug im Dorf sein Unwesen, bei dem mancher Zuschauer mit Mehl, Senf oder Ruß beworfen oder auch schon mal in den Dorfbrunnen getaucht wird.

Trotz des boomenden Tourismus hat sich Tramin den Charme eines traditionellen Weindorfs bewahrt. Bekannt ist der Ort vor allem für seinen bukettreichen weißen Gewürztraminer, einer ganz speziellen Traube, der schon Oswald von Wolkenstein eines seiner bekanntesten Lieder gewidmet hat. Vom mit Bäumen bestandenen Hauptplatz ziehen sich kleine, von stattlichen Weinhöfen aus dem 16. und 17. Jh. gesäumte Gassen durch den Ort. Prächtige Ansitze sorgen für ein nobles Ambiente. Söll im Norden und Rungg im Süden gehören ebenfalls zur Gemeinde.

Heidnische Bräuche, Wein und stattliche Höfe

▌ Wohin in Tramin?

Eingepackt in einem stählernen Rebstock

Das neue Kellereigebäude der Genossenschaftskellerei Tramin von Stararchitekt Werner Tscholl am Ortseingang ist nicht zu übersehen und vor allem bei Einheimischen nicht unumstritten. Die grüne Stahlkonstruktion, die die gläsernen Bauteile umgibt, ist einem Rebstock nachempfunden (Abb. S. 26). Vom Erdgeschoss der Vinothek genießt man einen überwältigenden Ausblick auf die umliegenden Rebfelder bis zur Alpenkette. Über die Qualität der Weine gibt es jedoch keinen Zweifel. Die 1898 gegründete Kellereigenossenschaft, der sich über 270 Weinbauern angeschlossen haben, gehört zu den größten und bedeutendsten Kellereien Südtirols. Viel Lob erhalten insbesondere die Gewürztraminer »Nussbaumer« und »Terminum«, wobei Letzterer nicht jedes Jahr angeboten wird.
Weinstr. 144 | www.cantinatramin.it

★ Genossenschaftskellerei Tramin

Wein, Weib und Gesang

Das **Dorfmuseum** am Rathausplatz gibt einen guten Einblick in das Leben und den Alltag von Tramin. Vor allem geht es um den **Traminer**, der schon im 13. Jh. nach Süddeutschland verkauft wurde. Damals hießen alle Weine aus dem Ort Traminer, in der Hauptsache handelte es sich aber um Weine aus der heute nicht mehr vorhandenen weißen Lagrein-Rebe. Hochburg des Gewürztraminers ist inzwischen das El-

Ortszentrum

309

TRAMIN ERLEBEN

TOURISMUSVEREIN TRAMIN
Mindelheimerstr. 10A
39040 Tramin
Tel. 04 71 86 01 31
www.tramin.com

Busse von/nach Bozen, Kaltern, Eppan, Auer, Neumarkt und Salurn

 UND EVENTS

Alljährlich lockt der **Weinoktober** mit Verkostungen, Weinwanderungen, Konzerten und Ausstellungen. Im **Gewürztraminer-Symposium** stellen sich die Weine aus Tramin der internationalen Konkurrenz. Sehenswert ist der **Egetmann-Umzug** zur Fastnachtszeit, aber Obacht!

GASTHOF GOLDENE TRAUBE €–€€
Neben guter mediterraner und Südtiroler Küche ist man hier auf Steaks vom Holzofengrill und ausgewählte Weine der Region spezialisiert. Im Sommer sind die Tische auf der Terrasse sehr begehrt.
Julius-von-Payer-Str. 2
Tel. 04 71 86 01 64
Di. geschl.
www.goldene-traube.it

ENOTECA HOFSTÄTTER €–€€
Die Enoteca im zeitgenössischen Design liegt direkt neben der Kellerei Hofstätter. Kleine Gerichte, große Weinauswahl.
Rathausplatz 7
Tel. 04 71 09 00 03
Di. – Sa. 10 – 14.30, 18 – 23,
So. 10 – 14 Uhr
www.hofstaetter.com

TRAMINER HOF €€€–€€€€
Armin Pomella hat viele Routenvorschläge für seine radelnden Gäste, denn das moderne Hotel mit schicken Zimmern ist vor allem eine gute Anlaufstelle für Mountainbiker und Rennradfahrer.
Weinstr. 43
Tel. 04 71 86 03 84
www.traminerhof.it

ANSITZ ROMANI €€–€€€
Der trutzige Ansitz am Rand von Tramin beherbergt ein Hotel mit Restaurant und schöner Gartenterrasse. Im Lokal sitzt man unter historischen Gewölben aus dem 14. Jh. bei verfeinerter Südtiroler Küche.
Andreas-Hofer-Str. 23
Tel. 04 71 86 00 10
www.ansitzromani.com

Genossenschaftskellerei Tramin
▶ S. 309
Mit über 700 000 Flaschen gehört **Hofstätter** zu den großen und traditionsreichsten Produzenten in Südtirol. Ganz oben in der Gunst stehen der Gewürztraminer »Kolbenhof« und »Steinraffler« aus der Lagrein-Traube (Rathausplatz 7, www.hofstaetter.com).
Die ehemalige Architektin **Elena Walch** ist die erste und bisher einzige Winzerin Südtirols, die seit Jahren allerhöchste Lorbeeren einheimst. Die gab es u. a. für den weißen »Beyond the clouds«, den »Gewürztraminer Kastelaz« oder den »Kermesse«, eine Cuvée aus fünf Rotweinen. Mittlerweile arbeiten ihre zwei Töchter Julia und Karoline, nun in der fünften Generation, in dem Familienbetrieb (Andreas-Hofer-Str. 1, www.elenawalch.com).

sass. Der Museumskeller zeigt eine Sammlung Gewürztraminer aus aller Welt, im Untergeschoss sind Werkzeuge und Geräte für den Acker- und Weinbau ausgestellt. Eine Abteilung widmet sich auch der Traminer Fasnacht bzw. dem **Egetmann-Umzug** (▶ S. 383); ein Egetmann-Standbild steht auf dem Platz vor der Sparkasse Tramin.
Rathausplatz 6 | Ostern – Okt. Di. – Fr. 10 – 12, Di., Do. auch 16 – 18 Uhr; Führungen nach Anmeldung Di. 16 – 18, Mi. 10.30 – 12 Uhr | 3 €, mit Führung 10 € | www.dorfmuseum-tramin.com

Hoher Turm mit Wasserspeiern

Die Pfarrkirche am Hauptplatz ist der selten verehrten Patronin Julitta und ihrem Sohn Quiricus gewidmet. Ihr auffälliger, 93 m hoher Turm mit Wasserspeiern, Spitzbogenfenstern und Kreuzblumen ist einer der schönsten gotischen Kirchtürme Südtirols. Das dreischiffige Gotteshaus wurde 1910 erbaut. Im 1400 geweihten Chor eines Vorgängerbaus zeigen Fresken eines unbekannten Meisters der Bozner Schule (um 1400) neben Passionsszenen das Martyrium der Kirchenpatronin und ihres Sohns. Das Hochaltarbild stammt von Martin Knoller, einem der großen Maler des Tiroler Spätbarocks.

Pfarrkirche

Kämpfende Tiermenschen und Fabelwesen

Das kunsthistorische Kleinod Tramins liegt oberhalb des Orts umgeben von Weingärten (15 Min. zu Fuß). Die Kirche besteht aus einem romanischen (12. Jh.) und einem gotischen Schiff mit Kreuzrippengewölbe, das Mitte des 14. Jh.s von Meister Ambrosius Gander ausgemalt wurde. Einmalig sind jedoch die **romanischen Fresken** (13. Jh.) eines unbekannten Künstlers: Die Sockelzone der Ostwand zeigt kämpfende Tiermenschen und andere Fabelwesen; wie ein Ruhepol wirken Christus in der Mandorla in der Apsis und die Apostel in stilisierten Arkadenbögen darunter. Beachtenswert ist an der Westwand die Legende vom erhängten Jüngling, auch Hühnerlegende genannt. Der Sohn eines Pilgerpaars wurde zu Unrecht des Diebstahls bezichtigt und gehängt. Als die Eltern an der Richtstätte vorbeikamen, lebte der Gehängte immer noch. Der Richter behauptete jedoch, er sei so tot wie die beiden gebratenen Hühner auf seinem Teller, woraufhin diese davonflogen.
Mitte März – Mitte Nov. 10 – 18 Uhr; Führungen nach Anmeldung im Tourismusbüro Tramin, Tel. 04 71 86 01 31 | 2 €

★ *St. Jakob in Kastelaz*

Gotische Freskenpracht

Die Kirche St. Valentin am Ortsrand von Tramin Richtung Kaltern wirkt von außen ein wenig verwahrlost. Ihr Innenraum ist vollständig mit gotischen Fresken ausgemalt. Das älteste Bild, eine Verkündigungsszene mit einer mädchenhaften Maria am Hauptpfeiler, stammt wohl von einem italienischen Künstler, die anderen Bilder von Meistern der Bozner Schule. Sie entstanden um 1400 und zeigen die Pas-

St. Valentin am Friedhof

ZIELE
ULTENTAL

sion Christi in 23 Szenen. An der Südwand ist die Legende der hl. Ursula in einem Bild zusammengefasst; im Hintergrund sieht man zwei mittelalterliche Städte, von denen eine das von den Hunnen belagerte Köln sein dürfte.

Kirchenschlüssel bei Familie Sinner | Weinstr. 4, letztes Haus beim Friedhof

ULTENTAL

Italienisch: Val d'Ultimo

F/G 4

Val d'Ultimo - das letzte Tal - heißt das Ultental in deutscher Übersetzung. Kein Wunder also, dass sich hier eines der ursprünglichsten Täler des Landes erhalten hat mit einer zauberhaften Landschaft aus Almen, Wäldern, Stauseen und schindelgedeckten Bauernweiler. Wie man hier überleben kann, darüber haben sich ein paar Bergbäuerinnen Gedanken gemacht und mit begehrten Schafwollprodukten ihr Auskommen gefunden und gezeigt, dass die Letzten schnell mal die Ersten sein können.

Ein langer Weg

Das Ultental beginnt bei ▶ Lana und zieht sich über 40 km bis zu den Gletschern der Ortlergruppe im Nationalpark Stilfser Joch. Bis zum Ende des 19. Jh.s war diese Gegend nur mühsam zu erreichen. Die Bewohner lebten von der Holz- und Milchwirtschaft. Erst 1907 wurde der Saumweg durch eine schmale Straße ersetzt. Mit dem Bau von Wasserkraftanlagen und Stauseen wird heute der natürliche Wasserreichtum des Ultentals genutzt, außerdem entwickelte sich ein bescheidener Tourismus. Zur Gemeinde Ulten gehören die nach ihrem Schutzpatron benannten Orte St. Walburg, St. Nikolaus und St. Gertraud. St. Pankraz bildet eine eigene Gemeinde.

Wohin im Ultental?

Hauptort des Tals

St. Pankraz

Von Lana geht es in vielen Kehren, vorbei an der Schlossruine Eschenlohe (12. Jh.) und durch das schluchtartige Tal des Valschauer Bachs, nach St. Pankraz (San Pancrazio, 736 m), dem charmanten Hauptort des Tals. Früher litt das Dorf unter Überschwemmungen, daran erinnert das »Häusl am Stoan« auf einem Felsblock, das als einziges das Hochwasser 1882 überstand. Die gotische Pfarrkirche aus dem 14./15. Jh. mit Netzgewölbe besitzt eine neugotische Aus-

ZIELE
ULTENTAL

ULTENTAL ERLEBEN

TOURISMUSVEREIN ULTENTAL-PROVEIS
Hauptstr. 104, 39016 St. Walburg
Tel. 04 73 79 53 87, www.ultental.it

In der zweiten Septemberhälfte finden die **Ultner Lammwochen** statt. Alles dreht sich um das Schaf. Auf dem Kuppelwieser Markt werden Wolle und selbst gemachte Filzprodukte angeboten, in den Gasthäusern schmackhafte Lammgerichte serviert.

LIFE BALANCE HOTEL AROSEA €€€€
Zum Bau des Bio-Wellness-Hotels wurden fast nur einheimische Materialien wie Zirbelholz und Schiefer verwendet, heimische Schafwolle für innen. Großzügiges SPA u. a. mit dem Ultner Schafwollwellness, wo ein warmes Bad in der Wolle Entgiftungsprozesse anregen soll.
St. Walburg, Kuppelwies am See 355
Tel. 04 73 78 50 51, www.arosea.it

ERLEBNISHOTEL WALTERSHOF €€€€
Charmantes Chaletthotel, das sich für Wanderungen und zum Skifahren auf der Schwemmalm (ca. 3,7 km entfernt), zum Relaxen im Wellnessbereich oder Schlemmen von Südtiroler Spezialitäten eignet.
St. Nikolaus, Tel. 04 73 79 01 44
www.waltershof.it

GASTHOF EGGWIRT €–€€
Schon seit 1611 kehrt man in der »Eckstube« ein, serviert wird eine bodenständige Südtiroler Küche. Tipp: die Forellen. Es gibt einen gemütlichen Wellnessbereich und Zimmer im modernen Alpenstil.
St. Walburg, Tel. 04 73 79 53 19
Weihnachten – Ostern, Juni – Okt. Di. geschl., www.eggwirt.it

WEGLEITHOF €
Den Bergbauernhof auf 1170 m Höhe gibt es seit 1841; Spezialität: Ultner Mohnkrapfen. 2 Ferienwohnungen.
St. Pankraz, Mariolberg 29
Tel. 04 73 78 70 79, www.wegleit.it

In der **Wollmanufaktur Bergauf** dreht sich alles um die Schafwolle. In liebevoller Handarbeit wird die Wolle vom Ultner Bergschaf zu Pantoffeln, Handschuhen, Tischsets, kuscheligen Wolldecken oder Wollvliesen verarbeitet (St. Walburg, Schmiedhof 349, www.bergauf.it).
Im Erbhof der Familie Schwienbacher liegt das **Kräuterreich Wegleit** mit einem Hofladen, wo es Teemischungen, Kräutersalz, Essige und Öle in bester Bioqualität gibt (Wegleit 315, St. Walburg, www.kraeuterreich.com).
Für **Südtiroler Speck** ist der Erbhof der Familie Pöder in St. Pankraz, Gegend 64, eine der besten Adressen.
Handgefertigte Ski in limitierter Auflage und Spezial-Rennräder offeriert Black Thunder (St. Walburg, Schmiedhof 349/2, www.black-thunder.it).

25 km Piste bietet das **Skigebiet Schwemmalm**. Von der Talstation bei Kuppelwies auf 1150 m geht es bis auf 2650 m; von oben sieht man die Bergkulisse von Brenta-Adamello, Ortler und Dolomiten (www.schwemmalm.info). Die **Ultner Loipe** führt von St. Walburg oder St. Nikolaus nach St. Gertraud und ist je nach Schneelage 12 bis 25 km lang (www.ultental.it).

ZIELE
ULTENTAL

stattung, die 1338 erstmals erwähnte Kapelle St. Helena oberhalb auf einem Waldhügel einen neuromanischen Hochaltar mit Barockstatuen der Heiligen Helena, Aloisius und Josef. Für den **Ultner Talweg** von St. Pankraz nach St. Walburg und zurück, insgesamt 24 km, sollte man mit gut 8 Stunden Wanderzeit rechnen. Man kann von St. Walburg auch mit dem Bus zurückfahren.

Vergangene Zeiten

Mitterbad | Mitterbad, 3 km hinter St. Pankraz, war ab Mitte des 19. Jh.s ein beliebtes Kurbad. Noble Gäste wie **Otto von Bismarck, Kaiserin Sisi und die Brüder Thomas und Heinrich Mann** badeten in den Marmorwannen. Thomas Mann soll hier seinen Roman »Buddenbrooks« beendet haben. 1971 wurde der Badebetrieb eingestellt. Heute liegt etwas Wehmut über den verlassenen Gebäuden.

Der Club der Spinnerinnen

St. Walburg | Die Straße führt durch mehrere Tunnel und am künstlich aufgestauten **Standachsee** vorbei nach St. Walburg auf 1190 m Höhe. Hier hat die Bäuerin Waltraud Schwienbacher am Schmiedhof zusammen mit anderen Frauen die **Sozialgenossenschaft »Lebenswertes Ulten«** gegründet, um Arbeitsplätze für Bergbäuerinnen zu schaffen. 100 Tonnen Wolle werden in Südtirol jedes Jahr in den Müll geworfen. Da wollte Schwienbacher nicht länger zusehen. In der Wollmanufaktur Bergauf (▶ Einkaufen) werden nun alte Handwerkstechniken in einer Schule unterrichtet und verschiedenste Produkte aus Schafwolle hergestellt. Fürs traditionelle Ultner Schafwollbad beziehen z. B. verschiedene Hotels die kuscheligen Schafwollvliese. Für ihre Pionierarbeit wurde Waltraud Schwienbacher mit dem Goldenen Verdienstkreuz des Landes Tirol ausgezeichnet. Talaufwärts folgt der **Zoggler Stausee**, am oberen Ende liegt Kuppelwies, Ausgangspunkt für das beliebte Skigebiet **Schwemmalm**.

Museum bäuerlicher Kultur

St. Nikolaus | Im kleinen Bergdorf lohnt das **Ultner Talmuseum** im ehemaligen Schulhaus einen Besuch; es zeigt bäuerliche Kultur und Ultner Volkskunst.
St. Nikolaus 107 | Mai – Okt. Di., Fr. 11 – 12, 15 – 17, März, April So. ab 10 Uhr | freier Eintritt

Im Reich der drei Urlärchen

St. Gertraud | Kurz vor St. Gertraud, am Rand eines Lawinenbannwalds, stehen drei nach einer Legende auf 2000 Jahre geschätzte **Urlärchen**. Neuere Untersuchungen datieren das Alter auf etwa 850 Jahre. Eine exakte Bestimmung über Jahresringe ist schwierig, weil die Bäume z. T. innen hohl sind. Sie gehören zu den ältesten Nadelbäumen Europas. Der dickste Baum hat mehr als 8 m Umfang, der höchste misst mehr als

36 m. Man erreicht sie auf einem 20-minütigen Wanderweg von St. Gertraud aus. Lärchenholz prägt auch die Ultner Hofarchitektur. Ein Dach aus gespaltenen Lärchenschindeln kann 80 Jahre überdauern, denn Lärchen sind reich an Harz und gegen Witterung äußerst resistent. Das letzte und höchstgelegene Dorf (1512 m) im Ultental ist **St. Gertraud**; die Straße endet beim **Weißbrunner Stausee** (1900 m). Von hier starten lohnende Hochgebirgstouren in die Ultner Berge, Ausläufer der Ortlergruppe im Nationalpark Stilfser Joch. Eine schöne Wanderung führt z. B. vom Weißbrunner Stausee (1870 m) über den **Grünsee** zur beliebten **Höchster Hütte** auf 2560 m (ca. 10 km, Dauer 3,30 Std., Höhenunterschied 570 m) mit herrlicher Aussicht auf den von Bergen umgebenen See. Viele jahrhundertealte Höfe in mittlerer Höhenlage verbindet der Ultner Höfeweg zwischen Kuppelwies und St. Gertraud.

Hinter St. Gertraud liegen an steilen Bergwiesen die **Pilshöfe**, fünf seit 1430 bewirtschaftete Bauernhöfe. Heute leben dort nur noch wenige Menschen. Die Ausstellung im **Nationalparkhaus Lahner Säge**, einem von vier Südtiroler Besucherzentren des Nationalparks Stilfer Joch (▶ Prad am Stilfser Joch S. 240), informiert über »Wald und Holz«; in der Wassermühle nebenan wurde Holz gesägt.

St. Gertraud 62 | Ende Dez. – Ende März, Anfang Mai – Ende Okt. Di. bis Sa. 9.30 – 12.30, 14.30 – 17.30, Juli, Aug. auch So. nachmittags geöffnet | 3 € | www.stelviopark.bz.it/lahnersaege

★ VILLNÖSSER TAL

Italienisch: Val di Funes

Und ewig grüßt das Brillenschaf. Schließlich ist das lustig aussehende Tier mit den schwarzen Ringen um die Augen im Villnösser Tal überall zu Hause. Es gehört zur ältesten Schafrasse Südtirols. Auch die Kultur der Bergbauern ist hier noch recht lebendig, rätoromanische Hof- und Flurnamen erinnern an die Vergangenheit. Außerdem wartet das Tal mit einem ausgezeichneten Wander- und Klettergebiet auf, sehr gefördert durch den Bergsteiger Reinhold Messner, der hier geboren wurde.

Das Villnösser Tal (auch Villnösstal genannt) beginnt bei Klausen und erstreckt sich 12 km lang Richtung Osten in die Dolomiten hinein. Wie alle Seitentäler des Eisack wird es im Verlauf immer enger, um sich dann ganz unerwartet als weites, sonniges Hochtal zu öffnen, überragt von Aferer und Villnösser Geisler. Da sich die Villnösser er-

Sonniges Hochtal

folgreich gegen den Bau eines Skizirkus wehrten, blieb eine selbst für Südtirol einzigartige intakte Landschaft und Bergbauernwelt erhalten. Die gleichnamige Gemeinde besteht aus den Orten Teis, St. Peter, St. Valentin, St. Jakob und St. Magdalena. Über das Würzjoch geht es ins ▶ Gadertal.

Wohin im Villnösser Tal?

Edle Steine

Teis Wer jemals eine Teiser Steinkugel geknackt hat, wird die Spannung nicht vergessen, endlich die Kristallpracht im Innern funkeln zu sehen. In Teis am Eingang des Villnösser Tals, auf einem Sonnenplateau gelegen, findet man die **Teiser Kugeln**, runde, oft hohle Gesteinskugeln, in denen verschiedene Kristalle wie Amethyst und Kalzit eingeschlossen sind. Sie stammen aus dem nahen Gostnergraben, einer Schnittstelle von vulkanischem Porphyr, dem anstehenden Dolomit und Brixner Quarzphylit. Der Kristallsucher Paul Fischnaller präsentiert seine reiche Sammlung im **Mineralienmuseum**, darunter auch Teiser Kugeln, er geht auch mit Besuchern gerne auf Kugelsuche.
Vereinshaus Teis: Anfang April – Anfang Nov. Di. – Fr. 10 – 12, 14 bis 16, Sa., So. 14 – 17 Uhr | 5 € | www.mineralienmuseum-teis.it

Hauptort des Villnösser Tals

St. Peter Mittelpunkt des verstreuten Orts St. Peter, dem Hauptort der Gemeinde Villnöss, ist die **Pfarrkirche St. Peter** (Ende 18. Jh.) mit einem frei stehenden Glockenturm (1897). Die Kuppelfresken im Innern malte der Stubaier Joseph Schöpf 1789. Auf einer schmalen Straße geht es weiter nach **St. Valentin in Pardell**. In dem 1303 geweihten, im 15. Jh. umgebauten Kirchlein steht der erste Flügelaltar des Tals aus der Werkstatt von Hans Klocker (um 1500), ein Meisterstück der Brixner Schule.
St. Valentin: Juni – Ende Okt. | Di., Do. 16 – 18 Uhr

Ungewöhnlicher Flügelaltar

Ein zweiter sehenswerter gotischer Flügelaltar schmückt die Kirche St. Jakob am Joch oberhalb von St. Valentin. Er wurde 1517 ebenfalls

St. Jakob am Joch in der Brixner Werkstatt gefertigt. Im Schrein sieht man Maria mit dem Kind zwischen den Aposteln Jakob und Michael. Die Gemälde an den Außenseiten der Altarflügel sind für die Südtiroler Kunstszene des 16. Jh.s sehr ungewöhnlich: Die Menschen in einer weitläufigen Landschaft künden schon den Übergang zur Renaissance an.
Juni – Okt. Do., So. 16 – 17.30 Uhr

Das Beste zum Abschluss

St. Magdalena Im 1339 m hoch gelegenen St. Magdalena ist das eindrucksvolle Talende erreicht. Hier ragen die mit dem Sass Rigais 3025 m hohen

ZIELE
VILLNÖSSER TAL

VILLNÖSSER TAL ERLEBEN

TOURISMUSVEREIN VILLNÖSS
Peterweg 10
39040 Villnösser Tal
Tel. 04 72 84 01 80
www.villnoess.com

Anf. Okt. **Südtiroler Speckfest** in St. Magdalena (www.speck.it) sowie den ganzen Okt. **Lammwochen** vom Villnösser Brillenschaf in Villnöss

RESTAURANT PITZOCK
€€–€€€
Schickes, im minimalistischen Design gestaltetes Esslokal in einer alten Dorfkneipe. Traditionelle Gerichte gepaart mit Ausflügen in die italienische Genusswelt, u. a. Carpacciobeutel, gefüllt mit Artischocken, oder Gnocchi mit Lammragout vom Villnösser Brillenschaf.
Villnöss
St. Peter 106
Tel. 04 72 84 01 27
Mi. und Do. mittags geschl.
www.pitzock.com

ANSITZ RANUIHOF €€
Wohnen im Postkartenmotiv kann man im Ranuihof gleich neben der Barockkapelle St. Johann mit den Geislerspitzen im Hintergrund. Der Bauernhof, ein ehemaliger Jagdansitz der Familie Jenner (12. Jh.), zählt zu den ältesten Höfen im Villnösser Tal. Er ist reich mit Fresken von Jagd- und Küchenszenen (1682) bemalt.
Villnöss, St. Johann 2
Tel. 04 72 84 05 06
www.ranuihof.com

GASTHOF STERN €€
Der Landgasthof am Eingang des Villnösser Tals hat 19 gemütliche Zimmer, ein idealer Ausgangspunkt für Wanderer.
Villnöss, Teis 7
Tel. 04 72 84 45 55
www.gasthof-stern.com

Bei Furchetta gibt es aus dem geschmackvollen Fleisch des **Villnösser Brillenschafs** gekochten Schinken, Kaminwurzen und Lammsalami (Villnöss, Bergerweg 14, www.furchetta.it); Naturwolle vertreibt lustige, gesunde und nützliche Produkte aus der **Wolle** der Tiere (Villnöss, Pardell 41, www.naturwoll.com).

Geislerspitzen in den Himmel. Etwa 1,5 km weiter südlich steht auf 1370 m mitten in einer Wiese die barocke **Kapelle St. Johann in Ranui** vor dieser Kulisse. Sie gehört zum Hof Ranui (1370), den Michael von Jenner 1744 zu einem Jagdsitz ausbauen ließ (▶ Übernachten). Die Altarbilder malte Franz Unterberger aus Cavalese.

Naturparkhaus ganz ohne Alpenkitsch
Am Talende, zwischen Peitlerkofel und Geislergruppe, beginnt der Naturpark Puez-Geisler. Bis zum Grödner Tal steht er unter Natur-

Naturpark Puez-Geisler

schutz. Eine Straße führt bis zur **Zanser Alm** (1689 m) mit Wildgehege und dem **Naturparkhaus Villnöss**, ein hypermodernes Gebäude aus papyrusfarbenem Beton. Es ist die zentrale Informationsstelle für den Naturpark Puez-Geisler und informiert über dessen geologische, biologische und kulturelle Schätze. Der knapp 102 km² große Park, **UNESCO-Weltnaturerbe**, bietet Schutz für Adler, Gämsen, Rehe und Murmeltiere, die man mit viel Glück beobachten kann. Auch seltene Pflanzen wie die in den Felsspalten blühende Teufelskralle oder der blaue Enzian fühlen sich in den extremen Lebensbedingungen der Bergwelt wohl.

Von der Zanser Alm gelangt man zur Peitlerkofel- oder Schlüterhütte. Von dort sind es etwa 2 Stunden über teils seilgesicherte Passagen bis zum 2874 m hohen **Peitlerkofel.** Am Fuß der Geislergruppe verbindet der schöne **Adolf-Munkel-Weg** Villnöss mit Gröden.

Naturparkhaus Villnöss: St. Magdalena 114/a | Ende Dez. – Ende März, Anf. Mai – Ende Okt. Di. – Sa. 9.30 – 12.30, 14.30 – 18 Uhr, Juli, Aug. auch So. geöffnet | Eintritt frei

Herbst im Villnösser Tal

VINSCHGAU

Italienisch: Val Venosta

Vinschgau heißt das 75 km lange Tal der Etsch von ihrem Ursprung am Reschenpass bis nach Meran. Die Landschaft ist kontrastreich und reicht bei einem Höhenunterschied von 1000 m von trockenen, kahlen Hängen an der Nordseite des Sonnenbergs bis zu blühenden Obstplantagen im fruchtbaren Talboden und waldreichen Hängen auf der Südseite des Tals.

D–G 3/4

Die Römer nannten den hier verlaufenden Handelsweg Via Claudia Augusta. Von seiner Bedeutung zeugen die zahlreichen Burgen, Schlösser und Ruinen von Wehranlagen auf den Bergvorsprüngen. Im äußersten Nordwesten Südtirols ragt aus dem Reschensee der Kirchturm des in den 1950er-Jahren gefluteten Dorfs Graun. Dann dominieren grüne Wiesen und Almen vor den eis- und firngekrönten Felsriesen der Ortlergruppe mit dem höchsten Berg Südtirols, dem 3905 m hohen Ortler, und den Ötztaler Alpen.

Tal der Gegensätze

Bei Burgeis thront unübersehbar Kloster Marienberg über **den höchstgelegenen Weinbergen Europas**, und im Schnalstal findet man auf fast 2000 m die höchstgelegenen Bauernhöfe Südtirols. Die kleinste und am besten erhaltene Stadt Südtirols erlebt man in Glurns, wo eine komplett intakte Ringmauer bis heute den kleinen Ort samt seiner hübschen Laubengasse umgibt. Über Schluderns thront eine der schönsten befestigten Adelssitze Südtirols. Für Motorradfahrer sind dagegen die 83 Steilkehren von Prad hinauf zum Stilfser Joch der absolute Kick. Während man im Martelltal aus einer Kelle, Sichel oder Kanzel in der Plimaschlucht in tiefe Abgründe blicken kann, sticht in Schlanders mit fast 100 m der höchste Kirchturm Tirols hervor. Marmor aus Laas wird weltweit verbaut, u. a. im New Yorker U-Bahnhof am Ground Zero.

Im Oberen Vinschgau zwischen Reschen und Laas herrscht ein raues, alpines Klima, doch bereits im milderen Unteren Vinschgau zwischen Schlanders und Naturns gedeihen Aprikosen und Feigen. Wegen der Wasserknappheit in der regenarmen Gegend entwickelten die Vinschgauer einst das Bewässerungssystem der Waale: Das Schmelzwasser der Gletscher wurde durch eigens angelegte Gräben zu den Feldern und Almen geleitet. Heute sind sie durch moderne Bewässerungsanlagen ersetzt und entlang der alten Waale verlaufen nun schöne Wanderwege wie bei Latsch.

Der Obere Vinschgau war das Armenhaus Südtirols. Seine Bewohner verdienten ihren Lebensunterhalt als »Karrner« und Tagelöhner; Kinder wurden aus purer Not als billige Saisonarbeitskräfte an reiche Bauern in Oberschwaben vermittelt (▶ S. 243, 274, www.schwaben

kinder.eu). Das änderte sich mit dem Bau der Vinschger Bahn 1906, denn nun konnten der Marmor aus Laas und das Obst aus dem Unteren Vinschgau leichter transportiert werden. Einst war der Vinschgau die Kornkammer Südtirols, inzwischen mussten die Felder endlosen Obstplantagen Platz machen. In der kleinen Gemeinde Mals hat sich mit einer Gruppe von Ökorebellen, die sich für pestizidfreie Landwirtschaft einsetzen, Widerstand formiert. Schließlich sagt man den Vinschgern nicht ohne Grund nach, sie seien so kreativ wie anarchisch.

Die großen Hauptorte im Vinschgau sind: ▶ Burgeis, ▶ Glurns, ▶ Laas, ▶ Latsch, ▶ Mals, ▶ Martelltal, ▶ Naturns, ▶ Prad am Stilfser Joch, ▶ Reschen, ▶ Schlanders, ▶ Schluderns und ▶ Schnalstal

WELSBERG – ★ GSIESER TAL

Italienisch: Monguelfo – Valle di Casies | **Höhe:** 1087 m ü. d. M. (max. 2837 m ü. d. M.) | **Einwohner:** 2890 (Welsberg), 2300 (Gsieser Tal)

N/O 3

Im lang gezogenen Gsieser Tal leben auch heute noch mehr Kühe als Einwohner, schließlich heißt es auch das Tal der vielen Almen. Rein und klar ist hier die Luft und saftig das Gras, in der Ferne läuten Kuhglocken. Mit dieser Ruhe ist es dann zum Sommerausklang vorbei. Dann laden die Almen zum beliebten Almhüttenfest. Welsberg am Eingang zum Gsieser Tal ist dagegen schon von jeher ein geschäftiges Städtchen gewesen.

❙ Wohin in Welsberg und Umgebung?

Barocke Prachtwerke

Welsberg Schon Hugo von Hofmannsthal und Arthur Schnitzler haben ihren Urlaub in Welsberg und Taisten verbracht, um Kraft zu tanken und sich inspirieren zu lassen. Es ist auch der Geburtsort des **Barockmalers Paul Troger** (1698 – 1762); sein Geburtshaus steht in der Paul-Troger-Str. 8. Trogers Hauptwerk in Südtirol sind die grandiosen Fresken im Brixner Dom. Für die 1738 geweihte barocke Pfarrkirche **St. Margareth** hat er drei Altarbilder gemalt, darunter das Bild am Hauptaltar mit den Heiligen Margareth, Gregor, Ulrich, Peter und Paul. Barocke Prachtwerke sind auch die beiden Seitenaltäre: Links verteilt der hl. Nepomuk Almosen, rechts ist die »Anbetung der Könige« zu sehen. Die Fresken des Bildstocks in der Nähe der Kirche werden Michael Pacher zugeschrieben. Sie wurden durch eine Überschwemmung zerstört und nur leidlich restauriert.

Konzerte und Ausstellungen
Von der spätgotischen Friedhofskirche Unsere Liebe Frau auf dem Rain (1551) geht es über die Schlucht des Gsieser Bachs zum Schloss Welsperg mit einem ungewöhnlich hohen Bergfried aus dem Jahr 1140. Gut 800 Jahre war die Burg im Besitz der Welsperger, einer der bedeutendsten Adelsfamilien Tirols. Mit viel Geschick im Handel und entsprechender Heiratspolitik vergrößerten sie ihr Vermögen und ihre Bedeutung beträchtlich. 1359 kaufte Georg von Welsperg auch die gegenüberliegende Burg Thurn. Im 15. und 16. Jh. wurde der Stammsitz erheblich erweitert, ein Brand 1765 zerstörte den Palas und das Wirtschaftsgebäude. Zwar wurde die Burg oberflächlich renoviert, jedoch nicht mehr bewohnt. Im Sommer finden hier Konzerte und Ausstellungen statt. Auf der zweistündigen Erlebniswanderung »Großer Schlossweg«, die Schloss Welsperg und die Burgruine Thurn einschließt, werden geologische und botanische Besonderheiten erörtert. Ausgangspunkt ist das Dorfzentrum von Welsberg.

Schloss Welsperg

Schloss Welsperg: Juli – 9. Sept. Mo. – Fr. 10 – 17, So. 15 –18; 10. – 15. Sept. Mo. – Fr. 13 – 17; 16. Sept. – Ende Okt. Fr. 13. – 17 Uhr
wwww.schlosswelsperg.com

★ Gsieser Tal

Kirchen und Almen
Das freundliche Gsieser Tal (Val di Casies), ein Seitental des Pustertals, zieht sich von Welsberg Richtung Norden und endet nach 22 km am Gsieser Törl. Wiesen und stattliche Bauernhöfe prägen das Landschaftsbild. Hier wird sanfter Tourismus angeboten. An den Rändern des Tals liegen ruhige, sommers wie winters bewirtschaftete Almen. Die meisten Hütten sind auf leichten Wanderungen zu erreichen, viele Wege sind auch im Winter geräumt, die Gegend bei Langläufern überaus beliebt.

Sanfter Tourismus

1926 entstand Gsies durch die Zusammenlegung der drei Orte Pichl, St. Martin und St. Magdalena. Ähnlich wie über die Ostfriesen werden auch über die Gsieser Witze gemacht, diese lachen wiederum über die angeblich noch einfältigeren Villgratener in Osttirol.
Die Straße folgt dem Pidigbach aufwärts. Etwas abseits im Westen liegt das kleine **Taisten** (Tesido) auf 1200 m Höhe. Es lockt mit einem prachtvollen Blick auf die Prager Dolomiten und einem Einblick in das Kunstschaffen verschiedener Epochen. Das innen und außen bemalte **Georgskirchl** aus romanischer Zeit bekam 1498 ein goti-

ZIELE
WELSBERG – GSIESER TAL

WELSBERG – GSIESER TAL ERLEBEN

TOURISMUSBÜRO WELSBERG
Pustertaler Str. 16, 39035 Welsberg
Tel. 04 74 94 41 18
www.welsberg.com

TOURISMUSVEREIN GSIESERTAL-WELSBERG-TAISTEN
St. Martin 10a, 39030 Gsies
Tel. 04 74 97 84 36
www.gsieser-tal.com

Werktags stündlich Busse von Welsberg durch das Gsieser Tal

Größter **Volkslanglauf** Südtirols, der Gsieser-Tal-Lauf, jedes dritte Wochenende im Februar.
Mit viel Musik und kulinarischen Köstlichkeiten gibt es zum Sommerausklang im Sept. das **Gsieser Almhüttenfest**.

DURNWALD €€
Das Restaurant ist weit über das Gsieser Tal für seine gute Tiroler Küche und die interessante Weinkarte bekannt. Tipp: das Hirschcarpaccio mit Zitronenöl mariniert oder das Tris aus Spinatknödel mit Gorgonzolasoße, Schlutzkrapfen und Kasnocken.
Gsies, Pichl
Tel. 04 74 74 69 20; Mo. geschl.
www.restaurantdurnwald.it

MUDLERHOF €
In dem Berggasthof, 5 km von Taisten entfernt auf 1600 m Höhe, gibt es eine zünftige Brettljause, aber auch Knödeltris, Schlutzkrapfen oder hausgemachten Apfelstrudel.
Taisten, Mudlerhof 45
Tel. 04 74 95 00 36
Weihnachten – Ostern, Pfingsten – Ende Okt. tägl. außer Di.
9 – 20.30 Uhr, im Aug. kein Ruhetag
www.mudlerhof.com

HOTEL QUELLE – NATURE SPA RESORT €€€€
In unberührter Landschaft, fast schon am Talschluss des Gsieser Tals gelegen, gibt es hier einen großzügigen Wellnessbereich mit 10 Themensaunen und einer Schneegrotte, in der man sich auch im Sommer mit Eis erfrischen kann. Begleitet von einem sanft leuchtenden Sternenhimmel an der Zimmerdecke über runden Suitenbetten lässt es sich wunderbar einschlafen.
Gsieser Tal, Magdalena Str. 4
Tel. 04 74 94 81 11
www.hotel-quelle.com

TIEFENTALHOF €–€€
Prachtvolle Ausblicke, Ruhe und viele Sonnenstunden sind typisch für den Tiefentalhof (1400 m) mit seinen 4 Ferienwohnungen. Die Möbel wurden aus einer ca. 350 Jahre alten Holzstubentäfelung gefertigt, mehrere Wände mit dem Holz des früheren Hofes gezimmert. Wer will, kann lernen, wie man seine eigene Butter macht.
Welsberg-Taisten, Unterrain 15
Tel. 04 74 95 01 63
www.tiefentalhof.it

Durch das ruhige Gsieser Tal verläuft eine wunderbare **Radroute** zum großen Teil auf Wald- und Wiesenwegen. Sie beginnt in Welsberg und führt 31 km durch sanft welliges Gelände. Fahrzeit ca. 4 Std; für den Hin- und Rückweg gibt es getrennte Routen. Auch **Wanderer** kommen auf ihre

ZIELE
WELSBERG – GSIESER TAL

Kosten: Von St. Magdalena (1398 m) kann man zum Gsieser Törl (2205 m) wandern, auf dem einst viel genutzten – auch bei Schmugglern beliebten – Übergang ins Defreggental (Osttirol, Wanderzeit ca. 4 Std.).

Die **Sonnenloipen** im Gsieser Tal, 42 km perfekt präparierte Langlaufpisten, sind nicht nur wegen dem Gsieser-Tal-Lauf bekannt.

---

sches Netzrippengewölbe. Von dem hier geborenen **Simon von Taisten** (1450/55 – 1515) stammen wohl die Thronende Madonna an der Nordseite der Apsis und mehrere Fresken im Innenraum, darunter die Kreuzigung und Kreuzauffindung links von der Apsis.
In der gotischen, 1770/1771 im Rokokostil umgebauten **Pfarrkirche zu den hll. Ingenuin und Albuin** sind Fresken des Brixner Hofmalers Franz Anton Zeiller zu sehen. Vom Langhaus gelangt man in die **Erasmuskapelle**, die Begräbnisstätte der Grafen von Welsperg mit mannshohen Grabsteinen und Totenschilden mit gewappneten Rittern. Das Marienmedaillon am Gewölbeschlussstein wird Michael Pacher zugeschrieben. Die gotische Kapelle **St. Jakob** am Friedhof hat Simon von Taisten um 1500 innen und außen mit Fresken bemalt. In der Dorfmitte steht einer der schönsten **Tabernakelbildstöcke** Südtirols. Die Bilder zeigen Szenen aus dem Alten Testament und stammen wohl von Leonhard von Brixen (Ende 15. Jh.).

Hauptort des Gsieser Tals

Über Pichl erreicht man St. Martin, den Hauptort des Gsieser Tals auf 1319 m Höhe. Ein Denkmal auf dem Dorfplatz erinnert an den 1776 hier geborenen **Kapuzinerpater Joachim Haspinger**, der im Tiroler Freiheitskrieg an der Seite von Andreas Hofer kämpfte. Nach dem Frieden von Schönbrunn 1809 musste er in die Schweiz fliehen. Im oberen Gsieser Tal endet die Straße in **St. Magdalena**, einem gut geeigneten Ort für die Sommerferien. Eine etwas schwierigere Wanderung führt von hier auf das Hochkreuz, den höchsten Berg des Tals (2740 m; 8 Std., 1300 Höhenmeter). Unterwegs passiert man die Wasserscheide zwischen Mittelmeer und Schwarzem Meer.

St. Martin

H
HINTER-GRUND

Direkt, erstaunlich, fundiert

Unsere Hintergrundinformationen
beantworten (fast) alle Ihre
Fragen zu Südtirol.

Die Barockkapelle St. Johann in Ranui
im Villnösser Tal auf 1352 m Höhe
vor den Geislerspitzen ▶

HINTERGRUND
DIE REGION UND IHRE MENSCHEN

DIE REGION UND IHRE MENSCHEN

»Wenn ich Worte schreiben will, so stehen mir immer Bilder vor Augen«, schrieb schon Goethe bei seiner Italienreise, überwältigt von den Eindrücken nach der Überquerung des Brenners. Südtirols Landschaft trumpft mit grandiosen Bergformationen, dichten Wäldern und fruchtbaren Tälern auf. Auch die historischen Städte und das milde Klima auf der sonnenverwöhnten Alpensüdseite ziehen einst wie jetzt die Besucher in ihren Bann.

Natur und Umwelt

Gegensätze ziehen sich an: Die Klimazonen des Landes reichen von hochalpin bis nahezu mediterran, vom wärmsten See der Alpen bis zum nächsten Dreitausender sind es nur wenige Kilometer.

Schönes Land, gutes Klima
Vor allem wegen der einzigartigen Landschaft zieht es viele Reisende in den südlichsten Teil des deutschen Sprachraums. Die über Jahrhunderte vom Menschen geprägte Kulturlandschaft mit Obstgärten, Weinbergen und Almen harmoniert mit sonnenüberfluteten Mittelgebirgsterrassen, unendlich scheinenden Bergwäldern und als krönendem Blickfang mit den markanten Felstürmen der Dolomiten oder den gletscherbedeckten Spitzen so mancher Dreitausender. Südtirol liegt dazu noch klimatisch begünstigt: Der Alpenhauptkamm fängt im Norden die kalten Winde ab, während über die breiten Talflächen des Südens warme Luftströme vom Mittelmeer hereingelangen, weshalb es hier deutlich mehr Sonnentage und weniger Niederschläge gibt als nördlich des Alpenhauptkamms. Auf den verschiedenen Höhenlagen entfaltet sich ein Vegetationsspektrum von submediterranen Pflanzen bis hin zu einer alpinen Flora.

Dolomiten
Die großartigen Dolomiten im Südosten Südtirols sind eines der schönsten und meistbesuchten Gebiete der ganzen Alpen. Neun ihrer Berggruppen, von denen sechs in Südtirol liegen, sind seit Ende Juni 2009 UNESCO-**Weltnaturerbe**. In Südtirol sind die Naturparks Drei Zinnen, Fanes-Sennes-Prags, Puez-Geisler, Schlern-Rosengarten, der Gebirgsstock Latemar und das Naturdenkmal Bletterbach Teile des Welterbes. Mit den natürlichen Begrenzungen durch das Pustertal im Norden und das Eisacktal im Westen umfassen die Dolomiten etwa ein Drittel Südtirols. Fast zwei Drittel der Dolomiten liegen außerhalb Südtirols in Österreich (Lienzer Dolomiten) und in den Trentiner und bellunesischen Provinzen Italiens (▶ Das ist ... S. 16).

HINTERGRUND
DIE REGION UND IHRE MENSCHEN

Die **Entstehungsgeschichte** der Dolomiten begann vor ca. 250 Millionen Jahren. Eine ursprünglich trockene Wüste wurde nach und nach vom Urmeer Tethys bedeckt und von Vulkanausbrüchen verformt. Durch den Zusammenstoß des afrikanischen mit dem europäischen Kontinent faltete sich ein Gebirge empor, das Wind, Wetter und den Eiszeiten ausgesetzt war. Vor rund 10 000 Jahren entstand nach der letzten Eiszeit schließlich jene bewohnbare paradiesische Kulisse, in der 1789 der Geologe Deodat de Dolomieu (1750 – 1801) einen besonderen **Kalkstein** fand. Dieser enthielt zusätzlich zum bekannten Kalziumkarbonat einen hohen Anteil an Magnesium. Wenn auch mancher Gipfel aus anderen Gesteinen besteht, so hat doch die vom Namen des Geologen abgeleitete Bezeichnung »Dolomiten« die Gebirgsgruppe in der ganzen Welt bekannt gemacht. Ein besonderes Schmuckstück sind die kleinen **Seen**, vor allem der Pragser Wildsee und der Karersee, über die sich die weißen oder gelblichen Kalkwände, gebändert von grau- bis braunrötlichen Mergelschichten und dunklen vulkanischen Tufflagen, erheben. Außergewöhnlich schön ist hier auch die »Enrosadüra«, das Alpenglühen, mit dem die auf- und ganz besonders die untergehende Sonne die Gipfel erröten lässt.

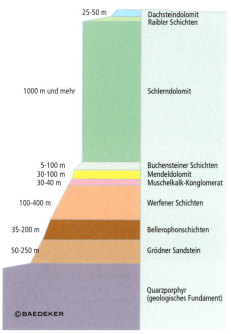

DOLOMITEN · GEOLOGISCHER AUFBAU

Mächtigkeit	Schicht
25-50 m	Dachsteindolomit / Raibler Schichten
1000 m und mehr	Schlerndolomit
5-100 m	Buchensteiner Schichten
30-100 m	Mendeldolomit
30-40 m	Muschelkalk-Konglomerat
100-400 m	Werfener Schichten
35-200 m	Bellerophonschichten
50-250 m	Grödner Sandstein
	Quarzporphyr (geologisches Fundament)

© BAEDEKER

Pflanzen und Tiere

Die Unterschiede bei den **alpinen Pflanzenarten** sind durch den Urgesteins- oder den Kalkboden der Dolomiten bedingt. Der Süden ist bestimmt durch den vom Gardasee heraufziehenden, mit immergrünen Arten bestandenen **Flaumeichengürtel**. In den Parkanlagen von Brixen, Bozen und Meran und an geschützten Hanglagen gedeihen

Flora

HINTERGRUND
DIE REGION UND IHRE MENSCHEN

Ein Ziel für Wanderer, Naturfreunde und Burgenliebhaber: die wohnlich eingerichtete Burg Taufers in Sand in Taufers; ein Hingucker ist auch der Ansitz Neumelanz.

einige Exoten: Palmen, mehrere Bambusarten, der Perückenstrauch, die japanische Mispel, der Feigenkaktus, Zypressen, Feigen oder der Winterjasmin. Schon zu vorrömischer Zeit wurden die klimatisch begünstigten niederen Hanglagen und Talböden für den **Weinbau** genutzt (▶ Das ist ... S. 24). Ebenfalls ertragreich für die heimische Wirtschaft sind die Apfelplantagen, deren Blüte im März und April die Täler und Mittelgebirgslagen in einen Blütenteppich verwandelt. Eine weitere wichtige Nutzpflanze ist die Edelkastanie.

Fauna

Der **Wild- und Fischbestand** ist gesetzlich geschützt. Erfolgreich wurden die Bartgeier wieder angesiedelt, die mit einer Flügelspannweite von bis zu 3 m zu den größten flugfähigen Vögeln der Welt zählen. Steinböcke kommen in großer Zahl vor und Gämsen wagen sich im Winter in die Tallagen fast bis in Stadtnähe. Es gibt viel Rotwild sowie in den Bergen Steinadler und Murmeltiere, Luchse und Wildschweine, gelegentlich auch Braunbären, die die Grenzen ihres Schutzgebiets im Trentino überschritten haben. Hinzu kommen markante Arten der **südlichen Fauna** wie zum Beispiel die Smaragdeidechse, die Zikade und die »Maringgele« genannte Gottesanbeterin. Zu den besonderen Haustieren gehört der **Haflinger**, eine kleine, kräftige und genügsame Pferderasse, die im 19. Jh. aus der Kreuzung einheimischer und arabischer Pferderassen entstanden ist. Ihr auffälligstes Merkmal ist das fuchsfarbene Fell mit heller Mähne. Der Haflinger hat als Arbeitstier kaum noch Bedeutung; viel wichtiger ist seine Rolle als Kutsch- und Reitpferd auch für Touristen.

Umweltschutz

Gerade noch rechtzeitig wurde erkannt, dass Landschaft und Natur das wichtigste Kapital Südtirols sind. Zu den **Umweltschutzmaßnahmen** zählt neben der Einrichtung von Naturschutzgebieten eine behutsamere und maßvolle Erschließung der Landschaft. Der Autoverkehr wird eingeschränkt und stattdessen für die Nutzung von öffentlichen Verkehrsmitteln geworben. In den letzten Jahren wurden Radwege ausgebaut und die Vinschger Bahn zwischen Meran und Mals wieder eröffnet. Es gibt Ensembleschutz und Richtlinien bei Hotelbauten, das Hauptgewicht liegt auf der Erhaltung der Einzelbetriebe in den Dörfern und Städten anstelle von Einkaufszentren auf der »grünen Wiese«. Auf Wanderwegen informieren Hinweisschilder über die Verhaltensregeln. Das Pflücken von Obst und Trauben und das Sammeln von Edelkastanien ist untersagt.

In den vergangenen Jahren wurden auch immer mehr Biotope unter Naturschutz gestellt. Besonders in den geschützten Gebieten sollte man sich strikt an die markierten Wege und die Bestimmungen halten. Derzeit gibt es 184 geschützte Biotope in Südtirol, darunter die Feuchtbiotope Rasner Möser, Schludernser Au, Falschauer Mündung, Prader Sand und der Schilfgürtel am Kalterer See. — Biotope

Der Erhalt ihres natürlichen Lebensraums liegt vielen Südtirolern am Herzen. Wenn es um regionale Nahrungsmittel geht, hat sich vor allem die Ortschaft Mals weit über die Region hinaus als Gemeinde der Ökorebellen einen Namen gemacht. Per Volksabstimmung wurde entschieden, ausschließlich ökologische Landwirtschaft zu betreiben und damit der Agrarindustrie sowie der landwirtschaftlichen Monokultur die Stirn zu bieten. »Das Wunder von Mals« heißt ein beeindruckender Dokumentarfilm über das Dorf der Ökorebellen. — Ökologische Landwirtschaft

Ein Nationalpark und sieben Naturparks

In Südtirol gibt es einen Nationalpark (Nationalpark Stilfser Joch, ▶ S. 240) und sieben Naturparks; ein weiterer Naturpark (Sarntaler Alpen) ist im Entstehen. Vor Ort informieren **Nationalpark- und Naturparkhäuser** über Besonderheiten der Flora und Fauna, außer-

HINTERGRUND
DIE REGION UND IHRE MENSCHEN

NATIONALPARK UND NATURPARKS IN SÜDTIROL

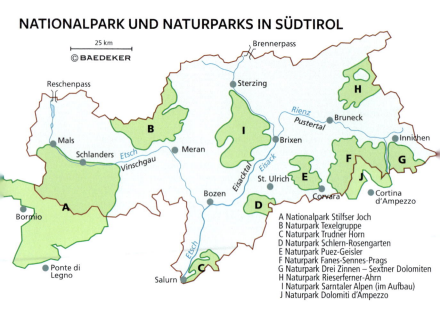

A Nationalpark Stilfser Joch
B Naturpark Texelgruppe
C Naturpark Trudner Horn
D Naturpark Schlern-Rosengarten
E Naturpark Puez-Geisler
F Naturpark Fanes-Sennes-Prags
G Naturpark Drei Zinnen – Sextner Dolomiten
H Naturpark Rieserferner-Ahrn
I Naturpark Sarntaler Alpen (im Aufbau)
J Naturpark Dolomiti d'Ampezzo

dem werden verschiedene Führungen und eine Vielzahl von begleiteten Wanderungen angeboten (Adressen ▶ S. 370). Weitere Informationen finden Sie im Kapitel »Reiseziele von A bis Z«.

Naturpark Schlern-Rosengarten	Fläche: 7291 ha	Höhenunterschied: 2156 m Gemeinden: Kastelruth, Völs am Schlern, Tiers Charakter: Gebirgsstock Schlern mit Nadelholzmischwäldern umrahmt von der Blütenpracht von Europas größter Hochalm, der Seiser Alm; UNESCO-Weltnaturerbe.
Naturpark Texelgruppe	Fläche: 31 391 ha	Höhenunterschied: 2857 m Gemeinden: Schnals, Naturns, Partschins, Algund, Tirol, Riffian, St. Martin i. Passeier, Moos i. Passeier Charakter: Von submediterraner Vegetationszone mit Obst- und Weingärten über weite Almgelände bis hinauf zur Schneegrenze; die Spronser Seen bilden die größte hochalpine Seenplatte Südtirols.
Naturpark Puez-Geisler	Fläche: 10 722 ha	Höhenunterschied: 1499 m Gemeinden: Villnöss, St. Ulrich, St. Christina i. Gröden, Corvara, Abtei, St. Martin i. Thurn Charakter: Geologen finden hier sämtliche für die Dolomiten typische Gesteinsarten. Herzstück des Naturparks ist das Villnösser Tal

HINTERGRUND
DIE REGION UND IHRE MENSCHEN

bis zu den markanten Spitzen der Geislergruppe; UNESCO-Weltnaturerbe.

Fläche: 25 453 ha | Höhenunterschied: 1929 m
Gemeinden: Toblach, Prags, Olang, Abtei/Badia, Enneberg/Mareo, Wengen/La Val
Charakter: typische Dolomitenlandschaft. Im weichen Kalkstein der kargen Berglandschaft haben sich Rinnen und Stufen ausgebildet, die oft einem Amphitheater gleichen und schon früh die Legendenbildung rund um die Fanesalm mitprägten, zauberhaft gelegener Pragser Wildsee; UNESCO-Weltnaturerbe.

Naturpark Fanes-Sennes-Prags

Fläche: 6851 ha | Höhenunterschied: 1571 m
Gemeinden: Altrei, Montan, Neumarkt, Salurn, Truden i. Naturpark
Charakter: Naturpark mit der artenreichsten Fauna und Flora. Rotbrauner, vulkanischer Quarzporphyr sorgt für üppige Nadelwälder, Feuchtwiesen und Moore.

Naturpark Trudner Horn

Fläche: 11 891 ha | Höhenunterschied: 1961 m
Gemeinden: Toblach, Sexten, Innichen
Charakter: herausragende Landschaft mit weltberühmten Gipfeln und Bergen aus Dachsteindolomit wie der Elfer (3092 m), der Zwölfer (3094 m) und die Drei Zinnen (2999 m); UNESCO-Weltnaturerbe.

Naturpark Drei Zinnen – Sextner Dolomiten

Fläche: 31 320 ha | Höhenunterschied: 2610 m
Gemeinden: Sand i. Taufers, Gais, Percha, Rasen-Antholz, Ahrntal, Prettau
Charakter: Der Naturpark bildet zusammen mit dem daran anschließenden Nationalpark Hohe Tauern und dem Ruhegebiet Zillertaler Hauptkamm den größten Schutzgebietsverbund Europas. Er ist von Gletschern, mächtigen Bergriesen, Wasserfällen und Seen geprägt.

Naturpark Rieserferner-Ahrn

Fläche: 53 447 ha | Höhenunterschied: 3255 m
Gemeinden: Stilfs, Prad, Glurns, Taufers im Münstertal, Mals, Laas, Schlanders, Martell, Latsch, Ulten
Charakter: In seiner Gesamtfläche, die sich auf Südtirol, das Trentino und die Lombardei erstreckt, bildet der Nationalpark eines der größten Schutzgebiete der Alpen, in dem neben natürlichen und naturnahen Lebensräumen auch stark vom Menschen genutzte Landschaften vorkommen.

Nationalpark Stilfser Joch

Bevölkerung · Politik

In Südtirol leben Deutsche, Italiener und Ladiner. Der kulturelle und sprachliche Hintergrund der deutschsprachigen Bevölkerung wurzelt

Bevölkerung, Sprache

HINTERGRUND
DIE REGION UND IHRE MENSCHEN

im Tirolerischen. Zu den Gemeinden mit italienischer Bevölkerungsmehrheit zählen Bozen und die südlich davon gelegenen Orte Leifers, Salurn, Branzoll und Pfatten. Die Ladiner, Nachkommen der rätischen Urbevölkerung, leben vor allem in den Dolomitentälern. Sie sprechen **Ladinisch**, das aus der Verschmelzung des Vulgärlateins der römischen Soldaten und Beamten und der Sprache der einheimischen Bevölkerung entstand (▶Baedeker Wissen S. 132).
In Südtirol sprechen heute 69,4 % Deutsch, 26,3 % Italienisch und 4,3 % Ladinisch. Seit einiger Zeit sind die Bewohner von Südtirol gehalten, sich einer der Sprachgruppen zuzuordnen, und eine nicht geringe Zahl von Bürgern italienischer Abstammung bekennt sich bewusst zur deutschsprachigen Gruppe. Bei der jüngeren Bevölkerung wächst zudem die Bereitschaft zur Zweisprachigkeit. Alle drei Sprachen sind anerkannte Landessprachen. Es gibt italienische, ladinische und deutsche Schulen sowie Fernseh- und Rundfunksendungen in allen drei Sprachen.

Politischer Status

Die Autonome Provinz Bozen-Südtirol besteht seit 1948 und gehört zur Region Trentino-Südtirol, der innerhalb Italiens ein Sonderstatus zukommt. Das erklärt sich aufgrund ihrer besonderen geografischen Lage, Geschichte und ethnischen Zusammensetzung. Landeshauptstadt und Sitz der Landesregierung ist Bozen.
Parteipolitisch wird die Mehrheit der deutschsprachigen Bevölkerung von der Sammelpartei der **SVP**, einer Partei der breiten Mitte, vertreten, während am linken und rechten Rand kleine deutsche Parteien deren Vormachtstellung mit mehr oder weniger Erfolg angreifen. Die italienische Volksgruppe wird von verschiedenen kleineren Parteien repräsentiert, die jeweils eigene Interessen verfolgen Die **Autonomie** (▶ Geschichte) der 116 Gemeinden Südtirols ist verfassungsrechtlich verankert. Die Landesregierung setzt sich aus dem **Landeshauptmann** und den Landesräten zusammen, wobei der Status des Landeshauptmanns etwa dem eines deutschen Ministerpräsidenten entspricht. Von den Landeshauptmann-Stellvertretern gehört einer der deutschen und einer der italienischen Sprachgruppe an. Während die Gesetzgebungsbefugnis des Staates z. B. die Bereiche Währung, Steuern, Sicherheit und Gerichtsbarkeit umfasst, kann das Land u. a. bei Weiterbildung, Schule, Gesundheitswesen, Handel, Verkehr, Kultur und Tourismus gesetzgeberisch tätig werden.

Religion

Fast die gesamte Bevölkerung (98 %) bekennt sich – unabhängig von der jeweiligen Volksgruppe – zur **römisch-katholischen Kirche**. Die Diözese Bozen-Brixen besteht seit 1964. Die Kurienverwaltung wird von einem deutschen und einem italienischen Generalvikar geleitet; die Ämter des Ordinariats haben meist eine deutsche und eine italienische Sektion. In Bozen und Meran gibt es protestantische Gemeinden, in Meran auch eine kleine jüdische Kultusgemeinde.

BAEDEKER ÜBERRASCHENDES

6x TYPISCH

Dafür fährt man nach Südtirol.

1.
KIRCHTURM IM SEE

Zur Energiegewinnung wurde der **Reschensee** 1950 angestaut. Zwei Dörfer mussten aufgegeben werden. Geblieben ist nur der Kirchturm von Graun, der aus dem Wasser ragt. Das Symbol für den Verlust ist heute eine Touristenattraktion. (▶ **S. 248**)

2.
DREI AUF EINEN STREICH

Nur zu Fuß erreicht man den Paternsattel oder die Dreizinnenhütte, von wo aus man den schönsten Blick auf die **Drei Zinnen** hat. Die Umrundung der drei Felsenzacken ist eine sehr beliebte und relativ leicht zu bewältigende Wanderung. (▶ **S. 285**)

3.
DER MANN AUS DEM EIS

Mit 5300 Jahren ist sie die älteste Mumie der Welt. Lange haben Österreicher und Südtiroler um den Ötzi gestritten. Heute liegt der Mann aus dem Eis in einer Kühlkammer im **Bozner Archäologiemuseum**. (▶ **S. 68**)

4.
DREI SPRACHEN, DREI KULTUREN

»Jëuf de Frea, Passo Gardena, Grödner Joch«. Auf Straßen- und Behördenschildern sowie auf Speisekarten wird es offensichtlich: **Südtirol ist dreisprachig** – hier leben Menschen deutscher, italienischer und ladinischer Kultur zusammen, ohne ihre Identität aufzugeben. (▶ **S.20**)

5.
SCHLEMMEN ZUM ERNTEDANK

Das Törggelen entstand im **Eisacktal**, wo Wein und Kastanien wachsen. Zur Erntezeit genießt man in Gasthäusern und Buschenschänken geröstete Kastanien, neuen Wein und typische, bäuerliche Spezialitäten; schön zu erleben entlang des Kastanienwegs. (▶ **S. 169**)

6.
UNTER LAUBEN

Sie sind Mittelpunkt des geschäftigen Treibens in vielen Städten: die Laubengassen. Handwerker und Kaufleute ließen sich schon im Mittelalter unter den Rundbögen nieder. Schöne Laubengänge gibt es heute noch in **Bozen, Meran, Neumarkt und in Glurns**.

▶ italienische Schreibweise:

Alto Adige

 Lage:
Die Autonome Provinz **Bozen-Südtirol** (Alto Adige) und die Provinz **Trentino** bilden zusammen die Region **Trentino-Alto Adige**.

11° 22′ östlicher Länge

ÖSTERREICH

SCHWEIZ

SÜDTIROL

Bozen

Trentino

46° 30′ nördlicher Breite

ITALIEN

 Fläche:
7400 km²
64,4 % höher als 1500 m ü. d. M.
6 % bebaut
2220 km² landwirtschaftliche Nutzung
3570 km² Waldfläche

Bevölkerungsdichte:
71 Einwohner / km²

Einwohner: **524 256**

▶ Sprachen

- 26,5 **Italienisch**
- 4,4 **Ladinisch**
- 69,1 **Deutsch**

▶ Verwaltung

Regierung: Landeshauptmann mit Landräten

Parlament: Landtag von Bozen-Südtirol mit 35 Abgeordneten

▶ Urlaubsregionen

- **A:** Vinschgau
- **B:** Meran und Umgebung
- **C:** Bozen und Umgebung
- **D:** Überetsch / Unterland
- **E:** Eisacktal

116 Gemeinden sind in **8 Bezirksgemeinschaften** unterteilt (gestrichelte Linien)

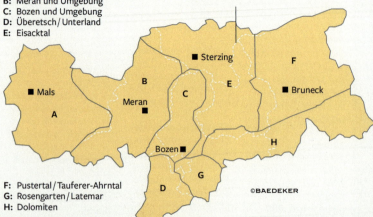

- **F:** Pustertal / Tauferer-Ahrntal
- **G:** Rosengarten / Latemar
- **H:** Dolomiten

▶ Wirtschaft

BIP pro Kopf: **41 140 €**
Italien gesamt: **28 360 €**

Tourismus: über **31 Mio.** Übernachtungen (2017)

Ca. 7 % der Erwerbsbevölkerung sind in der Landwirtschaft beschäftigt.

Wichtigste Anbauprodukte:

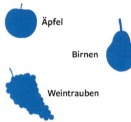

- Äpfel
- Birnen
- Weintrauben

Handwerk: rund **13 000 Betriebe** in **80 verschiedenen Berufssparten**

Arbeitslosenquote: **3,1 %** (2017)
Italien gesamt: **11,3 %**

▶ Klimastation Bozen

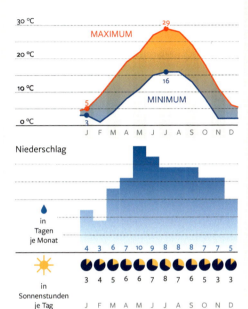

▶ Äpfel aus Tirol

Jeder 10. in Europa gegessene Apfel stammt aus Südtirol – hier wird die Hälfte des italienischen Aufkommens geerntet.

1 Mio. Tonnen Äpfel werden jedes Jahr in Südtirol geerntet. Prozentualer Anteil der verschiedenen Apfelarten:

Anbaugebiete in Südtirol

HINTERGRUND
DIE REGION UND IHRE MENSCHEN

| Wirtschaft

Zugpferd Tourismus

Eine der wichtigsten Säulen der Wirtschaft ist der Tourismus. Die Saison erstreckt sich beinahe über das ganze Jahr. Südtirol liegt im europäischen Spitzenfeld, was die Anzahl an Übernachtungen pro Einwohner betrifft. Das Gebiet ist mit Hotels aller Kategorien, Berggasthäusern, Bergbahnen und Liften außerordentlich gut erschlossen. Die **Infrastruktur** mit wichtigen Eisenbahnstrecken, der Brennerautobahn, Straßen und Busverkehr bis in die hintersten Talorte, mit Freizeiteinrichtungen sowie einem dichten Netz von markierten Wanderwegen, Bergpfaden und Klettersteigen ist hervorragend.

Land- und Forstwirtschaft

Der wirtschaftliche Schwerpunkt Südtirols im Bereich der Landwirtschaft liegt im Etschtal zwischen Mals und der Salurner Klause sowie im Eisacktal von Brixen bis ins Bozner Becken. Hier ist das Hauptanbaugebiet für hochwertiges **Obst**, vor allem Äpfel. Die besten Äpfel kommen aus den Hügellagen des Eisacktals und des Vinschgaus, wo die Anbaugrenze bei fast 900 Höhenmetern liegt. Südtiroler **Weinsorten** wie die roten St. Magdalener, Kalterer See und Lagrein sowie die weißen Gewürztraminer und Weißburgunder tragen überproportional zum italienischen Weinexport bei. Ausgedehnte Hochalmen ermöglichen Rinderhaltung, die **Verarbeitung der Milch** zu Joghurt, Butter und Käse ist genossenschaftlich organisiert. Ein bekanntes und von der EU geschütztes Markenprodukt ist der »**Südtiroler Speck«**. Die **Holzverarbeitung** konzentriert sich vor allem auf Fenster und Möbel. Der wirtschaftliche Ertrag aus dem Holzverkauf ist dagegen marginal, da die Marktpreise zu niedrig sind für die kostenintensive Pflege der Wälder.

Im ländlichen Raum begann mit der Bergbauernhilfe 1996 ein Pilotprojekt, das dazu beiträgt, eine typische Kulturlandschaft zu erhalten, in der Bergbauern überlebensfähig bleiben gegenüber der industriellen Landwirtschaft in flachen Regionen. Heute finden jeden Sommer rund 300 unbezahlte Arbeitseinsätze auf Bergbauernhöfen statt. Die Bergbauern sind auf zupackende Hände angewiesen, denn hoch oben haben die Maschinen wenig Nutzen. Etwa 2400 Freiwillige melden sich jedes Jahr, für die es ein Zurück zur Natur und zu einem ursprünglichen Leben ist. Ganz nebenbei wird so oft ein verklärtes Bild vom idyllischen Leben auf einem Bergbauernhof zurechtgerückt.

Ähnlich ambitioniert ist die **Wollmanufaktur Bergauf** in St. Waldburg. Hier hat die Bäuerin Waltraud Schwienbacher 1993 mit anderen Frauen die Sozialgenossenschaft »Lebenswertes Ulten« gegründet, um altes Wissen aus dem bäuerlichen Alltag zu bewahren und den Bäuerinnen im abgelegenen Ultental einen Unterhalt zu sichern. In einer Schule werden nun alte Handwerkstechniken unterrichtet und die verschiedensten Produkte aus Schafwolle hergestellt.

HINTERGRUND
DIE REGION UND IHRE MENSCHEN

Ein beliebtes Ausflugsziel: die Rittner Erdpyramiden oberhalb von Bozen

Besonderes Kunsthandwerk produzieren auch Holzschnitzer im Grödner Tal, Maskenschnitzer und im Sarntal z. B. Federkielsticker, Reggelmacher (»Reggele« = Kurzpfeife) und Besteckmacher.

Im Bozener Raum ist die Konzentration von Handel, Gewerbe und Industrie am höchsten. Hier gibt es noch einige metallurgische Werke sowie Maschinen- und Fahrzeugbaubetriebe – Reste der Italienisierungspolitik der Zwischenkriegszeit –, die an für die Großindustrie heute ungünstigen Standorten angesiedelt wurden. Inzwischen steigt die Zahl der Betriebe für Import- und Distributionsdienstleistungen, z. B. Sportartikelhersteller wie Salewa für den italienischen Markt. Im Eisacktal, im Pustertal sowie im Vinschgau gibt es eine Reihe kleinerer und mittelständischer Industrie- und Handwerksbetriebe sowie Zulieferbetriebe für die Automobilindustrie. Berühmt sind außerdem die Marmorbrüche von Laas bei Schlanders.

Im Vinschgau, im Eisacktal und in kleinen Hochtälern nutzen zahlreiche **Elektrizitätswerke** die Wasserkraft der Gebirgsflüsse, die teils zu großen Seen (z. B. Reschensee, Vernagt-Stausee im Schnalstal, Zufritt-Stausee im Martelltal) aufgestaut sind. Seit Jahren bemüht sich die Südtiroler Landesregierung, über Beteiligungsgesellschaften Einfluss auf die einstmals in Staatsbesitz befindlichen und inzwischen privatisierten Energiegesellschaften zu erlangen.

Gewerbe und Industrie

HINTERGRUND
GESCHICHTE

GESCHICHTE

Als Transitland war Südtirol häufig Zankapfel der großen Nachbarstaaten. Umso wichtiger ist der Bevölkerung auch heute noch ihre Autonomie.

Siedler und Eroberer

Erste Siedler   Erste Spuren menschlicher Besiedlung im heutigen Südtiroler Gebiet stammen aus der Zeit kurz nach dem Verschwinden der eiszeitlichen Gletscher. Auf **mittelsteinzeitliche Jäger** deuten Funde in den Tallagen bei Salurn, Bozen und Brixen und Kultstätten am Schlern. Im Naturparkgebiet Schlern wurde das »Hauensteiner Schwert« aus der Bronzezeit gefunden. Für Furore sorgte 1991 die Entdeckung eines mumifizierten Menschen auf dem Similaun-Gletscher im Schnalstal, der dort Mitte des 4. Jahrtausends v. Chr. in 3210 m Höhe erfroren war. **»Ötzi«**, wie die Mumie aus den Ötztaler Alpen liebevoll genannt wird, war den Folgen eines Pfeilschusses erlegen (▶Baedeker Wissen S. 70). Die Menschen dieser Steinzeitepoche trieben bereits Handel, z. B. mit Feuersteinen aus den lessinischen Feuersteingruben nördlich von Verona. Neben nomadisierenden Stämmen waren die ersten Siedler wohl Illyrer und Ligurer, die von Süden kamen und sich mit den Venetern, die ab 1000 v. Chr. aus dem Osten zuwanderten, vermischten. Ab 500 v. Chr. zogen aus dem Norden und Westen Kelten zu sowie ab 400 v. Chr. Etrusker aus dem Süden. Die Römer gaben den in Tirol und Graubünden siedelnden Menschen den Namen »Raeti« (Räter).

Römerzeit   Im Jahr 15 v. Chr. eroberten die nach Norden vordringenden Römer unter Tiberius und Drusus, den Stiefsöhnen von Kaiser Augustus, das Tiroler Land, das nun zu den neu gegründeten römischen Provinzen **Raetia** (im Nordwesten), **Noricum** (im Nordosten) und **Venetia et Histria** (im Süden) gehörte. In den rund 500 Jahren römischer Herrschaft wurden Militär- und Zollstationen gegründet, Straßen angelegt und verbessert, darunter die bedeutende Kriegs- und Handelsstraße »Via Claudia Augusta« nach Norden über den Alpenhauptkamm. Römische Siedlungen entstanden, die Urbevölkerung wurde romanisiert und das **Christentum** eingeführt. Aus der Vermischung der rätischen Sprache mit dem Lateinischen entstand das Rätoromanische bzw. Ladinische (▶ Baedeker Wissen S. 132).

Völkerwanderung   Mit dem Zerfall des römischen Reichs endete für Südtirol eine lange Friedensperiode. Das Machtvakuum, das die Römer hinterlassen hatten, begannen ab dem 5. Jh. n. Chr. eindringende Völker zu füllen.

HINTERGRUND
GESCHICHTE

EPOCHEN

SIEDLER UND EROBERER
5000 – 3000 v. Chr. Spuren von sesshaften Siedlern (»Ötzi«)
15 v. Chr. Besetzung durch die Römer
476 n. Chr. Während der Völkerwanderung kommen Goten, Franken, Langobarden und Bajuwaren über die Alpen.

MITTELALTER
8. Jh. Tirol wird Teil des Reichs Karls des Großen.
11. Jh. Die Bischöfe geben ihre weltliche Macht in die Hand von Vögten.
1363 Tirol geht an die Habsburger. Ihre Herrschaft hält mit Unterbrechungen bis 1918 an.

FRÜHE NEUZEIT
1493 – 1519 Blüte unter der Regentschaft Maximilians I.
1525/26 Bauernaufstand unter Führung von Michael Gaismair
1701 – 1714 Die mit Frankreich verbündeten Bayern stoßen nach Tirol vor, wo sie von einer Tiroler Bauernarmee geschlagen werden.
1792 – 1810 In den »Koalitionskriegen« gegen Frankreich und Bayern kämpfen die kaisertreuen Tiroler Schützen auf Seiten der Habsburgischen Monarchie.
1805 Napoleon siegt über Österreich, Tirol fällt an Bayern.
1809 Die Bauern erheben sich unter Andreas Hofer gegen die Bayern, verlieren jedoch die entscheidende Schlacht. Tirol wird zwischen Bayern, Frankreich und Italien aufgeteilt.
1815 Österreich bekommt Tirol zurück.

ZEITGESCHICHTE
1919 Nach dem Ersten Weltkrieg fällt der südliche Teil Tirols an Italien.
1922 Die italienischen Faschisten unter Mussolini über nehmen die Macht. Deutsche Namen werden umbenannt, Deutsch verboten.
1946 Der Pariser Vertrag bestätigt den Verbleib Südtirols bei Italien. Der Südtiroler Minderheit werden Schutz und Gleichstellung versprochen. Das Ringen um einen Autonomiestatus für die Region beginnt.
1969 Das »Südtirol-Paket« gewährt Autonomiestatus.
1992 – 1997 Der Streit zwischen Österreich und Italien wird vor der UNO beigelegt, das Autonomiestatut für Südtirol wird völkerrechtlich verbindlich.
2015 Mit dem MMM Corones auf dem Kronplatz schließt Reinhold Messner sein Projekt der sechs Messner Mountain Museen ab.

HINTERGRUND
GESCHICHTE

Hunnen verwüsteten das Südtiroler Gebiet, Ostgoten, Franken und Langobarden nahmen Teile des Landes in Besitz. Den stärksten Anteil an der germanischen Besiedlung Tirols hatten die **Baiern**, die im 7. Jh. über die Alpen vorstießen. Von nun an begann sich die deutsche Sprache durchzusetzen. Die Sprachgrenze war fließend; lange Zeit verlief sie nördlich von Trient am Fluss Avisio, später bei der heute noch gültigen Linie an der Salurner Klause.

Mittelalter

Franken
Nach dem Sieg Karls des Großen über die Langobarden im Jahr 774 wurden das langobardische und das bajuwarische Gebiet dem Frankenreich angeschlossen und in **Gaue und Grafschaften** eingeteilt; die Gebietsbezeichnung »Vinschgau« erinnert daran. Mit dem Tod Karls des Großen 814 fielen die südlichen Teile Unterland und Überetsch Trient und dem Königreich Italien zu, der Rest dem Herzogtum Bayern, also dem entstehenden »Heiligen Römischen Reich Deutscher Nation«. Im Jahr 952 übernahm der spätere Kaiser Otto der Große auch Trient. Anfang des 11. Jh.s wurden die Bischöfe von Trient und Brixen mit den Fürstentümern belehnt. Diese konnten aus innerkirchlichen Gründen die weltliche Macht nicht selbst ausüben, weshalb sie zuerst Vögte, später Grafen mit der Verwaltung ihrer Gebiete sowie der Ausübung der gerichtlichen und militärischen Gewalt belehnten.

Grafen von Tirol
In der Folgezeit entbrannten erbitterte Machtkämpfe der weltlichen Herrschergeschlechter untereinander, aber auch mit den Bischöfen, deren Machtanspruch die Grafen nicht mehr hinnehmen wollten. Eindeutige Sieger der Kämpfe waren schließlich die Grafen von Tirol. Dieses Geschlecht, das sich den Beinamen **»Tirol«** 1142 nach seinem Stammsitz, der gleichnamigen Burg bei Meran, zugelegt hatte, kontrollierte im 12. und 13. Jh. das spätere Südtirol fast vollständig. Unter Meinhard II. (1268 – 1295) erlangte Tirol weitgehend seine von da an geltende politische Gestalt; 1282 bestätigte König Rudolf von Habsburg Meinhards Anspruch auf das »Land an der Etsch und im Gepirg«. Die letzte Herrscherpersönlichkeit aus dem Geschlecht der Grafen von Tirol war Margarete Maultasch (▶Interessante Menschen), die 1363 Tirol Rudolf IV. von Habsburg vermachte.

Frühe Neuzeit

Habsburger
Die Eigenständigkeit Tirols wurde unter den Habsburgern noch gefördert. Im 15. Jh. erlebte es durch den Salz-, Silber- und Kupferbergbau einen wirtschaftlichen Aufschwung, der eine kulturelle Blütezeit zur

HINTERGRUND
GESCHICHTE

Folge hatte. Südtirols vorteilhafte Lage kam dem Durchzugshandel zugute. Die Landstände (darunter auch die Bauern) hatten sich bedeutende Rechte erkämpft und vereitelten u. a. den Plan Sigismunds des Münzreichen (▶Interessante Menschen), der 1487 Tirol an die Bayern abtreten wollte. 1490 ging Tirol an Sigismunds nächsten Verwandten, den späteren Kaiser Maximilian I. (1493 bis 1519). Unter diesem bedeutenden Renaissancefürsten wurde Tirol mit Innsbruck, das Meran als Landeshauptstadt abgelöst hatte, sogar zum **Zentrum europäischer Politik**. Er vergrößerte Tirol beträchtlich nach Norden (Kufstein), Süden (Rovereto, Ala) und Osten (Pustertal, Cortina) hin.

1499 drangen im Engadiner Krieg (Schwabenkrieg), den die schweizerische Eidgenossenschaft zusammen mit Graubünden gegen Österreich und den Schwäbischen Bund führte, Schweizer Truppen durch das Münstertal in den Vinschgau vor und schlugen das österreichische Heer vernichtend. Es war die blutigste Schlacht auf Tiroler Boden mit Tausenden von Toten.   Engadiner Krieg

Mit Maximilians Tod fand die politische Glanzzeit ein rasches Ende: Auf religiös motivierte Unruhen folgten Missernten und schlechte Witterung. 1525/26 erhoben sich die Tiroler Bauern unter Führung von dem in Sterzing geborenen Michael Gaismair vergeblich gegen die zunehmende Unterdrückung durch die Kirche und den Landesherrn Friedrich von Habsburg. Auch die **Hutterer**, eine nach Jakob Hutter aus St. Lorenzen im Pustertal benannte reformistische Wiedertäuferbewegung, bekamen die ganze Härte von Kirche und Staat zu spüren. Jakob Hutter wurde 1536 in Innsbruck hingerichtet, mehr als 6000 »Huttersche Brüder« wanderten nach Mähren und später in die USA aus, wo die Hutterer noch heute in einer religiösen Gemeinschaft leben.

Im 17. Jh. verlagerten sich die Zentren des politischen und wirtschaftlichen Geschehens in Europa und Tirol versank immer mehr in politischer Bedeutungslosigkeit. 1665 entstand nach dem Aussterben der Tiroler Linie der Habsburger in der nun von Wien aus verwalteten Alpenregion ein politisches Vakuum, das die katholische Kirche geschickt zu füllen wusste. Jegliches reformerisches Gedankengut wurde unterdrückt, protestantische Familien mussten das Land verlassen, die Errichtung kirchlicher Prachtbauten nahm zu und schon bald kursierte der Mythos vom **»heiligen Land Tirol«**.

Im Spanischen Erbfolgekrieg (1701 – 1714) gelang es dem Tiroler Landesaufgebot, ein französisch-bayerisches Truppenkontingent zu schlagen. 1797 wehrte der Tiroler Landsturm einen Vorstoß napoleonischer Verbände bei Franzensfeste erfolgreich ab. 1805 erklärte Napoleon Bonaparte Österreich den Krieg. Nach dessen entscheidendem Sieg bei Austerlitz in Mähren verlor Wien u. a. Tirol an das mit Frankreich verbündete **Bayern**. Die Bayern erhöhten die Steuern, tilgten den Namen »Tirol« von der Landkarte und schlugen ei-   Kriege mit Franzosen und Bayern

POLITISCHE GESCHICHTE SÜDTIROLS

Der Friedensvertrag von St-Germain 1919 brachte den nun zu Italien gehörenden Südtirolern nur bedingt Frieden, denn Mussolini begann nach seiner Machtübernahme 1922 mit der »Italienisierung«. Hitler anerkannte die Brennergrenze, um Mussolinis Zustimmung für den Anschluss Österreichs an das Deutsche Reich zu bekommen. Landeshauptmann Silvius Magnago verhandelte viele Jahre mit Rom über das 1972 verabschiedete »Südtirol-Paket«.

▶ **Bevölkerungsentwicklung**

■ Deutsche   ■ Italiener   ■ Andere

1880
186 087   6 884

1921 nach der Teilung
193 271   27 048

1939 Option
234 650   80 743

2018
324 800   120 500

▶ **Politische Gesichter**

Reinhold Messner
Extrembergsteiger; 1999 bis 2004 als Parteiloser für die italienischen Grünen im EU-Parlament

Silvius Magnago
(1914–2010); 1960–1989 Landeshauptmann und »Vater des Autonomiestatuts«

▶ **Zeittafel der politischen Entwicklungen**

	Entstehung des Landes Tirol	Unter der Herrschaft Österreichs	Unter Herrschaft Bayerns	
	1282 Rudolf von Habsburg bestätigt den Anspruch der Grafen von Tirol auf das »Land an der Etsch und im Gepirg«	**1363** Margarete Maultasch überlässt Tirol dem Haus Habsburg	**1805-1814** Napoleon schlägt Tirol dem mit ihm verbündeten Bayern zu	**1814/1815** Wiener Kongress: Tirol fällt wieder an die Habsburger.
	1000	1500 1800	1810	1900
	Die Grafen von Tirol werden 1128 erstmals urkundlich erwähnt. Tirol gehört zum Herzogtum Bayern.	**1525** Bauernaufstand Die Grafschaft ist Teil des Heiligen Römischen Reichs Deutscher Nation.	Zeit der napoleonischen Kriege	Tirol ist Kronland der Österreichisch-Ungarischen Monarchie

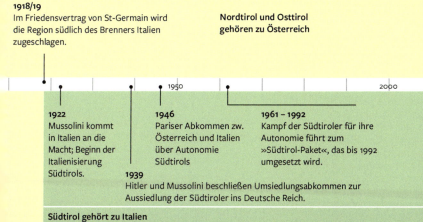

Teilung Tirols

1918/19
Im Friedensvertrag von St-Germain wird die Region südlich des Brenners Italien zugeschlagen.

Nordtirol und Osttirol gehören zu Österreich

1922
Mussolini kommt in Italien an die Macht; Beginn der Italienisierung Südtirols.

1939
Hitler und Mussolini beschließen Umsiedlungsabkommen zur Aussiedlung der Südtiroler ins Deutsche Reich.

1946
Pariser Abkommen zw. Österreich und Italien über Autonomie Südtirols

1961 – 1992
Kampf der Südtiroler für ihre Autonomie führt zum »Südtirol-Paket«, das bis 1992 umgesetzt wird.

Südtirol gehört zu Italien

HINTERGRUND
GESCHICHTE

nen harten antiklerikalen Kurs ein. 1809 erhoben sich die Tiroler unter der Führung von **Andreas Hofer** (▶Interessante Menschen) gegen die verhasste bayerische Vorherrschaft. Nach dem Sieg über Napoleon erhielt Österreich auf dem Wiener Kongress von 1814/15 Tirol wieder zurück.

Zeitgeschichte

Südtirol wird italienisch

Im **Ersten Weltkrieg**, in den Italien 1915 eintrat, waren Südtirol und die Dolomiten Schauplatz erbitterter Kämpfe; im Friedensvertrag von 1919 musste die Alpenregion an Italien abgetreten werden. Schon ab dem ausgehenden 19. Jh. waren Stimmen in Italien laut geworden, die eine Ausdehnung des Gebiets auf die »natürlichen Grenzen« an der Wasserscheide der Alpen und somit eine Annexion des heutigen Südtirols forderten. Während des Ersten Weltkriegs verlangte Italien 1915 als Preis für das Festhalten am 1882 geschlossenen Dreibund »Deutschland/Österreich-Ungarn/Italien« den Brenner als Grenze. Wien war immerhin bereit, das Trentino, das italienisch besiedelte Welsch-Tiroler Gebiet, abzutreten. Doch Rom hatte bereits Geheimverhandlungen mit den Kriegsgegnern aufgenommen, die ihm größere Gebietsansprüche zusicherten. Im Mai 1915 erklärte Italien der Habsburger Monarchie den Krieg. An der Dolomitenfront und im Ortlermassiv entwickelte sich ein heftiger Stellungskampf (▶Baedeker Wissen S. 111). Nach dem Ersten Weltkrieg strich Italien mit dem **Friedensvertrag von Saint-Germain** die Belohnung für den 1915 vollzogenen Seitenwechsel ein: Es erhielt das Trentino und die deutschsprachigen Gebiete nördlich der Salurner Klause bis zur Alpenhauptwasserscheide am Brenner. Aus strategischen Gründen annektierte Italien auch die Sextener Dolomiten mit Innichen jenseits der Wasserscheide.

Italienisierung

Mit der Machtübernahme der Faschisten unter Mussolini 1922 setzte im Norden eine rigorose Italienisierungspolitik ein. Auf Ämtern und in Schulen wurde der Gebrauch der deutschen Sprache verboten, nur im Gottesdienst und Religionsunterricht durfte dank kirchlicher Intervention noch Deutsch gesprochen werden. So entstanden im ganzen deutschsprachigen Südtiroler Raum geheime »Katakombenschulen«, in denen weiterhin auf Deutsch unterrichtet wurde. Der Geograf Ettore Tolomei (▶ Interessante Menschen) **italienisierte Südtiroler Orts-, Berg-, Fluss- und Gewässernamen**. Diese Bezeichnungen sind im Übrigen auch heute noch die amtlich einzig gültigen. 12 000 deutsche Ortsnamen, Aufschriften, sogar Grabinschriften wurden verboten und 20 000 deutsche Familiennamen italienisiert. Wegen einer konsequent durchgesetzten **Siedlungspolitik**, d. h. nach Zuzug von rund 100 000 Italienern vorwiegend aus dem

HINTERGRUND
GESCHICHTE

Süden des Landes, war Ende der 1930er-Jahre bereits ein Viertel aller Bewohner Südtirols italienisch.

Am 22. Juni 1939 schlossen Hitler und Mussolini das Optionsabkommen: Zwischen Oktober und Dezember 1939 mussten sich die deutschen Südtiroler entweder für Deutschland entscheiden und ihre Heimat verlassen (**»Optanten«**) oder konnten unter Preisgabe ihrer Sprache und Kultur in der Heimat bleiben (**»Dableiber«**). Verlässliche Zahlen gibt es nicht, aber die Mehrheit entschied sich für das Deutsche Reich. 75 000 Südtiroler hatten ihre Heimat bereits verlassen, als der Beginn des Zweiten Weltkriegs im September 1939 die Abwanderung stoppte. Die meisten Südtiroler wurden im damals zum Großdeutschen Reich gehörenden Nordtirol angesiedelt. 1943, nach dem Sturz Mussolinis und der Kapitulation Italiens, besetzten deutsche Truppen Norditalien. Als Teil der »Operationszone Alpenvorland« wurde das Land unter deutsche Verwaltung gestellt.

»Option«

Ab 1948 konnten die »Optanten« wieder nach Südtirol zurück und die italienische Staatsbürgerschaft annehmen. Viel Aggression entstand im Alltag bei der Suche nach Wohnungen und der raren Arbeit. Viele Jahrzehnte gärte der Zwist zwischen »Dableibern« und »Optanten«, besonders heftig in den sehr deutsch geprägten Tälern wie Vinschgau, Eisack und dem unteren Pustertal. Lesetipp: Das 20. Jahrhundert in Südtirol, Band II 1920 – 1939; Gottfried Solderer (Herausgeber), Edition Raetia, Bozen.

Am 5. September 1946 ratifizierten Italien und Österreich am Rand der **Pariser Friedenskonferenz** das Gruber-De-Gasperi-Abkommen, das den weiteren Verbleib Südtirols bei Italien bestätigte, den Südtirolern aber Kultur- und Verwaltungsautonomie sicherte. Mit dem 1. Autonomiestatut und der Schaffung der aus den Provinzen Bozen (Südtirol) und Trient bestehenden Region »Trentino – Alto Adige« (Trentino – Tiroler Etschland) 1948 war eine italienische Mehrheit gesichert; Deutsch war im Amtsverkehr nur Hilfssprache. Die wachsende Unzufriedenheit der deutschsprachigen Bevölkerung führte 1957 unter der Losung **»Los von Trient«** zu Protestveranstaltungen und Sprengstoffanschlägen – darunter die »Feuernacht« im Juni 1961 – mit Toten und Verletzten. 1960 hatte Österreich die Südtirol-Frage vor die UNO gebracht und die Einhaltung des Abkommens und die Durchsetzung der Gleichberechtigung gefordert, doch nun folgten lange, zähe Verhandlungen. 1969 einigten sich Rom und die am 12. März 1945 gegründete christlich-demokratische Südtiroler Volkspartei (SVP) unter Führung ihres Obmanns Silvius Magnago (▶Interessante Menschen) auf das sogenannte **Südtirol-Paket**. Dieses sah ein neues Autonomiestatut für die Alpenregion vor, das 1972 in Kraft trat. Die Provinz Bozen erhielt weitere Kompetenzen im Sinne der Autonomieregelung, auch für die Sprachgruppe der Ladi-

Kampf um die Autonomie

ner. In den 1970er-Jahren wurden weitere wichtige Bestimmungen erlassen, darunter jene über den ethnischen Proporz bei der Besetzung von Stellen der öffentlichen Körperschaften. 1992 wurde der Streit vor der UNO offiziell beigelegt.

Südtirol bis heute Mit dem Schengen-Abkommen der EU-Staaten 1998 fielen die Grenzbarrieren. Fast jährlich erließ der römische Ministerrat weitere Autonomiebestimmungen und erweiterte die Kompetenzen des Landes. Der Name **»Südtirol«** wurde von der italienischen Regierung offiziell zugelassen und in die italienische Verfassung eingefügt. Nachdem Luis Durnwalder, der 25 Jahre lang als »fürsorglich-herrschaftlicher Landesvater« die autonome Provinz regiert hatte, 2013 nicht mehr für die Landtagswahl antrat, folgte ihm Arno Kompatscher im Amt nach. Unter ihm verlor die Südtiroler Volkspartei (SVP) erstmals seit 1948 die absolute Mehrheit und bildete mit dem Partito Democratico (PD) eine Koalition.
Bei den **jüngsten Landtagswahlen im Oktober 2018** verlor die SVP erneut Stimmen und erreichte nur noch 41,9 %. Stark zulegen konnte die rechtsgerichtete Lega Nord unter ihrem Parteichef Matteo Salvini, dem derzeitigen Innenminister Italiens. Sie landete mit 11,1 % auf dem dritten Platz. Für eine große Überraschung sorgte der Südtiroler Unternehmer Paul Köllensperger, der mit seiner gleichnamigen Liste auf Anhieb 15,2 % der Stimmen gewann (bei den letzten Wahlen vor fünf Jahren war er noch für die Fünf-Sterne-Bewegung in den Landtag eingezogen). Die größten Wahlverlierer sind die beiden deutschsprachigen Rechtsparteien (Die Freiheitlichen und die Süd-Tiroler Freiheit) sowie der Partito Democratico (PD), der bisherige Koalitionspartner der SVP.

KUNST UND KULTUR

Auch kunsthistorisch interessierte Urlauber finden in Südtirol viel Sehenswertes: Herrliche Fresken aus Romanik und Gotik, eine Vielzahl imposanter Burgen, historische Altstädte und zeitgenössische Architektur laden ein zur Entdeckungsreise vom Mittelalter bis heute.

▍Vor- und Frühgeschichte

Ureinwohner und Römer Von der **Urbevölkerung** Tirols zeugen Wallburganlagen und Gebrauchsgegenstände aus der Jungsteinzeit, der Bronze- und Eisenzeit. Viele sind im Archäologiemuseum in Bozen zu sehen. Aufschlüs-

HINTERGRUND
KUNST UND KULTUR

se über die Frühgeschichte des Vinschgaus gibt auch die Grabungsstätte Ganglegg oberhalb von Schluderns, einst eine befestigte Höhensiedlung der Bronze-, Eisen- und Römerzeit.

In **römischer Zeit** wurden in Südtirol v. a. Militärstraßen angelegt und ausgebaut. Die 46 n. Chr. fertiggestellte Via Claudia Augusta verband das Etschtal über den Reschenpass, Imst und den Fernpass mit Augsburg. Eine Variante führte vom Piavetal über den Misurina-See, durch das Höhlenstein- und Pustertal via Brennerpass, Innsbruck und Mittenwald. Ein römischer Meilenstein bei St. Lorenzen und der Mithras-Altar für den v. a. von Soldaten stark verehrten persischen Lichtgott in Sterzing zeugen von der römischen Provinzialkultur.

Die Christianisierung Raetiens war um die **Mitte des 5. Jh.s** mit der Aufteilung der Kirchenprovinzen abgeschlossen: Der Vinschgau kam zum Bistum Chur, das Pustertal zu Aguntum, der Bozner Raum zum Bistum Trient, der Rest fiel an die Diözese Augsburg. St. Peter in Gratsch bei Dorf Tirol und St. Valentin bei Meran bergen Reste frühchristlicher Baukunst. Die Kirche St. Peter in Altenburg oberhalb vom Kalterer See, heute Ruine, stammt vom hl. Bischof Vigilius von Trient (um 400) und wurde im 6. Jh. ausgebaut. Das sogenannte Untermaiser Relief (7. Jh.) im Meraner Stadtmuseum zeigt archaische Figuration mit Planeten und Flechtbandmotiven.

Frühchristentum

Romanik

Herzog Tassilo von Bayern gründete 769 ein Kloster in Innichen. Dessen erste Kirche ist aber nicht erhalten, der Kernbau der heutigen dreischiffigen Basilika stammt aus der Hoch- und Spätromanik. Der große Schatz Südtirols sind die Ende des 8. Jh.s errichteten kleinen einschiffigen **Saalkirchen** im Vinschgau, darunter St. Prokulus bei Naturns mit den ältesten Wandmalereien im deutschsprachigen Raum (Abb. S. 226). Die Flechtbandornamentik der iroschottischen Buchmalerei, gepflegt von Mönchen in den Missionszentren St. Gallen und Salzburg, fand ebenso wie das römisch-antike Mäanderband Eingang in die Ende des 8. Jh.s gestalteten Fresken mit Engeln und Heiligen. Karolingische Reichskunst vom Anfang des 9. Jh.s mit plastischer Figurendarstellung vor dreidimensionaler Hintergrundkulisse findet sich in St. Benedikt bei Mals. Aus der ottonischen Epoche ist nur die um 1020 entstandene Krypta des Klosters Sonnenburg (heute Hotel, S. 94) erhalten.

Nachdem die Grafen von Tirol im Lauf des 12. Jh.s die Landeshoheit errungen hatten, kam es zu einer neuen Kunstentfaltung mit der Neugründung und Umgestaltung von Kirchen (die Stiftskirche von Innichen und der Dom zu Brixen) und Klöstern (Marienberg, Neustift). In den Dörfern entstanden meist flach gedeckte einschiffige

Architektur

HINTERGRUND
KUNST UND KULTUR

Ein herausragendes Werk romanischer Kunst in Südtirol: die Kreuzigungsgruppe in der Innichener Stiftskirche

Saalkirchen mit halbrunder Apsis. Als Sonderform etablierten sich die sogenannten **Bozner Chorturmkirchen**, in denen das Turmuntergeschoss den Altarraum bildet. Daneben entstanden wenige Zentralbauten wie die 1199 geweihte zweigeschossige Michaelskapelle in Neustift oder die Johanniterhospizkirche in Taufers im Münstertal. Die Baukunst wurde wesentlich von **lombardischen Wanderkünstlern** geprägt, die den aus der Antike überlieferten Gewölbebau wieder aufgriffen. Sie schufen u. a. die fantasievollen Bestiarien- und Figurenreliefs an den Portalen von Schloss Tirol, den Kapitellschmuck im Palas der Burgruine Boymont oder die Apsis der Pfarrkirche von Laas. Die Portal- und Reliefplastik des 12. und 13. Jh.s in den Kirchen von Innichen und Marienberg weist dagegen auf den Einfluss deutscher Bauhütten hin.

HINTERGRUND
KUNST UND KULTUR

Auf dem Gebiet der **Holzskulptur** ragt die monumentale Kreuzigungsgruppe (Christus zwischen Maria und Johannes, um 1250) in der Stiftskirche von Innichen hervor, die romanischen Kruzifixe in der Pfarrkirche von Gries und in der Spitalkirche von Sonnenburg sowie die Sitzmadonnen in den Museen von Bozen und Brixen.

Sakrale Kunst

Der größte Kunstschatz der Romanik in Südtirol sind die zahlreichen **Wandmalereien**. Um 1160 wurde die Krypta des Benediktinerklosters Marienberg mit einer Majestas Domini ausgemalt, zwischen 1180 und 1200 die Burgkapelle von Hocheppan. Streng gestaltet sind die Kirchenlehrer in St. Johann in Taufers (um 1230) und die starren Gesichter in der Maria-Trost-Kirche in Untermais (Ende 12. Jh.). Auf den Fresken von St. Jakob in Grissian (um 1200) ziehen Abraham und Jakob vor einer felsigen, mit Schnee bedeckten Dolomiten-Landschaft umher. Einzigartig sind die skurrilen Bestiarien (um 1220) in St. Jakob in Kastelaz bei Tramin. Die Fresken in Burg Rodeneck zur Illustration des Heldenlieds Iwein nach Hartmann von Aue, kurz nach 1200 entstanden, gelten als die **älteste bekannte Profanmalerei** der Romanik.

Gotik

Den ungeheuren **Reichtum an gotischer Kunst** verdankt Südtirol dem im 14. und 15. Jh. aufkommenden Bürgertum in den Städten als Auftraggeber, das die Gewinne aus Handel und Bergbau unter der gefestigten Herrschaft der Tiroler Landesfürsten in Kunstwerke investierte. Die meist aus dem schwäbischen Süddeutschland stammenden Baumeister errichteten für die Orden geräumige Predigtkirchen und für die bürgerlichen Pfarrgemeinden meist dreischiffige Hallenkirchen. Sehenswert ist beispielsweise die Turmvorhalle (um 1350) der Meraner Pfarrkirche St. Nikolaus. Das dreischiffige, hallenartige Innere der Kirche Unsere Liebe Frau in der Vill in Neumarkt wird überspannt von einem reich figurierten Stern- und Netzgewölbe. Hans Lutz von Schussenried schuf den filigranen Turmhelm der Bozner Dompfarrkirche und innen das feine Maßwerk, ebenso die Reliefs der Kirchenväter an der Kanzel (1513/14).

Sakrale Architektur und Kunst

In der **Wandmalerei** herrschte um 1300 der aus Deutschland und Frankreich übernommene Linear- oder Konturenstil vor, bei dem die Farbe die bewegte Umrisslinienzeichnung ausfüllt, aber nicht zur plastischen Modellierung der Figuren dient. Gute Beispiele dafür liefern die Viktorskapelle von Kloster Neustift oder die Christinalegende im Brixner Domkreuzgang sowie St. Johannes in Brixen. Von Italien her breitete sich mit der Malerei Giottos ein neuer Stil aus, der Licht-Schatten-Modellierung kannte, die Figuren vermenschlichte und wirklichkeitsnahe Landschafts- und Architekturprospekte schuf. Die Legende der hl. Dorothea an der Langhauswand der Bozner

349

Dompfarrkirche, um 1340 gemalt von einem Paduaner Maler, bildet den Auftakt für die sogenannte Bozner Schule. Die darin geschulten lokalen Maler trugen die bildnerischen Ideen weiter nach St. Cyprian in Sarnthein, in die Pfarrkirche nach Terlan, nach St. Valentin in Tramin und St. Helena bei Deutschnofen. Kennzeichen ist ein strenger Bildaufbau, aufgelockert durch Hintergrundprospekte und bewegte Figurengruppen in schwungvollen Gewändern.

Höfischer Stil
Um 1400 hielt der von Prag über Wien vermittelte höfische Stil Einzug. Meister Wenzeslaus, Hofmaler des deutschen Bischofs von Trient, malte um 1415 die Friedhofskapelle in Riffian aus. Farbenreichtum, kunstvolle Faltenwürfe, elegante Bewegungen und abgestufte Raumebenen zeichnen die Fresken der Burg Runkelstein (um 1400) bei Bozen aus. Hans von Bruneck vereinte die höfische Kunst des Nordens und des Südens in seiner Malerei: Seine Darstellungen in der Spitalkirche von Sterzing, den Kreuzgängen von Brixen und Neustift und der Nikolauskirche in Stegen begründeten die **Pustertaler Schule**, die mit Michael Pacher ihren Höhepunkt erreichte. In Brixen setzte Jakob von Seckau neue Akzente in der dritten Kreuzgangarkade durch die bewegte Dramatik der Kreuzigung (um 1450).

Eine Besonderheit Südtirols sind die monumentalen gotischen **Flügelaltäre**, deren Zeit vom Ende des 14. bis in die Mitte des 16. Jh.s reicht. Der Ulmer Meister Hans Multscher (um 1400 – 1467) betonte bei seinen Figuren die Körperlichkeit und verlieh ihnen expressive Mimik und Gestik, zu beobachten am Altar in Sterzing. Michael Pacher entwarf bühnenähnliche Architekturgehäuse wie im Schreinflügelaltar (1475) der alten Pfarrkirche von Gries. Zu den Meistern gehört auch Hans Klocker aus Brixen (um 1474 – nach 1500), sein Flügelaltar in Pinzon zu den schönsten in Südtirol. Eindrucksvolle Schreinfiguren (um 1500) von ihm sind auch am Hauptaltar der Marienkapelle des Franziskanerklosters in Bozen zu sehen. Bedeutsam sind außerdem die von schwäbischen Meistern geschnitzten großen Altäre wie der Hochaltar der Pfarrkirche in Niederlana von Hans Schnatterpeck. Jörg Lederer aus Kaufbeuren gestaltete um 1517 den Flügelaltar der Spitalkirche zum Heiligen Geist in Latsch. Volkstümliche Frömmigkeit spiegeln die zahlreichen gotischen **Bildstöcke** wieder. Das spitzige Stöckl (um 1460) bei Mitterolang und der Tabernakelbildstock (15. Jh.) auf dem Dorfplatz von Welsberg zählen zu den eindrucksvollsten.

Renaissance

Die Neuerungen der Renaissanceepoche wurden den örtlichen Traditionen und Bedürfnissen angepasst. Mehrere Burgen erhielten Loggienhöfe, etwa die Brixner Hofburg (ab 1591), die Churburg in Schluderns einen prächtigen Arkadenhof (ab 1537) und Schloss Ehrenburg einen Hof mit Rundbogenarkaden (um 1522). Im Überetsch, wegen seiner vielen Burgen und Schlösser auch Adelsparadies genannt, entwickelte sich bei der besonders kunstvollen Ausstattung der Ansitze mit aufwendigen Täfelungen, Kachelöfen und Mobiliar der manieristisch geprägte **Überetscher Stil**. Charakteristisches Merkmal sind die Doppelbogenfenster. Schloss Velthurns begeistert mit Wandmalereien und Holzintarsien aus der Renaissancezeit, beeindruckend ist auch der Habsburger-Stammbaum in Terrakotta von Hans Reichle in der Brixner Hofburg.

Barock

Infolge wirtschaftlicher Krisen, nicht zuletzt verursacht durch den Dreißigjährigen Krieg, verarmte Südtirol im 17. Jh.; daher fasste der in Rom entstandene Barockstil hier erst im 18. Jh. Fuß. Zumeist wurde barock umgebaut wie im Brixner Dom (1745 – 1755) und in der Stiftskirche von Neustift (1734 – 1738). Kleinere Neubauten waren die Stiftskirche in Gries und die Pfarrkirchen in Gossensass, Toblach, Taisten sowie St. Vigil in Enneberg. Mit dem Merkantilpalast in Bozen schuf der Veroneser Francesco Perotti ab 1705 ein gelungenes Beispiel für die Einbindung eines italienischen Palazzo in eine Laubengasse. Auch das Palais Campofranco (1764), das Palais Menz (um 1771) und das Palais Pock (1759) in Bozen zeigen reizvolle Barockfassaden. Außerdem erhielten zahlreiche Ansitze ein barockes Gewand, z. B. der Ansitz Mühlrain (um 1680) in Latsch. Das einzige reine Barockschloss ist Schloss Wolfsthurn in Ratschings.

Auf dem Gebiet der Malerei sticht **Paul Troger** mit seinen kühnen Raumillusionen hervor, dessen Frühwerk mit dem Altarblatt in der Kalvarienbergkirche von Kaltern zu sehen ist. Höhepunkt seines Schaffens in Südtirol bilden die prachtvollen Deckenfresken (1748 – 1750) im Brixner Dom. Martin Knoller gelangen mit den Deckenfresken im Kloster Muri (1771, Bozen-Gries) Kompositionen dramatischer Bewegtheit in hellem Kolorit. Franz Anton Zeiller schuf den Rocaillestuck und die Deckenfresken (1764) in der Heiligkreuzkirche in Brixen sowie die Ausmalung der Pfarrkirche in Toblach (1769). Matthäus Günther aus Augsburg freskierte die Stiftskirche zu Unserer Lieben Frau in Neustift (1735 – 1743). Karl Heinrich Henrici ist für die Malereien in der Dompfarrkirche von Bozen, in Pfalzen im Pustertal sowie für die Kreuzwegbilder in St. Vigil in Enneberg verantwortlich.

Architektur und Kunst

19. Jahrhundert bis heute

In der zweiten Hälfte des 19. Jh.s entwickelte sich der Historismus als Gegenbewegung zum Klassizismus, der in Südtirol kaum Spuren hin-

Historismus

HINTERGRUND
KUNST UND KULTUR

terlassen hatte. Als bestes Werk der **Neugotik** gilt der 1869 vom Wiener Moritz Wappler errichtete Kirchenbau St. Johann in Schenna, Grabstätte für den populären Erzherzog Johann (gest. 1859) und seine Familie. Im neuromanischen Stil aus einheimischem rotem Porphyr baute Johann Bittner die Heilig-Kreuz-Kirche in der Rauschertorgasse in Bozen.

Jugendstil

Der Jugendstil setzte um 1900 neue Akzente durch seine **Naturvorbildern** abgeschauten Formen und ornamentalen Linien. Im aufstrebenden Kurort Meran errichtete der Münchner Martin Dülfer das Stadttheater (1899 – 1900) mit Jugendstil- und Klassizismuselementen. Der Wiener Architekt Konstantin Ritter von Chabert gestaltete 1905/06 den Meraner Bahnhof im Wiener Sezessionsstil und Friedrich Obmann aus Wien das Neue Kurhaus in Meran (1912 – 1914).

Moderne Architektur

Anfang des 20. Jh.s veränderte sich das Stadtbild **Bozens** rasant: Karl Hocheder entwarf das 1909 eingeweihte Rathaus und der Bozner Architekt Marius Amonn den Laubengang zwischen Piavestraße und Rathausplatz. Der »zu deutsche« Turm des Stadtmuseums im eklektischen Stil von 1905 wurde zur Zeit des Faschismus abgerissen, später aber wieder aufgebaut. Marcello Piacentini (1861 – 1960), der

Der Ausguck ist selber ein Hingucker: zeitgenössische Architektur von Matteo Thun in den Gärten von Schloss Trauttmansdorff bei Meran.

HINTERGRUND
KUNST UND KULTUR

oberste Baumeister Mussolinis, entwarf das »Siegesdenkmal«; ganze Stadtviertel mit Wohnhäusern und Repräsentationsbauten entstanden im monumentalen Baustil.

Ein wichtiges Bauwerk der Zwischenkriegszeit ist das **GIL** an der Drususbrücke (1933; Francesco Mansutti, Gino Miozzo) für die faschistische Jugendorganisation (Gioventù Italiana del Littorio). Nach vielen Jahren der Vernachlässigung wurde es restauriert und um einen Neubau aus Glas, Holz und Beton ergänzt (Colombi, Dalsass, De Dominicis). Die Fassade Richtung Romstraße besitzt noch das typische Pompejanisch-Rot und die klaren, geometrischen Grundlinien des ursprünglichen Gebäudes. Es ist Sitz der EURAC (Europäische Akademie Bozen, www.eurac.edu) und heute eines der wenigen verbliebenen Beispiele der italienischen Architektur zwischen Monumentalismus und Rationalismus in Südtirol.

Ein herausragender Architekt der Nachkriegszeit ist **Othmar Barth** (1927 – 2010): Seine Haslach-Siedlung bei Bozen und die Nikolaus-Cusanus-Akademie in Brixen begründeten eine neue Zeit. Zu seinen Hauptwerken gehört das Seehotel Ambach am Kalterer See von 1973, dessen Sichtbetonfassade ein Aushängeschild jener Ära wurde.

Bei den zeitgenössischen Bauten gelten die **Weingüter in Überetsch als Vorreiter** – angestiftet von der Konkurrenz im übrigen Italien, Frankreich und Spanien. Den Anfang machte 1996 die Kellerei Alois Lageder in Margreid, weitere Beispiele sind u. a. die Genossenschaftskellereien Nals Margreid und Tramin, das Weingut Schreckbichl in Girlan und die unterirdische Kellerei Manincor, entworfen von führenden Architekten Südtirols wie Walter Angonese, Markus Scherer, Matteo Thun, Werner Tscholl und Gerd Bergmeister. Gemeinden, Unternehmer und Privatleute haben sich von diesem Trend anstecken lassen. So fügt sich nun manches unkonventionelle Fabrikgebäude, Bürohaus oder Museum harmonisch in das traditionelle Ortsbild (▶ Das ist … S. 12). Die Bahnhöfe der Vinschger Bahn oder die Seilbahnen von Latsch nach St. Martin oder nach Meran 2000 zeigen, wie schick ein öffentliches Verkehrsmittel aussehen kann.

Zeitgenössische Architektur

Ein Meilenstein und Anlaufpunkt für die zeitgenössische Kunst Südtirols ist das **Bozner Museion**, ein Glaskubus mit einer wellenförmigen Doppelbrücke. Südtirol brauchte lange, um zur zeitgenössischen Kunstszene aufzuschließen. Die politische Zerrissenheit nach dem Zweiten Weltkrieg ließ viele Künstler in eine Art Volkskunst flüchten. Wer es nicht aushielt, wie u. a. der Malser Karl Plattner oder der Prader Hans Ebensperger, wanderte nach Mailand oder Wien aus. Zu den wenigen, die blieben und ihren eigenen Stil fanden, gehören der Laaser Jörg Hofer mit abstrakten Bildern aus Marmorstaub und Farbe und der Grödner Holzschnitzer Adolf Vallazza, der für seine Skulpturen aus verwittertem Holz bekannt ist (▶ Baedeker Wissen S. 152).

Zeitgenössische Kunst

HINTERGRUND
INTERESSANTE MENSCHEN

INTERESSANTE MENSCHEN

Musikerinnen und Sängerinnen: Ganes

Gründungsjahr des Trios: 2010 (Abb. S. 23)

Benannt hat sich das Poptrio »Ganes« nach Wasserhexen aus der Mythologie seiner ladinischen Heimat. Die jungen Sängerinnen, die Schwestern Elisabeth und Marlene Schuen und ihrer Cousine Maria Moling sind in La Val, einem kleinen Dolomitendorf aufgewachsen. Ihr Markenzeichen ist der dreistimmige glasklare Gesang, der in La Val gepflegt wird. Ganes singen in ihrer Muttersprache Ladinisch, was ihre von Jazz, Klassik und Pop beeinflusste Musik so geheimnisvoll klingen lässt, dass sie längst auch international damit erfolgreich sind. Marlene Schuen studierte Violine und Jazzgesang, ihre Schwester Elisabeth schloss ein Studium als Opernsängerin ab und spielt wie ihre Schwester Geige. Maria Moling studierte am Landeskonservatorium in Klagenfurt Musik. Das Trio formierte sich während einer Tournee von Hubert von Goisern, welche es begleitete. 2010 veröffentlichte es sein erstes Album »Rai de Soredl«, »Sonnenstrahl«. Zur Gruppe stieß 2018 Natalie Plöger (Kontrabass, Gesang) aus dem niedersächsischen Leer, nachdem Maria Moling Ganes für eigene Projekte verlassen hatte.

Freiheitskämpfer: Andreas Hofer

1767 – 1810 Gastwirt

Er ist der Tiroler Nationalheld schlechthin: Andreas Hofer war im Passeiertal aufgewachsen und Wirt im Gasthaus »Am Sand«. Im Kampf gegen Frankreich diente er von 1796 bis 1805 als Schützenhauptmann und gewann damit das Vertrauen Erzherzog Johanns, der Tirol niemals von Österreich getrennt sehen wollte. Der »vom Haus Österreich erwählte Kommandant« (wie sich Hofer zeitweise selbst bezeichnete) errang 1809 gegen die bayerischen und französischen Besatzer seiner Heimat anfänglich einige Siege. Die vierte und entscheidende Schlacht am Berg Isel verloren er und seine Leute jedoch. Hofer zog sich auf die Pfanderalm zurück. Auf seinen Kopf hatten die Franzosen eine Prämie gesetzt. Er wurde verraten und 1810 in Mantua von einem französischen Kriegsgericht zum Tod verurteilt und standrechtlich erschossen. Seit

1823 ruhen seine sterblichen Überreste in der Hofkirche in Innsbruck.

Bergsteigerlegende: Josef (Sepp) Innerkofler

Josef Innerkofler stammte aus einer berühmten Alpinistendynastie aus Sexten. Berühmt wurde er, weil er bereits bezwungene Gipfel auf neuen Wegen bestieg. So durchstieg er als Erster die Nordwand der Kleinen Zinne. Außerdem baute er im Dolomitenraum mehrere Hotels. Als 1915 der Krieg die Dolomiten erreichte, meldete sich der Fünfzigjährige zu den Standschützen, wo er beim Angriff auf den Paternkofel fiel und von den italienischen Gegnern auf dem Gipfel des Berges bestattet wurde. 1918 wurde er exhumiert und in seiner Heimatgemeinde Sexten zur letzten Ruhe gebettet.

1865–1915
Bergsteiger
und Hotelier

Volkstümlicher Landesvater: Johann Erzherzog von Österreich

Im Hause Habsburg zählte Erzherzog Johann, Bruder Kaiser Franz' I., zu den volksverbundensten Mitgliedern. Er kämpfte, unterstützt von Andreas Hofer und Josef Freiherr von Hormayr, gegen Frankreich und Bayern, regte aber auch die Erstbesteigung des Ortlergipfels an, war für den Alpenbund aktiv und engagierte sich für die Landwirtschaft. 1847 richtete er in Eppan ein Musterweingut ein und brachte mehrere Rebsorten wie Welschriesling, Traminer, Ruländer und Weißburgunder nach Südtirol. 1848 wurde er Stellvertreter des Kaisers und betrieb die Abdankung Metternichs. Johanns Grab befindet sich in Schenna.

1782–1859
Mitglied des
Hauses
Habsburg

Ein Mann des Ausgleichs: Silvius Magnago

Silvius Magnago wurde in Meran als Sohn eines Bezirksrichters italienischer Abstammung und einer Vorarlbergerin geboren. In seine Kindheit und Jugendzeit fielen der Zusammenbruch der Donaumonarchie und die Italienisierungspolitik der Faschisten in Südtirol. Nach dem Studium der Rechtswissenschaften an der Universität von Bologna zogen ihn die deutschen Besatzer zum Militärdienst in der Wehrmacht ein, wo er im Kaukasus schwer verwundet worden war. Silvius Magnago betrachtete Politik als »Kunst des Möglichen«, akzeptierte die Zugehörigkeit Südtirols zu Italien und handelte auf dieser Basis das »Südtirol-Paket« aus, das der deutschsprachigen Bevölkerung der Region Trentino-Südtirol die Autonomie sicherte. Von 1957 bis 1991 war er Obmann der Südtiroler Volkspartei (SVP) und zwischen 1961 und 1989 Landeshauptmann der Provinz Bozen.

1914–2010
Jurist und
Politiker

HINTERGRUND
INTERESSANTE MENSCHEN

Umstrittene Landesherrin: Margarete Maultasch

1318 – 1369
Gräfin
von Tirol

Margarete Maultasch war die letzte Gräfin von Tirol. Nach dem Tod des einzigen verbliebenen männlichen Nachkommens Meinhards II. setzte sich 1335 die Vertretung des Landes für sie als rechtmäßige Landesherrin ein und verhinderte so eine Aufteilung Tirols zwischen Bayern und Österreich. Die Heirat Margaretes 1342 mit Herzog Ludwig von Bayern und Brandenburg brachte der Grafschaft einen Freiheitsbrief, der den Bewohnern ein Mitspracherecht in Sachen Steuern, Gesetzgebung und Regierung gewährte.

Aufgrund politischer Intrigen wurden die Eheleute von Papst Clemens VI. gebannt; erst 1359 wurde der Bann wieder gelöst. Nach dem Tod ihres Ehemanns 1361 starb zwei Jahre später auch ihr gemeinsamer Sohn Meinhard III. kinderlos. Daraufhin beanspruchten Bayern und die Habsburger Tirol für sich. Um kriegerische Auseinandersetzungen und eine Aufteilung des Landes zu verhindern, übergab Margarete das Land dem Habsburger Rudolf IV. und zog sich nach Wien zurück.

1923 schrieb Lion Feuchtwanger einen historischen Roman über »Die häßliche Herzogin«; lesenswert ist auch die Biografie »Margarete Maultasch. Ein Frauenschicksal im späten Mittelalter zwischen Eros und Politik« von Wilhelm Baum (2007).

Ausnahme-Alpinist: Reinhold Messner

Geb. 1944
Abenteurer,
Autor,
Politiker
(Abb. S. 241)

Der aus Villnöss stammende Reinhold Messner machte Schlagzeilen durch seine spektakulären Bergbesteigungen. In den Alpen, im Himalaya, im Karakorum und den Anden gelangen ihm Erstbegehungen der höchsten Schwierigkeitsstufen. Als erster Alpinist hat er alle vierzehn Achttausender der Erde erstiegen. Messner ist auch als Buchautor sehr erfolgreich. Heute lebt der Umweltschützer, der fünf Jahre lang als Europaparlamentarier für die Grünen tätig war, u. a. auf Schloss Juval bei Naturns, wo er ein Museum mit Tibetica eingerichtet hat.

HINTERGRUND
INTERESSANTE MENSCHEN

Das Museum gehört zu den »Messner Mountain Museen«, »eine Begegnungsstätte mit dem Berg, mit den Berg-Menschen und letztlich auch mit uns selbst.« (R. Messner). Herzstück ist Firmian in Schloss Sigmundskron bei Bozen (Geschichte und Kunst des Bergsteigens), Juval auf Schloss Juval bei Naturns (Mythos Berg), Ortles in Sulden (Gletscher), Dolomites auf dem Monte Rite in Cadore (Fels und Alpinismus in den Dolomiten), Ripa in Schloss Bruneck (Bergvölker) und Corones auf dem Kronplatz (Geschichte des Alpinismus).

Dichtender Lebemann: Oswald von Wolkenstein

Als Dichter war Oswald von Wolkenstein eine herausragende Gestalt an der Schwelle vom Mittelalter zur Renaissance. Die 133 überlieferten Texte schöpfen aus allen lyrischen Möglichkeiten des Mittelalters, die Oswald mit großer sprachlicher und rhythmischer Begabung variiert hat. Früh regte sich sein unruhiger Geist: »Es fuegt sich, do ich was von zehen jaren alt, ich wolt besehen, wie die welt wär gestalt«. Oswald von Wolkenstein, vermutlich auf Schloss Schöneck im Pustertal zur Welt gekommen, stammte aus altem tirolischem Adel. Er wuchs im Grödner Tal auf Schloss Wolkenstein auf, seine Jugendjahre verbrachte er auf der Trostburg. Er durchstreifte Litauen, Russland, Schweden, England, Rumänien und den Nahen Osten, lernte mit bewundernswerter Leichtigkeit zehn Sprachen und war damit dem deutschen Kaiser Sigismund beim Konstanzer Konzil 1413 von großem Nutzen. Spät heiratete er eine Frau aus dem Schwangau, wurde siebenfacher Vater und zog sich nach einem turbulenten Leben 1433 auf die Burg Hauenstein bei Seis am Schlern zurück, wo er wahrscheinlich starb. Seine sterblichen Überreste liegen der Überlieferung nach im Kloster Neustift.

1377 – 1445
Ritter und
Diplomat

Maler und Bildschnitzer: Michael Pacher

Der Maler und Bildschnitzer Michael Pacher stammte wahrscheinlich aus Bruneck; nachweisbar ist dort ab 1467 seine Werkstatt. Die Lehrjahre führten ihn vermutlich nach Oberitalien, denn sein der Spätgotik zuzurechnendes Werk ist von oberitalienischen Meistern beeinflusst. Von den Werken Donatellos, Masaccios und Filippo Lippis lernte er die Gesetze der Perspektive und der Raumtiefe. So entwickelte er eine neue Konzeption des Flügelschreins, indem er die Figuren wie auf einer Bühne anordnete. Von Pacher und seinen Schülern stammen wichtige Werke wie die Fresken in der Stiftskirche von Neustift und Innichen, der Laurentiusaltar in St. Lorenzen bei Bruneck, der Marienaltar in Gries bei Bozen und der Kirchenväteraltar in Neustift (heute in der Alten Pinakothek München).

um 1435
bis 1498
Künstler

HINTERGRUND
INTERESSANTE MENSCHEN

Der Münzreiche: Sigismund, Herzog von Tirol

1427 – 1496
Herzog
von Tirol

Seinen Beinamen »der Münzreiche« verdankt Herzog Sigismund (auch Sigmund), Regent in Tirol und Vorderösterreich, der Prägeanstalt, die er 1477 von Meran nach Hall in Tirol verlegte, um dort die erste Großsilbermünze (Taler) prägen zu lassen. Sigismund setzte die Bemühungen seines Vaters fort, eine Zentralverwaltung aufzubauen sowie Adel und Klerus der fürstlichen Landesherrschaft zu unterwerfen. Bekannt wurde seine Fehde mit dem Bischof von Brixen Nikolaus Cusanus. Sie entwickelte sich zu einem Grundsatzstreit um die Landeshoheit zwischen kirchlicher (Fürstbischöfe) und weltlicher (Tiroler Grafen) Gewalt und hatte für Sigismund 1460 den Kirchenbann zur Folge. Auf die Initiative des Herzogs ging der Bau der Burg Sigmundskron bei Bozen zurück; auch förderte er die kulturelle Entwicklung Tirols und ließ wichtige Straßen bauen. 1490 verzichtete er zugunsten seines Neffen Maximilian I. auf die Regierung, da er keine Erben besaß.

Weltklasse-Skirennläufer: Gustav Thöni

Geb. 1951
Spitzensportler,
Hotelier

Der Südtiroler Slalom- und Riesenslalom-Spezialist Gustav Thöni gehörte in den 1970er-Jahren zu den erfolgreichsten Skirennläufern. Er gewann viermal die Gesamtwertung des Skiweltcups und 24 Weltcuprennen, wurde fünf Mal Weltmeister und gewann bei den Olympischen Spielen einmal Gold und zweimal Silber. Bereits als Dreijähriger begann Thöni direkt vor seinem Geburtshaus in Trafoi mit dem Skifahren. Sein Vater betrieb auf dem Stilfser Joch einen Skilift, wo der Sohn verschiedene Nationalmannschaften beim Training beobachtete und ihnen nacheiferte. Mit einer neu entwickelten Umsteigetechnik, mit der Thöni die Tore besonders hoch anfahren konnte, revolutionierte er alsbald den Fahrstil und setzte sich an die Weltspitze. Nach seinem Rückzug vom Spitzensport war Thöni Cheftrainer der italienischen Nationalmannschaft und persönlicher Trainer von Alberto Tomba. Die elterliche Pension baute er zum Familienhotel »Bella Vista« aus, wo heute in einem kleinen Museum zahllose Pokale an die Erfolge des ehemaligen Ski-Asses erinnern.

Vorreiter visonärer Alpenarchitektur: Matteo Thun

Geb. 1952
Architekt,
Designer

Sein Name ist längst eine internationale Marke. Freude am Gestalten brachte Matthäus Antonius Maria Graf von Thun und Hohenstein, Kind einer Bozner Unternehmerfamilie, dazu, Architektur zu studieren und 1975 in Florenz zu promovieren. 1984 eröffnete er sein Studio in Mailand, 1990 – 1993 war er Artdirector bei Swatch und seit 2001 führt er ein international erfolgreiches Büro für Architektur, Innenarchitektur und Produktdesign. Als Architekt setzte Thun bereits 2003 mit dem modernen Hotelkomplex des Vigilius Mountain Resorts auf dem Vigil Joch Maßstäbe für eine neue Architektur-Ära in Südtirol. Von seiner Heimat geprägt, verwendet er als Baustoff vor allem Holz, das Patina bekommt und leicht recycelt werden kann. Thun gilt als einer der vielfältigsten Gestalter Europas und Vorreiter nachhaltiger Architektur, der seine Projekte nach dem »Triple-Zero«-Konzept realisiert: null CO_2-Ausstoß, null Kilometer Materialdistanz, null Abfall. In Südtirol gibt es von Matteo Thun u. a. noch die Pergola Residence in Algund, das Innendesign der Therme Meran und die Aussichtsplattform in den Gärten von Schloss Trauttmansdorff zu sehen.

Nationalist: Ettore Tolomei

Der Verdienst des in Rovereto geborenen Ettore Tolomei ist höchst umstritten. Der überzeugte italienische Nationalist, von Beruf Geograf, sah das deutschsprachige Südtirol als Teil der noch nicht befreiten italienischen Territorien. Schon 1906 gründete er das »Archivio per l'Alto Adige«, mit dessen Hilfe er die angebliche Zugehörigkeit Südtirols zu Italien zu beweisen versuchte. Als die Bedingungen des Friedensvertrags von Saint Germain 1919 n h u. a. die Berichtigung der italienischen Grenze »nach den klar erkennbaren Linien der Nationalität« vorsahen, kam Italien Tolomeis Arbeit gerade recht. Zur Stützung seiner Thesen erfand er rund 20 000 italienische Orts- und Flurnamen für das deutschsprachige Gebiet: teils wörtliche Übersetzungen (Schönau – Belprato), teils an den originalen Wortklang angelehnte Romanisierungen (Meran – Merano) und teils willkürliche Neubildungen (Sterzing – Vipiteno). Das brachte Tolomei den Beinamen »Totengräber Südtirols« ein und trifft noch heute manchen deutschsprachigen Einwohner an einem empfindlichen Punkt. Tolomei war für die Regierung in Rom immerhin so wichtig, dass er 1952 ein Staatsbegräbnis erhielt.

1865 – 1952
Geograf und Politiker

Begnadeter Erzähler: Luis Trenker

Eigentlich war der in St. Ulrich im Grödner Tal geborene Luis Trenker von Beruf Architekt, der nebenbei als Bergführer arbeitete. Berühmtheit erlangte er als Filmschauspieler, Regisseur und Schriftsteller; er gilt auch als Begründer des realistischen Berg- und Skifilms. Daneben verfasste er zahlreiche Romane, die ebenfalls überwiegend in den Alpen spielen und häufig die Kämpfe in den Dolomiten im Ersten Weltkrieg thematisieren. Sein Natur- und Heimatideal gefiel auch den deutschen und italienischen Faschisten. Doch ließ sich Trenker nicht vereinnahmen und verließ deshalb 1940 Berlin, in das er 1927 überge-

1892 – 1990
Schauspieler, Regisseur

HINTERGRUND
INTERESSANTE MENSCHEN

siedelt war. Zuletzt lebte er in Bozen-Gries. Durch die ARD-Sendung »Luis Trenker erzählt« brachte der begnadete Erzähler den deutschen Zuschauern seine Südtiroler Heimat näher. Heute erinnert u. a. das Gröden Museum in St. Ulrich an die Bergsteigerlegende.

Erfinder des Trogerblau: Paul Troger

1698 – 1762
Künstler

Der Barockmaler Paul Troger stammte aus Welsberg im Pustertal, erhielt aber seine künstlerische Ausbildung wie viele Zeitgenossen in Italien, vor allem in Venedig. Ab 1726 war er in Österreich tätig; berühmt sind seine riesigen Deckenfresken, u. a. in St. Cajetan in Salzburg, im Stift Melk an der Donau und im Stift Göttweig. Im Südtiroler Raum war er für die Ausgestaltung des Doms in Brixen (1748 bis 1750) verantwortlich. Charakteristisch für seine Werke ist ein besonderer blauer Farbton, »Trogerblau« genannt.

Raumfahrt-Pionier: Max Valier

1895 – 1930
Amateurastronom
und Autor

Er gilt als Pionier des Raketenbaus und der Raumfahrt. Der in Bozen geborene Max Valier war Amateurastronom und Science-Fiction-Autor. Zusammen mit dem Autoindustriellen Fritz von Opel baute er 1928 das mit Feststofftreibsätzen ausgerüstete erste Raketenauto der Welt. Eine von Valier konstruierte Flüssigtreibstoffrakete erreichte 1929 die Rekordgeschwindigkeit von 400 km/h. Eine Explosion bei einem Raketentest kostete ihn ein Jahr später das Leben – er ist das erste Todesopfer der Raumfahrt. In seinem Geburtshaus am Pfarrplatz 11 sind einige Erinnerungsstücke zu sehen.

Minnesänger: Walther von der Vogelweide

Um
1170 – 1230
Dichter

Obwohl neueste Forschungsergebnisse eine niederösterreichische Herkunft nahelegen, hinterließ der mittelalterliche Dichter auch in Südtirol Spuren. In der 2. Hälfte des 19. Jh.s vermutete man seinen Geburtsort am Vogelweiderhof bei Lajen (Waidbruck). 1877 wurde sein Denkmal im Zentrum von Bozen enthüllt. Scharen von Germanisten trafen sich in Klausen und das kleine Städtchen wurde ein Anziehungspunkt für Künstler aller Gattungen. Walther von der Vogelweide erhielt seine lyrische Schulung bei Reinmar von Hagenau. Nach einem Aufenthalt am Wiener Hof um 1190 führte er ein unstetes Wanderleben. Um 1220 erfüllte sich einer seiner größten Wünsche: Er erhielt ein kleines Lehen bei Würzburg und feierte dieses Ereignis in einem seiner bekanntesten Gedichte (»Ich hân mîn lêhen, al die welt, ich hân mîn lêhen ...«). Walther gilt als der bedeutendste deutsche Lyriker des Hochmittelalters. In seinen Gedichten vereint sich virtuose Gestaltungskraft mit Elementen der Hohen Minne, der Vagantenlyrik und der religiösen Literatur.

Der Erfinder des Reiseführers: Karl Baedeker

Als Buchhändler kam Karl Baedeker viel herum, und überall ärgerte er sich über die »Lohnbedienten«, die die Neuankömmlinge gegen Trinkgeld in den erstbesten Gasthof schleppten. Nur: Wie sollte man sonst wissen, wo man übernachten könnte und was es anzuschauen gäbe? In seiner Buchhandlung hatte er zwar Fahrpläne, Reiseberichte und gelehrte Abhandlungen über Kunstsammlungen. Aber wollte man das mit sich herumschleppen? Wie wäre es denn, wenn man all das zusammenfasste? Gedacht, getan: Zwar hatte er sein erstes Reisebuch, die 1832 erschienene »Rheinreise«, noch nicht einmal selbst geschrieben. Aber er entwickelte es von Auflage zu Auflage weiter. Mit der Einteilung in »Allgemein Wissenswertes«, »Praktisches« und »Beschreibung der Merk-(Sehens-)würdigkeiten« fand er die klassische Gliederung des Reiseführers, die bis heute ihre Gültigkeit hat. Bald waren immer mehr Menschen unterwegs mit seinen »Handbüchlein für Reisende, die sich selbst leicht und schnell zurechtfinden wollen«. Die Reisenden hatten sich befreit, und sie verdanken es bis heute Karl Baedeker. Südtirol beschreibt er erstmals im 1842 erschienenen »Handbuch für Reisende in Deutschland und dem Österreichischen Kaiserstaat«.

1801–1859
Verleger

> »
> Wenn auch durch fast alle Straßen Wasser fliesst,
> pflegt's doch im Sommer hier so drückend heiss zu sein,
> dass viele Familien dann in Ritten auf ihren
> Sommerfrischen leben.
> «
>
> *Baedeker's Deutschland und Österreich, 15. Auflage 1872 (über Bozen)*

E
ERLEBEN & GENIESSEN

Überraschend, stimulierend, bereichernd

Mit unseren Ideen erleben und
genießen Sie Südtirol.

Zur Zeit des Törggelens kommen
Wein, Brot, Keschtn (= Kastanien), Käse, Speck und
Kaminwurzen auf den Tisch.

ERLEBEN & GENIESSEN
BEWEGEN UND ENTSPANNEN

BEWEGEN UND ENTSPANNEN

Bizarre Dolomitenfelsen, urige Almen mit farbenprächtigen Blumenwiesen, smaragdgrün leuchtende Seen und mittelalterliche Burgen zwischen lieblichen Weinfeldern. Die Landschaft Südtirols ist so abwechslungsreich, dass es einen geradezu nach draußen zieht, um sich in dieser spektakulären Natur zu bewegen. Für zahlreiche Sportarten findet sich hier in den Bergen und Tälern das ideale Terrain.

Wandern und Bergsteigen
Südtirol gehört zu den **schönsten Wandergebieten Europas** und hat erfreulicherweise für jeden etwas zu bieten. Beeinflusst durch das milde mediterrane Klima entstand eine Landschaft mit einer einmaligen Flora und Fauna. Für Ungeübte empfehlen sich relativ eben verlaufende Tal- und Höhenwege. Ambitionierte Wanderer zieht es eher auf lange Touren, beispielsweise auf den Europäischen Fernwanderweg E 10, der die Region durchquert. Eine alpine Attraktion für Schwindelfreie sind die Klettersteige, mit Klammern, Eisenleitern und Drahtseilen gesicherte Wege, und auch Bergsteiger finden hier unzählige Möglichkeiten. Die Infrastruktur ist sehr gut ausgebaut, Gondeln und Sessellifte gibt es zuhauf und hervorragendes Kartenmaterial hilft bei der Orientierung. Sehr gute Infos erhält man unter www.trekking.suedtirol.info. Es gibt 14 Alpinschulen mit etwa 180 geprüften Bergführern. Auch die lokalen Tourismusbüros veranstalten geführte Wanderungen und leichte Gipfeltouren, dazu kommen entsprechende Initiativen der Hotels und Pensionen.

Die **Wandersaison** in den hohen Lagen reicht meist von Anfang Juli bis Ende September. Sonst sind die Seilbahnen und Berghütten geschlossen. In tieferen Lagen kann man schon ab Mai und bis weit in den Oktober oder sogar November hinein wandern. Interessant sind vor allem Wanderungen in den **Naturparks**. Vor dem Ausflug gibt es im jeweiligen Naturparkhaus meist sehr unterhaltsam aufbereitete Informationen über die jeweilige Flora und Fauna.

Auf den Spuren des Wassers
Wie Lebensadern durchziehen alte Bewässerungskanäle, die **Waale**, besonders den Vinschgau und die Region um Meran. Dank geringer Steigung sind die Wanderwege entlang der Waale besonders leicht begehbar. Angelegt im 13. Jh., sorgten die Kanäle in der niederschlagsarmen Region für fruchtbare Wiesen und Felder. Sie leiteten das Schmelzwasser der Gletscher ab und führten es über große Entfernungen zu Wiesen und Feldern. Die Bauern konnten in der trockenen Gegend damit über Jahrhunderte Landwirtschaft betreiben. Um die Instandhaltung dieses Wasserwegenetzes an den steilen Hängen

ERLEBEN & GENIESSEN
BEWEGEN UND ENTSPANNEN

OBEN: Unterwegs auf den Spuren des Wassers – ein Waalweg in der Nähe von Meran

UNTEN: Noch ein Blick auf das herrliche Bergpanorama, dann geht es über die weiße Pracht ins Tal hinab.

ERLEBEN & GENIESSEN
BEWEGEN UND ENTSPANNEN

kümmerten sich die Waaler. Längst sorgen moderne Rohrleitungen für die Bewässerung der Felder. Als Kulturdenkmal, das für diese Gegend charakteristisch ist wie kein anderes, hat man die Waale behalten. Heute sind aus den Pfaden entlang dieser Bewässerungskanäle beliebte Wander- und Spazierwege geworden, die ganzjährig begehbar sind.

Perfekte Bikerreviere
Italien ist eine radsportbegeisterte Nation und die Berge Südtirols sind ein ideales Trainingsgelände. Doch auch die Zahl der Hobbyradfahrer steigt ständig. Wer locker über Dolomitenpässe strampelt, kann versuchen, beim »**Maratona dles Dolomites**« mitzufahren. Seit 1987 wird dieses Straßenradrennen im Juli veranstaltet. Von La Villa führt die 138 km lange Rundtour nach Corvara. Unterwegs sind sechs Pässe mit insgesamt 4190 Höhenmetern zu bewältigen. Die 9000 Startplätze werden durch Losentscheid vergeben, denn die Zahl der Anmeldungen erreicht meist das Vielfache ...
Es geht aber natürlich auch gemütlicher. Sehr beliebt ist der Etsch-Radweg vom Reschen durch den Vinschgau bis nach Meran und weiter an die südliche Grenze Südtirols. Der Radweg durch das Pustertal geht an der Grenze zu Österreich in den Drau-Radweg über.
Wer seinen Fuhrpark nicht mitnehmen möchte: Etliche Hotels haben sich darauf eingestellt und verleihen ordentliche Räder oder auch E-Bikes für Leute, die es gemütlicher angehen lassen wollen.
Günstig ist man mit der **Bikemobil Card** unterwegs. Mit dieser einen Tag (24 €), drei (30 €) oder sieben Tage (34 €) gültigen Kombikarte kann man an einem beliebigen Tag ein Fahrrad ausleihen und an jedem Verleih mit dem Kennzeichen »Südtirol Rad« zurückgeben. Außerdem darf man alle öffentlichen Verkehrsmittel gratis mit dem Rad benutzen. Infos unter: www.suedtirol-rad.com.

Wassersport
Bei schönstem Sommerwetter sorgen der Kalterer See, der Montiggler See, der Vahrner und der Völser Weiher für natürliche Erfrischung. Wenn das Wetter nicht so mitmacht, findet man an den meisten größeren Orten Badespaß-Zentren, die häufig auch Sauna und Fitness anbieten. Dazu gehören beispielsweise die Therme in Meran, das Acquarena in Brixen und das Cron 4 in Reischach im Pustertal oder das hinreißend gelegene Lido von Schenna. Für die Kiter und Windsurfer liegt das Mekka am Reschensee, auch einen Segelclub gibt es dort. Viele Segler bevölkern überdies den Kalterer See.

Golf
In Südtirol hat Golf eine lange Tradition. Bereits 1904 entstand eine Anlage mit 9 Löchern am Karersee am Fuß des Rosengartens, wo sich die Gäste des Grandhotels Karersee die Zeit vertrieben. In Meran wurde 1922 ein Platz eröffnet. Zwischenzeitlich nahm die Begeisterung für diese Sportart in Südtirol deutlich ab, doch in jüngerer Zeit besann man sich wieder auf diese zahlungskräftige Klientel. Mittlerweile kann man in Südtirol auf fünf 18-Loch- und fünf 9-Loch-Anla-

ERLEBEN & GENIESSEN
BEWEGEN UND ENTSPANNEN

gen abschlagen, eine herrlicher gelegen als die andere. In Eppan entstand die neue, mit sehr viel Wasser gestaltete 9-Loch-Anlage »The Blue Monster«. Ganz sportlich kommt der Golfclub Karersee daher, denn im Juni findet dort »The Alpine Ironman« statt, ein Turnier über 54 Loch mit einer Spieldauer von 12 Stunden. Die **»Golfcard Südtirol«** ist eine Vorteilskarte, die ausschließlich für Gäste der Mitgliedshotels gültig ist. Sie enthält maximal 4 Golfrunden mit 20 % Ermäßigung auf das Greenfee (Infos: www.golfinsuedtirol.it).

Auf zugefrorenen Bergseen eislaufen oder auf Skiern die schönste Panoramapiste, die Sellaronda, umrunden und dabei leckere Gourmetküche auf der Hütte genießen. So **paradiesische Voraussetzungen** bieten Südtirol und die Dolomiten den Wintersportlern. Als Pionier des Skisports gilt der Bergführer Franz Kostner (1877 – 1968), der bereits 1904 das damals noch exotische Sportgerät im Gadertal einführte. Heute gibt es eine große Zahl von Skipisten aller Schwierigkeitsgrade, gespurte Loipen, Rodel- und Eisbahnen sowie jede Menge Aufstiegshilfen, vom Schlepplift für Anfänger bis zur Großkabinen-Gletscherbahn. Praktisch jeder Ort verfügt über Ski- und Snowboardschulen und Sportgeräteverleih. Fast jeder Wintersportort bietet, oft im Verbund mit benachbarten Tälern und Orten, für die lokalen Lifte Skipässe an, in der Regel als Tages-, Wochen- oder Saisonabonnement. Das Nonplusultra ist der **Dolomiti Superski** genannte Verbund zwischen Eisacktal, Pustertal und Fleimstal. Der **weltweit größte Lift- und Pistenverbund** öffnet den Passinhabern beinahe die gesamte Dolomitenregion. Der Skipass gilt für zwölf Skigebiete: Insgesamt 450 Lifte und 1200 km Piste stehen Skifahrern, Snowboardern, Schneeschuhläufern oder Telemark-Fans zur Verfügung. Dazu kommen 1177 km Langlaufpisten. Ein Tagespass in der Hauptsaison kostet 59 € (Infos: www.dolomitisuperski.com).

Wintersport

Nach einem Skitag oder einer Klettertour sorgt so manches Wellnessangebot für wohltuende Entspannung. Dabei haben sich viele Betriebe in Südtirol darauf spezialisiert, vor allem die Ressourcen der Natur zu nutzen. Zum Kuren zog es einst schon Kaiserin Sisi und ihren Hofstaat in die Meraner Gegend. Heute erfreuen sich besonders Anwendungen wie **Heubäder, Latschenkiefer- oder Schafwoll-Wellness** großer Beliebtheit, weil man hier natürliche und regionale Produkte nutzen kann. Auf den Wellnesstrend setzen auch die gehobenen Hotels, die ihren Gästen Massagen, Saunen, Dampfbäder und Thermalpools im Haus bieten. In Südtirol gibt es eine Reihe von Heilbädern. Am bekanntesten sind die radonhaltigen **Mineralquellen** von Meran, dazu kommen Weißlahnbad bei Tiers, Bad Bergfall in Olang, das Völlaner Badl bei Lana, Bad Valdander in Untermoi, Bad Schörgau im Sarntal, Salomonsbrunn in Antholz und Bad Moos in Sexten (▶ Baedeker Wissen S. 368).

Wellness

MIT DER KRAFT DER NATUR

Aus dem Heu von Almwiesen, Latschenkiefern, Schafwolle und sogar Gletscherstaub werden in Südtirol naturverbundene Wellnessanwendungen angeboten, die schon deshalb einzigartig sind, weil sie oft auf traditionelle Hausrezepte der bäuerlichen Bevölkerung zurückgehen.

Gegen alles ist ein Kraut gewachsen, lautet ein altes Sprichwort, auf das man sich heute wieder gerne besinnt. Dabei ist es vor allem das alte Wissen um die Heilkraft von Pflanzen und Kräutern, das früher von einer Generation zur nächsten weitergegeben wurde und inzwischen verstärkt wieder zurate gezogen wird. Einst war in den abgelegenen Tälern Südtirols der Weg zum Arzt weit und eine Behandlung teuer, also lernte man sich selbst zu helfen. »In der Volksmedizin wusste man schon immer um **die wohltuende Wirkung der Latschenkiefer** für Gelenke und Atemwege«, sagt Gerd Tauber vom Taubers Bio Vitalhotel in Kiens, der sich eine einzigartige Anwendung aus diesem Naturprodukt überlegt hat: das Latschenkiefer-Ritual.

Duftende Nadeln

Das **kostbare Öl der Latschenkiefer** wird schließlich in unmittelbarer Nähe auf dem Bio-Kräuterhof Bergila schon seit 1912 destilliert, wobei als Abfallprodukt große Mengen heißer Kiefernnadeln anfallen. Die werden bei Bedarf nun direkt in ein idyllisches Wäldchen in Taubers Hotelgarten gebracht, wo man sich nach einer Tasse Tee in Leinentücher gewickelt für eine halbe Stunde direkt in die herrlich duftenden und dampfenden Nadeln legt. Ein wohltuendes Wellness-Ritual unter freiem Himmel, das mit einem erfrischenden Bad im Naturteich endet.

Heubadln

In Südtirol weiß man geschickt die Kraft der Natur zu nutzen, um besonders unverwechselbare Wohlfühlerlebnisse zu schaffen. Denn standardisierte Wellness-Anwendungen gibt es längst überall, dafür muss man nicht eigens in die

Alpenprovinz reisen. Bei **Heubädern** verhält sich das schon anders, denn sie wurden auf der Seiseralm bereits vor vielen Jahrhunderten praktiziert und seit 1871 ist das ursprüngliche »Heubadln« dort auch dokumentiert. Seinerzeit schliefen die Knechte nach der kräftezehrenden Heumahd nachts im aufgeschichteten Heu und wachten morgens voller Energie wieder auf. Beinhalten die auf den Hochalmen gewachsenen Bergwiesen doch **mehr als 40 verschiedene Gräser- und Blumenarten**. Bald darauf fanden in Völs am Schlern Heubäder auch für Kurgäste zunächst zur Erfrischung und bis heute ebenso zur Linderung rheumatischer Beschwerden statt.

Schafwollkuscheln

Im Ultental hatte die Bäuerin Waltraud Schwienbacher irgendwann genug davon, dass 100 Tonnen Schafwolle jedes Jahr auf dem Müll landeten. Um in der strukturschwachen Gegend Arbeitsplätze zu schaffen, gründete sie zusammen mit anderen Bergbäuerinnen die Wollmanufaktur Bergauf, in der neben Produkten aus Schafwolle auch **kuschelige Schafwollvliese** fürs traditionelle Ultner Schafwollbad hergestellt werden, welches viele Hotels der Region anbieten. »Eingepackt in Schafwolle und duftenden Almkräutern zu ruhen, entspannt«, weiß Schwienbacher, die für ihre Pionierarbeit mit dem Goldenen Verdienstkreuz des Landes Tirol ausgezeichnet wurde.

Der Ideenreichtum, mit dem die Südtiroler bei der Natural-Wellness und den dafür benötigten Pflegeprodukten ans Werk gehen, scheint schier grenzenlos. Da betreibt man auf der Schutzhütte Schöne Aussicht nicht nur die höchstgelegene Outdoor-Sauna Europas, sondern lässt vom Hochjochferner Gletscherstaub und Quellwasser, die seit Jahrtausenden keinerlei Umwelteinflüssen ausgesetzt waren, zur hauseigenen **Naturkosmetik** verarbeiten. An Südtirols Weinstraße werden im Frühjahr für Kosmetikprodukte sogenannte Rebtränen gesammelt, die austreten, wenn die Rebstöcke zurückgeschnitten werden. Und so verwundert es nicht, dass viele hoffen, mit der Kraft der Südtiroler Natur auch einen Jungbrunnen für den eigenen Körper zu finden. Infos zu Wellesshotels finden Sie auch im Kapitel »Reiseziele von A bis Z« bei den Übernachtungs-Empfehlungen.

LINKS: Ein Fußbad in heißen Latschenkiefernnadeln tut nicht nur nach dem Wandern gut.
UNTEN: Eine Massage mit Silberquarzit-Urstein lässt die Energie wieder fließen.

ERLEBEN & GENIESSEN
BEWEGEN UND ENTSPANNEN

EINIGE ADRESSEN

ERLEBNISBÄDER (AUSWAHL)

ACQUAFUN
M.-H.-Hueber-Str. 2
Innichen
www.acquafun.com

ACQUARENA
Altenmarktgasse 28/B
Brixen
www.acquarena.com

CRON 4
Auf dem Gelände 26/Sportzone
Reischach, Bruneck
www.cron4.it

ERLEBNISBAD NATURNS
Feldweg 5, Naturns
www.naturns.it/erlebnisbad/

LIDO SCHENNA
Alte Straße 12, Schenna
www.lido-schenna.it

MERANARENA
Piavestr. 46, Meran
www.meranarena.it

THERME MERAN
Thermenplatz 9, Meran
www.termemerano.it

GOLF

GOLF IN SÜDTIROL
Gampenstr. 99i, Meran
www.golfinsuedtirol.it

KLETTERN

KLETTERHALLE SALEWA
Waltraud-Gebert-Deeg-Str. 4
Bozen
www.salewa-cube.com
175 Routen in- und outdoor,
Schwierigkeitsgrad 4 bis 8c

KLETTERHALLE SEXTEN
Waldheimstr. 23, Sexten
www.sportsexten.it
(aktuell im Umbau)

NATURPARKHÄUSER
www.suedtirolerland.it/de/highlights/
natur-und-landschaft/naturparks/

FANES-SENNES-PRAGS
Katharina-Lanz-Str. 96
St. Vigil in Enneberg
Tel. 04 74 50 61 20

PUEZ-GEISLER
Trebich 1, St. Magdalena /
Villnöss
Tel. 04 72 84 25 23

RIESERFERNER-AHRN
Rathausplatz 9
Sand in Taufers
Tel. 04 74 67 75 46

SCHLERN-ROSENGARTEN
Weißlahnbad 14, Tiers
Tel. 04 71 64 21 96

SEXTNER DOLOMITEN
Kulturzentrum Grand Hotel
Toblach
Dolomitenstr. 1, Toblach
Tel. 04 74 97 30 17

STILFSER JOCH
Nationalparkbüro
Rathausplatz 1, Glurns
Tel. 04 73 83 04 30

TEXELGRUPPE
Feldgasse 3, Naturns
Tel. 04 73 66 82 01

TRUDNER HORN
Am Kofl 2, Truden
Tel. 04 71 86 92 47

ERLEBEN & GENIESSEN
ESSEN UND TRINKEN

RADFAHREN

WWW.SUEDTIROL.COM/BIKEN
Tipps zu Routen mit Hotels, die auf Biker eingerichtet sind

WWW.MOUNTAINBIKER.IT
Infos zu Touren, Hotels, Service und Einkehrmöglichkeiten

M2 BIKE STERZING
www.m2-bike.com
Verleih, Reparaturen, Touren

BIKE ALPIN
www.bikealpin.de
Mehrtägige Mountainbike-Reisen durch Südtirol

RAFTING

RAFTING CLUB ACTIV
Sand in Taufers
Tel. 04 74 67 84 22
www.rafting-club-activ.com

RAFTING STERZING TIGER GMBH
Tel. 03 35 1 37 05 60
www.raftingsterzing.it

REITEN

SÜDTIROLER HAFLINGER PFERDEZUCHTVERBAND
Galvanistr. 40, Bozen
www.haflinger.eu

SEGELN

SEGELVEREIN KALTERER SEE
www.svks.it

SEGELVEREIN RESCHENSEE
www.segelverein-reschensee.com

KITESURFEN RESCHENSEE
www.kiteschool.it
Auch im Winter auf dem zugefrorenen See

WANDERN/BERGSTEIGEN

SÜDTIROLER ALPENVEREIN (AVS)
Giottostr. 3, Bozen
www.alpenverein.it

WWW.TREKKING.SUEDTIROL.INFO
Das Trekking-Portal hilft bei der Planung von Wandertouren.

WWW.BERGFUEHRER-SUEDTIROL.IT
Bergführer, Alpinschulen, Informationen zur Sicherheit, aktuelle Wetterdaten und vieles mehr

WINTERSPORT

DOLOMITI SUPERSKI
www.dolomitisuperski.com

ORTLER SKIARENA
www.ortlerskiarena.com

ESSEN UND TRINKEN

Südtirol liegt nicht am Meer und hat doch Waale. Man kann hier zelten, aber auch Zelte essen und heiße Omas und Borbardinos trinken. Auf den folgenden Seiten erfahren Sie mehr über diese und andere Spezialitäten des Landes.

ERLEBEN & GENIESSEN
ESSEN UND TRINKEN

Wenn der Norden auf den Süden trifft

Kulinarisch kann man es kaum besser treffen: Die Südtiroler Küche ist eine Melange aus bodenständiger, eher deftiger österreichischer ,und leichter mediterraner italienischer Küche. Hier gehen Knödel und Carne Salada (gebeiztes Ochsenfleisch) eine geniale Verbindung ein. In der gehobenen Gastronomie findet man diese Traditionen gar aufs Glücklichste vereint. Tatsächlich ist Südtirol bekannt für seine hohe Dichte an Sternerestaurants sowie für seine urigen Buschenschänken und Almhütten mit einfachen, schmackhaften Gerichten.

Regional ist Trumpf

Würziger Speck, geräucherte Wurst, herzhafter Käse, knuspriges Schüttelbrot und aromatische Vinschgerl sind nur eine kleine Auswahl typisch regionaler Produkte, auf die man sich in Südtirol in den letzten Jahren spezialisiert hat. Vieles davon gibt es sogar in Bioqualität. So gilt z. B. die Gemeinde Mals (▶ Reiseziele S. 194) als Vorreiter von Ökorebellen, die per Volksabstimmung entschieden haben, keine Pestizide mehr einzusetzen und ausschließlich ökologische Landwirtschaft zu betreiben. Schließlich ist es für immer mehr Menschen von Bedeutung, was auf ihrem Teller landet, woher es stammt und bisweilen auch unter welchen sozialen Bedingungen das jeweilige Produkt entstanden ist. Zwar müssen sich auch die Südtiroler den Gesetzen der Großproduktion beugen, um preislich konkurrenzfähig zu bleiben. Doch gibt es immer mehr Initiativen, weniger und dafür besser zu produzieren. So bewertet und überwacht z. B. der »Rote Hahn«, eine Vereinigung Südtiroler Bauern, die Produkte und Angebote ihrer Mitglieder, wie Ferien auf dem Bauernhof. Das Etikett »Qualität Südtirol« steht für fast 70 Südtiroler Bauernhöfe, die ihre Erzeugnisse auch direkt vermarkten. **Südtirol ist ein Mekka für alle Liebhaber des guten Essens**, denn in diesem kleinen Land wächst beinahe alles, was man an Zutaten braucht. So ist es eigentlich kein Kunststück, viele Erzeugnisse ohne weite Transportwege frisch auf den Tisch zu bringen, und das in ausgezeichneter Qualität. In fast jedem Ort findet man heute Landwirte, Winzer oder kleine Hofläden, die dort direkt ihre Produkte aus eigenem Anbau oder der eigenen Selchküche anbieten.

Essenszeiten

Das etwas spartanische, aber typisch italienische Frühstück an der Bar mit Cornetto (Hörnchen oder Croissant) und Espresso oder Cappuccino ist in Südtirol weniger verbreitet. Die Frühstücksbuffets in den Hotels sind meist üppig gefüllt und die Auswahl von frischen Früchten über Eierspeisen, Wurst, Käse und Kuchen groß. Mittagessen gibt es üblicherweise zwischen 12 und 14, Abendessen von 18 bis 21 Uhr, dazwischen sind die Restaurants in der Regel geschlossen. Während der Hauptsaison wird es etwas lockerer gehandhabt, aber man sollte vorher anrufen, besonders bei Lokalen der gehobenen Gastronomie. Gaststätten mit längeren Öffnungszeiten findet man nur in Bozen, Bruneck und Meran. Auf Berghütten und in Ausflugs-

ERLEBEN & GENIESSEN
ESSEN UND TRINKEN

gasthäusern gibt es praktisch durchgehend warme Gerichte und in jedem Fall immer eine **»Marende«**, eine kräftige Zwischenmahlzeit mit Speck, Käse und Wurst. Besonders im ländlichen Raum hört man bei den Mahlzeiten manchmal noch die traditionellen Namen. Der Tag beginnt hier mit dem »Vormas«, dem Frühstück; das zweite Frühstück heißt »Halmittag«. »Marende« ist hier die Brotzeit am Nachmittag und das Abendessen heißt bei den Südtiroler Bauern noch immer »Nachtmahl«.

Als Richtwert für **Trinkgeld** gelten 5 bis 10 Prozent des Rechnungsbetrags. Manche Lokale berechnen für Gedeck (coperto) und Bedienung einen Zuschlag (ca. 2 € in Pizzerien bzw. 10 bis 15 Prozent der Rechnung in gehobeneren Restaurants), dann kann das Trinkgeld entfallen.

Die traditionelle Küche ist so bodenständig wie deftig und schmackhaft. Beliebt sind vor allem die aus Nordtirol stammenden **Knödel**, die in allen nur denkbaren Varianten serviert werden. Als Leber-, Speck und Fastenknödel schwimmen sie in klarer Brühe, als Vorspeise, vegetarisches Gericht oder Beilage zu Fleisch gibt es Kas-, Servietten-, Spinat- oder schwarzplentene Knödel (Plente = Mais- oder Buchweizenmehl). Eine »Tris« ist ein Gericht aus drei verschiedenen Knödelsorten. Als Dessert schmecken Marillen- oder Zwetschgenknödel. Südtiroler Spezialitäten

Außerordentlich beliebt sind die vor allem mit Spinat gefüllten **Schlutzkrapfen**, eine Südtiroler Spielart der italienischen Ravioli. Sie stehen in fast jedem Restaurant auf der Speisekarte. Nocken können als Pilz-, Spinat- oder Käsenocken auch eine Hauptmahlzeit bestreiten. Auch Mais wird wieder angebaut, hier »Plent« genannt. Gerne verzehrt wird er als **Polenta** (Maisgrießbrei), die v. a. in der Gegend um Kaltern mit Wurst gegessen wird. In traditionellen Bäckereien sieht man noch die **Vinschger Paarl**, die paarweise gebackenen, mit Kümmel und Fenchelsamen gewürzten Roggenbrötchen. Sehr bekannt ist das knusprige **Schüttelbrot**, das praktischerweise über Monate haltbar ist und gerne zu Rotwein und Speck serviert wird. Etwas Ausgefallenes ist das **Palabirnenbrot**, das im Spätsommer aus einer alten Birnensorte im Vinschgau gebacken wird, indem die getrockneten Birnschnitze in den Brotteig gemischt werden. Die Palabirne wurde einst sogar von Ärzten und Apothekern verschrieben, denn sie soll besonders gesund sein und trägt daher im Volksmund den Beinamen Apothekerbirne. Alte Spezialitäten sind an Weihnachten die **Bozner Zelten**, ein köstliches süßes Früchtebrot, oder an Ostern der **Oster-Fochaz**, ein rundes Brot mit Koriander und Fenchel.

Fast jede Region hat ihre Spezialitätenwoche. Das beginnt im späten Frühjahr mit dem **Spargel** in Terlan, andere Orte wie Kastelbell im Spezialitätenwochen

ERLEBEN & GENIESSEN
ESSEN UND TRINKEN

Vinschgau folgen: Die Spargelfelder werden beheizt! Kurz danach kommt **Löwenzahn** in Nonsberg oder Schenna auf den Tisch. Heimat des Graukäses, einer Spezialität aus saurer Magermilch, die man mittlerweile auch auf den Speisekarten der Spitzengastronomie findet, ist das Tauferer Ahrntal. Mehr als 1000 Käsesorten werden beim **Käsefestival** Anfang März in Sand in Taufers vorgestellt. An der »Eisacktaler Kost«, ebenfalls im März, beteiligen sich rund 20 Restaurants im gleichnamigen Tal, das Angebot umfasst eher deftige Gerichte. Bodenständiges steht auch beim »Völser Kuchlkastl« und »Brixner Kuchlkirchtig« im Oktober auf dem Programm. Während man sich in Villnöss ein Wochenende lang einem der typischsten Südtiroler Produkte, dem **Speck**, widmet. Ganz um die schmackhaften **Esskastanien** dreht sich der »Keschtnriggl« Ende Oktober in Tisens, Prissian, Völlan und Lana. Das Eisacktal gilt als Ursprungsland des **Törggelen**, denn hier wachsen sowohl Wein als auch Kastanien. Nach der Ernte werden in traditionellen Gasthäusern und Buschenschänken geröstete Kastanien, neuer Wein und typische, bäuerliche Spezialitäten genossen. Ebenfalls im Eisacktal lädt im Frühherbst und zum Erntedank das Apfelhochplateau Natz-Schabs zum großen Fest mit vielen **Apfel-Schmankerln** von der Marmelade bis zum Apfelstrudel. Und in der Wintersaison bieten in Alta Badia unter dem Motto »Skifahren mit Genuss« ausgewählte Berghütten auch immer ein Gericht von einem Sternekoch an.

Der Michelin-Gourmetführer zeichnet gleich 19 Restaurants in Südtirol mit insgesamt **24 Michelin-Sternen** aus und macht es somit zu einer der **meistgeehrten Regionen Italiens**. Seit Herbst 2017 hat Südtirol sogar ein Restaurant mit drei Michelin-Sternen: Norbert Niederkoflers St. Hubertus im Hotel Rosa Alpina in St. Kassian.

Auf alle Fälle Wein

Die bekannteste Südtiroler Spezialität aus der Flasche ist der Wein. **Zwanzig verschiedene Rebsorten** werden auf einer Fläche von etwa 5400 ha angebaut und stehen für Vielfalt und Abwechslung. **Lagrein** ist die älteste Rebsorte Südtirols, Aromen von dunklen Beeren und Gewürzen, Lakritz- und Tabaknoten prägen den Star am Südtiroler Weinhimmel. Sehr populär ist der Vernatsch, in Württemberg als **Trollinger** (von »Tirolinger«) bekannt, ein leichter, süffiger Wein mit weniger Alkohol und ein hervorragender Speisenbegleiter. Der Blauburgunder braucht viel Aufmerksamkeit, im Weinberg wie im Keller. Nur leidenschaftliche Winzer mit persönlicher Liebe zu **Pinot Nero** wagen sich daran. Die Weine sind geprägt vom Terroir und duften nach roten Beeren und Kirschen. Rund um Tramin gedeihen elegante Gewürztraminer, die fast ausschließlich trocken ausgebaut werden. Zwei Ausnahmen gibt es, den autochthonen **Goldmuskateller** und den ursprünglich aus Sizilien stammenden **Rosenmuskateller**. Diese äußerst aromatischen Tropfen harmonieren mit den typischen Desserts der Region. Ihr Können stellen die Weinmacher

ERLEBEN & GENIESSEN
ESSEN UND TRINKEN

Bei der Traubenernte ist viel Sorgfalt erfoderlich.

auch bei wunderbaren **roten Cuvées**, einer Mischung aus verschiedenen Traubensorten, unter Beweis. Die klassische Kombination aus Cabernet und Merlot ist in den letzten Jahren immer mehr durch Kreationen aus heimischen Rotweinen abgelöst worden. Was dann schon auf dem Etikett toll klingt – Cornelius, Corolle, Ygram oder Linticlarus – findet sich auch im Glas wieder. Sogar mit **Sekt** wartet die Region auf. In Mölten am Tschögglberg liegt Europas vermutlich höchstgelegene Sektkellerei. Dort stellt die Familie Reiterer aus Chardonnay, Weiß- und Blauburgunder Sekt in klassischer Flaschengärung her (▶ S. 301). Die Südtiroler Weinakademie bietet Kurse und Verkostungen für Neugierige wie auch für Weinkenner und -liebhaber an (www.suedtiroler-weinakademie.it).

Viele Winzer verkaufen direkt ab Hof und lassen bei vorheriger Anfrage Besucher gerne einen Blick in die Keller werfen. Ganzjährig organisiert der Verein »Südtiroler Weinstraße« (www.suedtirolerweinstrasse.it), zu dem sich 16 Weindörfer zusammengeschlossen haben, verschiedene Weinsafaris zu ausgewählten Betrieben. So öffnen z. B. immer Anfang Juni zur »Nacht der Keller« viele Winzer ihre Gewölbekeller zur Weinprobe. Und im Herbst laden Buschenschänken zum Probieren der neuen Weine beim Törggelen ein (www.roterhahn.it). Winzeradressen findet man auch unter www.suedtirolerwein.com und im Kapitel »Reiseziele von A bis Z«.

Los gehts zur Begrüßung gleich mit einem leckeren Aperitif. Beim »**Aperitivo Lungo**« bieten Meraner Lokale während des Traubenfestes zum Abschluss der Weinlese einen ganz besonderen Aperitif: Der »**Uwo**« ist eine Anspielung auf den bekannten Cocktail »**Hugo**«, der ebenfalls in Südtirol in einer Bar in Naturns erfunden wurde. Der

Von Wasser bis Whisky

TYPISCHE GERICHTE

Würziger Speck, geräucherte Wurst, herzhafter Käse und knuspriges Schüttelbrot, begleitet von einem guten Roten: so stellt man sich eine klassische Südtiroler Jause, hierzulande auch Marende genannt, vor. Aber die Region hat noch mehr zu bieten.

Gerstensuppe: Oft sind gerade die einfachen Dinge die leckersten. Die Gerstensuppe galt lange Zeit als Arme-Leute-Essen und war auf keiner Speisekarte zu finden. Nun ist das nahrhafte und magenfreundliche Gericht in Bergregionen wie Südtirol, Nordtirol und im Engadin wieder in Mode gekommen. Beim Törggelen ist sie als typisches Gericht nicht wegzudenken. Für herzhaften Geschmack sorgt ein in Würfel geschnittenes Stück Geräuchertes vom Schwein. Die Gerste gilt auch noch als verdauungsfördernd, kann Giftstoffe binden und enthält Folsäure, Vitamin B, Proteine und Mineralstoffe.

Bauerngröstl: Traditionell wird dieses einfache und herzhafte Gericht gerne im Winter gegessen und kommt gleich in der heißen Pfanne auf den Tisch. Das Gröstl steht auch auf der Speisekarte von zahlreichen Almhütten und Berggasthöfen. Zu den häufigsten Grundzutaten gehören gekochtes Rindfleisch, Kartoffeln und Zwiebeln, obendrauf kommt auch gerne einmal ein Spiegelei. Man kann dieses Pfannengericht selbstverständlich in vielen Varianten zubereiten: Ein Blick in die Speisekammer oder den Kühlschrank genügt: Schon entsteht eine ganz neue Gröstl-Variante. Vermutlich hat jede Familie ihr eigenes Lieblings-Gröstl-Rezept.

Schlutzkrapfen: Die sogenannten Schlutzer sind ursprünglich im Pustertal zu Hause. Wahrscheinlich stammt die Bezeichnung »schlutzen« von gleiten oder rutschen und bezieht sich möglicherweise darauf, dass die Schlutzkrapfen früher genussvoll geschlürft wurden. Nach dem Originalrezept sind diese Teigtaschen mit Spinat und Ricotta gefüllt. Heute gibt es jedoch, ähnlich wie beim Gröstl, alle möglichen Varianten, u. a. mit Pilzen oder sogar süß als Dessert. Man lässt sie in heißem Wasser ziehen. Gar sind die Schlutzkrapfen, wenn sie oben schwimmen.

Marende: Diese Zwischenmahlzeit ist ein Aushängeschild Südtirols (Abb. S. 363). Vor allem gehört Speck dazu, der nach Südtiroler Rezepten gebeizt und geräuchert wurde. Dazu die Kaminwurzen, eine kalt geräucherte Wurst vom Schwein, sowie Käse und Schinken. Angerichtet wird alles auf dem unverzichtbaren Holzbrett, dekoriert mit Essiggurken und eingelegtem Gemüse.

Marillenknödel: Von allen Knödelvarianten in der Südtiroler Küche sind die Marillen- bzw. Aprikosenknödel die charmantesten. Ursprünglich stammt diese Mehlspeise aus der böhmisch-österreichischen Küche und ist besonders in Anbaugebieten der Marille wie dem Vinschgau beliebt. Die Marille wird entkernt, mit einem Stück Zucker gefüllt und mit Knödelteig umhüllt. Dann ziehen die Knödel in heißem Wasser gar und werden anschließend in gebräunten Bröseln gewälzt und mit Puderzucker bestreut. Nach Genuss eines solchen Desserts ist man definitiv satt und zufrieden.

ERLEBEN & GENIESSEN
ESSEN UND TRINKEN

»Uwo« (ital. uva = Traube) enthält Traubensaft und eine Weinbeere. Ansonsten sind der Kreativität beim Mixen eigener Variationen keine Grenzen gesetzt. Der **»Bombardino«** wird im Winter auf vielen Weihnachtsmärkten und den meisten Hütten serviert. Das Heißgetränk auf der Basis von Eierlikör, Weinbrand und Schlagsahne ähnelt der **»heißen Oma«**, die ebenfalls aus Eierlikör und Milch besteht. Hinzu kommt die ganze Palette italienischer **Kaffeespezialitäten**. Meraner **Mineralwasser** ist hingegen bekannt für seine besondere mineralische Zusammensetzung. Aufgrund seines Ursprungs aus sogenannten sauren Gesteinen ist es reich an Silizium und Fluorid. Das **Bier**angebot umfasst die übliche Importware und einheimische Sorten, z. B. das »Forst«-Bier aus Meran.

Beliebt sind auch die **Alpenkräuter- und Obstschnäpse** sowie der **Grappa** (auch Treber genannt). Wo viele Obstbäume stehen, gibt es auch erstklassige **Fruchtsäfte**. Der Bauunternehmer und Sommelier Albrecht Ebensperger versteht Puni, die erste **Whisky-Destille** Italiens, hingegen als Beitrag zum Landschaftsschutz. Denn wegen des milder werdenden Klimas breiten sich Obstplantagen im Oberen Vinschgau mehr und mehr aus. Einst war der Vinschgau die Kornkammer Südtirols und nun baut der Whisky-Brenner aus Glurns wieder Roggen für die Whisky-Verarbeitung an.

SÜDTIROLER SPEISENLEXIKON

Bauernschöpsernes	Eintopf aus Hammelfleisch (Schöpsenfleisch), Rotwein, Kartoffeln, Knoblauch, Salbei, Rosmarin und Lorbeer
Erdäpfelblattln	in Fett ausgebackene Kartoffelteigrechtecke
Hauswurst	gekochte Schweinewurst, die mit Sauerkraut gegessen wird
Keschtn	Esskastanien
Kloazenfülle	Krapfenfüllung aus gedörrten, passierten Birnen
Knieküchel	kreisförmiges Hefe-Fettgebäck
Milzschnittensuppe	Schnitten aus Kalbsmilz, Semmeln und Gewürzen in kräftiger Fleischbrühe
Schwarzplent	Buchweizen; wird des nussartigen Geschmacks wegen gern zu Kuchen oder Knödeln verarbeitet
Speckknödel	durch Speck, Zwiebeln und Kräuter verfeinerte Semmelknödel, in der Suppe oder als Beilage; es gibt sie auch mit Käse, Spinat oder Pilzen.
Spinatnocken	aus Weißbrot, Spinat, Knoblauch und Gewürzen zubereitete Nocken
Tirtlan	Teigtasche, gefüllt mit Sauerkraut, Quark, Spinat oder süßen Zutaten, in Fett ausgebacken
Topfen	Quark
Weinsuppe	Fleischbrühe mit Rahm, Eigelb und Weißburgunder
Zelten	Früchtebrot mit sehr wenig Teig
Ziegerkas/Ziegerkäse	kleiner, kegelförmiger, pikanter Almkäse aus Kuhmilch

ERLEBEN & GENIESSEN
FEIERTAGE, FESTE, EVENTS

FEIERTAGE, FESTE, EVENTS

Ob religiös motiviert oder auf einen archaischen Brauch zurückzuführen, ob eingebettet in den Kreislauf der Natur oder kulinarisch begründet, Feste bieten eine schöne Abwechslung im Alltag und Touristen sind jederzeit willkommen.

Höhepunkte des bäuerlichen Lebens waren in Südtirol seit jeher religiöse Feste, von denen bis heute noch viele im Alltag tief verankert sind. Wie in anderen Regionen mit überwiegend katholischer Bevölkerung feiern die Einheimischen auch in Südtirol die kirchlichen Feste mit Gottesdiensten und **farbenfrohen Prozessionen**. Und weil jeder aus dem Dorf daran teilnimmt, sind an diesen Festtagen dann auch viele traditionelle Trachten zu bewundern. So wie an Mariä Lichtmess etwa am 2. Februar oder zu Martini, dem Martinstag am 11. November, einst das Ende des bäuerlichen Jahres. An Ostern ist z. B. das **Osterpecken** oder **Preisguffen** beliebt, das man auch anderswo unter anderen Bezeichnungen kennt: Nach dem Gottesdienst am Ostersonntag bringt jeder sein gekochtes und gefärbtes Ei. Je zwei Eier werden erst am spitzen, dann am flachen Ende zusammengeschlagen. Wessen Ei heil geblieben ist, hat gewonnen und be-

Von Janker bis Frack

Die Klosn oder Perchten sehen ganz schön furchterregend aus …

ERLEBEN & GENIESSEN
FEIERTAGE, FESTE, EVENTS

VERANSTALTUNGSKALENDER

FEIERTAGE
1. Januar (Neujahr)
6. Januar (Heilige Drei Könige)
Ostermontag
25. April (Tag der Befreiung vom Faschismus)
1. Mai (Tag der Arbeit)
Pfingstmontag
2. Juni (Tag der Republik)
15. August (Mariä Himmelfahrt)
1. November (Allerheiligen)
8. Dezember (Mariä Empfängnis)
25. und 26. Dezember (Weihnachten)

WINTER/FRÜHLING

TOBLACH
Anfang Januar können während des »Dolomiti-Balloonfestivals« Besucher die Dolomiten vom Heißluftballon aus aus der Vogelperspektive erleben.

STILFSER JOCH
Donnerstag vor Fastnacht: Zusslrennen; mit dem lautstarken Umzug soll der Winter vertrieben werden.

MERAN
Zu Ostern finden das »Haflinger-Galopprennen«, ein Umzug mit Haflinger Pferden, und ein traditionelles Bauernreiten auf dem Untermaiser Rennplatz statt.

BOZEN
Gleich zwei kulinarische Highlights: »Bozner Weinkost« im März (www.weinkost.it) sowie das Genussfestival im Mai in der Altstadt (www.genussfestival.it)

TERLAN
Bei den Spargelwochen dreht sich alles um das feine Stangengemüse.

KASTELRUTH
Am Sonntag nach Fronleichnam (Mai/Juni) findet hier die größte und schönste Prozession in Südtirol statt. Dabei handelt es sich nicht um Folklore!

SOMMER

HERZ-JESU-FEUER
Am 3. So. nach Fronleichnam züngelt es auf Südtirols Bergen, die traditionsbewussten Südtiroler hissen die weiß-rote Tiroler Fahne, singen »Zu Mantua in Banden« und schwören dem Herz Jesu ewige Treue – ein Ausdruck der Volksfrömmigkeit und der Heimatverbundenheit.

OSWALD-VON-WOLKENSTEIN-RITT
Anfang/Mitte Juni: Beim Reiterturnier-Spektakel rund um Kastelruth, Völs und Seis treten Mannschaften in historischen Trachten an, außerdem finden ein Festumzug und ein Mittelaltermarkt statt (www.ovwritt.com).

MARATONA DLES DOLOMITES
Anfang Juli: schweißtreibender Radmarathon durch die Dolomiten mit 9000 Teilnehmern (www.maratona-dolomites.com)

SCHENNA
Zur »Südtirol Classic«-Rallye treffen sich Anfang Juli Oldtimerbegeisterte aus ganz Europa. Schnelligkeit ist dabei nicht gefragt (www.suedtirol classic.com).

TRAMIN
Alle zwei Jahre finden im Juli die Gewürztraminerwochen statt, dabei werden Gewürztraminer aus der ganzen Welt miteinander verglichen.

ERLEBEN & GENIESSEN
FEIERTAGE, FESTE, EVENTS

HERZEN IN FLAMMEN

Um einen Heiratsantrag handelt es sich zwar nicht, wenn Ende Juni nachts auf den Berghängen Herzen in Flammen stehen; manchmal leuchten auch die Jesusinitialen IHS und INRI auf. Die Südtiroler erinnern mit diesen Herz-Jesu-Feuern an ihre Freiheitsliebe und die Hoffnung auf göttlichen Beistand. Besonders viele Herzen leuchten im Passeiertal, der Heimat Andreas Hofers.

BOZEN
Juli: international besetztes Tanzfestival mit Fokus auf Osteuropa (www.bolzanodanza.it)

RITTEN
Mitte/Ende Juli: Rittner Sommerspiele mit Theater und Konzerten (www.rittnersommerspiele.com)

TOBLACH
Mitte Juli – August: Die Gustav-Mahler-Musikwochen sind etwas für Liebhaber klassischer Musik (www.gustav-mahler.it).

NEUMARKT
Anfang August (Fr. – So.): Das historische Laubenfest in den schönen Gassen von Neumarkt zieht viele Besucher an.

LAAS
Anfang August findet das Marmor- & Marillen-Fest statt, wo Bildhauerei, Musik und gutes Essen aufeinandertreffen.

GRÖDEN
Bei »Gröden in Tracht« im August wird Tradition satt geboten, mit großem Trachtenumzug am Sonntagnachmittag (1. So. im August).

HERBST/WINTER

MERAN
Ende August bis Ende September: Die

ERLEBEN & GENIESSEN
FEIERTAGE, FESTE, EVENTS

Meraner Musikwochen im Neuen Kursaal wenden sich ebenfalls an die Freunde klassischer Musik (www.meranofestival.com).
Anfang November: Beim Weinfestival im Meraner Kurhaus präsentieren sich 450 ausgewählte Weinbaubetriebe aus Italien und der Welt (www.meranowinefestival.com).

SARNTAL
Erstes September-Wochenende: Der Sarner Kirchtag ist das größte Volksfest Südtirols.

KALTERN
September: Bei den Kalterer Weintagen kommen edle Tropfen auf den Tisch mit reichhaltigem Kulturprogramm (www.wein.kaltern.com).

ALMABTRIEB
September / Oktober in vielen Dörfern mit Festen

NATZ/SCHABS
Anfang Oktober gibt es beim großen Apfelfest zum Erntedank auch eine große Apfelkrone aus roten und gelben Äpfeln zu bestaunen.

EISACKTAL
Von Mitte Oktober bis Anfang November werden beim Törggelen in Buschenschänken frischer Wein, geröstete Kastanien und deftige, bäuerliche Gerichte verkostet.

WEIHNACHTSMÄRKTE
Große Weihnachtsmärkte in Bozen, Brixen und Meran, kleiner Markt in Glurns, Schlossweihnacht in Dorf Tirol und Schenna

---

kommt beide Eier. Mit Mariä Himmelfahrt am 15. August beginnt die Hauptferienzeit, **Ferragosto,** in Italien, dann ist Südtirol ein beliebtes Ziel der südlichen Nachbarn.

Daneben gibt es vor allem im Sommer jede Menge profaner **Dorf- oder Stadtfeste**, bei denen Stände mit örtlichen Spezialitäten nie fehlen dürfen. Die Verkostung von Wein, Speck und Käse ist auch ein beliebter Anlass, Freunde zu treffen. Das gilt auch für die **Weihnachtsmärkte** in Bozen und Meran, die besonders bei den Italienern beliebt sind.

Archaisches Brauchtum

In etlichen Tälern blieben archaische Bräuche erhalten, die auf heidnische Kulthandlungen und Mythen zurückgehen und noch heute mit großer Leidenschaft gefeiert werden.

Während des Advents wird es richtig laut im Sarntal, denn an den drei Donnerstagen findet das **»Klöckeln«** statt. Dann ziehen vermummte Burschen, die Kuttn, mit fürchterlichem Getöse von Hof zu Hof und singen vor den Türen das Klöckellied. Als Dank bekamen sie früher Wurst und Speck, heute meistens Geld.

Noch wilder geht es im oberen Vinschgau in Prad und Stilfs zu. Das ohrenbetäubende Treiben am Samstag vor Nikolaus mit Glocken- bzw. Schellengeläut und Kettengerassel nennt sich **»Klosn«** oder **Perchtenumzug** und ist ein gutes Beispiel dafür, wie sich heidnisches und christliches Brauchtum allmählich gemischt haben. Die »Klaubauf« sind mit schwarzen Fellresten behängt, auf dem Kopf

ERLEBEN & GENIESSEN
FEIERTAGE, FESTE, EVENTS

Mitte September kehren Tausende Schafe über den Ötztaler Alpenhauptkamm wieder ins Schnalstal zurück – das wird groß gefeiert.

eine furchterregende Holzmaske und schwere Eisenketten in der Hand. Ganz in bunte Fetzen gekleidet und mit großen Glocken versehen kommen die Esel daher, gefolgt vom »Tuifl« im schwarz-roten Kostüm. Die schön weiß gekleideten »Schian« begleiten den heiligen Nikolaus. Beim Kirchhof wird gebetet, dann geht das Treiben weiter bis tief in die Nacht.

In ungeraden Jahren findet in Tramin zur Fastnachtszeit der schon 1591 erwähnte **Egetmann-Umzug** statt: Die Narren ziehen auf reich geschmückten Pferdegespannen und Eselswagen durch den Ort, bewerfen die Zuschauer mit Mehl, Senf und Ruß und erschrecken sie mit vielerlei Streichen. In den letzten Jahren musste gelegentlich die Polizei eingreifen, weil die Narren allzu übermütig wurden.

Auf einen rätischen Feuer- und Fruchtbarkeitskult geht das **Scheibenschlagen** im Engadin, in etlichen Orten des Friaul und im Vinschgau zurück. Ein beliebter Ort ist der Tartscher Bühel. Am ersten Fastensonntag schleppen junge Männer Holzscheiben, Fichtenstangen und viel Stroh auf die Anhöhe. Dann wird ein Loch in den oftmals gefrorenen Boden gehackt, die Fichtenstangen werden zu einem Holzgerüst zusammengenagelt und mit Stroh umwickelt. In der Dämmerung wird in der Nähe ein Feuer entzündet. Die Holzscheiben werden mit Ruten aus Haselnuss in die Glut gehalten und dann durch die

ERLEBEN & GENIESSEN
SHOPPING

Luft geschleudert. »Kas in der Tosch, Wein in der Flosch, Korn in der Wonn, Schmolz in der Pfonn, Pfluag in der Eard, Schaug wia main Scheibele ausigeat.« Mit solchen oder ähnlichen Sprüchen wird die Scheibe dann in die Nacht hinausgeschleudert, und je weiter sie fliegt, desto mehr Glück soll sie bringen. Zum Schluss wird als Teil der Winter- bzw. Dämonenvertreibung die Stroh-Hexe angezündet. Ein helles Feuer ist ein gutes Zeichen für eine reiche Ernte.

Seit Ende des 18. Jh.s hat der ehemalige heidnische Brauch der **Sonnwendfeuer** oder **Bergfeuer** in Südtirol einen politischen Hintergrund. Am zweiten Sonntag nach Fronleichnam flackern Tausende von Lichtern über den abendlichen Tälern. Sie zeichnen die Grate der Berge nach oder formen meterhohe Kreuze und riesige Herzen. Der Ausgangspunkt: Im Freiheitskampf gegen Napoleon gelobten die Tiroler, alljährlich den Herz-Jesu-Tag mit einem Hochamt und den Feuern zu begehen.

Kulinarik und Kultur

Wo Wein wächst, wird traditionell gerne gefeiert und das ist in Südtirol nicht anders. Zum Fest sind immer Stände mit den lokalen Produkten aufgebaut, damit der Wein eine ordentliche Unterlage hat. Berühmt sind die **Weinfeste** im Unterland und in Überetsch wie die Bozner Weinkost und die Neumarkter Blauburgundertage im Mai, dazu das Gewürztraminer-Symposium, das alle zwei Jahre in Tramin im Juli stattfindet. Dann locken die Kalterer Weintage im September. Der krönende Abschluss ist das »Wine Festival« in Meran: Dort treffen sich im November die Vertreter vieler führender Weingüter aus ganz Italien, um Erfahrungen auszutauschen und neue Kunden zu finden. Begleitet wird diese Weinmesse von einem Gourmetfestival, das sich auch großer Beliebtheit erfreut.

Seit den 1980er-Jahren werden in Toblach die **Gustav-Mahler-Musikwochen** im herrschaftlichen Ambiente des ehemaligen Grandhotels veranstaltet. Auch Meran genießt mit seinen Veranstaltungen klassischer Musik ein hohes Renommee, die meisten Konzerte im Kurhaus während der **Meraner Musikwochen** sind lange im Voraus ausverkauft.

SHOPPING

Einkaufen ist heute ein Erlebnis, vor allem im Urlaub. Schließlich haben die Gäste mal Zeit und Muße zum Flanieren, Stöbern und Probieren. Mit seinem reichen Angebot verlangt ein Südtirolaufenthalt ohnehin nach einem geräumigen Fahrzeug, um all die Weinkisten, Speckhälften und verschiedenen Käse nach Hause zu bringen.

ERLEBEN & GENIESSEN
SHOPPING

Handwerk und Kunstgewerbe

Neben den kulinarischen Souvenirs (▶ Reiseziele von A bis Z, Erleben) sind traditionelle kunstgewerbliche Artikel, die es in großer Vielfalt gibt, beliebte Mitbringsel. Wer sich für die Geschichte des Südtiroler Kunsthandwerks interessiert, sollte im Kunsthandwerklichen Museum in St. Ulrich oder im Südtiroler Landesmuseum für Volkskunde in Dietenheim bei Bruneck vorbeischauen. Eine gute Adresse für **Kunsthandwerk** sind die »Südtiroler Werkstätten« in Bozen (▶S. 62). Bäuerliches Handwerk von schönen Holzschalen und Weidenkörben über Produkte aus Schafwolle oder Filzstoffen entsteht auf vielen Bauernhöfen über die langen Wintermonate (Auskunft über Bezugsquellen: www.roterhahn.it).

Aus Holz

Die **Holzschnitzereien** aus dem Grödner Tal gehören zu den berühmtesten Souvenirs. Vor allem in St. Christina, St. Ulrich und Wolkenstein kann man die eigene Weihnachtskrippe mit Holzfiguren erweitern oder Accessoires für den Haushalt erwerben. Um Handgefertigtes von maschinell Gearbeitetem zu unterscheiden, wird Ersteres durch ein **Zertifikat** geschützt, ein Metallplättchen mit dem Zeichen der Handwerkskammer Bozen und dem Schriftzug »Entirely Hand Carved«.
Seit etlichen Jahren lassen sich auch Kunstsammler in St. Ulrich sehen. Mancher Abkömmling einer Holzschnitzerfamilie hat sich der **gegenständlichen und abstrakten Kunst** zugewandt. Walter Moroder mit seinen lebensgroßen Holzfiguren oder Adolf Vallazza, der für seine Skulpturen und Throne altes Holz verwendet, haben inzwischen internationales Renommee (▶ Baedeker Wissen S. 152).

Kleidung

Beliebt sind auch **Federkielstickereien** aus dem Sarntal, etwa in Form von Handtaschen, Gürteln oder Bucheinbänden. **Sarnerjangger**, also Trachtenjanker aus handgesponnener brauner Wolle, gehören zu den höherpreisigen, aber recht unverwüstlichen Mitbringseln. Ebenfalls ziemlich teuer ist das wertvolle Sarner Essbesteck, dessen Holzgriffe mit metallenen Einlagen verziert werden. Mit **Lodenjanker** stattete seinerzeit die Tuchfabrik Moessmer aus Bruneck schon Kaiser Franz Josef aus. Inzwischen sind auch **Haute-Couture-Stoffe**, wie sie die Traditionsfirma für Chanel, Prada oder Dolce & Gabbana fertigt, im Angebot. Eine große Auswahl an Firmen mit **Outdoorbekleidung** führt das Outlet Center am Brenner (www.outletcenterbrenner.com); außerdem hat der Südtiroler Outdoorgigant **Salewa** seine Hauptzentrale in Bozen-Süd. Bei ausgewählten Kleidungsstücken wird man im Shop des Modedesigners **Dimitri** fündig; er hat viele Jahre bei Jil Sander, Hugo Boss und Vivienne Westwood gearbeitet (www.bydimitri.com). Einen der besten Modeläden Italiens findet man in Toblach in der **Boutique von Franz Kraler** gegenüber dem Grandhotel (www.franzkraler.it). Mehr **gute Einkaufsadressen** gibt es im Kapitel Reiseziele von A bis Z im Abschnitt Erleben.

ERLEBEN & GENIESSEN
ÜBERNACHTEN

Geschäftszeiten
Die Geschäfte sind in den Städten im Allgemeinen Mo. bis Fr. von 9 bis 12 und von 15 bis 19 Uhr geöffnet. Samstags haben die meisten nur vormittags offen und sonntags meist gar nicht; einige machen zusätzlich einmal pro Woche halbtags zu. In den Tourismuszentren und Shoppingoutlets ticken die Geschäftszeituhren allerdings anders.

Wochen- und Jahrmärkte
Hier eine kleine Auswahl der beliebtesten **Wochenmärkte:**
Montag: St. Pauls/Eppan
Dienstag: St. Michael/Eppan
Mittwoch: Kaltern, Bruneck
Donnerstag: Girlan/Eppan, Schlanders, Leifers
Freitag: Meran, Sterzing, Latsch
Samstag: Bozen-Siegesplatz

Einen festen Platz im Jahresablauf haben auch die **Jahrmärkte**. Die wichtigsten und bekanntesten Märkte sind:
Josefimarkt in Salurn am 19. März
Markusmarkt in Auer am 25. April
Großer Jahrmarkt in Prad am 21. September
Ultner Markt Kuppelwies am 22. September
Michelimarkt in Martell am 28. September
Gollimarkt in Mals am 16. Oktober
Stegener Markt Ende Oktober (größter Markt Tirols)
Sealamarkt in Glurns am 2. November
Martinimarkt in Girlan (Eppan) am 11. November

ÜBERNACHTEN

Wurde früher noch so manches Schlafzimmer in ein Fremdenzimmer verwandelt, herrscht in Südtirol heute die Quartiervielfalt: vom Luxushotel über Design- und Weinhotels bis hin zur Almhütte oder Urlaub auf dem Bauernhof. Schließlich blickt das Land auf eine lange Urlaubstradition zurück. Bereits Mitte des 19. Jh.s entstanden prachtvolle Grandhotels, die jedoch ausschließlich einer noblen Klientel vorbehalten waren. Doch als die Sommerfrische in Mode kam, reisten bald auch viele Städter an.

Designhotels und Pensionen
Südtiroler Architekten schufen in den letzten Jahren gelungene moderne **Designhotels** mit Gespür für die besondere Landschaft, in die sie perfekt eingebunden sind. Architektonisch interessante Design-

ERLEBEN & GENIESSEN
ÜBERNACHTEN

Im Hotel Schloss Sonnenburg in der Umgebung von Bruneck übernachten Sie in einem ehemaligen Kloster für adlige Frauen.

hotels wie beispielsweise das von Künstlern gestaltete Greif in Bozen, das vom Bauhausstil geprägte Pupp in Brixen oder das stylische Miramonti in Hafling oberhalb von Meran zelebrieren eine neue Art des Wohnens.

Die meisten familiengeführten **Pensionen** haben hingegen schon seit jeher ihre Stammgäste, von denen viele seit Jahrzehnten immer wieder kommen. Dabei wird aufmerksam jede Veränderung registriert, denn diese Klientel schätzt das Traditionelle und den persönlichen Kontakt zu den Gastgebern. Doch Stillstand herrscht auch hier nicht, denn Südtirol ist besonders bei seinen Anrainern ein höchst beliebtes Reiseziel und die Konkurrenz der vielen Unterkünfte belebt das Geschäft. Gut für die Gäste, denn renovierungsbedürftige Zimmer findet man deshalb so gut wie kaum mehr vor.

Selbst beim »Urlaub auf dem Bauernhof« findet man inzwischen das eine oder andere edel und modern eingerichtete Chalet. Weshalb sich diese ländliche Urlaubsform nicht nur für Familien mit Kindern eignet, die Kleintiere streicheln möchten oder sich für Schafe und Kühe interessieren. Gesunde Ernährung ist heutzutage in aller Munde und auch die Idee nachhaltig Urlaub zu machen findet immer mehr Anhänger. So bieten viele Bauernhöfe ein reichhaltiges Früh-

Urlaub auf dem Bauernhof

ERLEBEN & GENIESSEN
ÜBERNACHTEN

EINIGE INFORMATIONEN

PREISKATEGORIEN
▶ S. 4

ADRESSEN
▶ Kapitel Reiseziele von A bis Z, Übernachtungsempfehlungen

UNTERKÜNFTE ALLER ART

SÜDTIROLER BAUERNBUND ROTER HAHN
Urlaub auf dem Bauernhof
K.-M.-Gamper-Str. 5
39100 Bozen
Tel. 04 71 99 93 25
www.roterhahn.it
Detaillierte Informationen zu den einzelnen Höfen

DESIGNHOTELS SÜDTIROL
www.sudtirol.com/de/
designhotels.htm
www.designhotels-suedtirol.com

VITALPINA HOTELS SÜDTIROL
Pfarrplatz 11
39100 Bozen
Tel. 04 71 99 99 80
www.vitalpina.info

Die 33 Vitalpina-Hotels sind ideal für Wander- und Wellnessurlaub.

VERBAND DER PRIVATVERMIETER
Schlachthofstr. 59
39100 Bozen
Tel. 04 71 32 48 79
www.kleinundfein.org

WELLNESSHOTELS
www.suedtirol.com/wellness
www.belvita.it
www.suedtirol-tirol.com/wellness

VINUMHOTELS
Vinum Hotels Südtirol
Pfarrplatz 11
39100 Bozen
Tel. 04 71 99 99 60
www.vinumhotels.com

CAMPING

CAMPINGPLÄTZE ONLINE
www.glamping.info/luxuscamping/südtirol-trentino
Ausgefallen wohnen in Baumhäusern, Chalets oder Luxuscamps

---

stück mit eigenen Produkten an, die man auch ab Hof kaufen kann. Selbst **Ferienhäuser oder Ferienwohnungen** verfügen mittlerweile über eine große Auswahl an sehr schicken Appartements in zeitgenössischer Architektur wie das verspiegelte Mirror House am Stadtrand Bozens. Dabei handelt es sich meist um keine großen Anlagen, weshalb man rechtzeitig reservieren sollte.

Berghotels und Berghütten Bei so vielen Berggipfeln ist auch die Auswahl an **Schutzhütten** mit Übernachtungsmöglichkeit groß. Die rund 100 Hütten werden in der Regel vom Alpenverein Südtirol (www.alpenverein.it) bzw. dem italienischen Alpenverein (www.cai.it) geführt, daneben gibt es aber auch private Häuser. Die Bandbreite reicht vom recht luxuriös ausgestatteten Berghotel bis zur schlichten Massenunterkunft mit Lager

ERLEBEN & GENIESSEN
ÜBERNACHTEN

und Plumpsklo. Mitglieder anderer Alpenvereine erhalten Ermäßigung. Je nach Höhenlage sind die Schutzhütten von Ende Juni bis Mitte/Ende September geöffnet.

In Südtirol hat sich eine ganz besondere Form der Wellness etabliert, in der vornehmlich Naturprodukte aus der Region zum Einsatz kommen. Das Wohlbefinden steigern die Südtiroler mit der Kraft der Natur. Sei es in den **radonhaltigen Thermalquellen** von Meran, bei **Heubädern** wie auf der Seiser Alm, wo sie einst erfunden wurden und noch heute z. B. im Hotel Heubad in Völs am Schlern Anwendung finden. In Tauber's Bio Vitalhotel in Kiens kommen bei der **Latschenkieferwellness** die heißen duftenden Nadeln aus der Latschenkieferölgewinnung vom benachbarten Bio-Kräuterhof Bergila zum Einsatz. Wollig weich ist ein Bad in einem Schafwollvlies im Ultental, das bei der **Schafwoll-Wellness** in verschiedenen Hotels wie z. B. dem Arosea in St. Walburg in Kuppelwies für Wohlbefinden sorgt. Der Einsatz der Naturprodukte scheint schier unerschöpflich. Glimmerschieferstaub vom Gletscher wird zu mineralhaltigen Cremes (Glacisse) verarbeitet, mit erwärmten Steinen aus **Silberquarzit** werden Massagerituale durchgeführt und aromatische **Bergkräuter** und duftende **Blüten** zu kostbaren Ölen verarbeitet. Egal ob man im Sommer von einer Bergwanderung oder im Winter vom Skifahren zurück ins Hotel kommt, ein breit gefächertes Wellnessangebot ist in Südtiroler Hotels längst ein Ganzjahresthema (▸ Baedeker Wissen S. 368).

Wellness

Freunde des Campings finden etwa 40 gut bis sehr gut ausgestattete Anlagen, die teilweise das ganze Jahr geöffnet sind. Wildes Campen ist hingegen streng verboten. Auch in vielen Jugendherbergen gibt es jenseits der Matratzenlager in der Regel moderne Einzel- oder Doppelzimmer. Besonders schöne Jugendgästehäuser sind das Noldinhaus in Salurn oder die Jugendherberge in Toblach, die im ehemaligen Grandhotel untergebracht ist.

Camping, Jugendherbergen

P
PRAKTISCHE INFOS

Wichtig, hilfreich präzise

Unsere Praktischen Infos
helfen in allen Situationen
in Südtirol weiter.

Lichtspiele im Naturpark Fanes-Sennes-Prags –
hier wird die Kreuzkofelgruppe
in Szene gesetzt. ▶

PRAKTISCHE INFORMATIONEN

KURZ & BÜNDIG

ELEKTRIZITÄT
Das Netz führt 220 V Wechselspannung. Europanorm-Gerätestecker sind meist nur dann verwendbar, wenn sie dünne Kontaktstifte besitzen. Meist braucht man einen Adapter (adattatore; Stecker = spina elettrica; Steckdose = presa di corrente, presa elettrica).

NOTRUFE

ALLGEMEINER NOTRUF
Chiamata di Emergenza
Tel. 112 (landesweit)

POLIZEI
Polizia
Tel. 113 (landesweit)

FEUERWEHR
Vigili del Fuoco
Tel. 115 (landesweit)

NOTARZT
Emergenzia sanitaria
Tel. 118 (landesweit)

PANNENHILFE DES ACI
Soccorso stradale
Partnerclub des ADAC
Tel. 80 31 16
Tel. 8 00 11 68 00 (von ausländischen Mobiltelefonen)

ACE-NOTRUF IM AUSLAND
Tel. +49 71 15 30 34 35 36

ADAC-NOTRUF IM AUSLAND
Tel. +49 89 22 22 22 (bei Fahrzeugschaden)
Tel. +49 89 76 76 76 (bei Erkrankungen/Verletzungen)

DEUTSCHE RETTUNGSFLUGWACHT
Tel. +49 71 17 00 70

DRK-FLUGDIENST
Tel. +49 211 91 74 99 39

SPERRNOTRUF
Unter folgender Nummer kann man Bank- und Kreditkarten, Handys und Krankenkassenkarten sperren lassen:
Deutschland: Tel. +49 116 116
www.sperr-notruf.de oder
Tel. +49 30 40 50 40 50

Österreich: Tel. +43 17 17 01 45 00

Die Schweiz hat keine einheitliche Sperrnummer. Die wichtigsten Nummern sind:
Swisscard: Tel. +41 04 46 59 69 00
UBS: Tel. +41 04 48 28 35 01
VISECA: Tel. +41 04 42 00 83 83
Post: Tel. +41 04 48 28 32 81

VORWAHLEN

VON ITALIEN
nach Deutschland: 0049
nach Österreich: 0043
in die Schweiz: 0041

NACH ITALIEN
0039
(+ Telefonnummer beginnend mit »0«; Mobilnummer ohne »0«)

ZEIT
In Italien gilt die **mitteleuropäische Zeit** (MEZ), von Ende März bis Ende Oktober europaweit die mitteleuropäische **Sommerzeit** (MEZ + 1 Std.).

PRAKTISCHE INFORMATIONEN
ANREISE · REISEVORBEREITUNG

ANREISE · REISEVORBEREITUNG

Die bekannteste Route von Deutschland nach Südtirol führt über die Autobahn A 8 München – Innsbruck – **Brenner** nach Bozen. In Österreich und Italien sind Autobahnen mautpflichtig. Auf der Brennerautobahn zahlt man für den Abschnitt Schönberg – Brenner (Europabrücke) eine Extra-Maut. Bereits an den Autobahntankstellen hinter München kann man die Vignette für die österreichischen Autobahnen (10 Tage, 2 Monate oder 1 Jahr) erwerben. Zusätzlich kann man auch die Brennermaut kaufen und man kann zügig durch die Videomaut fahren.
Aus dem westlichen **Österreich** kommend, gelangt man am besten über den ganzjährig befahrbaren Reschenpass nach Südtirol. Timmelsjochstraße (mautpflichtig), Staller Sattel, Stilfser Joch und Umbrailpass sind je nach Schneelage von Juni / Juli bis Oktober geöffnet. Kommt man aus dem östlichen Österreich, empfiehlt sich die Fahrt über Lienz und weiter auf der E 66 über Winnebach und das Pustertal nach Brixen. Von der **Schweiz** gelangt man zwischen Müstair und Taufers im Münstertal über die Grenze (ganzjährig geöffnet) nach Südtirol. Die Automobilclubs informieren über Mautgebühren, Öffnungszeiten der Grenzübergänge und Pässe.

Mit dem Auto

Von Norden her kann man mit der Bahn über zwei Grenzübergänge nach Südtirol einreisen: über den Brenner oder aus Richtung Lienz (Österreich) über Innichen. Die Anreise mit dem **Autoreisezug** ist ebenfalls eine Alternative. Der Autoreisezug Urlaubs-Express (UEX) hat einige Verbindungen übernommen, die früher von der Deutschen Bahn (DB) betrieben wurden. Die Autozüge fahren in der Sommersaison von Mai / Juni bis Oktober etwa einmal wöchentlich. Bedient werden die beiden Italienstrecken Hamburg – Verona und Düsseldorf – Verona, jeweils mit Stopp in Bozen. Auch von Österreich verkehren an Sommerwochenenden Autozüge von Wien in Richtung Italien.

Mit der Bahn

Nächstgelegene Großflughäfen sind Innsbruck, Venedig und Mailand. Der Regionalflughafen Bozen (Tel. 04 71 25 52 55, www.bolzanoairport.it/de) wird zurzeit nur innerhalb Italiens angeflogen.

Mit dem Flugzeug

In den vergangenen Jahren hat sich auch ein preisgünstiges Netz an Bus-Fernverbindungen entwickelt. So fährt z. B. Flixbus mehrmals täglich von München, Berlin oder Innsbruck nach Sterzing, Bozen und Meran mit Haltestellen entlang der Strecke (www.meinfernbus.de, Tel. 03 03 00 13 73 00,).

Mit dem Bus

PRAKTISCHE INFORMATIONEN
ANREISE · REISEVORBEREITUNG

Ein- und Ausreisebestimmungen

Papiere
Auch EU-Bürger müssen sich in Italien ausweisen können. Für Deutsche, Österreicher und Schweizer genügt der Personalausweis. Kinder brauchen einen eigenen Ausweis; ob Kinderreisepass, Reisepass oder Personalausweis, hängt vom Alter ab.

Verlust der Papiere
Bei Diebstahl helfen die jeweiligen Auslandsvertretungen. Erste Anlaufstelle ist aber die Polizei, denn ohne Kopie der Diebstahlsmeldung geht nichts. **Ersatzpapiere** bekommt man von der Botschaft leichter, wenn man Kopien der jeweiligen Dokumente vorweisen kann.

Fahrzeugpapiere
Mitzuführen sind Führerschein, die Zulassungsbescheinigung I (alter Kfz-Schein) und die Internationale Grüne Versicherungskarte. Kraftfahrzeuge müssen das ovale Nationalitätskennzeichen tragen, sofern sie kein EU-Kennzeichen haben.

Haustiere
Seit 2011 ist auf EU-Ebene vorgeschrieben, dass Haustiere durch eine deutlich erkennbare Tätowierung oder durch einen implantiertem Mikrochip gekennzeichnet sein müssen. Ebenfalls erforderlich ist ein EU-Kleintierausweis samt Nachweis der Tollwutimpfung. Für Hunde muss man Maulkorb und Leine dabeihaben.

Zollbestimmungen
Innerhalb der Europäischen Union können Reisende ab dem Alter von 17 Jahren für den privaten Verbrauch Waren **weitgehend zollfrei** von und nach Italien einführen. Es gelten lediglich gewisse Höchstmengen: z. B. maximal 800 Zigaretten, 10 l Spirituosen und 90 l Wein. Souvenirs sind bis 300 € zollfrei.
Für Reisende aus Nicht-EU-Ländern wie der Schweiz gelten folgende Freigrenzen: 200 Zigaretten oder 100 Zigarillos oder 50 Zigarren oder 250 g Tabak, ferner 2 l Wein oder andere Getränke bis 22 % Alkoholgehalt sowie 1 l Spirituosen mit mehr als 22 % Alkoholgehalt. Zollfrei sind außerdem Geschenke bis zu einem Wert von 300 CHF. Übersteigt der Gesamtkauf den Wert von 154,94 Euro, haben Nicht-EU-Bürger Anrecht auf Erstattung der Mehrwertsteuer. Im **Zollausschlussgebiet** von Livigno, westlich von Südtirol, kann man in etwa 200 Duty-free-Läden zollfrei einkaufen.

Krankenversicherung
Versicherte der deutschen Krankenkassen haben im Krankheitsfall Anspruch auf eine Behandlung nach den in Italien gültigen Vorschriften. Auch mit der **europäischen Krankenversicherungskarte** muss in den meisten Fällen ein Teil der Kosten selbst bezahlt werden. Gegen Vorlage der Quittungen übernimmt die Krankenkasse zu Hause dann die Kosten – allerdings nicht für jede Behandlung. Schweizer müssen Behandlung und Medikamente selbst bezahlen.

PRAKTISCHE INFORMATIONEN
AUSKUNFT

REISEPLANUNG

BAHN

DEUTSCHLAND
Tel. *0 18 05 99 66 33 (Service-Hotline)
Tel. 0800 1 50 70 90 (kostenfreie Fahrplanauskunft)
www.bahn.de
(auch Auskünfte über inneritalienische Bahnverbindungen)
www.fahrplan-online.de
Autoreisezug: www.urlaubs-express.de

TRENITALIA
In Deutschland Auskünfte und Reservierung (nur Personenbeförderung)
Aus dem Ausland:
Tel. 06 68 47 54 75
In Italien: Tel. 89 20 21 (24 h)
www.trenitalia.com

ÖSTERREICHISCHE BAHNAUSKUNFT
Tel. 05 17 17
www.oebb.at

SCHWEIZ
Tel. 09 00 30 03 00
www.sbb.ch

Da die Kosten für ärztliche Behandlung und Medikamente teilweise vom Patienten bezahlt werden müssen und die Kosten eines evtl. notwendigen Rücktransports von den Krankenkassen nicht übernommen werden, empfiehlt sich der Abschluss einer zusätzlichen Reise-Krankenversicherung.

Private Reiseversicherung

AUSKUNFT

ADRESSEN

ITALIENISCHES FREMDENVERKEHRSAMT (ENIT)

ENIT IN DEUTSCHLAND
Barckhausstr. 10
60325 Frankfurt
Tel. 069 23 74 34
www.enit-italia.de
www.italia.it

ENIT IN ÖSTERREICH
Mariahilfer Str. 1 b
1060 Wien
Tel. 01 5 05 16 39
www.enit.at

ENIT IN DER SCHWEIZ
c/o italienisches Generalkonsulat
Tödistraße 65
8002 Zürich
Tel. 04 45 44 07 97
zurigo@enit.it

PRAKTISCHE INFORMATIONEN
AUSKUNFT

INNOVATION DEVELOPMENT MARKETING SÜDTIROL (IDM)
Pfarrplatz 11
39100 Bozen
Tel. 04 71 99 99 99
www.suedtirol.info
Homepage des **Tourismus-Dachverbands Südtirol** mit Informationen zu allen Orten und Tälern

LANDESVERBAND DER SÜDTIROLER TOURISMUSORGANISATIONEN
www.lts.it
▶ Kapitel Reiseziele von A bis Z

INTERNET

WWW.PROVINZ.BZ.IT
Bürgernetz der Südtiroler Landesverwaltung

WWW.DOLNET.IT
Internet-Verzeichnis für Südtirol

WWW.SUEDTIROLJOURNAL.COM
Aktueller Nachrichtendienst für Südtirol

WWW.PROVINZ.BZ.IT/WETTER/SUEDTIROL.HTM
Wetterbericht für Südtirol

WWW.SUEDTIROL24.TV
Webcams in Südtirol

WWW.SUEDTIROL.INFO/DE/ERLEBEN/EVENTS
Aktueller Veranstaltungskalender

WWW.SKI-FERIEN.COM
Übersicht für die Skigebiete der Provinz

WWW.DOLOMITISUPERSKI.COM
Skifahren in den Dolomiten

WWW.SUEDTIROLERWEIN.COM
Informationen über den Wein, Weinanbau und Kellereien

WWW.SUEDTIROLER-WEINSTRASSE.IT
Südtiroler Weinstraße von Nals bis Salurn

WWW.SUEDTIROL.INFO/ARCHAP
Südtiroler Architektur-Führer; eine App zum Auffinden interessanter Gebäude mit vielen Informationen

WWW.VISITTRENTINO.IT
Tourismus-Homepage der Nachbarprovinz Trentino

WWW.INFODOLOMITI.IT
WWW.BELLEDOLOMITI.IT
Tourismus-Homepage der Nachbarprovinz Belluno (Venetien)

BOTSCHAFTEN, HONORARKONSULATE

DEUTSCHES HONORARKONSULAT
Dr.-Streiter-Gasse 12
39100 Bozen
Tel. 04 71 97 21 18
www.botschaft-konsulat.com
www.italien.diplo.de (Webseite der Deutschen Botschaft in Rom)

ÖSTERREICHISCHE BOTSCHAFT
Via Pergolesi 3
00198 Roma
Tel. 0 68 44 01 41
www.bmeia.gv.at/oeb-rom

SCHWEIZERISCHE BOTSCHAFT
Via Barnaba Oriani 61
00197 Roma
Tel. 06 80 95 71
www.eda.admin.ch/roma

ETIKETTE

Südtirol gehört zu den meistbesuchten Urlaubsregionen Europas. Der Schutz der einzigartigen Natur ist deshalb eigentlich selbstverständlich. Auch außerhalb von Schutzgebieten (Naturparks, Biotope) sollte man die Wege nicht verlassen, keine Blumen pflücken oder Tiere stören. Abfälle gehören in die dafür vorgesehenen Behälter. Das Sammeln von Mineralien ist nur mit Genehmigung gestattet, das Sammeln von Pilzen verboten. Die Einheimischen sehen es außerdem mit äußerstem Missfallen, wenn man durch ungemähte Wiesen geht, Fallobst aufliest oder sich zur Zeit der Traubenreife in die Weinberge begibt. Durchquert man Weidegebiete, muss beim Betreten und Verlassen das Gatter wieder sorgfältig geschlossen werden. Die prunkvollen und mit großer Hingabe gefeierten Kirchenfeste, allen voran die ländlichen Prozessionen, sind ein wichtiger Bestandteil der Volksfrömmigkeit und keine folkloristischen Veranstaltungen. Als Zuschauer sollte man sich entsprechend respektvoll verhalten.

Selbstverständliche Benimmregeln

Auch ein Zeichen von Takt ist es, in Südtirol nicht die italienischen Ortsnamen zu verwenden, sondern die ursprünglichen deutschen Namen. Es wird nicht nur als überflüssige Unsitte aufgefasst, sondern trifft möglicherweise sogar einen empfindlichen Punkt der Einheimischen, denn die meisten italienischen Bezeichnungen erinnern an die Zeit, als der italienische Nationalist Ettore Tolomei (▶ Interessante Menschen) rund 20 000 deutsche Orts- und Flurnamen meist völlig willkürlich ins Italienische übersetzte.

Nicht zu viel Italienisch

In Italien gilt eines der strengsten Anti-Rauchergesetze: In öffentlichen Räumen – u. a. Büros, Bahnhöfen, Geschäften, Kaffeebars und Restaurants – darf nicht geraucht werden (sonst drohen hohe Strafen, bis 550 €). Ausnahmen gibt es nur in Lokalen mit Raucherräumen.

Rauchverbot

GELD

Italien gehört zur Eurozone. Für die Schweiz gilt zzt.:
1 € = 1,14 CHF bzw. 1 CHF = 0,87 € (Wechselkurs: www.oanda.com)

Euro

Banken sind in der Regel Mo. – Fr. 8.30 – 13 Uhr geöffnet; nachmittags variieren die Öffnungszeiten (ca. 14.30 – 15.30 Uhr). An Tagen

Banken

vor Feiertagen (prefestivi) schließen die Banken mittags. An **Geldautomaten** (bancomat) kann man mit Kredit- und Bankkarten rund um die Uhr Geld abheben. Bei Verlust von Bank- bzw. Kreditkarte sollte man die Karte sofort sperren lassen. Der Sperr-Notruf Tel. +49 116 116 vermittelt den Kontakt für das Sperren von Bank-, Kredit-, Krankenversicherungskarten und Handy. Der Anruf ist außerhalb Deutschlands gebührenpflichtig (www.sperr-notruf.de).

Quittungen In Italien sind Käufer verpflichtet, **Kassenbelege** (ricevuta fiscale, scontrino) zu verlangen und aufzuheben. Es kann vorkommen, dass man nach dem Verlassen eines Geschäfts aufgefordert wird, die Quittung vorzuzeigen – damit soll Steuerbetrug erschwert werden. Der Ankauf imitierter Markenwaren, meist auf der Straße angeboten, ist untersagt und kann mit Geldstrafen bis 10 000 Euro geahndet werden, auch deshalb ist eine reguläre Quittung wichtig

GESUNDHEIT

Apotheken Die Apotheken (farmacia) sind in Südtirol an Sonn- und Feiertagen geschlossen. An Sonn- und Feiertagen gibt es Notdienstapotheken (farmacie di turno). Hinweise auf die Öffnungszeiten und Adressen sind an den Türen aller Apotheken angeschlagen.

Vorsicht im Gebirge Achten Sie darauf, dass Sie vor allem im Gebirge **nicht allein unterwegs** sind. Verlassen Sie sich auch nicht darauf, dass Sie mit dem Mobiltelefon von jedem Standort aus Hilfe anfordern können, denn in den Gebirgslagen ist der Handy-Empfang nicht überall gewährleistet. Geben Sie Ihr Ausflugsziel in der Unterkunft an. Wenn Sie in höheren Regionen unterwegs sind, sollten Sie selbst bei indirekter Sonneneinstrahlung auf entsprechenden **Sonnenschutz** achten, da die UV-Strahlung im Gebirge selbst bei Nebel oder Wolken sehr hoch ist.

LESETIPPS

Verschiedenes **Calas, David:** Schauplätze der Architektur in Südtirol. Baukultur erleben. Fotos: Sven Wuttej. Folio Verlag 2017. Vorgestellt werden spektakuläre ober- und unterirdische Schauplätze der Architektur, die mit viel Eigensinn ihre Umgebung bereichern.

PRAKTISCHE INFORMATIONEN
LESETIPPS

DuMont Bildatlas: Südtirol. MairDumont 2018. Stimmungsvolles Porträt der Region Südtirol in Wort und Bild.

DuMont Wanderführer: Südtirol, Westliche Dolomiten. MairDumont 2014. Mit 35 Routenkarten und Höhenprofilen.

Hempel, Andreas Gottlieb: WeinBau. Wein und Architektur in Südtirol. Folio Verlag 2016. Der Architekt, Sommelier und Südtirol-Kenner stellt 40 herausragende Weingüter in Südtirol vor, die auch architektonisch Besonderes bieten. Sehr empfehlenswert!

Kompatscher, Anneliese: Die Küche in Südtirol. Tappeiner Verlag 2017. Der Klassiker der Südtiroler Küche liegt nun neu und vollkommen überarbeitet vor!

Marseiler, Sebastian: Wege zur Kunst. Die bedeutendsten Kunstdenkmäler Südtirols. Athesia Verlagsanstalt 2011. Schön zu lesende Beschreibungen, teils mit überraschenden Details und pointiertem Hintergrundwissen.

Messner, Reinhold und Tappeiner, Jakob: Dolomiten. Die schönsten Berge der Welt. Tappeiner Verlag 2006. Der Extrembergsteiger Reinhold Messner beschreibt seine Kletterheimat, die faszinierenden Fotos sind von Jakob Tappeiner.

Niederkofler, Norbert: Mein Südtirol. Eine kulinarische Rundreise. Heyne 2011. Der erste Drei-Michelin-Sternekoch Südtirols gewährt hier einen sinnlichen Schulterblick in seinen Kochalltag sowie die elementare Urwüchsigkeit seiner Heimat.

Stimpfl, Oswald: Südtirol für Kinder. Folio Verlag 2018. Unterwegs mit Kind und Kegel, zu Fuß, mit dem Rad, auf dem Pferd, im Boot. 58 kindertaugliche Ideen für unvergessliche Ausflüge.

Wieser, Gerhard; Bachmann, Helmut; Gasteiger Heinrich: So kocht Südtirol. Athesia Verlagsanstalt 2015. Eine kulinarische Reise von den Alpen in den Süden mit einem Vorwort von Eckart Witzigmann. Drei Südtiroler Küchenmeister verraten 850 Rezepte.

Gatterer, Claus: Schöne Welt, böse Leut. Folio Verlag 2005. Eine Kindheit in Südtirol zur Zeit des Faschismus wird hier vom Autor in einen humorvoll ironischen Roman verpackt. *Belletristik*

Peterlini, Hans Karl: Wir Kinder der Südtirol-Autonomie. Folio Verlag 2010. Dank einer weitreichenden Autonomie hat sich Südtirol prächtig entwickelt.

Rosendorfer, Herbert: Martha. Von einem schadhaften Leben. Langen-Müller Verlag 2014. Der Roman des großen, 2012 verstorbenen Südtiroler Schriftstellers erzählt von dem Leben eines Vinschgauer Mädchens im Südtirol der Nachkriegszeit.

Südtirol im Film
Die nördlichste Provinz Italiens ist eine **beliebte Filmkulisse** deutscher, italienischer und internationaler Produktionen, egal ob für Kinderfilme, historische Formate, für Dokumentationen oder Krimis. Ganzjährig bietet dieses kleine, alpin-mediterrane Land berauschende Gipfel- und Felsformationen, wildromantische Naturlandschaften, Schlösser, Burgen und malerische Kleinstädte wie kaum eine andere Region. Dramatisch in Szene gesetzt wurden die Dolomiten erstmals in Leni Riefenstahls »Das blaue Licht« (ein mystisch-romantischer Bergfilm, 1932). Eindrucksvolle Bilder zeigte auch »Cliffhanger« mit Sylvester Stallone (»Nur die Starken überleben«, ein US-amerikanischer Action- und Abenteuerfilm, 1993). Gröden ist die Heimat des legendären Bergfilm-Schauspielers, Filmemachers und passionierten Bergsteigers Luis Trenker (▶ Interessante Menschen), der in zahlreichen Filmen mitwirkte. Auch dem Extrembergsteiger Reinhold Messner (▶ Interessante Menschen) sind mehrere Filme gewidmet, die die Faszination des Kletterparadieses Südtirol vermitteln. Zu den jüngsten Filmen gehören u. a. »Honig im Kopf« (spielt im Hochpustertal, Til Schweiger 2014), »Das finstere Tal« (die Verfilmung von Thomas Willmanns gleichnamigem Bestseller; 2016), »Die Pfefferkörner und der Fluch des schwarzen Königs« (2017), »Der Mann aus dem Eis« (spielt im Schnalstal und Passeiertal, mit Jürgen Vogel als Ötzi, 2017) und schließlich »A Star Wars Story« (hier treffen die beliebten Star-Wars-Helden erstmals aufeinander, 2018).

PREISE UND VERGÜNSTIGUNGEN

Bei der **Mobilcard** kann man an einem, drei oder sieben aufeinanderfolgenden Tagen (15 €, 23 €, 28 €) die öffentlichen Verkehrsmittel kostenlos in ganz Südtirol nutzen. Es gibt auch die **Museumobil Card**, hier kann man die freie Fahrt in den öffentlichen Verkehrsmitteln mit über 90 Museen kombinieren (3 oder 7 Tage gültig; 30 bzw. 34 €). Wer gerne mit dem Leihfahrrad unterwegs ist, kann für die Beförderung die **Bikemobil Card** für einen, drei oder sieben aufeinanderfolgende Tage nutzen (25 €, 30 €, 35 €). Erhältlich sind diese Karten bei allen Tourismusämtern, den Verkaufsstellen des Südtiroler Verkehrsverbunds und den angeschlossenen Museen. Auskunft: www.mobilcard.info

Vor allem größere Städte und Regionen wie Bozen, Meran, Brixen, Bruneck mit dem Kronplatz, die Dolomitenregion, das Eisack- und Pustertal sowie der Vinschgau haben auch **eigene Gästekombikarten** im Angebot, die Fahrten mit Seilbahnen und öffentlichen Verkehrsmitteln und Eintritte in verschiedene Sehenswürdigkeiten kombinieren. Ausgewählte Hotels stellen ihren Übernachtungsgästen bereits bei der Buchung solche Karten sogar kostenlos zur Verfügung. Fragen im Hotel oder beim jeweiligen Tourismusamt vor Ort lohnt sich. Denn mit einer Gästekarte kann am Anreisetag die Zugfahrt ab dem Brenner schon kostenlos sein.

REISEZEIT

Südtirol liegt an der wetterbegünstigten Alpensüdseite. Die kalten, starken Luftströme aus dem Norden werden vom Alpenhauptkamm abgefangen. Die Jahresdurchschnittswerte zeigen im Vergleich zu den nördlichen Gebieten wesentlich mehr Sonnentage und weniger Niederschlag. Auch die Tiefdruckgebiete des Atlantiks beeinflussen kaum das Klima. Schlechtwetter zieht meist mit feuchten, aber milden Strömungen von der nahen Adria oder vom Golf von Genua zu den Bergen. Während auf den Gipfeln der Hochgebirge ganzjährig Schnee liegt, ist das Klima in den nach Süden geöffneten Talböden von Etsch und Eisack fast mediterran. Dementsprechend variiert auch die **mittlere Jahrestemperatur**. Sie liegt beispielsweise in Sterzing im Norden (948 m ü. d. M.) oder in Bruneck (835 m ü. d. M.) um die 6 °C. Im östlich gelegenen Innichen sinkt das Jahresmittel sogar auf 4,7 °C. Warm wird es in Schlanders (9 °C) und Meran (11,5 °C) und am wärmsten in Gries bei Bozen (273 m ü. d. M.) mit 11,7 °C. Zum Vergleich: Die wärmste deutsche Stadt Freiburg kommt »nur« auf 10,4 °C.

Palmen und ewiges Eis

Südtirol punktet mit seinem milden Klima und seiner guten Infrastruktur. Da beginnt das Frühjahr meist schon im März und der Herbst endet oft erst Anfang November. Dank Kunstschnee erleben die Gäste zu Weihnachten auch bei Schneemangel ein ungetrübtes Skivergnügen. Die **Hauptsaison** ist Juli und August, dann kann man in den wärmeren Bergseen baden und auch in hohen Lagen hervorragend wandern. Der Herbst ist berühmt für das Törggelen, ein beliebter Anlass für viele deutsche Gäste, von Buschenschank zu Buschenschank zu ziehen. Der November ist eher ein ruhiger Monat, das gilt

Ganzjahres-Reiseziel

auch für den Dezember, abgesehen von den Adventswochenenden, dann kommen viele Norditaliener wegen der Weihnachtsmärkte zu Besuch.

TELEKOMMUNIKATION · POST

Post und Brief
Postämter sind im Allgemeinen von 8.30 bis 14 Uhr geöffnet; samstags und am letzten Tag des Monats schließen sie um 12 Uhr. **Briefmarken** (francobolli) kauft man entweder in Postämtern oder in Tabakwarengeschäften, die mit einem »T«-Schild (tabacchi) gekennzeichnet sind. Eine Postkarte ins europäische Ausland kostet 0,75 €. Die **Briefkästen** sind rot.

Telefonieren
Öffentliche Fernsprecher sind im Zeitalter der Handys inzwischen auch in Südtirol Mangelware. Die ehemaligen Ortsvorwahlen sind fester Bestandteil der italienischen **Festnetznummern.** Bei Ortsgesprächen und bei Anrufen aus dem Ausland muss die »0« mitgewählt werden. Dagegen entfällt bei der Handy-Nummer die »0«. Andere Mobilfunkteilnehmer und -nummern in Italien erkennt man an den dreistelligen Mobilfunkvorwahlen, die mit einer »3« beginnen.
Das **Handynetz** ist ausgezeichnet, in den Bergen muss man jedoch mit Funklöchern rechnen. Seit 2017 fallen keine Roaming-Gebühren für die Nutzung von Mobiltelefonen (cellulari, telefonini) mehr an.

VERKEHR

Autobahn
Die Autobahn (autostrada) in Südtirol ist gebührenpflichtig (pedaggio). Die Autobahngebühr kann bar, mit Kreditkarte oder mit der »Viacard« bezahlt werden. Man erhält sie in Italien bei den Automobilclubs, aber auch in Tabakläden sowie an Tankstellen.

Tankstellen
Die Einfuhr und der Transport von Benzin in Kanistern sind verboten. Es gibt bleifreies Benzin (95 Oktan, benzina senza piombo oder benzina verde), Superbenzin (98 Oktan, BluSuper) und Dieselkraftstoff (gasolio). Die Tankstellen sind in der Regel von 8 bis 12 und 15 bis 18 Uhr geöffnet; an der Autobahn gibt es meist einen 24-Stunden-Ser-

PRAKTISCHE INFORMATIONEN
VERKEHR

vice. Fast alle Tankstellen bieten Selbstbedienung und Bezahlung mit Karte an.

Neben den in Europa üblichen Verkehrsvorschriften gibt es in Italien einige Besonderheiten. Die **Promillegrenze** liegt bei 0,5. Außerdem muss man auf Autobahnen und Schnellstraßen tagsüber mit **Abblendlicht** fahren. Es gelten folgende **Tempolimits**: Pkws, Motorräder und Wohnmobile bis 3,5 t: innerorts 50 km/h, außerorts 90 km/h, auf Schnellstraßen (zwei Spuren pro Richtung) 110 km/h, auf Autobahnen 130 km/h; Pkws und Wohnmobile über 3,5 t: außerorts 80 km/h, auf Schnellstraßen 80 km/h und auf Autobahnen 100 km/h. **Bei Regen** sind auf der Autobahn maximal 110 km/h anstatt 130 km/h erlaubt! Auf der **Brennerautobahn** besteht zudem ein generelles Tempolimit von 110 km/h. Wer zu schnell fährt und erwischt wird, muss mit hohen Geldstrafen rechnen.

Wichtig: **Pannenwesten**, die den Sicherheitsnormen entsprechen, sind Pflicht! Privates **Abschleppen** auf Autobahnen ist verboten. Im Falle einer Panne werden ausländische Auto- oder Motorradreisende vom Pannendienst des italienischen Automobilclubs kostenlos zur nächsten Werkstatt abgeschleppt. Auf Motorrädern und Mopeds besteht **Helmpflicht**. Bei Totalschaden ist der Zoll zu verständigen, da sonst u. U. für das Schadensfahrzeug Einfuhrzoll bezahlt werden muss.

Verkehrs-
vorschriften

ENTFERNUNGEN

PRAKTISCHE INFORMATIONEN
VERKEHR

AUSKUNFT & INFOS

VERKEHRSVERBUND SÜDTIROL
Tel. 84 00 04 71
www.sii.bz.it
Das Südtiroler Bahnnetz ist in 4 Teilabschnitte gegliedert: Vinschger Bahn (Meran – Mals), Meraner Bahn (Meran – Bozen), Brennerbahn (Brenner – Bozen – Salurn), Pustertalbahn (Franzensfeste – Innichen). Fahrscheine sind an Bahnhöfen, Busstationen, in Kiosken und Tabakläden erhältlich.

SÜDTIROLER VERKEHRSMELDEZENTRALE
Tel. 04 71 41 61 00
www.provinz.bz.it/verkehr
Verkehrsinfos über gesperrte Pässe, Staus etc.

AUTOMOBILCLUB SÜDTIROL
Italienallee 19
Bozen
Tel. 04 71 28 00 03
www.acibz.it
Zweigbüros in Meran, Brixen, Klausen, Neumarkt und Leifers

SAD NAHVERKEHR AG
Italienallee 13
Bozen
Tel. 04 71 45 01 11
www.sad.it
Fahrplanauskunft über Überland-Busdienste, Schienennahverkehr, Stadtverkehr mit CityBussen und öffentliche Seilbahnanlagen

AUTOVERMIETUNGEN IN BOZEN
Die Abrechnung erfolgt nur über Kreditkarte.

AVIS AUTONOLEGGIO
Via Galvani 1
Tel. 04 71 21 25 60
www.avis.de

HERTZ ITALIA AUTONOLEGGIO
Flughafen, Via Francesco Baracca 1
Tel. 04 71 25 42 66
www.hertz.de

BUDGET RENT A CAR
Via Galvani 1
Tel. 04 71 21 25 60
www.budget.de

Passstraßen Zu den ganzjährig befahrbaren Passstraßen gehören die Grenzübergänge Reschen und Brenner, auch der Jaufenpass wird wegen des Skigebiets von Ratschings frei gehalten. Folgende Pässe sind zu den Zeiten in Klammern gesperrt: Timmelsjoch (November – Mai), Gavia (September – Juli), Penser Joch (November – April) und Stilfser Joch (November – Mai). Auf den Passstraßen können gelegentlich schon im Herbst bzw. noch im Frühling winterliche Verhältnisse herrschen, die eine **Winterausrüstung** verlangen. Über wetterbedingte Beeinträchtigungen der Befahrbarkeit informieren die Automobilclubs sowie Hinweistafeln an den großen Zufahrtsrouten.

Mautpflichtige Straßen Die Straße über das Timmelsjoch und die Stilfser Jochstraße sind mautpflichtig; Timmelsjoch: Pkw einfache Fahrt: 16 €, hin und zurück

PRAKTISCHE INFORMATIONEN
VERKEHR

21 €; www.timmelsjoch.it; Wochenvignette Stilfser Jochstraße: 10 €, Einzelkarten gibt es nicht; www.greenpass.bz.it.

Unentgeltliches Parken ist in Städten und größeren Orten fast unmöglich. Kostenpflichtige Parkplätze sind mit blauer Farbe gekennzeichnet, man zahlt am Parkautomaten. Weiß umrandete Parkplätze sind Anwohnern vorbehalten. Für ein 24-Std.-Ticket in einer Tiefgarage im Zentrum Bozens oder Merans ist mit ca. 20 € zu rechnen.

Parken in der Stadt

Wer in Italien ein Auto mieten möchte, muss mindestens 21 Jahre alt sein, seinen Führerschein zumindest ein Jahr besitzen und Besitzer einer Kreditkarte sein. Bei internationalen Autovermietern kann man von Deutschland aus in der Regel billiger buchen. Örtliche Autovermieter stehen im Telefonbuch unter »Noleggio« bzw. »Autonoleggio«.

Mietwagen

Die regionalen Bus- und Zuglinien sind gut ausgebaut. Regionalen Zugverkehr gibt es auf der **Brennerlinie** (Brenner – Bozen – Ala). Die 1906 eröffnete und zwischen 1999 und 2005 eingestellte **Vinschger Bahn** verkehrt zwischen Meran und Mals (die 60 km lange Strecke wird in etwas mehr als einer Stunde zurückgelegt). Seit 2008 gibt es auch die **Pustertalbahn**. Sie fährt von Franzensfeste über Bruneck nach Innichen.
Wer die öffentlichen Verkehrsmittel des Südtiroler Verkehrsverbunds nutzt, kann mit der Mobilcard Geld sparen (▶ Preise und Vergünstigungen, S. 400).

Öffentlicher Nahverkehr, Mobilcard

REGISTER

A

Abschleppen **403**
Abtei (Badia) **139**
Abtei Marienberg **102**
Abteital, Gadertal (Val Badia) **131**
Adolf-Munkel-Weg **318**
Agums **240**
Ahornach **299**
Ahrntal (Campo Tures) **300**
Albrecht-Dürer-Weg **230**
Aldein (Aldino) **46**
Algund (Lagundo) **214**
Algunder Waalweg **215**
Allitz **183**
Almerlebnisweg **280**
Alpenverein **387**
Alpinschulen **364**
Altenburg **165**
Altprags **234**
Amonn, Marius **352**
Ampezzaner-Dolomiten **109**
Andrian (Andriano) **220**
Angonese, Walter **163**
Anreise **393**
Ansitz **11**
Antholzer See **52**
Antholzer Tal (Valle di Anterselva) **52**
Antholz-Niederthal **51**
Apotheken **398**
Aquaprad, Nationalparkhaus **240**
Archeoparc (Steinzeitdorf in Unser Frau in Schnals) **281**
Auer (Ora) **52**
Aufkirchen **307**
Auskunft **395**
Autobahn **402**
Autobahngebühren **393**
Automobilclub Südtirol **404**
Autonomiestatut **345**

B

Bacher, Nikolaus **137**
Bad Bergfall **101**
Bad Dreikirchen **175**
Bad Salomonsbrunn **51**
Bad Valdander **137**
Bahnauskunft **395**
Banken **397**
Barbian (Barbiano) **175**
Barth, Othmar **146, 353**
Benzin **402**
Bergbaumuseum Schneeberg **294**
Bergfeuer **383**
Berghütten **387**
Bergsteigen **364**
Bevölkerung **331**
Bikemobil Card **58, 400**
Biobergbauernhof Oberortl **278**
Biotope **329**
Bittner, Johann **352**
Bletterbachschlucht **48**
Bormio **36**
Botschaften **396**
Bozen (Bolzano) **56**
Bozner Schule **66, 68, 74, 77, 272, 302, 311, 350**
Brandis-Waalweg **187**
Branzoll (Bronzolo) **55**
Brennerpass (Passo del Brennero) **147**
Brixen (Bressanone) **81**
Brixen, Leonhard von **323**
Broglesalm **154**
Bruneck (Brunico) **92**
Bruneck, Hans von **291, 350**
Bunker-Mooseum (Moos) **239**

Burg ...
- Brandis **187**
- Brunnenburg **118**
- Festenstein **220**
- Greifenstein **304**
- Jaufenburg **238**
- Kaldiff **230**
- Kasatsch **220**
- Kastelbell (Castelbello) **193**
- Maultasch **302**
- Mayenburg **188**
- Obermontani **199**
- Reifenstein **293**
- Reinegg **257**
- Ried **257**
- Ruine Aichach **273**
- Rafenstein **257**
- Thurn **321**
- Wolkenstein **155**
- Runkelstein **74**
- Sigmundskron **75**
- Untermontani **199**
- Welsperg **321**

Burgenweg (Missian) **123**
Burgeis (Burgusio) **101**

ANHANG
REGISTER

Burgstall (Postal) **187**
Buschenschanken **375**
Buschenschenke Schlosswirt **278**

C

Campill (Longiarü) **138**
Camping **389**
Canazei **255**
Castelfeder **53**
Chabert, Konstantin Ritter von **352**
Christentum **338**
Churburg **275**
Compatsch **272**
Coppi, Fausto **244**
Cortina d'Ampezzo (Anpez) **105**
Corvara **140**

D

Delai, Franz und Anton **236**
Deutsche Botschaft **396**
Deutsche Sprache **340**
Deutschnofen (Nova Ponente) **252**
Dibona, Angelo **107**
Dietenheim **98**
Dietl, Walter **225**
Dolomieu, Déodat de **18, 327**
Dolomiten (Dolomiti) **110, 326**
Dolomitenfront **111, 283**
Dolomiten-Höhenweg Nr. 3 **306**
Dolomiti Nordicski **285**
Dolomiti Superski **99, 367**
Dolomytes **307**
Dorf Tirol (Tirolo) **77, 114**
Drauradweg **159**
Drei Zinnen **282, 285, 286, 308**
Dülfer, Martin **352**
Dürer, Albrecht **169, 230**
Dürerweg **230**
Durnholz **259**
Durnholzer Tal **259**
Durnwalder, Luis **346**
Dürrensee **308**
Dürrenstein **136**

E

Ebensperger, Hans **240**
Egetmann-Umzug **310, 383**
Eggental (Val d'Ega) **31, 251, 254**
Ehrenburg **167**
Eisacktal (Valle Isarco) **119**
Eisacktal-Radweg **289**
Eislöcher (Eppan) **128**
Elektrizität **392, 397**
Elisabeth, Kaiserin von Österreich (Sisi) **165, 202, 211, 213, 314**
Emilio-Comici-Hütte **150**
ENIT **395**
Enneberger Tal (Val di Marebbe) **131**
Enrosadüra **327**
Eppan (Appiano) **120**
Eppaner Höhenweg **128**
Erdpyramiden **79** (Ritten), **98** (Percha), **167** (Terenten)
Erzherzog Johann **352**
Essen und Trinken **371**
Etikette **397**
Etschtal **319**

F

Fahrzeugpapiere **394**
Fanesalm **136**
Faneshütte **137**
Fassatal (Val di Fassa) **255**
Fauna **328**
Feiertage **379, 380**
Feldthurns (Velturno) **129**
Fennberg **179**
Feste **379**
Feuernacht **345**
Fischburg (Castel Gardena) **155**
Finsterbachgraben **79**
Fischleintal **285**
Flora **327**
Flora, Paul **143**
Flügelaltäre **350**
Franzensfeste (Fortezza) **91**
Freinademetz, Josef **139, 354**

G

Gadertal, Abteital (Val Badia) **131**
Gadriatal **183**
Gais **296**
Gaismayr, Michael **290**
Gämsen **328**
Ganes **354**

407

ANHANG
REGISTER

Ganglegg **274**
Gardena Ronda Express **150, 155**
Gargazon **187**
Gasterergraben **79**
Gaulschlucht **185**
Geiselsberg **101**
Geislerspitzen **317**
Geld **392, 397**
Geschäftszeiten **385**
Geschichte **338**
Gesundheit **398**
Gigl, Anton **88**
Gilfenklamm **294**
GIL-Gebäude **353**
Girlan (Cornaiano) **126**
Gitschberg **217, 218**
Glangerhof **130**
Glurns (Glorenza) **141**
Goethe, Johann Wolfgang von **326**
Göflan (Covelano) **266**
Goldrain (Coldrano) **193**
Golf **366, 370**
Gomagoi **241**
Gossensass (Colle Isarco) **146**
Grafen von Tirol **340**
Grasleitenhütte **256**
Graun **248**
Grissian **222**
Grödner Tal (Gröden; Val di Gardena, Val Gherdëina) **148**
Große Dolomitenstraße **250, 252**
Große Reisch (Schöneck) **259**
Grünsee **315**
Gsieser Tal (Valle di Casies) **320, 321**
Gsieser Törl **321**
Gudon (Gufidaun) **173**
Günther, Matthäus **351**
Guntschnapromenade **75**
Gustav-Mahler-Musikwochen **307**

H

Haderburg **179**
Hadid, Zaha **99**
Hafling (Avalengo), Haflinger **80, 219, 328**
Haideralm **195, 249**
Haspinger, Joachim **171, 323**
Hauenstein **272**
Hauensteiner Schwert **338**
Haunold **159**
Heilbäder **100, 367**
Heilig Drei Brunnen **244**
Heiligkreuz **139**
Hellenstainer, Emma **234**
Helm **159, 285**
Henrici, Karl Heinrich **351**
Hinterpasseier (Passeiertal) **235**
Hirzer **236, 257**
Hirzlweg **251**
Hochabteital **131, 138**
Hocheder, Karl **352**
Hocheppan **123**
Hochjochferner **282**
Hochseilgarten (Kiens) **166**
Höchster Hütte **315**
Höchstgeschwindigkeiten **403**
Hofer, Andreas **236, 238, 260, 290, 344**
Hofer, Franz **345**
Hofer, Jörg **182**
Höfischer Stil **350**
Höhlensteintal (Valle di Landro) **110, 307**
Holzschnitzerei **148, 152**
Holzverarbeitung **336**
Hufeisen-Tour **258**
Hutter, Jakob **99, 341**

I

Ibsen, Henrik **146**
Ifinge **263**
Ilswaal **265**
Innerkofler, Josef **355**
Innerpflersch **147**
Innervogelweider-Hof **174**
Innichen (San Candido) **156**
Issinger Weiher **166**
Istitut Ladin **137**
Italienisches Fremdenverkehrsamt (Enit) **397**
Italienisierung **344**

J

Jaufenpass (Passo del Monte Giovo) **238**
Jenesien **80**
Jochtal **217, 218**
Johanniskofel **257**

K

Kalterer See **164**
Kaltern (Caldaro) **160**
Kammerlander, Hans **299**

ANHANG
REGISTER

Karerpass (Passo di Costalunga) **255**
Karersee (Lago di Carezza) **247**, **254**
Karthaus **281**
Kasern **300**
Kassian-Tal **140**
Kastelaz **311**
Kastelbell **193**
Kastelruth (Caldaro Castelrotto) **266**
Kastelruther Spatzen **267**
Katakombenschulen **344**
Katharinaberg **280**
Katzenbachgraben **79**
Keschtnweg **90** (Brixen), **130** (Feldthurns)
Kiens (Chienes) **165**
Klangfichten **255**
Klausberg **297**
Klausen (Chiusa) **169**
Klettern **370**
Klettersteig Heini Holzer **263**
Klobenstein (Collabo) **79**
Klöckeln **382**
Klocker, Hans **54**, **68**, **316**, **350**
Klosn, Perchtenumzug **382**
Kloster Marienberg **26**
Kloster Neustift (Novacella) **87**
Kloster Säben **171**
Knödelfest **288**
Knoller, Martin **75**, **209**, **231**, **311**, **351**
Knottnkino **187**
Kohlerer Berg **80**
Kohlern **80**
Kolfuschg **140**
Kompatscher, Arno **346**

König Laurin **18**, **250**
Kortsch (Corces) **265**
Kostner, Franz **367**
Kreuzbergsattel **285**
Kröllturm **187**
Kronplatz (Plan de Corones) **99**
Kuens **235**
Kunst und Kultur **346**
Kuppelwies **313**
Kurtatsch (Cortaccia) **176**
Kurtinig **179**
Kurzras **282**

L

Laas (Lasa) **181**
Laatsch **197**
Ladiner **331**, **332**, **338**
Ladinische Kultur **255**
Ladinisches Landesmuseum Schloss Thurn **137**
Ladurns **147**
La Ila (Stern) **140**
Laimburg **55**
Lajen **174**
Lamprechtsburg **100**
Lana **183**
Land- und Forstwirtschaft **336**
Land- und Forstwirtschaftliches Versuchszentrum Laimburg **55**
Lanebach **296**
Langental **155**
Langtauferer Tal (Valle Lunga) **250**
Langtauferertal-Maseben **249**
Lappach **296**
Latemar **250**
Latsch (Laces) **190**

Latschander Waalweg **193**
Latzfons **173**
Lederer, Jörg **190**, **266**, **350**
Leifers **252**
Leonburg **187**
Lesetipps **398**
Lienz (Österreich) **160**
Lodenwelt Vintl **218**
Lodnerhütte **227**
Lüsen (Luson) **91**
Lüsener Tal (Val di Luson) **91**
Luttach **300**

M

Madritschhütte **242**
Magnago, Silvius **345**
Maiser Waalweg **216**
Mals (Malles Venosta) **194**
Malser Haide **197**
Mareit **294**
Marende **373**, **376**
Margreid (Margé) **177**
Maria Weißenstein (Pietralba) **252**
Marling (Marlengo) **215**
Marlinger Waalweg **215**
Marmolata (Marmolada) **110**, **255**
Marmorbrüche Laas **337**
Marmor & Marillen-Fest **182**
Martell **200**
Martelltal (Val Martello) **198**
Matschertal **277**
Mauls **295**

ANHANG
REGISTER

Maultasch, Margarete **302, 340**, **356**
Maut **393, 404**
Maximilian I. **341**
Mayenburg **188**
Mayr, Manfred **162**
Meiern **294**
Meinhard II. **340**
Mendel (Mendola) **165**
Mendelpass (Passo del Mendola) **165**
Meran (Merano) **201**
Meran 2000 **216**
Meraner Höhenweg **228**
Meransen **218**
Messner Mountain Museen (= MMM)
- Corones **99**
- Dolomites **110**
- Firmian **76**
- Juval **278**
- Ortles **243**
- Ripa **96**

Messner, Reinhold **356**
Mietwagen **405**
Mineralienmuseum Artur Kirchler **300**
Misci **138**
Missian (Missiano) **123**
Misurinasee **109, 285, 308**
Mitterbach **314**
Mitterhofer, Peter **209, 226**
Mitterlana **185**
Mitterolang **101**
Mobilcard **58, 400**
Moling, Maria **354**
Mölk **167, 254, 264, 292, 295**
Mölten **304**
Montan **54**
Monte Cristallo **308**
Monteplair **197**

Monte Rite **110**
Montiggler Seen **128**
Moos (Moso) **239, 285**
Moroder, Walter **149**
Morter **199**
Mühlbach (Rio di Pusteria) **216**
Mühlen **296**
Mühlwald **296**
Mühlwalder Tal **296**
Multscher, Hans **292, 350**
Münstertal (Val Monastero) **145**
Museo Ladino de Fascia **255**
Museumobil Card **58, 400**
Museum Passeier **238**
Mussolini, Benito **344**
Müstair (Schweiz) **37, 145**
Muthöfe **117**
Mutspitze **117**

Nals (Nalles) **219**
Naraun **223**
Nassereith-Hütte **227**
Nationalpark Silfser Joch **245, 329, 331**
Nationalparkhaus Lahner Säge **315**
Naturatrafoi **244**
Naturns (Naturno) **223**
Naturnser Höfewanderung **228**
Naturparkhäuser **370**
Naturparks
- Drei Zinnen – Sextner Dolomiten **286, 331**
- Fanes-Sennes-Prags **136, 331**
- Puez-Geisler **317, 330**
- Riesenferner-Ahrn **299, 331**
- Schlern-Rosengarten **256, 272, 330**
- Texelgruppe **227, 239, 330**
- Trudner Horn **331**
Naturraum **326**
Naturschutzgebiete **329**
Neumarkt (Egna) **229**
Neves-Stausee **296**
Niederdorf (Villabassa) **231**
Niederlana **185**
Nigerpass (Passo Nigra) **255**
Nördersberg **183**
Noricum **338**
Notarzt, Notrufe **392**

Oberbozen **78**
Obereggen (Fiemme) **253**
Obergummer **81**
Oberlana **185**
Oberortl (Biobergbauernhof) **278**
Obmann, Friedrich **352**
Öffentlicher Nahverkehr **405**
Olang (Valdaora) **100**
Optionsabkommen **345**
Ortler Skiarena **243**
Österreichische Bahnauskunft **395**
Österreich, Johann Erzherzog von **355**

ANHANG
REGISTER

Oswald-von-Wolkenstein-Ritt **380**
Ötzi **281**, **338**

P

Pacher, Friedrich **65**, **66**, **88**, **89**, **97**, **101**, **167**
Pacher, Michael **55**, **69**, **75**, **88**, **96**, **97**, **99**, **157**, **246**, **350**, **357**
Palabirne **144**
Pannenhilfe **392**
Pannenwesten **403**
Parteien **332**
Parth, Michael **140**
Partschins (Parcines) **226**
Passeiertal (Val Passiria) **235**
Passeirer Wasserfall **236**
Passer **235**
Passmuseum Timmelsjoch **240**
Passo Cimabanche **110**
Passstraßen **404**
Peitlerkofel **318**
Pemmern **79**
Penegal **165**
Penser Joch **259**
Percha (Perca) **98**
Perchtenumzug, Klosn **382**
Personalpapiere **394**
Pfalzen (Falzes) **167**
Pfandler Alm **236**
Pfelderer Tal **237**, **239**
Pfistrad Alm **236**
Pfitscher Tal (Val di Vizze) **295**
Pflerschtal **147**
Pfossental **280**
Pfunderer Berg **174**
Pfunderer Höhenweg **218**
Pfunderer Tal **218**
Pfunders **218**
Piacentini, Marcello **72**, **353**
Pichlberg **258**
Pieve di Cadore **109**
Pilshöfe (Ultental) **315**
Pinzon (Pinzano) **54**
Plattnerhof **79**
Plattner, Karl **103**, **197**
Plätzwiese **234**
Plaus **225**
Plawenn **197**
Plose **92**
Politik **332**
Pordoijoch (Passo di Pordoi) **255**
Porto **402**
Postämter **402**
Potsch, Ruprecht **140**
Pound, Ezra **296**
Prad am Stilfser Joch (Prato allo Stelvio) **240**
Prags **231**
Pragser Tal (Val Braies) **234**
Pragser Wildsee **231**
Preise **400**
Prettau **300**, **301**
Prissian (Prissiano) **221**
Promillegrenze **403**
Puni **378**
PUR **95**, **206**
Pustertal (Val Pusteria) **246**
Pustertalbahn **405**
Pustertaler Radweg **95**, **159**
Pustertaler Schule **350**
Pustertaler Skimarathon **306**
Pustertaler Volkslanglauf **306**

Q

Quairwaal **274**
Quittungen **398**

R

Radein (Redagano) **46**
Radfahren **366**
Raetia **338**
Ranui **317**
Raschötz **151**
Rasen (Rasun) **49**
Ratschings **289**
Ratschingser Tal (Valle di Racines) **294**
Rauchverbot **397**
Rautal (Valle di Tamores, Val dai Tamersc) **136**
Regglberg **254**
Regole **107**
Rein **299**
Reinbachfälle **299**
Rein in Taufers (Riva di Tures) **299**
Reinswald **258**, **259**
Reischach (Riscone) **99**
Reisepapiere **394**
Reisezeit **401**
Reschen (Resia) **247**, **248**
Reschen-Schöneben **249**
Reschensee **248**
Ridnauntal (Val Ridanna) **294**
Riffian (Riffiano) **235**
Ritten (Renon) **77**, **250**
Rittner Horn **79**
Rodelbahn Sterzing **289**

411

ANHANG
REGISTER

Rodeneck **219**
Roen **165**
Rofanberg **281**
Rojen **250**
Rosendorfer. Herbert **120**
Rosengarten (Cima di Catinaccio) **250**
Rosskopf **287**
Rudolf IV. von Habsburg **340**
Ruine Hauenstein **272**
Ruine Neuhaus **302**
Rü, Micurà de (Nikolaus Bacher) **137**

S

Saltaus (Saltusio) **236**
Salten **303**
Salurn (Salorno) **179**
Salurner Klause **179**
Sand in Taufers **298**
San Lorenzo di Sebato **99**
Santa Maria (Münstertal) **36**
Santner- und Euringerspitze **270**
Sarntal (Val Sarentino) **257**
Sarnthein (Sarentino) **257**
Saubach **175**
Schaubergwerk Prettau **301**
Scheibenschlagen **383**
Schenna (Scena) **259** **259**
Schenner Waalweg **216**
Schildhöfe **235**
Schlanders (Silandro) **263**
Schlern **273**

Schlerngebiet (Altipiano Sciliar) **266**
Schloss …
- Auer **115**
- Boymont **123**
- Braunsberg **185**
- Dornsberg **225**
- Ehrenburg **167**
- Friedburg **175**
- Goldrain **193**
- Juval **278**
- Kampan **164**
- Katzenzungen **220**
- Klebenstein **257**
- Korb **123**
- Maretsch **74**
- Moos-Schulthaus **126**
- Neuhaus **296**
- Prösels **270**
- Rodenegg **219**
- Schenna **260**
- Schwanburg **220**
- Tirol **117**
- Trauttmansdorff **213**
- Wangen-Bellermont **257**
- Welsperg **321**
- Wolfsthurn **294**
Schlosswirt (Buschenschenke) **278**
Schluderbach **308**
Schluderns (Sluderno) **274**
Schnalshuberhof **214**
Schnalstal (Val Senales) **278**
Schnalswaal **193**
Schnatterpeck, Hans **185, 350**
Schneeberg **239, 294**
Schöneben **249**
Schöneck **259**
Schuen, Elisabeth und Marlene **354**
Schussenried, Hans Lutz von **65, 349**

Schwabenkinder **243, 274**
Schwanburg **220**
Schwarzseespitze **79**
Schwemmalm **313**
Schwienbacher, Waltraud **314**
Seis (Siusi) **270**
Seiser Alm (Alpe di Siusi) **272**
Sella **155**
Sella Ronda (Sellarundung) **136**
Seres **138**
Sexten (Sesto) **282**
Sextental (Val di Sesto) **282**
Sextner Loipe **285**
Shopping **384**
Siebeneich **304**
Sigismund der Münzreiche **341**
Sigismund, Herzog von Tirol **358**
Sillian **246**
Similaun **281**
Söles **145**
Sonnenberg **265**
Sonnenberger Panoramaweg **227**
Sonnenburg **94, 99**
Sonnwendfeuer **383**
Speikboden **297**
Sperrnotruf **398**
Spinges **219**
Spinn, Benny von **142, 198**
Sprache **331**
Spronser Seen **118**
Stachelburg **227**
St. Christina **155**
St. Daniel am Kiechlberg **55**
Stein **295**
Steinegg **80**
Steinhaus **300**

ANHANG
REGISTER

Stern (La Villa, La Ila) **140**
Sternwarte M. Valier **81**
Sterzing (Vipiteno) **287**
St. Gertraud **314, 315**
St. Helena (bei Deutschnofen) **252**
St. Hippolyt **34, 188**
Stieber Wasserfall **239**
Stilfs **241**
Stilfser Joch Nationalpark **245**
Stilfser Jochstraße **244**
St. Jakob **316**
St. Jakob am Joch **316**
St. Jakob in Kastelaz **311**
St. Johann in Ranui **317**
St. Kassian (St. Cassiano, San Ciascian) **140**
St. Leonhard (Passeiertal) **238**
St. Leonhard (San Leonardo; Gadertal) **139**
St. Lorenzen **98, 99**
St. Magdalena **316, 323**
St. Martin **236** (Passeiertal), **323** (Gsieser tal)
St. Martin im Kofel **193**
St. Martin in Thurn (San Martino in Badia) **137**
St. Michael (San Michele) **126**
St. Nikolaus **312, 314**
Stolz, Albert und Rudolf **283**
St. Oswald **273**
St. Pankraz (San Pancrazio) **312**
St. Pauls (San Paolo) **123**

St. Peter (Villnösser Tal) **316**
St. Peter ob Gratsch (Algund) **119**
Straßengebühren **393**
Straßenverkehr **402**
St. Ulrich (Ortisei, Urtijëi) **151**
St. Valentin in Pardell **316**
St. Veit **282**
St. Vigil (San Vigilio, Al Plan de Mareo im Gadertal) **131**
St. Vigil (Schlerngebiet) **272**
St. Walburg **314**
Südtiroler Bergbaumuseum Schneeberg **294**
Südtiroler Volkspartei (SVP) **332, 345**
Südtiroler Weinstraße **128**
Sulden (Solda) **243**
Suldental (Val di Solda) **243**

T

Tabland **225**
Taisten (Tesido) **321**
Taisten, Simon von **231, 323**
Tankstellen **402**
Tannas **183**
Tarsch **193**
Tarscher Alm **193**
Tartsch **198**
Tartscher Bühel **198**
Taser **261**
Tassilo von Bayern **347**
Tauferer Ahrntal (Valli di Tures e Aurina) **295**

Taufers **145, 296**
Teis **316**
Teiser Kugeln **316**
Tempolimits **403**
Terenten (Terento) **167**
Terlan (Terlano) **301**
Texelgruppe **227**
Thöni, Gustav **358**
Thun, Matteo **14, 153, 184, 358**
Tiers (Tires) **255**
Timmelsjoch (Passo del Rombo) **239**
Tirol (Tirolo) siehe Dorf Tirol
Tisenjoch **282**
Tisens (Tesimo) **221**
Tizian **109**
Toblach (Dobbiaco) **304**
Toblacher Feld **304**
Toblacher See **308**
Töll **227**
Tolomei, Ettore **54, 344, 359**
Törggelen **169, 374**
Trafoi **243**
Trafoier Tal **243**
Tramin (Termeno) **309**
Traminer **309**
Trenker, Luis **151, 359**
Trens **295**
Trentino-Südtirol **332**
Tre Sassi **109**
Trinken **371**
Trinkgeld **373**
Troger, Paul **85, 320, 351, 360**
Trostburg **175**
Truden (Trodena) **49**
Tschafon **255**
Tschamintal **256**
Tschan-Kirchlein **154**
Tschars **193**

ANHANG
REGISTER

Tscherms (Caldaro Cermes) **188**
Tschirland **225**
Tschögglberg (Monzoccolo) **187, 301, 303**
Tschögglberg (Jenesien) **80**
Tscholl, Werner **15, 105, 192, 182, 239, 278, 309**
Typische Gerichte **379**

U

Überetsch **120**
Überetscher Stil **160**
Ultental (Val d'Ultimo) **183, 185, 312**
Umbrailpass **245**
Umweltschutz **329**
UNIKA **149**
Unser Frau in Schnals **281**
Untermais (Meran) **212**
Untermoi (Antermoia) **137**
Urlärchen **314**

V

Vahrn **90**
Vahrner See **90**
Valier, Max **81, 360**
Vallazza, Adolf **153**
Vals (Valles) **218**
Valser Tal **218**
Veranstaltungen **379**
Verdins **261**
Vergünstigungen **400**
Verkehr **402**
Vernagt **281**
Vernagt-Stausee **278**
Via Claudia Augusta **290, 338**
Vigiljoch **188**
Vignette **393, 405**
Vigo di Fassa **255**
Viles (ladinische Weiler) **138**
Villanders (Villandro) **174**
Villnößer Tal (Val di Funes) **315**
Vilpian **303**
Vinschgau (Val Venosta) **319, 340**
Vinschger Bahn **192, 194, 329, 405**
Vintl **218, 320**
Vogelweide, Walther von der **174, 360**
Völlan (Folana) **188, 223**
Völs (Fiè) **269**
Völser Weiher **270**
Vöran **187**
Vorderpasseier **235**
Vorwahlen **400**

W

Waale **319, 364**
Waidbruck **174**
Wandern, Bergsteigen **364**
Wandersaison **364**
Wanderwege **329**
Wappler, Moritz **352**
Wassersport **366**
Wein **24, 328, 336, 374**
Weinfeste **383**
Weißbrunner Stausee **315**
Weißkugel **250**
Weißlahnbad **256**
Weitental **218**
Wellness **367, 368, 387**
Welsberg (Monguelfo) **320**
Welschnofen (Nova Levante) **254**
Wengen (La Val, La Valle) **137, 354**
Wessobrunner Schule **88**
Whisky-Destille **378**
Wilderermuseum **130**
Wintersport **367**
Wipptal **287**
Wirtschaft **336**
Wolkenstein (Sëlva) **155**
Wolkenstein, Oswald von **89, 155, 272, 296**
Wolkenstein, Burgruine **155**
Würzjoch **137**

Z

Zanser Alm **318**
Zeiller, Franz Anton **351**
Zeit **392**
Zollbestimmungen **394**
Zufritt-Stausee **201**
Zwischenwasser (Longega) **131**

VERZEICHNIS DER KARTEN UND GRAFIKEN

Baedeker-Sterneziele	U 3/U 4	Dolomiten (Infografik)	112
Tourenübersicht	30	Eppan	122
Tour 1	31	Burg Hocheppan (3D)	124
Tour 2	33	Südtiroler Sprachenmix	
Tour 3	35	(Infografik)	132
Tour 4	37	Innichen	159
Tour 5	38	Meran	204
Tour 6	41	Churburg	275
Tour 7	42	Sterzing	289
Bozen	60	Dolomiten · Geolog. Aufbau	327
Burg Runkelstein	74	Nationalpark und Naturparks	330
Der Mann aus dem Eis		Auf einen Blick (Infografik)	334
(Infografik)	70	Politische Geschichte	
Brixen	82	(Infografik)	342
Brixen · Dom	85	Entfernungen	403
Kloster Neustift	89	Übersichtskarte	U 5/U 6
Bruneck	94		

ATMOSFAIR

nachdenken · klimabewusst reisen

atmosfair

Reisen verbindet Menschen und Kulturen. Doch wer reist, erzeugt auch CO_2. Der Flugverkehr trägt mit bis zu 10% zur globalen Erwärmung bei. Wer das Klima schützen will, sollte sich nach Möglichkeit für die schonendere Reiseform entscheiden (wie z. B. die Bahn). Gibt es keine Alternative zum Fliegen, kann man mit atmosfair klimafördernde Projekte unterstützen.

atmosfair ist eine gemeinnützige Klimaschutzorganisation unter der Schirmherrschaft von Klaus Töpfer. Flugpassagiere spenden einen kilometerabhängigen Betrag und finanzieren damit Projekte in Entwicklungsländern, die den Ausstoß von Klimagasen verringern helfen. Dazu berechnet man mit dem Emissionsrechner auf **www.atmosfair.de** wieviel CO_2 der Flug produziert und was es kostet, eine vergleichbare Menge Klimagase einzusparen (z. B. Berlin – London – Berlin 13 €). atmosfair garantiert die sorgfältige Verwendung Ihres Beitrags. Alle Informationen dazu auf www.atmosfair.de. Auch der Karl Baedeker Verlag fliegt mit atmosfair.

ANHANG
BILDNACHWEIS

BILDNACHWEIS

Awl Images/Walter Bibikow 109
Awl Images/ImageBroker/hwo 104
Awl Images/Danita Delimont Stock 383
Awl Images/Christian Handl 293
Awl Images/Katja Kreder 11
Awl Images/Stefano Politi Markovina 208, 337
Dumont Bildarchiv 127 (u.), 186
DuMont Bildarchiv (Udo Bernhart) 19 (u.), 24/25, 27, 44/45, 48, 90, 118, 139, 144, 189, 254, 271, 280, 302, 348, 365 (u.), 379, 391
Dumont Bidarchiv (Werner Fabig) 154, 196, 375
DuMont Bildarchiv (Frank Heuer) 2, 5, 10, 16/17, 19 (o.), 20/21, 22, 26, 56/57, 64 (2x), 69, 86, 97, 149, 153, 168, 210, 213, 228, 233, 241, 248, 251, 267, 273, 277, 298, 325, 352, 363, 368, 369, 381
DuMont Bildarchiv (Ernst Wrba) 318
fotolia 376 (links)
Gettyimages/Frank Hoensch/Kontributor 23
Gettyimages/Roberto Moiola/Sysaworld 245
Gettyimages/Glenn Van Der Knijff 7
Glowimages/Imagebroker/Christian Handl 222
Glowimages/Imagebroker/Otto Stadler 261
Heuer, Frank 8/9, 180, 333, 365 (o.)
Hotel Schloss Sonnenburg 387
Huber Images/Udo Bernhart 191, 265

Huber Images/Günter Gräfenhain 256, 308
Huber Images/Hans Peter Huber 28/29, 328
Huber Images/Reinhard Schmid 76
IDM Südtirol/Frieder Blickle 142
Interfoto 354, 356
istock photo 376 (links), 377 (2x)
laif images/Dietmar Denger 100
laif images/Gerhard Hagen/Poolima 12/13
laif images/Florian Jaenicke 152
laif images/Krinitz 51
laif images/Thomas Linkel 15
laif images/Clemens Zahn 161
lookphotos/Franz Marc Frei 172
lookphotos/O. Seehauser 127 (o.)
lookphotos/Thomas Stankiewicz 226
lookphotos/Andreas Strauß 3, 199, 290
mauritius images/Historical image collection by Bildagentur-online/Alamy 73
mauritius images/imageBroker/hwo 286
mauritius images/imageBroker/Silwen Randebrock 14
mauritius images/Rolf Roeckl 116
picture alliance/arkivi 238
picture alliance/Udo Bernhart 207
picture-alliance/dpa 111
picture-alliance/Helga Lade 177

Titelbild: laif images/Sabine Braun

IMPRESSUM

Ausstattung:
113 Abbildungen, 31 Karten und grafische Darstellungen, eine große Reisekarte

Text:
Dagmar Kluthe, Margit Kohl (Überarbeitung), mit Beiträgen von Monika Kellermann, Christoph Pichler, Anja Schliebitz und Oswald Stimpfl

Bearbeitung:
Baedeker-Redaktion
(Anja Schliebitz)

Kartografie:
Klaus-Peter Lawall, Unterensingen
MAIRDUMONT Ostfildern
(Reisekarte)

3D-Illustrationen:
jangled nerves, Stuttgart

Infografiken:
Golden Section Graphics GmbH, Berlin

Gestalterisches Konzept:
RUPA GbR, München

Chefredaktion:
Rainer Eisenschmid, Baedeker Ostfildern

12. Auflage 2019
Völlig überarbeitet und neu gestaltet

© KARL BAEDEKER GmbH, Ostfildern für MAIRDUMONT GmbH & Co KG; Ostfildern

Der Name Baedeker ist als Warenzeichen geschützt. Alle Rechte im In- und Ausland sind vorbehalten. Jegliche – auch auszugsweise – Verwertung, Wiedergabe, Vervielfältigung, Übersetzung, Adaption, Mikroverfilmung, Einspeicherung oder Verarbeitung in EDV-Systemen ausnahmslos aller Teile des Werkes bedarf der ausdrücklichen Genehmigung durch den Verlag.

Anzeigenvermarktung:
MAIRDUMONT MEDIA
Tel. +49 711 450 20
Fax +49 711 450 23 55
media@mairdumont.com
http://media.mairdumont.com

Trotz aller Sorgfalt von Redaktion und Autoren zeigt die Erfahrung, dass Fehler und Änderungen nach Drucklegung nicht ausgeschlossen werden können. Dafür kann der Verlag leider keine Haftung übernehmen. Jede Karte wird stets nach neuesten Unterlagen und unter Berücksichtigung der aktuellen politischen De-facto-Administrationen (oder Zugehörigkeiten) überarbeitet. Dies kann dazu führen, dass die Angaben von der völkerrechtlichen Lage abweichen. Irrtümer können trotzdem nie ganz ausgeschlossen werden. Kritik, Berichtigungen und Verbesserungsvorschläge sind jederzeit willkommen. Schreiben Sie uns, mailen Sie oder rufen Sie an:

Verlag Karl Baedeker / Redaktion
Postfach 3162, D-73751 Ostfildern
Tel. 0711 4502-262
www.baedeker.com

Printed in Italy

MIX
Paper from responsible sources
FSC® C015829

ANHANG
VERLAGSPROGRAMM

BAEDEKER VERLAGSPROGRAMM

Viele Baedeker-Titel sind als E-Book erhältlich: **shop.baedeker.com**

A
Algarve
Allgäu
Amsterdam
Andalusien
Australien

B
Bali
Barcelona
Belgien
Berlin · Potsdam
Bodensee
Bretagne
Brüssel
Budapest
Burgund

C
China

D
Dänemark
Deutsche Nordseeküste
Deutschland
Dresden
Dubai · VAE

E
Elba
Elsass · Vogesen

F
Finnland
Florenz
Florida
Frankreich
Fuerteventura

G
Gardasee
Golf von Neapel
Gomera
Gran Canaria
Griechenland

H
Hamburg
Harz
Hongkong · Macao

I
Indien
Irland
Island
Israel
Istanbul
Istrien · Kvarner Bucht
Italien
Italienische Adria
Italienische Riviera

J
Japan

K
Kalifornien
Kanada · Osten
Kanada · Westen
Kanalinseln
Kapstadt · Garden Route
Köln
Kopenhagen
Korfu · Ionische Inseln
Korsika
Kreta
Kroatische Adriaküste · Dalmatien
Kuba

L
La Palma
Lanzarote
Leipzig · Halle
Lissabon
London

M
Madeira
Madrid
Mallorca
Malta · Gozo · Comino
Marokko
Mecklenburg-Vorpommern
Menorca
Mexiko
München

N
Namibia
Neuseeland
New York
Niederlande
Norwegen

O
Oberbayern
Österreich

P
Paris
Polen
Polnische Ostseeküste · Danzing · Masuren
Portugal
Prag
Provence · Côte d'Azur

R
Rhodos
Rom
Rügen · Hiddensee
Rumänien

S
Sachsen
Salzburger Land
Sankt Petersburg
Sardinien
Schottland
Schwarzwald
Schweden
Schweiz
Sizilien
Skandinavien
Slowenien
Spanien
Sri Lanka
Südafrika
Südengland
Südschweden · Stockholm
Südtirol
Sylt

T
Teneriffa
Tessin
Thailand
Thüringen
Toskana
Türkische Mittelmeerküste

U
USA
USA · Nordosten
USA · Nordwesten
USA · Südwesten

V
Venedig
Vietnam

W
Wien

Z
Zypern

ANHANG

Meine persönlichen Notizen

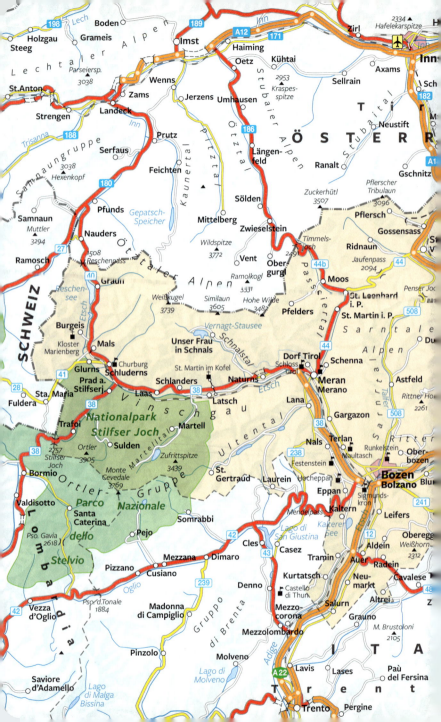